ANDERS REISEN

HERAUSGEGEBEN VON
LUDWIG MOOS

Im Reisen steckt die Sehnsucht nach der
besseren Welt. Wir suchen nach unver-
dorbener Natur, geselligen Lebensfor-
men, gewachsener Kultur. Nichts davon
ist falsch, falsch ist nur, wie wir suchen.
Entweder reisen wir touristisch, konsu-
mieren das Angebot einer Industrie, die
das Ursprüngliche längst zur Ware ver-
fälscht hat. Oder wir gehen auf den alternativen Trip, jagen voller Sozialromantik
dem Unberührten, Unverbrauchten nach
— und bilden doch nur die Vorhut des
organisierten Tourismus.

ANDERS REISEN beschreibt andere
Wege. Oft nur einen Schritt abseits der
üblichen Routen, erschließen sie den
anderen Alltag. Anders Reisen heißt, sich
einzulassen auf das tägliche Leben
anderswo, zu lernen, welche historischen
Wurzeln und gegenwärtigen Bedingungen es hat. Die soziale Isolation und
politische Enthaltsamkeit des Touristen
aufzuheben, die fremde Wirklichkeit un-
verstellt und mit Lust zu erleben, hat
verändernde Kraft über die Reise hinaus.

EIN REISEBUCH IN DEN ALLTAG VON
PETER KAMMERER UND HENNING KLÜVER

ROM

ro
ro
ro

R O W O H L T

INHALT

Bevor es losgeht   7

Die Stadt

Rom wird eingekreist –
Mit der Tram um
die halbe Stadt   10

Das Rom der Römer

Blick zurück vom Platz der
Zwillinge   23

Spurensicherung –
Entlang der Via Appia Antica   37

Von Antike bis Afrika –
Ausflug nach Ostia   52

Das Rom der Christen

Blick zurück vom
Monte Testaccio   65

Paulus und Umgebung –
Ein Gang ins Abseits   69

Der religiöse Trip –
Pilgern vom Kolosseum
zum Lateran   82

Das Rom der Päpste I

Blick zurück von der
Engelsburg   100

Plätze, Paläste –
Ins Zentrum,
wo die Klassik blüht   107

Vatikan für alle –
Im größten Museum der Welt   122

Das Rom der Päpste II

Blick zurück vom Pincio   128

Kulissen der Macht –
Vom Petersdom zum Pantheon   135

Langsamer Abstieg –
Zwischen Spanischer Treppe
und Trevi-Brunnen   151

Das Rom der Italiener

Blick zurück vom Petersdom   158

Gelände für Bürger –
Stazione Termini bis Quirinal   164

Welthauptstadt am Ende –
Von der Piazza del Popolo
zum Foro Italico   176

Alltag und Politik

Senat und Volk –
Bauen und Wohnen in Rom   188

Rückeroberung der Stadt –
Gescheiterte Versuche   199

Fremdarbeiter ohne Rechte –
Dritte Welt in Rom   209

Rumhängen in einer
verdammt alten Stadt –
Die Jugendszene   216

Abschied vom Gestern –
Die wilden Siebziger   223

Rom auf grüner Welle –
Die Entdeckung der Umwelt   229

Nach dem Aufstand –
Frauen in Rom   232

Zaghaft nach draußen –
Schwule in der Ewigen Stadt   237

Ein Zwergstaat als Weltmacht –
Der Vatikan   241

Kultur und Konsum

Die Hauptstadt als Provinz –
Musik von Rock bis Klassik   255

So ein Theater –
Rings um römische Bühnen   259

Kino –
Blick in die Sterne und zurück   264

Wellensalat –
Freie Radios in Rom   269

Televisione –
Eine Stadt wird umgeschaltet   274

Grün mit Kultur –
Die Parks   279

Kunst vom Feinsten –
Museen aus Familienhand   285

Rom durch den Magen –
Essen und Trinken   288

Praktische Hilfen und Adressen

Kartenskizze   296

Ankommen   298

Rumkommen   299

Unterkommen   301

Banken, Post, Telefon   302

Notfälle   304

Essen und Trinken   305

Kaufen und Flanieren   306

Wer, was, wann und wo   308

Länger bleiben   309

Minibibliothek   310

Minikinemathek   314

Tips für Trips   316

Adressen   322

Bildnachweis   343

Register   349

47.–52. Tausend Oktober 1992

Umschlaggestaltung Alexander Urban
(Foto: Gianni Berengo Gardin)
Layout und Grafik Thomas Henning
Veröffentlicht im Rowohlt
Taschenbuch Verlag GmbH, Reinbek bei Hamburg, April 1984
Copyright © 1984 by Rowohlt
Taschenbuch Verlag GmbH, Reinbek bei Hamburg
Satz Times und Helvetica
Gesamtherstellung Clausen & Bosse, Leck
Printed in Germany
1690-ISBN 3 499 17514 2

BEVOR ES LOSGEHT

Mark Twain ist der größte «Anders-Reisende», den man bisher in Rom gesehen hat. In seiner gekonnt unbekümmerten, amerikanischen Art schreibt er: «Die Peterskirche wirkt nicht annähernd so groß wie das Kapitol in Washington und von außen nicht den zwanzigsten Teil so schön.» Mark Twain mißt Rom an der Zukunft und die heißt, 1867, Amerika. Zur gleichen Zeit blickt Gregorovius zurück: «Drei Städte glänzen überhaupt in der Geschichte der Menschheit: Jerusalem, Athen und Rom.» Seit wir in Rom leben, schwanken wir zwischen diesen beiden Haltungen: möglichst unbekümmert und unbelastet durch die Stadt laufen oder möglichst viel wissen, möglichst viel aus diesem Archiv für Weltgeschichte herauslesen. Beides ist nicht einfach. Mit und ohne Wissen kann man stundenlang wie besoffen durch die Straßen laufen, über die Plätze, getragen von den Farben, den Formen, dem Licht, dem Leben.

Im ersten Teil des Buches versuchen wir, einen Weg durch die Zeiten zu zeigen, den jeder gehen kann – zu Fuß und mit den öffentlichen Verkehrsmitteln. Die Schichtungen der Jahrtausende sind immer gegenwärtig und für viele so selbstverständlich, daß sie gar nicht mehr wahrgenommen werden. Im zweiten Teil des Buches wollen wir den Alltag und die heutige Struktur der Stadt etwas durchsichtiger machen. Wie und wo leben drei Millionen Menschen, wie gehen sie miteinander um und wie mit anderen? Wir haben uns in das Chaos der Moderne gestürzt und es aufregend gefunden.

Wir, das sind Leute, die vom Schreiben leben und sich in Rom getroffen haben: Jeanclaude Berger (Schweizer Poet, schon ewig in Rom), Erica Capobianco, Stefan Heiner (Soziologe und Deutschrömer), Rita Hermanns (taz, Berlin), Regina Hunke (Historikerin in Rom), Peter Kammerer (pendelt zwischen Rom und der Universität Urbino), Henning Klüver (Zeitungsschreiber zwischen Rom und Mailand), Alexander Langer (zur Zeit Abgeordneter im Südtiroler Landtag), Maria Morhart (organisiert Kultur in Rom), Andreas Rostek (taz, Rom–Berlin), Beatrice Schlag (Theater, Medien, Rom–Zürich). Die meisten Fotos sind von Paola Agosti (Rom) und Thomas Henning (Hamburg). Petra Potz hat den Serviceteil für die Auflage 1992 aktualisiert.

Es ist nicht leicht, nach 1000 Rombüchern das 1001. zu schreiben. Wir haben lange Gespräche geführt mit Leuten, von denen wir etwas lernen konnten, wie Carlo Giulio Argan, Christoph Luitpold Frommel, Italo Insolera, Elisabeth Kieven und Fabrizio Mancinelli. Herzlichen Dank. Schreiben konnten wir leider nur ein Bruchteil dessen, was wir auf diese Weise erfuhren. Ein Romtrip ist endlos. Buon viaggio.

Peter Kammerer / Henning Klüver

DIE STADT

ROM
WIRD
EINGEKREIST

**Mit der Tram um
die halbe Stadt**

Auch in Rom wurden während der 60er Jahre die Straßenbahnen durch Omnibusse ersetzt und aus der Innenstadt verbannt. Eine traditionsreiche Linie wie die Circolare, die auf der linken Tiberseite fuhr und in die Literatur eingegangen ist (Pavese, Pasolini), wurde abgeschafft. Nur noch die 30 schlägt einen großen Halbkreis von der Piazza del Risorgimento zur Porta San Paolo, nach Trastevere bis zum Monteverde Nuovo. Für die Gesamtstrecke, die man mit einer direkten Busverbindung in zwanzig Minuten hinter sich bringt, braucht die Tram mindestens eine geschlagene Stunde. In dieser Zeit nimmt der Tramreisende Tuchfühlung mit Rom auf. Ist die Bahn besonders voll und der Verkehr besonders dicht, wird aus der Fahrt eine total immersion, ein völliges Eintauchen in eine Menge, die aussteigt und zusteigt, die in dem engen Gehäuse durch- und zusammengerüttelt wird, in einem solidarisch stimmenden Rhythmus, der sich sehr wohl von den jähen Bewegungen der Autobusse unterscheidet. Der Bogen dieser Reise beschreibt genau die Nahtstelle zwischen dem Rom vor und dem Rom nach der Jahrhundertwende. Ein Teil dessen, was Ende des 19. Jahrhunderts mit der Stadt passierte, ist an diesem Ring ablesbar: an der Piazza del Risorgimento die Isolierung des Vatikanstaats; da, wo der Park der Villa Borghese früher in die offene Campagna überging, der Bau eines reichen Villenviertels für ein neues, meist zugewandertes Bürgertum; der Bau sozialer Infrastrukturen, Hospitäler und Universitäten am Stadtrand; das Entstehen eines Arbeiterviertels um den Verschiebebahnhof bei San Lorenzo; die Integration der großen Basiliken San Lorenzo, Santa Croce in Gerusalemme und San Giovanni in Laterano, mit denen das junge Christentum einst die Stadt von der Peripherie her «aufrollte». Dann verläßt die Tram den ehemaligen Stadtrand und stößt innerhalb der Aurelianischen Mauer ins Zentrum vor: zum Kolosseum und zum Circus Maximus. Und schließlich erreicht sie am Rande Trasteveres wieder die einstige Peripherie.

Bürgerbauten:
provokant bis neureich

Piazza Risorgimento, unter den Mauern des Vatikans: Hier lag bis um die Jahrhundertwende freies Feld, denn auch Sankt Peter gehörte zu den frühen christlichen Basiliken, die an der Peripherie gebaut worden waren und sie fast 2000 Jahre lang bestimmten. Als 1870 das Königreich Italien Rom und den Rest des Kirchenstaates erobern konnte, begann die neue Regierung sehr ge-

mächlich, die Hauptstadt auszubauen. Sehr bewußt wurden für das neue Viertel Prati, das um den Vatikan herum entstehen sollte, Straßennamen gewählt, die sich entweder auf das alte römische Kaiserreich oder auf die nationale Erhebung, das Risorgimento und das neue Königreich beziehen. Die Kirche empfand das als Provokation und die Stadtplaner hatten ihren Spaß. Die Hauptstraße des neuen Viertels, der hübsche Boulevard Via Cola Di Rienzo, der die Piazza del Popolo mit der Piazza del Risorgimento verbindet, wurde nach dem «Demokraten und Revolutionär» benannt, der in der ersten Hälfte des 14. Jahrhunderts ein neues, von Kaiser und Papst unabhängiges Rom errichten wollte. Am Fuß des Kapitols wurde er 1354 auf dem Gang zu einer Sitzung ermordet. Sein Schicksal beschäftigte vor allem im 19. Jahrhundert Literaten und politische «Träumer», so auch Richard Wagner.

Die Tram fährt durch die Via Ottaviano, Hochburg der Faschisten, die hier ein Parteilokal unterhalten, um das es Anfang der 70er Jahre blutige Auseinandersetzungen gab, und biegt ein in den Viale delle Milizie, den Boulevard der Miliz. Die Boulevards entstanden als Räume für Cafés und Vergnügen, aber auch als Räume für militärische Aufmärsche. Die Viale delle Milizie diente vor allem dem Militär. Denn als zweite Provokation hatte der neue italienische Staat dem entthronten Papst Kasernen unter die Nase gebaut. Der Vatikan sollte auch militärisch isoliert werden. Durch die Aufmarschallee fahren wir an den Kasernen vorbei dem Tiber zu. Die Allee besteht aus Platanen, die im Herbst oft auf barbarische Weise gestutzt werden. Überall da, wo das neue Rom nach 1870 neue Straßen baute, stehen Platanen.

Dritte Provokation: So angestrengt wir auch aus der Tram schauen mögen, nirgends haben wir einen direkten Durchblick zur Peterskuppel – die Anlage der Straßen stellte den Vatikan ins Abseits. In diesem Viertel der Beamten und Soldaten mit Mietspalästen und Villini (Ein- oder Zweifamilienvillen, oft in schönem Jugendstil, vor allem in der Via Pompeo Magno und Via degli Scipioni in Richtung Tiber) schuf der «Einiger Italiens», der piemontesische Staatsapparat, ein unübersehbares Zeichen der Modernisierung: das neue, mittelständische Rom als Gegensatz zum Rom der überfüllten, verwahrlosten Volksquartiere des Zentrums.

Fertiggestellt wurde das Viertel erst nach dem Ersten Weltkrieg. Immer wieder wurde die Bautätigkeit unterbrochen: Spekulation und Krisen bestimmten die Erweiterung der Stadt. Trotzdem kommen uns dieses Viertel und das in den 20er Jahren hinzugefügte Viertel um die Piazza Mazzini geradezu idyllisch vor: Heute kann sich das kleine und mittlere Bürgertum so etwas nicht mehr leisten.

Überfahrt über den Tiber, Blick nach rechts, am Ufer das Denkmal für Matteotti, eine goldene Flamme. Im April 1924 hatten die Faschisten mit massiven Manipulationen und auf Grund des Zusammenspiels von Polizei und Schlägertrupps die Wahlen gewonnen. In einer aufsehenerregenden, schonungslosen Rede im Parlament stellte der Sozialistenführer Matteotti Mussolini und seine Partei der kriminellen Schläger bloß. Am 10. Juni erhielt er die Quittung. Er wurde hier am Tiber überfallen, in ein Auto gezerrt und ermordet. Als wenige Tage später die Leiche des Abgeordneten gefunden wurde, schien das Ende der faschistischen Regierung da zu sein, so groß war die öffentliche Empörung. Die sozialistische Opposition zog aus dem Parlament aus, auf den Aventin (wie einst die Gracchen!), die Kommunisten blieben im Parlament und forderten den Generalstreik. Der König und die Konservativen zauderten, dann nahmen sie den Mord in Kauf, dessen Blut fortan die Allianz von Konservativen und Faschisten besiegelte. Im Januar 1925 konnte Mussolini im Parlement «die volle Verantwortung für die Tat» übernehmen – eine Tat, die er wahrscheinlich selbst nicht angeordnet hatte. So wurde der Mord an Matteotti zur «Wachstumskrise», zum Schritt in die offene Diktatur.

Die Brücke, die wir überfahren, heißt Ponte Matteotti. Rechts von ihr die neue Brücke der 1979 fertiggestellten U-Bahn-Linie A (Metropolitana). Links das Marineministerium, mit dem Meer durch das trübe Tiberwasser verbunden. Nach ein paar hundert Metern erreichen wir die Via Flaminia, eine der Hauptausfallstraßen nach Norden, biegen aber bald ab und fahren in das Tal der Villa Giulia, direkt auf den Renaissancebau zu, den sich Papst Julius III. um 1550 vor den Toren der Stadt errichten ließ.

Die Straße verengt sich zwischen Villa und Felsen und erreicht den Talkessel und den äußeren Teil der Villa Borghese, deren Park hier einst in die Campagna überging. Um die Jahrhundertwende wurde aus diesem Tal ein Tal der Akademien und Künste, erneut ein Gegenbild zum alten, keiner neuen Kunst mehr fähigen Rom der Päpste. Neben der Nationalgalerie für moderne Kunst

Am Tiber: Flamme für ein Mordopfer,
Treppe für einen Flughelden ━━━━

(Galleria Nazionale d'Arte Moderna) wurde über hohen Treppen 1935 die Fakultät für Architektur errichtet, und gegenüber bauten Länder wie Belgien, Rumänien, England, Schweden ihre Kunstakademien. In diesem Musental des nationalen Bürgertums kam es am 1. März 1968 zur ersten großen Schlacht zwischen Polizei und Studenten, eingegangen in die Geschichte als Auftakt der römischen Studentenrevolte (battaglia di Valle Giulia), kritisiert im berühmten Gedicht Pasolinis «gegen die Studenten». Hinter Museum und Architekturfakultät erstrecken sich die Monti Parioli, die nach dem Zweiten Weltkrieg als Getto für das neureiche Bürgertum bebaut wurden.

Bei guten Verkehrsverhältnissen sind wir erst 15 Minuten unterwegs. Dennoch bietet sich ein Zwischenstopp an: In der Villa Giulia befindet sich das etruskische Museum, eines der schönsten Museen Roms. Auch die Nationalgalerie für moderne Kunst ist seit einigen Jahren zu einem interessanten Museum und Ausstellungsort geworden. Den meisten ist die moderne italienische Malerei nur durch wenige große Namen (stellvertretend De Chirico und Guttuso) und durch junge Avantgardisten bekannt. Hier erhält man die Chance, auch die Futuristen, die Metaphysiker und die «römische Schule» kennenzulernen. Ferner kann man von hier aus durch den Park der Villa Borghese zur Villa spazieren, in der eine atemberaubende Fülle von Kunstwerken ausgestellt ist – liebenswert allein schon wegen ihrer «privaten Sammler-Atmosphäre».

Ein Hauch von Faschismus

Zurück zur Tram, die auf der ehemaligen Scheidelinie zwischen Park und Campagna hochkeucht, rechts der Park mit den Käfigen des Zoologischen Gartens, links die älteren, noch vornehmen Villen Pariolis. Rechts fahren wir am Eingang zum Museo Africano vorbei, das leider endgültig geschlossen ist. Vor dieser Schließung war das Museum ein echtes Kolonialmuseum. Wie auf den Zigaretten- und Margarinebildern sah man die Wilden und die zivilisierte Welt im Kampf – in Somalia, Äthiopien und Libyen, wo der italienische «Bauer und Soldat Schwert und Pflug hinbrachte». Der italienische Imperialismus war unter seinen europäischen Konkurrenten der späteste und schwächste, daher auch leichter zu durchschauen. Darum hatte man mit der Reorganisation des Museums so seine Schwierigkeiten und zog vor, es ganz zu schließen.

Wieder Platanenalleen und dann die Piazza Ungheria, eine Zeitlang Treffpunkt der feineren Faschisten. Ein Großteil der Bauten hier stammt aus den 30er Jahren, so die Kirchen in einem verspäteten Gründerstil, die wir hier am Platz und später an der Piazza Buenos Aires sehen. Die Straßennamen sind dem Königshaus und seinen dynastischen Beziehungen gewidmet: Viale Liegi, Viale Regina Margherita, Viale Regina Elena. In einer einzigen, mehr als vier Kilometer langen Geraden tangieren diese Boulevards die gesamte östliche Stadt und kreuzen dabei die Via Salaria, die alte Verbindungsstraße mit der Adria, und die Nomentana, die Nahverkehrsstraße zu den Dörfern und Villen in den Sabiner Bergen. Mit einem Januskopf könnte man beim Überfahren der Via Nomentana stadteinwärts die Porta Pia sehen, einen späten Bau des Michelangelo, neben der die italienischen Freiwilligen 1870 (am durch zahlreiche Straßennamen verewigten 20. September) die berühmte Bresche schlugen, und stadtauswärts zur Rechten den Park der Villa Torlonia, mit einer der letzten Villenbauten, in der Napoleonzeit errichtet für die Bankiers und Großgrundbesitzer Torlonia und später Privatresidenz Mussolinis.

Hinter der Via Nomentana, vor allem an der Piazza Galeno, stehen einige hübsche Jugendstilvillen – links am Platz ein Prachtstück, die Villa Ximenes: reiner Jugendstil mit Reliefs, die Künstler «aller Zeiten» darstellen, ein «Altar der Künste».

Rechts beginnt der große Komplex der Universitätskliniken, gebaut um die Jahrhundertwende. Diese altehrwürdigen, vergilbten Pavillons waren Mitte der 70er Jahre Schauplatz von Streikbewegungen im öffentlichen Dienst, aus denen der harte Kern der römischen Autonomie hervorging. An den Mauern und Wänden noch Slogans, aber die Bewegung ist gescheitert, an sich selbst und an der brutalen Repression 1977. «An sich selbst» heißt: Die von den Ordinarien, Fachärzten, offiziellen Gewerkschaften und Polizei aufs bitterste bekämpfte «neue Rolle» des Dienstpersonals im Gesundheitswesen wurde vom proletarisierten Personal der Kliniken nur ungenügend artikuliert und praktiziert. Gruppeninteressen des Personals bekamen die Oberhand, während auf der entgegengesetzten Seite Fachärzte und Fachleute noch brutaler ihre Standesinteressen durchsetzten. Letzere gewannen das Spiel, die

Patienten waren nur noch Manövriermasse.

An der Poliklinik schließt sich die Città Universitaria an, ein vom faschistischen Oberarchitekten Piacentini in den frühen 30ern entworfener Komplex mit einer Kirche der göttlichen Weisheit (Divina Sapienza), die Papst Pius XII. nach einem Entwurf Piacentinis 1948 bauen ließ. Wenn die Uni schon nicht mehr faschistisch sein durfte, sollte sie doch zumindest katholisch bleiben. Sie blieb beides, bis 1966 der linke Student Paolo Rossi von Neofaschisten erschlagen wurde, ein Mord, auf den die Studenten heftig reagierten.

Damit endet der zweite Abschnitt dieser Tramfahrt, der bei guter Verkehrslage eine gute Viertelstunde dauert und im wesentlichen an Bauten aus den 20er und 30er Jahren vorbeiführt, deren Stil nur bei offiziellen Bauten erkennbar «faschistisch» ist. Hier zeigt sich, daß der Faschismus gerade in Rom den Nachholbedarf an nationaler Gründerarchitektur decken half. Der Vergleich zur Architektur der Valle Giulia und der Piazza des Risorgimento zeigt aber auch, daß das Vorhaben, ein modernes, bürgerliches Rom zu schaffen, steckengeblieben ist.

Römische Mischung

Der dritte Abschnitt führt uns von der Basilica San Lorenzo vor den Mauern bis zum Kolosseum, teils außerhalb, teils innerhalb der Aurelianischen Mauer, durch ein typisch römisches Geflecht von antiken, mittelalterlichen und modernen Bauwerken. Die Straßenbahn fährt direkt auf die Basilika und den hinter ihr liegenden römischen Zentral-

Im Hauspark der Römer: Rastplatz
Villa Borghese ▬▬▬▬▬▬

friedhof Campo Verano zu, biegt dann rechts ab in die Via Tiburtina, die Ausfallstraße nach Tivoli, und durchquert auf der Via dei Reti das Arbeiterviertel von San Lorenzo, um auf der Höhe des Verschiebebahnhofs in einem abenteuerlichen Chaos von Verkehr, alten Häusern, hochstelzigen Stadtautobahnen über uns und Bahnhofsgelände um uns herum zu enden. Wir unterqueren die Geleise des Kopfbahnhofs Termini und erreichen die Porta Maggiore, wo man zuweilen umsteigen muß, weil nicht alle 30er-Straßenbahnen bis zur Porta San Paolo durchfahren. Diese Etappe, die wir auf dem Papier sehr zügig genommen haben, bedarf jedoch einiger Erläuterungen. Zurück also nach San Lorenzo, wo wir aussteigen. Die Basilika, errichtet an der Stelle, an der der heilige Laurentius im Jahre 258 das Martyrium erlitt, gehört zu den sieben Hauptkirchen der römischen Pilgerfahrten. Die Art dieses Martyriums hat die Phantasie der Christenheit immer wieder beschäftigt. Laurentius ist der Mann auf dem glühenden Rost: «Er liegt gestreckt über das funkelnde Feuer und wird oft von der einen Seite auf die andere gewendet; doch je größer die Pein wird, desto geduldiger wird er in der Furcht des Herrn» (Legenda aurea). Fünf Feuer hat er überwunden, schreiben die Propagandisten dieses Heiligen: das Höllenfeuer, die wirklichen Flammen, die fleischliche Begier, die Habgier und die Flamme des Wahns seiner Verfolger. Diese forderten von Laurentius die Herausgabe der Kirchengelder und eines Schatzes, den einige Politiker nach einem Putschversuch der Opposition, nämlich der Kirche, anvertraut hatten. Laurentius verteilte dieses Geld an die Armen und wirkte noch während seiner Haft viele Wunder. Den Vernehmungsbeamten, die nach dem Schatz fahndeten, sagte er: «Die Armen sind die Schätze der Kirche.» Die Polizei, die seit jeher wenig von Dialektik hält, griff zum Rost.

Am 19. Juli 1943 wurden der Verschiebebahnhof und das Arbeiterviertel San Lorenzo einschließlich der Basilika von den Alliierten bombardiert. Das war wenige Tage nach der Landung auf Sizilien und knapp eine Woche vor der Absetzung und Verhaftung Mussolinis durch den König. Das Machtvakuum war in der Stadt bereits spürbar, und nach dem Luftangriff hatte Pius XII. seinen großen Auftritt vor der Basilika als Schützer der Stadt.

Das Viertel San Lorenzo durchstreifen wir am besten zu Fuß. Das Studentenheim in der Via De Lollis und ein Lokal in der nahen Via dei Volsci waren Mitte der 70er Jahre Hochburgen der «autonomen Bewegung», bis diese entweder durch die Repression zerschlagen wurde oder sich im Terrorismus auflöste. An einigen Häusern kleben noch die Parolen, die sehr rasch von den Ereignissen überholt wurden. In der Via degli Equi befanden sich auch die Lokale des freien Radios «Città Futura», in die die Faschisten während einer Frauensendung Bomben warfen. Die Mischung von Arbeitern und Studenten hat dieses Viertel in den 70er Jahren zur explosivsten Gegend Roms gemacht, und erst in den letzten paar Jahren hat die «Sanierung» begonnen und damit der Rausschmiß derer, die die dringend nötige Verbesserung der Wohnverhältnisse nicht bezahlen können. Empfehlenswert sind immer noch die vielen billigen Kneipen, die hier zum Essen einladen.

Die Tram ist inzwischen doch an der Porta Maggiore angekommen, einem großartig erhaltenen Tor aus dem Jahre 52 nach Christus, erbaut unter Kaiser Claudius, dessen Wasserleitungen von hier in die Stadt führten. An der Außenseite des Tores steht das Grab eines reichen Bäkkers, eines Staatslieferanten von Brot, in der Form eines Backofens, geschmückt mit Bildern der Brotherstellung. Am Platz, unter den Geleisen der Eisenbahn – das gehört zu den Verrücktheiten Roms – befindet sich in der Via Prenestina 17 eine der bedeutendsten heidnischen Basiliken, die leider ständig geschlossen ist.

Und schon fährt die Tram an einer weiteren der sieben Stationskirchen der Pilger vorbei: Santa Croce in Gerusalemme. Mit dieser Basilika dokumentiert Rom seinen Anspruch als Erbin Jerusalems. Als Kaiser Konstantin das Christentum zur Staatsreligion gemacht hatte, rüstete seine Mutter, die heilige Helena, eine Expedition aus, um das Kreuz Christi zu finden und in die neue Hauptstadt des Glaubens zu bringen. In zahlreichen Kirchen finden wir Darstellungen der Kreuzauffindung, hier aber, in der Helenakapelle und in der Reliquienkapelle, liegen die Beweise: Erde vom Kalvarienberg, drei Splitter des heiligen Kreuzes, ein Nagel und zwei Spitzen der Dornenkrone. Andere wertvolle Reliquien und ein Bild, von dem man im Mittelalter glaubte, es sei von Engeln gemalt, liegen unweit von hier in der Kapelle der heiligen Stiege (Scala Santa, neben der Lateranbasilika). Leider gibt es für Rom keinen einigermaßen modernen und zuverlässigen Pilgerführer mehr, und die aufgeklärten Kunstführer verschanzen sich hinter Betrachtungen, die ohne Kenntnis religiöser Inhalte letztlich unverständlich bleiben müssen. Weder Gläubige noch Ungläubige haben derzeit Lust, so scheint es, die in diesen Geschichten enthaltene Geschichte kritisch freizulegen.

Eine Tramfahrt ist dafür natürlich auch nicht die richtige Gelegenheit, aber man kann kaum zwischen zwei so bedeutenden Basiliken entlangfahren, ohne auf solche Gedanken zu kommen. Ein Glück, daß die Straßenbahn den riesigen Platz vor dem Lateran nur streift, so daß San Giovanni, die eigentlich römische Bischofskirche und erste Residenz der Päpste, im Hintergrund bleibt. Im Vordergrund der Platz mit dem überlebensgroßen heiligen Franziskus aus dem Jahre 1927, dessen ausgebreitete Arme schon so viele rote Fahnen tragen mußten. Denn hier enden gewöhnlich die großen Demonstrationen der PCI oder der Gewerkschaften. Von hier fährt die Bahn bis zum Kolosseum in wenigen Minuten die Strecke, für die die riesigen Demonstrationszüge Stunden brauchen.

Einen nicht-kirchlichen Ausstieg kann man an der Ecke zum Viale Manzoni unternehmen, an der die Bahn links abbiegt, während geradeaus an der Piazza Vittorio Emmanuele an jedem Vormittag einer der reichhaltigsten und billigsten römischen Märkte stattfindet. Von dieser Ecke der Via Manzoni aus (auch U-Bahnstation der Linie A) erreicht man in drei Minuten die Via Tasso und zu ihr parallel die Via Matteo Boiardo und damit zwei sehr unterschiedliche, fast vergessene Stätten deutschen Wirkens in Rom. In der Via Tasso 145 lag das Hauptquartier der SS. Heute ist hier ein kleines Museum, das Museo Storico della

Schöne Aussicht: Kolosseum bis
Porta Portese

Lotta di Liberazione di Roma, das den Widerstand in Rom in den Jahren 1943 und 1944 dokumentiert. In der Parallelstraße hingegen steht noch das hübsche Lusthaus der alten Villa Giustiniani-Massimo mit Fresken der Nazarener, einer religiös motivierten deutschen Künstlergruppe, die sich um 1810 in Rom niederließ.

Die Bahn erreicht im Tal zwischen Celio und Esquilin das Kolosseum, und es beginnt eine der schönsten Trambahnstrecken der Welt, die Strecke zwischen Kolosseum und Circus Maximus am Hang des Celio, gegenüber dem Palatin. Wir fahren vorbei am Beginn der Via Appia, vorbei an dem seltsamen Obelsken von Axum und den weißen Bauten der Welternährungsorganisation FAO. Nach der Eroberung Äthiopiens ließ Mussolini den geraubten Obelisken hier aufstellen und plante ein Afrikaministerium. Das Gebäude wurde nach dem Zweiten Weltkrieg nach den alten Plänen fertiggestellt und wird heute von der UNO für die FAO genutzt. Rechts kommt der Circus Maximus ins Blickfeld (siehe *Blick zurück vom Platz der Zwillinge*).

Trümmer und Trödel

Zwischen dem kleinen und dem großen Aventin erreichen wir die Porta San Paolo mit der Cestius-Pyramide, und hier beginnt die letzte Strecke, durch die Via Marmorata – so genannt, weil hier große antike Lager von Marmorsäulen gefunden wurden – am Steilhang des Aventin entlang, während sich linker Hand das erste geplante Arbeiterviertel der italienischen Hauptstadt, il Quartiere Testaccio, auf dem Gelände der antiken Hafenschuppen und Lager-

häuser ausdehnt. Diese Viertel, der antike Schuttberg Testaccio, der protestantische Friedhof, das alte Industriegebiet hinter dem Schlachthof und der Aventin, sind von der Porta San Paolo aus sehr leicht zugänglich (siehe *Paulus und Umgebung*). Von der Tram aus sehen wir wenig, wir merken nur, daß sich die soziale Zusammensetzung der Tramfahrer wieder einmal geändert hat, ein anderes Segment des popolo romano bevölkert den Wagen.

Die Tram fährt über den Fluß, und von der Brücke aus sieht man entlang dem Ufer die Ausgrabungen der alten Hafenanlagen. Hier beginnt das Gebiet des Trödelmarktes, der jeden Sonntagmorgen an der Porta Portese stattfindet (und der in einer hoffentlich späten Zukunft verlegt werden soll). Hinter der Brücke, über den Tiber, beginnt Trastevere, und die Tram steuert auf den Viale Trastevere zu. Wir erkennen gleich an den Platanen und dem ägyptischen Pathos eines riesigen Ministeriums, daß hier der italienische Einheitsstaat nach 1870 wieder einmal zugeschlagen hat. Hier hat man eine letzte Chance, endgültig auszusteigen und sich im uralten, chic gewordenen Trastevere umzuschauen, bevor sich die Tram in Richtung Peripherie bewegt, zunächst noch durch das Rom der Gründerjahre, an Hospitälern und dem Bahnhof Trastevere vorbei, dann auf der Circonvallazione Gianicolense hinein in das Rom christdemokratischer Bauspekulation, die den Monteverde Nuovo in den 50er Jahren in eine Zementwüste verwandelt hat.

DAS
ROM DER RÖMER

Blick zurück vom Platz der Zwillinge

Vom Platz des Romulus und Remus am Circus Maximus, heute Piazza Ugo La Malfa, überblickt man das älteste besiedelte Gelände der Römer, oberhalb einer Furt des Tiber und der sumpfigen Niederungen, die durch eine der technischen Großtaten des ältesten Rom, die Cloaca Maxima, entwässert wurden. Fundstellen auf dem Palatin lassen auf Hütten aus der Zeit um 800 vor Christus schließen, und lange ist Rom ein primitives Pfahldorf geblieben. Eine erste, am Bahnhof Termini und anderen wenigen Stellen noch sichtbare Mauer, die Servianische Stadtmauer, wurde erst im 4. Jahrhundert erbaut, als Rom schon ganz Mittelitalien unter seine Herrschaft gebracht hatte. Die erste gepflasterte Fahrstraße wurde erst 237 vor Christus angelegt, in der Zeit zwischen den ersten Punischen Kriegen, als es bereits um die «Weltherrschaft» ging. Steinerne Hallenbauten entstanden erst um 185, der erste Marmortempel aus geraubten Säulen um 143, als Rom bereits das Mittelmeer beherrschte. Lange waren eroberte Städte wie Capua, Athen, Karthago, Alexandria und Korinth weit prächtiger als das Rom der Holzbauten, engen Straßen und Feuersbrünste.

Die äußere Glanzlosigkeit stand jahrhundertelang in einem seltsamen Mißverhältnis zur militärisch-politischen Bedeutung der Stadt.

Das große Baufieber begann in der Endzeit der Republik, unter den Generälen Sulla, Pompejus und Julius Cäsar. Berühmt sind die Baugeschäfte des Crassus, der im Osten ungeheure Vermögen erworben hatte und in Rom mit Mietskasernen spekulierte, der den Spartakusaufstand niederschlug und Cäsar finanzierte. Von den Bauten der Spätzeit der Republik ist heute wenig mehr zu sehen: Von Sulla stammt die großartige Tempelanlage in Palestrina, die nach dem Bombardement von 1944 zum Vorschein kam; vom Theater des Pompejus blieb nichts übrig als der «Abdruck» der Außenmauern in einer Biegung der Via di Grotta Pinta und Reste der Fundamente in den Kellern einer Gast-

stätte (Da Pancrazio, hübsch und nicht billig). An dieses Theater ist die Erinnerung an die Ermordung Cäsars am 15. März 44 geknüpft. Die Stelle des Mords liegt irgendwo im Gewirr der Häuser und Gassen, das auf dem Boden der alten Anlage später entstand, zwischen der Via dei Chiavari und dem Largo Argentina.

Augustus, der Nachfolger Cäsars und erste «Kaiser», verwandelte dann Rom «aus einer Stadt von Lehm in eine Stadt aus Marmor». Die großartigen Reste römischer Bauten, die wir überall sehen, stammen fast ausnahmslos aus der Kaiserzeit. Vom Ende der Kaiserzeit gibt es einige statistische Angaben über den Glanz der Stadt. Aufgeführt werden: 2 kapitolinische Tempel, 2 große Rennbahnen (außer den kleineren), 2 große Märkte für Nahrungsmittel aller Art, 3 Theater, 2

Das Rom aus Marmor: Antiken-Stadtplan in der Hauptpost und Aurelianische Mauer

Amphitheater, 4 prächtige Gymnasien für Gladiatoren, 5 Naumachien für Seeschlachten, 15 Nymphäen oder Brunnenpaläste, 856 öffentliche Bäder, 11 große Thermen, 1352 Wasserbecken und Brunnen; ferner werden erwähnt: die Trajans- und Mark-Aurel-Säule, 36 Triumphbogen, 6 Obelisken, 423 Tempel, 28 Bibliotheken, 11 Fora, 10 Hauptbasiliken, 1797 Paläste beziehungsweise reich ausgestattete Wohnsitze und 46 602 Mietshäuser, insulae, riesige, sich zwischen den Straßenzügen erstreckende Häuserblöcke. Um-

schlossen wurde die Stadt von der 25 Kilometer langen, im 3. Jahrhundert erbauten Aurelianischen Mauer. Gregorovius nennt dieses Rom «ein in Stein und Metall kunstvoll dargestelltes Relief der Weltgeschichte». Erst 1000 Jahre nach dieser Beschreibung erreichte die Stadt unter den Päpsten der Renaissance wieder einen ähnlichen Glanz.

Romulus und die Folgen

Auf dem ehemaligen Piazzale Romolo e Remo befinden wir uns an einem der Orte, die das Scenario der Gründungssage der Stadt Rom abgaben. Dieser Platz wurde Ende der 70er Jahre als Konzession der roten Stadtverwaltung an den Koalitionspartner, die kleine Republikanische Partei, in Piazza Ugo La Malfa umgetauft, zu Ehren des Vertreters des bürgerlichen Antifaschismus. Über den Circo Massimo zum Palatin schaut bereits das Mazzini-Denkmal. Immerhin war Mazzini einer der Führer der Römischen Republik von 1849 und ein Hauptvertreter der bürgerlichen Demokraten. An diesem ehrwürdigen Platz nun auch noch La Malfa verewigen zu wollen, ist nur ein Zeichen dafür, wie kurzatmig Politik geworden ist.

Rom entstand als Räuberstaat aus dem Zusammenlauf von allerlei Gesindel und räuberischen Hirten, und die Überlieferung weiß genau, wann diese sich entschlossen, eine Stadt zu gründen, und darum stritten, wer König sein solle: Es war am 21. April 753 vor Christi Geburt. An diesem Tag setzten sich zwei Anführer, die Brüder Romulus und Remus, auf den zwei gegenüberliegenden Hügeln Aventin und Palatin fest. Sie wenden sich an die etruskischen Priester, deren magische Wissenschaft entscheiden soll, wer König wird und wo die Stadt gebaut werden soll. Die Priester lesen in den Eingeweiden der Opfertiere und im Flug der Vögel. Winzige Details geben Aufschluß über die Qualität des Wassers, der Pflanzen, über die Lebensbedingungen der Umwelt. Wie bei Karl May kann ein gebrochener Zweig, eine fallende Feder über Leben und Tod entscheiden. Zwischen den Brüdern, auf dem Gelände des Circus Maximus, liegt ein Sumpf. Remus sieht als erster sechs Vögel, dann Romulus zwölf. Wie auch später bei den Römern siegt die Quantität. Da gibt es nicht viel zu interpretieren, meint Romulus und erschlägt den Remus, der ihn verspottet. Remus ist auf dem Aventin begraben, und dieser Hügel wurde zum Berg der Plebejer, während der Hügel des Siegers, der Palatin, Sitz der ersten Siedlung und später Residenz der rö-

mischen Kaiser wird. In den Worten «Palast» und «Pfalz» ist diese Residenzfunktion aufgehoben.

Das junge Gemeinwesen raubte sich vom benachbarten Stamm der Sabiner Frauen und überlebte mit Brutalität nach außen, härtester Disziplin nach innen. Es gab Arme und Reiche, starke und schwache Familien, Patrizier und Plebejer. Die Historiker weisen darauf hin, daß dieser zeitweise sehr ausgeprägte Gegensatz, mythisch bereits angedeutet in den Figuren des Romulus und Remus, fast nie gewaltsam ausgetragen wurde. Der Brudermord hatte den Staat zementiert.

Wenn wir nach links zum Tiber schauen, sehen wir einen der schönsten romanischen Glockentürme Roms, den Turm von Santa Maria in Cosmedin. Auf dem Platz vor der Kirche, auf dem die sogenannten Tempel der Vesta und der Fortuna stehen, war der Campo Boario, der Viehmarkt, ein ungeheuer lebendiger Platz an einer Furt über den Tiber und nur wenige Schritte vom Forum entfernt. Diese Niederung wurde, ebenso wie das Forum, von der Cloaca Maxima entwässert, deren Mündung wir unterhalb der Tiberinsel von der Palatinbrücke aus noch sehen können. Das war eine Glanzleistung römischer Ingenieurkunst, eine Kunst von Landwirten, die entsumpfen, bewässern, Straßen bauen.

Ein paar Jahrhunderte lang waren die Römer Bauern und Soldaten und eroberten in langwierigen Kriegen nach und nach ganz Mittelitalien und die Ufer des Mittelmeeres. Die inneritalienischen Kriegsgeschichten sind langweilig im Verhältnis zu jenem Kampf auf Leben und Tod, der zwischen Karthago und Rom im Streit um die Weltherrschaft ausbrach. Nach drei Weltkriegen wurde das Karthago des großen Hannibal 146 vor Christus endgültig dem Boden gleichgemacht. Im gleichen Jahr wurde Korinth eingeäschert und Griechenland Provinz.

Schauen wir nach rechts, so sehen wir den Beginn der Via Appia. Das war die Verkehrsader, die Rom mit Nordafrika und dem Osten verband. Die großen Reichtümer der früheren Hochkulturen im Osten, der Ägypter, der Perser und der Griechen, wurden auf ihr nach Rom geschafft. Der Räuberstaat hatte das Theater der Weltgeschichte betreten und beanspruchte ihr Erbe. Das Reich bekam, noch zur Zeit der Republik, die welterobernde Ausdehnung, welche seinen Verfall vorbereitete.

Abgespeiste Bauern

Während die römischen Bauern die ganze Welt eroberten, verloren sie zu Hause ihre Existenzgrundlage. In ihrer Abwesenheit kassierten die Reichen die verschuldeten kleinen Güter (verschuldet, weil die Bauern auf dem «Feld der Ehre» anstatt auf dem eigenen Acker standen), faßten sie in großen Einheiten zusammen und bewirtschafteten sie durch Sklaven, die nach den Siegen massenweise anfielen. So machte sich der römische Bauer selber überflüssig. Bei der Stange gehalten wurde er durch das Versprechen der Feldherrn auf Landzuweisungen – zu Hause oder in den eroberten Kolonien – nach zwanzigjährigem Kriegsdienst.

Im Jahre 133 vor Christus agitierte Tiberius Gracchus die Soldaten, die von den großen Eroberungen heimkehrten: «Die wilden Tiere Italiens haben eine Höhle, ein Lager, einen Unterschlupf. Aber die Männer, die für Italien kämpfen und sterben, haben nur Licht und Luft. Ohne Haus und Heim irren sie mit Weib und Kind umher. Die Generäle lügen, wenn sie in der Schlacht die Soldaten aufrufen, die Gräber der Ahnen gegen die Feinde zu verteidigen. Denn keiner von diesen Römern hat ein Vaterhaus und die Grabstätten der Vorfahren. Für den Luxus und den Reichtum anderer setzen sie ihr Leben ein. Ihr heißt Herren der Welt, doch in Wahrheit gehört euch kein Krümchen Erde.» Der Mann wurde mit 300 Anhängern von den Großgrundbesitzern im Wahlkampf erschlagen.

Sein Bruder Gajus Gracchus versuchte den «historischen Kompromiß» zwischen Bauern und Handwerkern einerseits und der progressiven Bourgeoisie der Banken und des Handels andererseits, um den alten Senatorenfamilien, den Großgrundbesitzern, die politische Macht streitig zu machen. Er führte das Projekt einer Landreform vor allem in den eroberten Gebieten weiter und verfügte für die verarmte römische Plebs regelmäßige Kornspeisungen. Dafür mußte Getreide importiert werden, und die riesigen Importe aus Sizilien und Ägypten, die nun einsetzten, machten nun ihrerseits wieder die Preise kaputt und den römischen Bauern bankrott. In kürzester Zeit stellte sich die römische Wirtschaft völlig um: Die brotlosen Handwerker und Bauern erhielten in der Stadt regelmäßige Speisungen, die Importe blühten, und finanziert wurde das ganze durch neue Eroberungen. Rom produzierte nur noch Soldaten und Herrschaft, oder wie Hegel das sagt:

«Der Reichtum wurde als Beute empfangen und war nicht Frucht der Industrie und rechtschaffener Tätigkeit.»

Das war die Konstellation, auf der Roms Weltherrschaft mehrere Jahrhunderte beruhte. Und obgleich Gajus Gracchus der Mann der Banken, der Subventionen und des Handels war und die Ausplünderung der Provinzen deckte, verfolgte er doch auch eine Politik der Reformen. Er führte die Idee der Landreform weiter und verlangte eine Ausweitung des Bürgerrechts auf die anderen italischen Stämme. An diesem Punkt ließen ihn die Bankiers im Stich, und die Konservativen bekamen wieder Aufwind. Gajus verschanzte sich auf dem Aventin, dem Volksviertel, aber in einer Nacht der langen Messer wurde er im Jahre 121 mit 3000 seiner Anhänger ermordet. Gajus versuchte zwar vom Aventin herunter in den Tiber zu entfliehen, aber am Abhang verstauchte er sich den Fuß und ließ sich von einem Sklaven erstechen, um nicht in die Hände seiner Verfolger zu fallen (Plutarch/Brecht). Das Andenken der Gracchen wurde geächtet, Trauerfeiern verboten. Es kam eine Zeit ständiger Militärputsche und Bürgerkriege, in der Politik nur noch mit der Waffe in der Hand entschieden wurde. Erst Julius Cäsar, mütterlicherseits verwandt mit den Gracchen, setzte 75 Jahre später durch seine Alleinherrschaft den Wirren ein Ende.

Zeiten für große Männer

Trotz Klassenkämpfen und Bürgerkriegen überstand Rom in jener Zeit den ersten Ansturm der germanischen Völker, der Kimbern und Teutonen (der Retter des Vaterlandes war Marius, ein Onkel Cäsars), die Aufstände der Numider in Afrika und der Perser im Osten und einen Klassenkampf besonderer Art: Sklavenaufstände in Sizilien und den großen Aufstand der Sklavenheere des Spartakus in den Jahren 73 bis 71.

Die großen Interessengruppen waren damals: die Banken, der Handel, der Großgrundbesitz, das Militär, während in Rom selbst die Masse der armen Bevölkerung vom Imperium ausgehalten und durch Brot und Spiele politisch demoralisiert wurde. Der Bau von Theatern und der Boom der Gladiatorenspiele nahmen zwar erst in der Kaiserzeit «kolossale» Ausmaße an, doch war schon in der späten Republik der sakrale Charakter der Spiele weitgehend verlorengegangen und durch rein demagogische Elemente ersetzt worden. Ein Beispiel liefert die Geschichte der Rennbahn zu unseren Füßen. Hier soll das Fest mit dem Raub der Sabinerinnen stattgefunden haben und hier sollen schon die Könige eine Arena gebaut haben. Wahrscheinlich stammt jedoch der Circus Maximus aus dem 2. Jahrhundert, und berichtet wird, daß Julius Cäsar hier eine «Schlacht» stattfinden ließ mit 1000 Soldaten, 600 Reitern und 40 Elefanten. In der späten Kaiserzeit soll der Zirkus mit seinen Tribünen 300 000 Besuchern Platz geboten haben. Der Gotenkönig Totila ließ im Jahre 549 die letzten Spiele stattfinden, bevor dann der Zirkus völlig zerfiel.

Mit Spenden und Spielen wurden die Volksmassen regelrecht gekauft, Wahlen wurden mit Waffen und Bestechungen entschieden, «das ganze äußere und innere Regiment dieser Zeit trug den Stempel der Erbärmlichkeit» (Hegel). Aber es wurde die Zeit großer Individuen, die um so

28

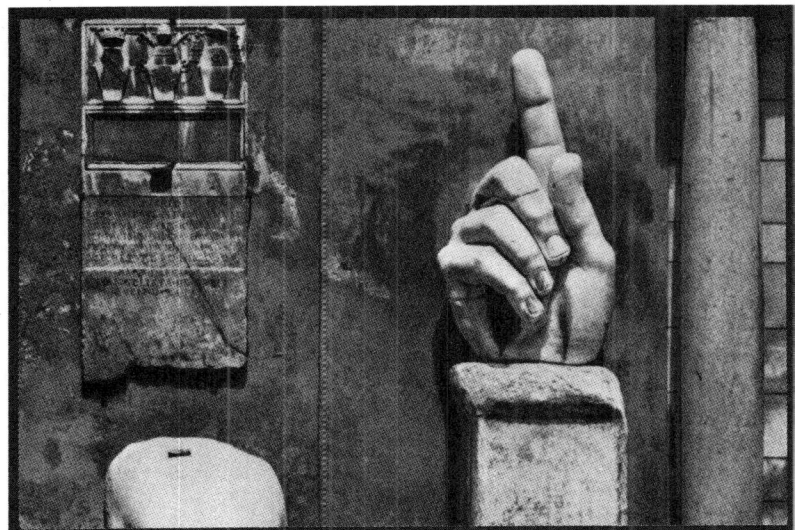

Aus der Geschichte lernen: Fingerzeig vom Kaiser Konstantin ▬▬

freiere Entfaltungsmöglichkeiten hatten, je zerrütteter der Staat und je unfreier das öffentliche Leben wurden. In den republikanischen Institutionen war kein Halt mehr, es galt keine Regel, sondern nur der Wille des einzelnen. Die Fäulnis der Republik und das Herumtaktieren des Senats gaben einem Cäsar freie Hand. Wie agiert nun ein großer Mann zwischen kaputten Institutionen und korrupten Machern? Diese Frage, die die Phantasie beschäftigt und gefährliche Träume transportiert, beschäftigt die Nachwelt bis

heute. Doch nicht nur die Nachwelt.

«Cicero spürte als erster die tyrannischen Absichten des Cäsar, sein Streben nach der Macht und nach der Weltherrschaft, beruhigte sich aber immer wieder: ‹Wenn ich sehe, daß sein Haar immer so übermäßig gepflegt ist und er sich nur mit einem Finger kratzt, dann wird ihm, meine ich, ein so furchtbarer Gedanke wie der Umsturz der römischen Staatsform nie kommen›»– so steht es im Plutarch, der auch erzählt, wie Cäsar nach der Machtergreifung sofort nach der Staatskasse griff. Als der Tribun Metellus ihn daran hindern wollte, drohte Cäsar, ihn auf der Stelle zu töten: «Mein lieber Junge, du weißt wohl, daß es mir saurer ankommt, dies zu sagen, als dies zu tun.»

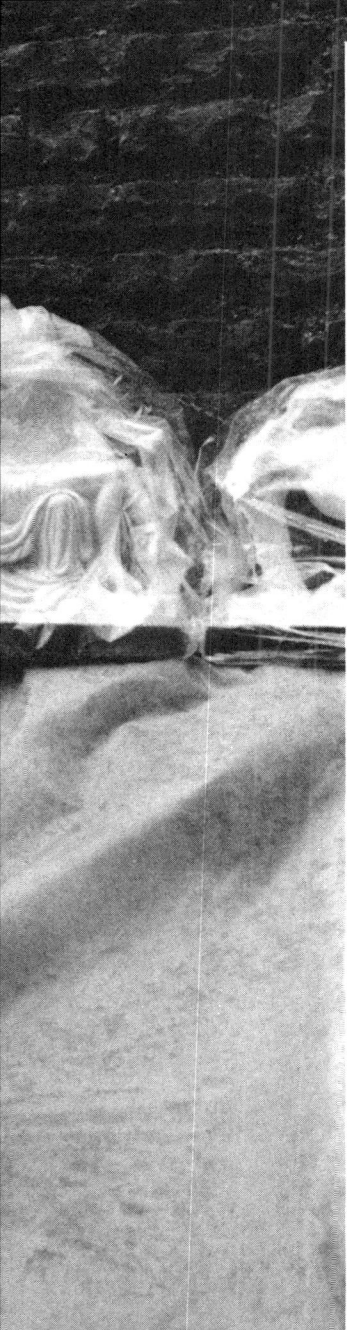

Es war ein warmer Sommertag, alle Leute liefen mit Vergnügen und Freude durch die Stadt
Rom.
«Meine Statuen und Statuinen!» schrie Julius
Cäsar, der gerade über die Piazza Venezia mit
seinem Karren fuhr. «Ihr seid herzlich einge a-
den zum Empfang der Statuen, der im Kolosseum übermorgen um 20.30 stattfindet. Ich
wiederhole: übermorgen um 20.30!»
Es fehlten also noch zwei Tage zum Empfang.
Die Kapitolinische Venus war besorgt, was sie
anziehen sollte, und Garibaldi wußte nicht,
was er für ein Pferd nehmen sollte. Viktor Emanuel stolzierte von der Piazza Venezia über
den Corso und grüßte die Statue auf der Via
del Babuino. Die Soldaten-Statuen auf dem
Pincio hatten sich schon mit der Straßenbahn
zum Kolosseum begeben, um die Leuchter
aufzubauen.
Sogar die versteinerten Menschen aus Pom-
peji sind heute morgen mit dem Zug gekommen und wurden von Augustus am Bahnhof
Termini abgeholt. Heute ist der große Tag, der
Engel der Engelsburg und die Maria von der
Pietà haben im Kolosseum ein kaltes Buffet
aufgebaut, und Petrus sorgte für die Getränke
und Nero half ihm, die Coca-Cola-Kästen zu
tragen.
«Das Buffet ist eröffnet», schrie Julius Cäsar
mit dem neuen Lautsprecher. «Das Christen-
problem wurde gelöst, nicht wahr?» fragte Augustus Petrus. «Ja, ich glaube schon!»
«Sie haben es ja gut, euch streichelt ja jeder
über den Fuß, mir nicht», unterbrach sie Nero.
«Das kitzelt aber wie verrückt», erwiderte
Petrus.
Um neun kam die Venus zum Westeingang
hereinstolziert mit ihrem geliebten Eros auf
dem Arm. Laocoon war auch da, er sprach
über Troja mit Pompejus, der schon das halbe
Buffet geleert hatte. Bacchus war betrunken
und lief schwankend über die Stufen des Kolosseums. Viktor Emanuel sprach mit Umber-
tus I. über die Monarchie. Sie wurden von
Pompejus unterbrochen, der sagte: «Die Monarchie ist verrückt!» Danach griff er nervös
nach einem Törtchen. Es war 23.00, und ein
Autobus fuhr die ganzen Statuen nach Hause.
Die Touristen wunderten sich, weil soviel
Dreck im Kolosseum lag.

«Der Empfang der Statuen» von Elger Esser,
13 Jahre (Schüleraufsatz)

Cäsars Trick mit den Statuen

Unter den vielen Türmen und Gebäuden sehen wir von der Piazza Ugo La Malfa aus auch das Kapitol, den Turm und das weiße Monument des Vittorio Emmanuele. Das Kapitol war Burg und Tempel, letzte Zufluchtstätte und heiligster Ort. Vom Tarpeiischen Felsen des Hügels wurden die Hochverräter gestürzt, hierher brachten die Triumphzüge Statuen und Beutestücke, während die prominenten Gefangenen nach dem Zug im Mamertinischen Kerker erwürgt wurden. Das Kapitol war der Ort politischer Schaustellung, und nicht umsonst sah der fromme Kirchenvater Hieronymus den Untergang des Heidentums besiegelt, als das Kapitol verfiel.

Im antiken Rom lebte neben dem Volk der Lebenden auch ein Volk der Statuen, ein Volk aus Marmor. Totenbilder und Statuen der Vorfahren standen in jedem Haus, und wer die Stadt betrat oder aus ihr abreiste, mußte vor den Toren das Spalier von Gräbern und Figuren durchwandern, das die Ausfallstraßen säumte. Bei den Begräbnissen wurden im Trauerzug die Bilder der Vorfahren mitgetragen, als Demonstration der Geschichte und Macht der Familie. Nach der Ermordung der Gracchen verbot die siegende Aristokratie die Trauerfeier. Auch Sulla stürzte nach seinem Sieg die Bilder des Marius, des alten Generals und Siegers über die Kimbern und Teutonen. Cäsar, der in der verwandtschaftlichen wie in der politischen Tradition der Gracchen und des Marius stand und dies auch zeigen wollte, brach als erster diese Acht. Beim Begräbnis seiner Tante Julia, die die Frau des Marius gewesen war, ließ er Bilder des Marius im Trauerzug mitführen. Als

Rom im Wandel: Kapitol mit Kühen (um 1855), Kapitol mit Altar des Vaterlandes (seit 1911) ▬▬

der Senat nicht einzuschreiten wagte, ging er noch einen Schritt weiter. Er ließ «in aller Heimlichkeit einige Standbilder des Marius, dazu Siegesgöttinnen mit ihren Trophäen herstellen. Dann gab er den Befehl, sie nächtlicherweise aufs Kapitol zu schaffen und aufzustellen. Als man am anderen Morgen die Statuen schimmernd von Gold in ihrer herrlichen Kunst sah, als man die Aufschrift las, die von dem Sieg über die Kimbern kündete, war man starr vor Schrecken über die Kühnheit des Stifters. Man wußte ja, daß es Cäsar

war. Das Gerücht davon eilte durch die Stadt und lockte alle herbei. Einige schrien, Cäsars Politik ziele auf die Alleinherrschaft, die Marianer hingegen erfüllten das Kapitol mit jubelndem Beifall. Manchen standen Freudentränen in den Augen.» Plutarch führte ferner als Beispiel für die Großmut Cäsars an, daß dieser die Standbilder seines Gegners und ehemaligen Schwiegervaters Pompejus nach dessen Niederlage nicht ächten, sondern wieder aufrichten ließ. «Cäsar habe seine eigenen Statuen gesichert, als er die des Pompejus wieder aufrichten ließ», kommentierte Cicero diesen Weitblick.

Ein seltsamer Zufall wollte es, daß die Senatssitzung, während der Cäsar ermordet wurde, im Theater des Pompejus stattfand – und so geschah der Mord unter einer Statue des Pompejus. «Das Blut des Sterbenden», schreibt Plutarch, «spritzte über die ganze Statue. Fast mochte es scheinen, als ob Pompejus die Rache an seinem Gegner leite.»

Die Gottheiten und die Ahnen lebten in den Bildern und Statuen, so daß sich zwischen diesen und der Bevölkerung enge Beziehungen entwickelten. Lippen, Hände, Füße der Götterbilder wurden von den Andächtigen so oft geküßt, daß der Stein oder das Erz der Statuen mitunter merklich abnahm. Die Betenden ließen sich von den Tempeldienern möglichst nahe an das Ohr des Götterbildes bringen, um besser gehört zu werden, und flüsterten ihm Gebete oder Gelübde, die geheim bleiben sollten, zu. Sie hefteten die Wachstafeln, auf denen ihre Wünsche eingezeichnet waren, an die Knie des Bildes, damit der Gott ihr Anliegen nicht vergessen möchte. Aber sie stießen auch, wenn ihr Gebet unerhört blieb, Verwünschungen und Drohungen gegen die Götter aus wie später die Christen gegen die Heiligen.

Das Urchristentum stand zu diesem Bilderglauben zunächst in heftiger Opposition. Die Urchristen weigerten sich, den Kaiserbildern Ehren zu erweisen. Damals mußte jeder Staatsbürger als Ausdruck seiner politischen Loyalität den Kaiserbildern opfern. Im Grunde war es selbstverständlich, daß man alle, selbst die verrücktesten Religionen respektierte und auch fremden Göttern opferte. Die Haltung der ersten Christen, die den Kaiserbildern die Opfer versagten, war den gebildeten Heiden und erst recht den Ungebildeten völlig unverständlich, ein eindeutiger Akt politischer Rebellion und religiöser Intoleranz. Diese Haltung wurde nur in besonders spektakulären Fällen und in bestimmten,

politisch schwierigen Perioden, selten aber systematisch verfolgt. Nach ihrem Sieg zerstörten dann die Christen Tempel und Götterbilder und begannen, eigene Gedenkstätten zu errichten. Der Kirchenvater Hieronymus frohlockte zu Beginn des 5. Jahrhunderts: «Das goldene Kapitolium starrt in Schmutz. Alle Tempel Roms sind mit Ruß und dem Gewebe von Spinnen überzogen. Das Volk strömt an den Ruinen vorbei zu den Gräbern der Märtyrer. Entweder die Vernunft oder die Scham treibt die Heiden zum Glauben.»

Rom Babylon

Cäsars Ermordung führte nicht zur Wiederherstellung der Republik, sondern zunächst zum Bürgerkrieg und später zur Herrschaft seines Neffen Oktavian, der den Namen Augustus, der Erhabene, annahm. Mit ihm konsolidierte sich die Alleinherrschaft eines einzelnen und wurde bis zum Untergang des römischen Reiches im 5. Jahrhundert zur Staatsform.

Nun hatten die langen Wirren der Bürgerkriege ihre autoritäre Lösung gefunden, aber das religiöse Erlösungsbedürfnis äußerte sich um so drängender und führte zum massenhaften Import orientalischer Heilslehren und schließlich zum Siege des Christentums.

Wir brauchen nur den Palast der Kaiser, den Palatin uns gegenüber anzuschauen, um in der mächtigen Architektur nicht nur die Größe, sondern auch den Keim des Ruins zu sehen. Nicht umsonst ist der Palatin als Ruine vielleicht ebenso herrlich wie als Palast. Die Intellektuellen bereits der ersten Kaiserzeit drückten ähnliche Gefühle aus und versuchten auf Reisen das Leben eines

Den Christen ein Greuel: «Alle ihre Tempel sind aus Beutegut gebaut ...»

Aussteigers aus dem Zentrum des Imperiums zu führen. Die Briefe Senecas, der einer der reichsten Männer seiner Zeit war, behandeln Themen wie: «Streben nach Weisheit befreit von Todesfurcht», «Keine unnötige Furcht vor künftigem Unheil», «Möglichst bald hinaus aus dem Staatsdienst» und «Zurückgezogenes Leben ist wahres Glück». Doch ein Aussteigen durch Reisen war nicht möglich. Überall im Imperium holte den Fliehenden die Blutspur der Macht ein, alle Spuren führten nach Rom.

Welch ein Haß der Völker gegen die Stadt, «mit welcher gehurt haben die Könige auf Erden. Sie sitzt mit Purpur und Scharlach über den Wassern der Völker und Sprachen, trunken vom Blut der Heiligen und Märtyrer Jesu. Ein Babylon ist die große Stadt auf sieben Hügeln, die da herrscht über die Könige der Erde. Sie sitzt übersät mit Gold und edlen Steinen auf einem Tier mit sieben Köpfen und zehn Hörnern. Und die zehn Hörner und die Tiere werden die Hure hassen und einsam machen und werden sie mit Feuer verbrennen» (frei zitiert aus der Offenbarung des Johannes).

Während der römische Staat durch die Übernahme wichtiger Funktionen und durch den Bau riesiger Verkehrswege und Infrastrukturen immer konkretere materielle Formen annahm, wurde er gleichzeitig immer abstrakter, den Bedürfnissen der Menschen immer fremder. So entwickelten sich die christlichen Gemeinden in strenger Abgeschiedenheit von aller Staatstätigkeit und in strikter Ablehnung des Gottkaisertums und seiner materiellen Basis, die ein christlicher Autor des zweiten Jahrhunderts folgendermaßen kritisierte: «Alle ihre Tempel sind aus Beutegut gebaut, das heißt aus dem Untergang von Städten, mit Tempelraub und Priestermord.» Knapp 150 Jahre später, unter Kaiser Konstantin, war das alternative Netz der christlichen Gemeinden so stark, aber auch so entdemokratisiert, daß es zur wichtigsten Stütze des Staates werden konnte. So wurde das Christentum nicht nur zu einer religiösen, sondern auch zu einer organisatorischen Antwort auf die Nöte der Zeit. Es wurde zur gewaltigen Klammer zwischen Römern und Germanen, zwischen denen, die aus der Geschichte ausstiegen, und denen, die nun neu einsteigen sollten (Werner Raith).

Die Parklandschaft des Celio, die wir rechts vom Palatin sehen, enthält einige der schönsten frühchristlichen Basiliken. Und wenn wir zur Porta Latina hinauslaufen, Richtung Via Appia, kommen wir zum kleinen Rundtempel Bramantes und Borrominis, der nach der Legende da steht, wo Johannes der Evangelist die Marter des siedenden Öls heil überstand und Rom verlassend nach Patmos ging, wo er die Apokalypse schrieb. Roms Verfall war nicht mehr aufzuhalten, bis Papst und Kaiser auf dem Boden der antiken Zivilisation ihre neuen Reiche bauten, für die Rom noch einmal caput mundi, das Haupt der Welt wurde.

Altrömisches Fitnesscenter: die Thermen des Kaisers, der sein Pferd zum Senator machte

Spurensicherung – Entlang der Via Appia Antica

Was bis in die 50er Jahre ein erholsamer und bildender Spaziergang war, der Gang vor die Tore der Stadt, zwischen den Mauern hoher Gärten hindurch und an den kleinen Kirchen der Märtyrer vorbei, ist heute ein anstrengendes Unternehmen geworden. Der erste Teil der Via Appia Antica ist eine Falle für den Fußgänger: Durch den Schlauch zwischen den hohen Mauern fahren mit erheblicher Geschwindigkeit Autos und Autobusse, wer sich nicht rechtzeitig an eine Wand drückt, muß

fürchten, zerquetscht zu werden. Rechts und links von diesem Schlauch laden Restaurants zum Essen ein, die nicht immer so teuer sind, wie sie ausschauen und in denen man zumindest angenehm sitzt, aber dies sind auch die einzigen Ausbruchsmöglichkeiten. Spazierwege auf diesem archäologischen Gelände der Gräber, Kirchen, Katakomben, Straßen, Tempel, Quellen, Aquädukte und Villen gibt es keine. Wäre also zunächst zu klären, warum das so ist, wie man dem Schlauch entgeht, und schließlich, was es mit der Via Appia, ihren Gräbern und Katakomben auf sich hat.

Gelände im Zangengriff

Stadtauswärts rechts von der Via Appia Antica verläuft die autobahnähnliche Achse der Via Cristoforo Colombo, die die Stadt mit dem Musterviertel des Faschismus, dem EUR, verbindet und die das Rückgrat der vom Faschismus vorgesehenen Stadterweiterung werden sollte. Der Bau des EUR – damals, kurz vor dem Zweiten Weltkrieg, noch weit draußen vor der Stadt – und der Bau der Verkehrsverbindungen und Infrastrukturen katapultierte die Grundstückspreise des damals noch landwirtschaftlich genutzten Geländes zwischen EUR und Stadt nach oben. «Kluge» Leute hatten dieses Gelände rechtzeitig aufgekauft und verwirklichten nach dem Krieg ihre Zementalpträume, die sich als drohende Wand immer näher an die Via Appia Antica heranschoben.

Stadtauswärts links rückt, ebenfalls seit Beginn der 50er Jahre, eine zweite Häuserwand auf die Appia Antica zu. Ihr Rückgrat bildet die Via Appia Nuova, von der aus sich nach beiden Seiten billige Wohnkasernen, die als «herrschaftliche» *appartamenti* verkauft werden, in die Landschaft schieben. Der aufgesetzte Dekor des «signorile» ist inzwischen abgeblättert, und das Kleinbürgertum, das hier wohnt, radikalisiert sich zusehends und bildet ein Wählerreservoir der Rechtsparteien. Die Zementflut hat die altehrwürdige Via Latina überschritten und beginnt nun in das Tal der Caffarella hinabzusteigen. Den neuen Straßen gab man Namen, die die kulturelle Verbundenheit mit der

Ein Rest Campagna: das Tal der Caffarella

Antike beweisen sollten: Via Sege-
sta, Via Mesopotamia, Via Gregorovius. Das war kein Zynismus der
christdemokratischen Stadtväter, die
hier ihre Spekulationen durchzogen,
sondern eine Naivität, wie sie häufig
die Abwicklung großer Geschäfte
begleitet. Schon waren die Trassen
der neuen Straßenzüge und einer
Schnellstraße im Tal der Caffarella abgesteckt, als durch eine Kam-
pagne des Vereins Italia Nostra und
durch Artikel des Journalisten und
kritischen Stadtplaners Antonio Cederna das Projekt zu Fall gebracht
werden konnte. Einst kehrte Hannibal im Tal der Caffarella mit seinem
Heer wieder um (Hannibal ante por-
tas), jetzt wurden die Vandalen im
eigenen Hause («I vandali in casa»

lautet der Titel eines der Bücher von Cederna) zum Stehen gebracht.

So entstand um die Appia Antica ein Korridor, innerhalb dessen jedoch der Kampf auf zwei Fronten weitergeht: erstens gegen reiche und möglicherweise auch kultivierte Privatleute, die sich ihr Stück Antike eingezäunt und privatisiert haben – und zweitens gegen die Fürsten Torlonia um die Enteignung des Tals der Caffarella. Inzwischen ist die Enteignung beschlossene Sache, auch wenn die Torlonia, die zu den größten Bodenbesitzern und Spekulanten Italiens gehören, noch um den Preis prozessieren. Aber schon tauchen neue Probleme auf: Die rote Stadtverwaltung wollte aus dem Gelände einen «parco archeologico» machen, die christdemokratische Verwaltung hat hingegen ein Projekt entworfen, das den Bau eines großen Volksparks mit Seen und Sternwarte, Restaurant und Vergnügungsbuden vorsieht. Wie wir auf unserem Spaziergang noch sehen werden, wäre es das Beste, das heute verwahrloste, aber doch stimmungsvolle Tal bliebe weiterhin landwirtschaflich genutzt, die Gartenbaubetriebe blieben erhalten, die Altertümer würden hergerichtet und Spazierwege angelegt, die diese Landschaft erschließen. Aber die einfachste Lösung ist anscheinend die schwierigste. Immerhin ist das Gelände inzwischen wenigstens vom gröbsten Bauschutt und Müll befreit.

Königin unter den Straßen

Die Weltherrschaft einer einzigen Stadt, eigentlich eine absurde Sache, war technisch nur möglich durch ein Verkehrsnetz, das den Mittelpunkt des Reiches schnell und sicher mit der ganzen Welt verband. Die Via Appia, die bis Brindisi führte, galt als Königin unter den Straßen. Über sie lief der Verkehr mit Griechenland und Nordafrika, aber auch mit dem Osten, wo die großen Reichtümer der alten Hochkulturen auf die Plünderung durch die Römer warteten. Die Schiffe aus dem Osten liefen Brindisi und vor allem Pozzuoli an und erst später den Hafen von Ostia, so daß der Transport von Menschen und Waren eine große Strecke über die Appia erfolgte. Ähnliche Straßen verbanden Rom mit dem Norden; die Via Aurelia führte nach Genua und Südfrankreich, die Via Flaminia durch Umbrien an die Adria, nach Fano-Rimini, die Via Cassia durch Etrurien nach Siena und Florenz, die Salaria, die Salzstraße, von Rom nach Pescara. Aber die Appia mit ihrer Breite von 4,30 Metern war die Krönung, sie war für den Gegenverkehr eingerichtet und mit besonders dauerhafter und scharf behauener Pflasterung versehen.

Die Straßen in Italien, Nordafrika, im Vorderen Orient, in Frankreich und Spanien zählen zu den größten technischen und politischen Leistungen der Römer. Die Leichtigkeit, Sicherheit und Schnelligkeit des Reisens der römischen Kaiserzeit wurden in Europa erst wieder im 19. Jahrhundert erreicht. Cäsar konnte in einem vierrädrigen, speziell für ihn angefertigten, gut gefederten Wagen 150 Kilometer pro Tag zurücklegen und während der Reise seine Korrespondenz erledigen. Der kaiserliche Depeschendienst hatte eine normale Geschwindigkeit von 180 Kilometern pro Tag. Die Nachricht von einer Meuterei in Mainz erreicht Rom in neun Tagen. Das Straßennetz des Imperiums umfaßte rund 85 000 Kilometer, und mit

Hilfe dieses Netzes hielt Rom 3,5 Millionen Quadratkilometer mit 80 Millionen Einwohnern unter Kontrolle. Wozu eigentlich?

Mehr Herrschaft erfordert mehr Infrastrukturen, mehr Infrastrukturen produzieren mehr Herrschaft, bis diese Spirale irgendwann einmal zu kostspielig wird und darum abbrechen muß. Der Untergang des römischen Reiches nicht als Untergang, sondern als Ausstieg aus dem Wachstumswahn – diese These von Werner Raith (Wagenbach Verlag) mag eine passende Denkübung für einen Spaziergang auf der Via Appia sein.

Wer reiste auf der Via Appia? Benutzer waren in erster Linie das Militär und Staatsbeamte. Dann natürlich die Händler und ihre Wagenkarawanen. Und natürlich wurde in der Nähe der Stadt die Appia auch von den Bauern benutzt, die auf den Markt gingen. Hinzu kam viel fahrendes Volk, Propheten und religiöse Agitatoren, Handwerker, Studenten und auch entlaufene Soldaten. Die antiken Schriftsteller und Hofjournalisten berichten auch von Luxusreisen. Die reichen Leute wetteiferten um die prächtigsten Reisezüge bei ihren Fahrten in die Villen am Golf von Neapel. Kaiser Nero sei mit Hunderten von Karossen gefahren, denen Läufer und Vorreiter vorauszogen, alle aufs reichste geschmückt. Die Wagen selbst waren vergoldet, versilbert, aus Messing und die Hufeisen der Maultiere waren ebenfalls versilbert.

Ohne Sklavenarbeit und Frondienste waren Bau und Unterhaltung dieser Infrastrukturen unmöglich. Insofern hat es seinen blutigen Sinn, wenn Crassus, der Sieger über den Sklavenaufstand des Spartakus (derselbe, den wir in Ostia als

Grundstücksspekulanten kennenlernen), nach der Entscheidungsschlacht die gefangenen Sklaven entlang der Via Appia kreuzigen ließ: von Capua bis Rom alle 200 Meter ein Gekreuzigter.

Heiden und Heilige

Und nun endlich unser Spaziergang zu den Gräbern der Heiden und der Heiligen und ins Tal der Caffarella. Ausgangspunkt sind die Caracallathermen. Ein Blick auf den Straßenplan zeigt, daß der erste Teil der Straße, die hier noch Via di Porta San Sebastiano heißt, durch parkähnliches Gelände läuft und daß die aurelianische Mauer sich tief ausbuchtet, um das höher gelegene Gelände zu umschließen. Zur Zeit der Republik lag es bereits außerhalb der Mauern, daher findet man schon hier die Gräber einiger bedeutender Familien, insbesondere der Scipionen (genau an einer Haltestelle des 118er Busses, so daß man den Weg zu Fuß vermeiden kann).

Die Scipionen waren im republikanischen Rom eine der angesehensten Familien. Sie stellten Senatoren und Generäle, die Weltgeschichte machten. Der berühmteste unter ihnen war Scipio Africanus, der Wüstenfuchs und Besieger Hannibals. Gefunden wurde die Grabanlage 1780, ausgegraben und hergerichtet erst vor gut fünfzig Jahren – daher sehen wir am Eingang, schon stark abgebröckelt, die faschistischen Rutenbündel und den erbaulichen, auf die späteren afrikanischen Kriegsabenteuer Mussolinis verweisenden Spruch vom ewig strahlenden Ruhm dieser Gebeine.

Die Familiengruft liegt unter einer Villa aus dem 3. Jahrhundert nach Christus. Auf dem Gelände befinden sich außerdem Spuren christlicher Katakomben und ein sehr gut erhaltenes Kolumbarium, ein «Taubenschlag», in dessen Nischen die Urnen weniger berühmter, aber immer noch reicher Leute beigesetzt wurden. Außerhalb der Villa, in den Gärten der Scipionen, liegt ein weiteres Kolumbarium, das Grab des Pomponius Hylas, in dem viele Freigelassene des Augustus und des Tiberius bestattet sind. Der Besuch, der eigentlich im Preis der Scipionengräber eingeschlossen ist, lohnt wegen der Wandmalerei, ist derzeit aber unmöglich – es sei denn, der Wärter der Scipionengräber findet rasch eine Vertretung und kann uns gegen ein Trinkgeld dorthin führen. Bei dieser Gelegenheit frage man auch nach dem Zustand der Villa des Kardinals Bessarione im Park gegenüber, deren Besuch nach Einbruch und Diebstählen seit einigen Jahren nicht mehr möglich ist.

Die ganz reichen und mächtigen Familien besaßen also eine Familiengruft, und die Beerdigungen und Totengedenkfeiern waren politische Demonstrationen der Macht eines Familienclans. Schon die Lage des Grabmals war wichtig, und es versteht sich, daß die Via Appia eine hervorragende Adresse war. Weniger bedeutende Leute wurden in den Kolumbarien beigesetzt, die Armen in Massengräbern verscharrt. Wer ein ordentliches Begräbnis wollte, sparte daher zu Lebzeiten und trat, um sich einen Platz zu sichern, einer der zahlreichen Sterbekassen bei, die schon sehr früh als religiöse Vereine und Kapitalsammelstellen eine politische Bedeutung erhielten. In diesem Vereinsleben und den bescheidenen Bestattungsmöglichkeiten auf Grundstücken, die man von Privatleuten pachtete, kaufte oder

gestiftet erhielt, liegt auch der Ursprung der christlichen Katakomben, keineswegs in einer durch Verfolgung erzwungenen Untergrundarbeit. Subversiv war an den Katakomben aber die polemische Bescheidenheit der Beerdigungen und der Gräber, mit der die ersten Gemeinden ihre Armut zeigten und Armut forderten, und subversiv war sicher auch die demokratische Verwaltung der Sterbekassen. Doch änderte sich das sehr bald, als das Christentum Staatsreligion wurde, als die Gebeine der Märtyrer aus den Katakomben in prächtige Kirchen gebracht wurden und als die Reliquien selbst samt ihren Fälschungen schließlich zum lukrativen Handelsobjekt wurden. Und was die Kontrolle der Kasse betrifft, ein altes Problem revolutionärer Bewegungen, so ist die Geschichte des heiligen Kalixtus aufschlußreich für den raschen Verfall der Sitten. Aber diese Story gehört zu den Kalixtus-Katakomben.

Die Kalixtus-Katakomben erreicht man direkt mit dem Bus von Haus zu Haus (Haltestelle Tomba degli Scipioni – Catacombe San Callisto). Wer Zeit hat, sollte zuvor durch den Park der Scipionen hinüber zur Kirche San Giovanni an der Porta Latina spazieren. Am Ausgang des Parks erinnert ein Rundtempel an das fehlgeschlagene Martyrium Johannes' des Evangelisten: In siedendes Öl geworfen, blieb er unversehrt, so daß er in der Verbannung in Patmos seine apokalyptischen Visionen vom Untergang «der römischen Hure» schreiben konnte. Auf der anderen Straßenseite, noch innerhalb der Mauern, steht eine der frühen, im Mittelalter mehrmals erweiterten Basiliken mit Fresken aus dem 12. Jahrhundert. Von der Porta

*Falle für Fußgänger:
die Via Appia bei der
Kirche «Ouo Vadis»* ▄▄▄

Latina gehen wir rechts an den aurelianischen Mauern entlang bis zur prächtigen Porta San Sebastiano, die sehr spät, im 6. Jahrhundert, von dem byzantinischen Feldherrn Belisar im «Kampf um Rom» (Felix Dahn) gegen die Goten in der heute noch sichtbaren Weise ausgebaut wurde. Man kann von diesem Tor aus die Zinnen der aurelianischen Mauer besteigen. Die aurelianischen Mauern wurden in den Jahren 271 bis 279, als die Gefahr der Germaneneinfälle ständig wuchs, als ein riesiger, über 20 Kilometer langer Ring um die Stadt gelegt. Sie sind noch weitgehend erhalten, und der Spaziergang von der Porta San Sebastiano an der Mauer entlang über den Aventin bis zur Porta San Paolo lohnt eine Programmänderung.

Wer das Programm nicht ändert, geht auf der Appia Antica etwa 800 Meter bis zum Kirchlein Domine Quo Vadis an der Gabelung der Appia Antica und der Via Ardeatina. An dieser Stelle soll Petrus auf der Flucht vor der Verfolgung Christus begegnet sein und auf seine Frage «Herr, wohin gehst du?» die lakonische Antwort erhalten haben: «Mich ein zweites Mal kreuzigen lassen.» Petrus kehrte um und erlitt den Märtyrertod. An dieser Gabelung führt zwischen den beiden antiken Straßen ein Fahrweg auf den Hügel, auf dem die Kalixtus-Katakomben liegen.

Hier muß man Eintritt zahlen und wird nach allen Sprachen des Pfingstwunders in Gruppen eingeteilt, die den Fremdenführern an die heiligen Stätten folgen. Papst Kalixtus machte im 3. Jahrhundert aus dieser Begräbnisstätte die Grabkapellen der Bischöfe von Rom, deren Gebeine später in Kirchen überführt wurden, während die verlassenen Gräber nach und nach vergessen und erst Mitte des 19. Jahrhunderts wieder entdeckt wurden.

Der Fall Kalixtus

Der heilige Kalixtus war ein sehr umstrittener Mann und von seinem Leben sind uns zwei Versionen überliefert, die seines Widersachers Hippolytus und die der offiziellen Heiligenleben. Es schreibt der Gegner des Kalixtus: K. war der christliche Sklave eines christlichen Freigelassenen im Haus des Kaisers Commodus. Sein Herr gab ihm Kapital zum Betrieb eines Bankgeschäftes, nämlich die Einlagen von Witwen und Brüdern. K. verlor das Geld, macht Bankrott und floh zum Hafen. Er wurde von seinem Herrn eingeholt und zur Strafe in die Stampfmühle geschickt, aber wieder entlassen, in der Annahme, er habe das Geld versteckt und könne es wieder herbeischaffen. K. lief nun schnurstracks in einen jüdischen Gottesdienst und provozierte dort die Gläubigen, offensichtlich um bei der eigenen Partei wieder zu Ansehen zu kommen, das heißt, «um seinen heiligen Eifer, die Krone des Märtyrertums zu erwerben, unter Beweis zu stellen». Die beleidigten Juden schleppten den Störer vor Gericht, und K. wurde zusammen mit anderen Christen in die Bergwerke nach Sardinien geschickt. Marcia, die Geliebte des Kaisers und heimliche Christin erreichte jedoch die Freilassung der

Verurteilten. Der Bischof Victor von Rom schickte eine Liste mit den Namen der in den Bergwerken festgehaltenen Christen nach Sardinien, ohne den Namen des Kalixtus zu nennen. Doch K. gelang es, mit den übrigen Verurteilten nach Rom zurückzukommen. Nach dem Tode von Victor wurde K. Verwalter des Friedhofs und der Gemeindekasse – offensichtlich eine Schlüsselstellung, von der aus K. seine Kandidatur bei der nächsten Bischofswahl durchsetzte. Im Jahre 222 erlitt K. bei einer neuen Verfolgungswelle den Märtyrertod.

Diese Geschichte, ob wahr oder nicht, zeigt auf jeden Fall, daß in der römischen Kirche sehr harte Machtkämpfe stattfanden und daß am Ende des 2. Jahrhunderts die Verwaltung der Gemeindegelder große Probleme aufwarf: Sie wurde zunehmend der direkten Kontrolle durch die Gemeinde entzogen und Funktionären anvertraut. Aus dem Bischof, der ursprünglich nur Aufseher des christlichen Volkshauses und seiner Finanzen war, wurde der Chef eines arbeitsteiligen Apparats von Klerikern. Bereits 100 Jahre später war dieser Apparat so entdemokratisiert, daß er unter Konstantin ohne weiteres für die kaiserliche Despotie verwendet werden konnte.

Noch eine zweite Sache lehrt uns diese Geschichte. Zu den Vorwürfen, die die Zeitgenossen gegen Kalixtus erhoben, gehört der, er sei zu tolerant gegenüber reichen Heiden und vornehmen Frauen gewesen. Ursprünglich gewannen die Christen ihre Anhänger nur unter den Sklaven und Armen. Reiche Leute erhielten die Mitgliedschaft in der Kirche nur, wenn sie ihren Reichtum aufgaben. Diese harten, wenn man so will, sektiererischen Züge wur-

den nach und nach aufgegeben. Von der Gütergemeinschaft blieben nur die gemeinsamen Essen, und auch diese wurden immer symbolischer. Die Reichen und Gebildeten nahmen langsam die Organisation in die Hand, veränderten die Traditionen und revidierten auch die Apostelbriefe und Evangelien. Die Christen blieben noch bis 313 Opposition, bereiteten sich aber schon auf eine Machtübernahme vor, wie sie in den Evangelien nicht vorgesehen war.

Ganz in der Nähe der Kalixtus-Katakomben, ein paar hundert Meter weiter auf der Via Appia, befinden sich die Sebastians-Katakomben unter der Kirche San Sebastiano. Hier sollen bis ins dritte Jahrhundert die Gräber der Apostel Peter und Paul gewesen sein, die zunächst gemeinsam verehrt wurden, bis die römischen Bischöfe den Kult des heiligen Petrus forcierten, der im Bau des Petersdomes gipfelte und der die Vorrangstellung des Bischofs von Rom legitimieren sollte.

Eine deutsche Geschichte

Die ebenfalls sehenswerten Domitilla-Katakomben befinden sich an der Via Ardeatina, auf die wir zugehen, um eine ganz andere Gedenkstätte zu besuchen: die Fosse Ardeatine. Wenn man von den Kalixtus-Katakomben in Richtung Rom blickt, verläuft zur Rechten die Via Appia, zur Linken die Via Ardeatina, zu der ein Fußweg führt. Auf

der Ardeatina wieder nach links erreicht man nach hundert Metern die Fosse Ardeatine. Hier wurden am 24. März 1944 auf barbarische Weise 335 Geißeln umgebracht, als «Vergeltung» eines Bombenattentats, das eine kleine Gruppe kommunistischer Partisanen in der Via Rasella, bei der Piazza Barberini, am Tag zuvor auf einen Lastwagen der SS verübt hatten. Die Vergeltungsaktion wurde von Kappler geleitet, der schon am 16. Oktober 1943 die Razzia gegen die Juden des Gettos kommandiert hatte. In seinem Übereifer ließ er mehr Leute erschießen, als nach den Nazi-Befehlen der «Vergeltung» eigentlich gefordert war. Kappler wurde von einem italienischen Gericht zu einer lebenslänglichen Freiheitsstrafe verurteilt und floh im August 1977 aus dem Militärkrankenhaus des Celio, um in «Deutschland in Freiheit zu ster-

ben». Die ganze Geschichte jener Jahre deutscher Besetzung Italiens zkann man in Erich Kubys «Verrat auf deutsch» nachlesen.

Ein Rest Campagna

Nun endlich zum Spaziergang ins Tal der Caffarella! Die Zypressenallee auf dem Gelände der Salesianer, die die Kalixtus-Katakomben verwalten, hinunter zum Kirchlein Domine Quo Vadis, von wo die Via della Caffarella abgeht. Nach nicht ganz einem Kilometer steht links neben einem Bauernhaus der sogenannte Tempel des Dio Redicolo, der Sage nach eine Weihestätte für die Gottheit, die hier Hannibal zur Umkehr gezwungen habe, in Wirklichkeit aber ein prächtiges Grabmal aus dem zweiten nachchristlichen Jahrhundert – ein eleganter rötlicher Ziegelbau. Bauherr war einer der

Zeugnisse von einst: Tempel für eine Bankiersgattin und mittelalterliches Gehöft ▬▬▬

reichsten Männer des Reiches, Herodes Atticus, ein Bankier von großer Kultur, der einen langwierigen Prozeß zu bestehen hatte wegen des Verdachts, seine Gattin Annia Regilla vergiftet zu haben. Auch die von einem Villenbesitzer privatisierte Kirche San Urbano, die wir nachher aus der Ferne sehen werden, ein gut erhaltener römischer Tempel, wurde von Herodes Atticus ebenfalls zu Ehren seiner Frau errichtet. Bei so vielen Ehrenbezeugungen war Mißtrauen gegenüber diesem Ehemann vielleicht ange-

bracht. Ein Hund, ein Tor und mißtrauische Bewohner des Hauses, das ursprünglich eine alte Mühle war, verhindern die Annäherung an den Tempel des Dio Redicolo.

Wir gehen auf dem Weg weiter, bis er rechtwinklig links abbiegt und den Bach, die Marrana della Caffarella, überquert. Vor uns erhebt sich nach wenigen hundert Metern ein mächtiges, verwahrlostes, mittelalterliches Gehöft, das früher der Bewirtschaftung des Torloniaschen Grundbesitzes diente und heute von ein paar Schäfern und Tagelöhnern bewohnt wird. Von nun an halten wir uns möglichst immer rechts, folgen dem Weg um das Gehöft auf dem steinigen, steileren Weg und nehmen nach 200 Metern wieder eine Abzweigung nach rechts zwischen Schrebergärten hindurch ins Gelände. Wer will, kann auch dem alten Weg folgen zur Via Latina, zu alten Gräbern und dichtgedrängten Neubauten, von wo ein Autobus ins Zentrum bis zum Pantheon fährt. Andernfalls führt uns ein Trampelpfad durch ein paar hundert Meter eindrucksvolle römische Campagna, wo Pasolini für seinen Film «La Ricotta» die Kreuzigungsszene gedreht hat, ein Golgatha an der römischen Peripherie.

Die Orientierung ist nicht allzu schwer: Durch die Schrebergärten, die sich Bewohner aus den Neubauten der Via Latina hier einfach angelegt haben, folgen wir dem Weg. Nach ein paar hundert Metern sieht man rechts unten wieder das Tal der Caffarella und einen breiten Weg, zu dem man gemütlich hinabsteigen kann. Wer einen sehr schönen Blick über das alte Gehöft, über das Gelände der Via Appia Antica mit ihren Denkmälern, wie dem Grab der Cecilia Metella, hinüber zum Tempel von San Urbano (unter Bäumen), in die Ferne zu Sankt Peter und zur Aurelianischen Mauer mit der Porta San Sebastiano haben will, steige rechts auf eine der Kuppen. Man spürt hier auf Schritt und Tritt, was die römische Campagna einmal war, mit ihren Tuffelsen und Grotten unter den verblichenen Grasnarben, mit ihren Türmen und Gehöften, Schafherden und Rinnsalen und mit den großen Monumenten am Horizont. Und noch etwas sieht man: mit welcher Brutalität sich die römische Peripherie in diese Landschaft geschoben hat. Die Berührungsstellen von Zement und Natur werden von Zivilisationsabfällen aller Art gezeichnet – ein Landstrich, der von motorisierten jugendlichen Banden befahren und von in Autos versteckten Liebespärchen aufgesucht wird.

Manchmal steht am Eingang der Felsgrotten ein leerer Mercedes oder Fiat mitten in der verbrannten Landschaft, ein Zeichen, daß ein Champignonzüchter unten im feuchten funghaio arbeitet, in den Höhlen und Galerien, die oft bis in eine Tiefe von zwanzig Metern gehen.

Auf dem breiten Weg, der parallel zum Bach der Caffarella verläuft, orientieren wir uns von neuem. Gegenüber liegt Sankt Urban, im Tal selbst sehen wir, mit Blick auf Sankt Urban, links die Reste eines mittelalterlichen Turms, der für unsere Orientierung entscheidend ist. Bei ihm finden wir einen Steg, auf dem wir den Bach überqueren und die sonst im dichten Gestrüpp sehr schwer zu findende «heilige Quelle», die «Grotte der Nymphe Egeria» erreichen (rechter Hand, Richtung Stadt). In diesem Hain fand der Sage nach die Begegnung zwischen der Sybille und dem altrömischen König Numa Pompilius statt. Der Ort wurde noch lange verehrt, und Herodes Atticus baute hier ein Nymphäum seiner Villa. Heute ist hier verwahrloste Wildnis, und wer bis hierher durchgestiegen ist, erreicht leicht über die Gärtnerei den Ausgang zu San Urbano und kommt auf der Teerstraße (zuerst rechts; dann an der Kreuzung links) zur Appia Antica und zur Bushaltestelle vor der Kirche San Sebastiano.

Eine andere Haltestelle erreicht auch, wer den Abstecher nicht macht und im Tal der Caffarella auf dem breiten Weg weiterläuft bis zur Fahrstraße, die die Appia Antica und Appia Nuova miteinander verbindet. Vor uns ein Autofriedhof, daneben, unter Bäumen, mit Parkplätzen, Kiosk und einem Quellenhaus, die heutige Quelle der Egeria. Hierher fahren die Römer und füllen gegen eine geringe Gebühr für den

Hier kann ich leben, im Straßenstaub, / ockerfarbenes Rom! Die Abgase glühen / über verlassenen Plätzen, der Asphalt / hat sich zwischen die Ruinen geschoben; / Stadtbusse, Bruchstücke aus dem Alltag, / die Saat der Steine, Säulen im Gras / zwischen Oleander und Fetzen Papier. / Hier kannst du leben, Sonne im Turnschuh, / Lire in der Tasche! Lieder schwingen / in den Mittag, müder Palmengarten, / ich fasse nach den Feigen, ich schaue hoch, / Rom ist e n Kramladen, jeder kramt / darin herum, in den fieber n-den Schatten. / Ihr Führer, verschont mich mit Anek-doten, / mit Ewigkeit und Katalogen! Was sind / die Trümmer ohne meine Neu-gier, was bin ich / ohne den Durst vor dem Eisauto am Forum! / Die Stadien des Imperiums gehe ich entlang, / dem König der Eis-creme bin ich willkommen, / auf amerikanisch, ich trinke kalte Drinks, / mehr als die Wimper hält, aus bunten Dosen. / Ich jage zum Meer, ich stehe am Strand, / schmutzig wie die National-bank: / Abfälle im Sand, der Pfirsich verwest, / zerfledderte Scheine, die Jalousien / über der Straße sind unten und grell.

«Imperium der Eiscreme»
von Jürgen Theobaldy

Ansichten der Appia:
an der Casal Rotondo,
der Stadtautobahn und
dem Stadion des Maxi-
mus ■■■■■■■■■■

Familienbedarf riesige Korbflaschen mit Mineralwasser.

Auf der Fahrstraße Richtung Appia Antica müssen wir etwa dreihundert Meter laufen, bis wir nach der Kreuzung mit der Via Appia Pignatelli einen Omnibus erreichen, der uns bis vor das Grab der Cecilia Metella führt. Dieses prächtige Mausoleum aus den letzten Jahren der Republik wurde im Mittelalter in eine Festung verwandelt, während auf das größte Grab der Via Appia, fünf Kilometer weiter außerhalb im Süden, auf den Zylinder des Casal Rotondo ein Bauernhaus aufgesetzt wurde. Die Strecke zwischen diesen beiden Grabmälern ist mit und ohne Mondschein der klassische Via Appia-Spaziergang. Da der Verkehr etwa dreihundert Meter südlich des Grabmals der Cecilia Metella dünner wird und man auch neben der Straße laufen kann, sollte man diesen Spaziergang unbedingt und in aller Ruhe unternehmen.

Doch unterschätze man nicht die Zeiten: Für den ersten Teil unseres Ausflugs von den Caracallathermen zu den Katakomben und den Fosse Ardeatine benötigt man mindestens einen halben Tag, der Spaziergang ins Tal der Caffarella dauert mindestens drei Stunden, der Mondscheintrip zwischen der Cecilia Metella und Casal Rotondo ist zeitlos. Das Problem ist immer der Weg zurück

Wer weniger Zeit hat, fahre mit der Metrolinie A bis Colli Albani, nehme dort die Via Menghini und gehe geradeaus weiter ins Gelände. So läßt sich das Tal der Caffarella sehr bequem in einer Stunde bis zur Via Appia Antica durchqueren.

Von Antike bis Afrika –
Ausflug nach Ostia

Es ist nicht gleichgültig für das Verständnis einer Stadt, von welcher Seite und welchem Weg man sie betritt. Der Zugang zu Rom auf dem Seeweg, über den Hafen Ostia, ist heute im wahrsten Sinn des Wortes verschüttet, während er von der Zeit der späten Republik bis zum Verfall des Kaiserreichs der gängigste war. Mit dem Verlust der alten Weltstellung wurde Rom vom Meer abgeschnitten, und dieser Entfernung von der See entsprach eine Verschiebung in der Geographie der internationalen Beziehungen. Nordafrika und das westliche Mittelmeer verloren an Bedeutung. Die Stadt orientierte sich zunächst in Richtung Osten und dann nach Norden.

Nach dem römischen Sieg über die Etrusker, 325 vor Christus, als *castrum* an der Tibermündung gegründet (Ostium = Mündung), verfiel dieses Tor zur Welt ab dem 6. Jahrhundert: Die Tibermündung versandete, die riesigen Hafenanlagen versumpften und gerieten zum Teil völlig in Vergessenheit – bis man beim Bau des Flughafens Leonardo Da Vinci plötzlich feststellte, daß die Pisten auf dem Hafengelände des Kaisers Claudius angelegt wurden. Dem politischen und wirtschaftlichen Ruin folgte die Malaria und damit die Verödung. Der Tiber mit seinem Schwemmland entfernte die alte Stadt immer weiter vom Meer – rund

Aller Luxus der Welt:
Importhafen Ostia ▬

52

fünf Kilometer sind es heute. Im Jahre 830 gründete Papst Gregor IV. neben der verfallenen Stadt den neuen Ort Gregoriopolis, und wenige Jahre später wurden hier die Sarazenen in einer blutigen Schlacht zurückgeschlagen. Hier hält auch die Metropolitana, mit der man in einer halben Stunde von der Stazione Termini oder vom Piazzale Ostiense/Porta San Paolo bequem Ostia Antica erreicht.

Die Bahn hält sozusagen auf freiem Feld, und nach Überqueren einer Schnellstraße sieht man rechter Hand den Borgo von Ostia Antica: um eine «Burg» liegt eine kleine, mittelalterliche Siedlung mit einer Kirche zu Ehren der Märtyrer von Ostia. Der Ort Gregoriopolis hatte trotz des tönenden Namens und des Sieges gegen die Sarazenen keine Zukunft gehabt. Erst in der Renaissance bauten die Päpste zur Kontrolle der Tibermündung ein Kastell, das als einer der ersten modernen Befestigungsbauten gilt und Blick und Eintritt lohnt. Aber schon

53

hundert Jahre später änderte der Tiber bei der großen Überschwem-
mung von 1575 seinen Flußlauf und
stellte das Kastell ins Abseits. Ostia
blieb eine verlassene militärische
Kontrollstation und Ostia Antica
blieb ein Trümmerfeld, das als Mar-
morsteinbruch Material für den Bau
der Dome von Pisa, Florenz und Orvieto lieferte. Ab dem 16. Jahrhundert gab es vereinzelte Ausgrabungen, und in der zweiten Hälfte des
19. Jahrhunderts kam es zur systematischen Freilegung der Stadt, von
der aber bis heute einige Bezirke,
Lagerhallen und Hafenanlagen unter dem Rasen liegen. Man kommt
zu den Ausgrabungen, indem man
sich nach Überqueren der Schnellstraße leicht links hält.

Rom im Park

Ostia Antica gehört zu den bequem-
sten und lohnendsten Ausflügen, die
man von Rom aus machen kann
(Vorsicht, montags geschlossen).
Man betritt eine parkähnlich angelegte Ruinenstadt, die ebenso beein-
druckend sein kann wie Pompei und
durch die erhaltenen Anlagen Einblicke gibt in das Alltagsleben und
den römischen Geschäftsverkehr.
Man kann sich also auch treiben lassen und bei Bedarf etwas Informati-
ves oder Nahrhaftes kaufen: Unter
den Arkaden des Theaters findet
man Erfrischungen, Führer, Pläne,
Postkarten. Auch Museumsgegner
sollten auf keinen Fall den Besuch
des in einem Salzhaus aus dem
16. Jahrhundert untergebrachten
Museo Ostiense versäumen. Ort,
Dimension und Gegenstände des
Museums sind so, daß man spontan
genießen kann. Gleich neben dem
Eingang links sind in einem kleinen
Raum Arbeitsinstrumente und Abbildungen aus dem Handwerk gesammelt. Unter den Malereien aus
Gräbern und Villen der Umgebung
ist eine Flußlandschaft mit Tieren
besonders anziehend: Tierleben am
Nil. Die Römer hatten die Größe
oder die Unverschämtheit, ihren Tiber, der allerdings heute viel mehr
Rinnsal ist als vor seiner Regulie-
rung, mit dem Nil zu vergleichen.
Das ungleiche Paar taucht als ein
Duo von Flußgöttern immer wieder
auf, so als ob der Tiber ein Doppelleben führe. Auch Kaiser Hadrian bildete in seiner Villa eine Nilland-
schaft nach: Das gehörte zur Geographie der Seelenbildung. Alle Gegenstände, die in diesem Museum
gesammelt sind, lassen die Außenwelt mit neuen Augen sehen.
   Es ist leicht, sich zurechtzufinden.
Vom Eingang läuft in Richtung Westen, Richtung Meer, der Decuma-
nus, am Theater vorbei, zum Forum
und dann in einem Knick zur Porta
Marina. Rechts und links dieser
Hauptstraße liegen Thermen und
horrea, große Waren- und Lagerhäuser. Die Stadt ist in *regiones*
(Viertel) und *insulae* (Häuserblöcke) eingeteilt. Die Häuserblöcke bestanden meist aus großen
Mietskasernen, während das *domus*,
das altrömische Haus als Sitz einer
begüterten Familie mit ihrem Ge-
sinde, keineswegs so vorherrscht wie
in Pompei. Die Sozialstruktur der
Stadt Ostia war vielschichtiger als
die Pompeis. Die Mittelklasse hatte
eine bedeutende Stellung und mit ihr
die Kleinfamilie, deren Wohnbe-
dürfnisse in den Wohnblocks gedeckt wurden: zwei Zimmer, Küche,
Latrine, Aufenthaltsraum, ergänzt
durch den Service der öffentlichen
Bäder und Thermen.
   In Ostia finden wir also beides:
das altrömische Atriumhaus, Räum-

Lchkeiten, die um einen Innenhof gruppiert sind, und die Mietskasernen, die in der späten Republik in Rom und Ostia zunehmend das Stadtbild bestimmen. Die Kopflastigkeit des Imperiums, die Privilegierung der römischen Stadtbevölkerung verursachten einen ständigen Zuzug in die Hauptstadt und führten zu einer Wohnungsnot. aus der sich große Vermögen ziehen ließen. Techniken wurden entwickelt, um in die Höhe zu bauen, meistens ungeachtet der Einsturz- und Feuergefahr. Unter Augustus wurde die maximale Höhe dieser Bauten auf 21 Meter festgesetzt (während die Berliner Bauordnung von 1860 nur 11 Meter zuließ). In den siebenstöckigen Massenquartieren verkam das altehrwürdige Atrium, einst Zentrum des Familienlebens, zu einem Lichtschacht. Die Bauspekulanten verdienten nicht nur durch rücksichtslose Verbauung und Mietwucher. Die größten Gewinne erzielten sie durch Verwendung billigen Baumaterials und die häufig notwendigen Sanierungen nach Einstürzen und Feuersbrünsten. Der Bankier Crassus, der Cäsar finanzierte und zu den großen Figuren des finanzkapitalistisch-militärischen Komplexes der späten Republik gehörte, perfektionierte dieses Gewinnsystem. Er stellte eine private Feuerwehr auf und organisierte ein Heer von über 500 Bauhandwerkssklaven. Bei Bränden übernahm er ganze Viertel für einen Spottpreis: Die Feuerwehr rückte aus, begann aber erst zu löschen, wenn die Besitzer so vernünftig waren, ihr Anwesen zu verkaufen. Dann wurde gelöscht, und die Rotten der Bauhandwerker begannen mit der Sanierung.

Auf halbem Weg zwischen Porta Romana (Eingang) und Forum liegt das Theater, dessen Bühnenseite heute nicht mehr von einer hohen Mauer abgeschlossen, sondern offen ist. So schauen die Ränge auf einen schönen viereckigen, von Säulengängen eingefaßten Platz, in dessen Mitte die Reste eines Tempels stehen: der Piazzale delle Corporazioni, der Platz der Zünfte und Gewerbe. Der Tempel war der Ceres geweiht, der Göttin der Fruchtbarkeit und des Getreides, und das war kein Zufall. Denn das Getreide aus Ägypten, Nordafrika und Sizilien, das die Ernährung Roms sicherte, kam in Ostia an und wurde hier zunächst gelagert. Der Staat hatte seit den Gracchen die öffentliche Versorgung mit Lebensmitteln übernommen, und das politische Klima in Rom hing eng zusammen mit dem Zustand der Lagerhäuser in Ostia.

Unter den ehemaligen Säulengängen, die den Platz umgaben, lagen die Kontore und Handelsagenturen. Ein kleiner Raum genügte zur mündlichen Abwicklung der Geschäfte, und vor jeder Tür waren als Mosaik die «Firmenschilder» angebracht. Man sieht heute noch die Leuchttürme einzelner Städte, die Namen der Häfen Karthago, Narbonne, Cagliari, Alexandria, wilde Tiere, Schiffe, Symbole für die Tätigkeit von Seilern, Fellhändlern und Kornvermessern.

Zwar waren den Senatoren Handelsgeschäfte verboten, aber das ließ sich über die Gründung gemeinsamer Firmen oder stille Teilhaberschaften leicht umgehen. Denn im Fernhandel lagen die großen Verdienstspannen, vor allem wenn die Geschäfte auch durch politische Beziehungen abgesichert waren. Neben Getreide und Sklaven wurden feine Stoffe (Purpur aus Tyros), Kleidung (Leder aus Gallien), Marmor, Weine aus Syrien, Papyrus, Möbel, Glas, Gewürze, wilde Tiere und andere Luxusgüter eingeführt. Die antiken Schriftsteller zitieren genüßlich «Quittenmarmelade aus Spanien», «Thunfischsauce aus Byzanz», «Fischpasteten aus Cartagena», und vom ägyptischen Alexandria, der luxuriösesten Stadt der damaligen Welt, hieß es, es sei dort alles zu haben außer Schnee. Bereits zu Beginn der Kaiserzeit fragte sich Seneca, einer der reichsten Männer des Landes und trotzdem Philosoph: «Wie lange noch sollen ganze Völker für uns ernten? Wie lange noch müssen große Schiffsflotten, nicht nur auf *einem* Meer, die Tafel eines einzigen Mannes mit Nahrung beliefern?»

Auf dem Weg zum Forum betreten wir den ältesten Teil der Stadt, das *castrum*, das durch eine Mauer aus klobigen Quadern geschützt war. Gewaltig sind noch die Reste des Kapitols, des zentralen Tempelgebäudes, das die römischen Koloniestädte immer in ihrem Mittelpunkt errichteten. Dem Bau gegenüber steht ein Tempel der Roma und des Augustus aus dem ersten Jahrhundert der Kaiserzeit und die Kultstatue dieses Heiligtums, eine Art Amazone, die das herrschende Rom versinnbildlicht und ihren Fuß auf die Welt stellt.

Zwischen Forum und Museum, gegenüber dem Haus der Diana, einem Appartementhaus mit Balkonen, ist eine Schenke mit Marmorschanktisch, Vorratskrügen und einem Wandbild fast vollständig erhalten. Man kann nun durch die Gassen, Warenhäuser, Wohnhäuser, Villen, Thermen, Heiligtümerstreifen – als Hafenstadt hatte Ostia eine besonders große Zahl auch fremder Kulte – und an Hand der erhaltenen Details und fragmentarischen Spuren römischen Lebens rekonstruieren, die Sonne genießen und die Aussicht, die man immer wieder hat, wenn man in die zweiten Stockwerke der erhaltenen Bauten hinaufsteigt. Schaut man dabei in Richtung Meer, sieht man einen Turm, den Torre Boacciana, der im Mittelalter auf den Trümmern des antiken Leuchtturms errichtet worden war. Dieser Turm an einer Tiberbrücke und an einer Schnellstraße setzt für uns wichtige Signale: Früher reichte das Meer bis hierher, und heute steht unterhalb des Turms eine Kneipe (Chiara Luce, mittwochs geschlossen), ein Ausflugslokal der römischen Familien, also preiswert und «popolare».

Küstenland mit Bad

Schön wäre es, wenn man durch das Ausgrabungsgelände direkt zum Turm laufen könnte, aber leider ist das dortige Tor wegen «Personalmangel» (bei der herrschenden Arbeitslosigkeit ein absurder Begriff) geschlossen, und man muß wieder zum Eingang zurück. Dann rechts, und nach ein paar hundert Metern erreicht man die Schnellstraße und dort die Haltestelle des Autobusses 02 (alle 20 Minuten), der nach Fiumicino, einem ehemaligen Fischerdorf an der heutigen Tibermündung, fährt. Man muß dem Fahrer sagen, daß man beim Torre Boacciana aussteigen will, sonst braust er durch, was nicht so schlimm ist, denn auch in Fiumicino ißt man einen guten Fisch. Der Bus braust also, wenn man keinen Laut gibt, über die Tiberbrücke auf die Isola Sacra, eine Insel, die dadurch entstand, daß die Kaiser Trajan und Claudius für ihre Hafenbecken einen schiffbaren Ka-

Richtung Idroscalo:
Lido für Arme

nal, einen zweiten Tiberarm graben ließen, an dem Fiumicino liegt. Heilig heißt dieses Areal fruchtbarer Felder und Gärten entweder, weil es vom Kaiser Konstantin der Kirche geschenkt wurde oder weil hier der heilige Hippolytus den Märtyrertod erlitt und in einer kleinen Kirche seine Ruhestätte fand, oder weil hier der alte heidnische Friedhof der Hafenstadt liegt. Diese sehr stimmungsvolle Totenstadt sieht man nach der Brücke zur Rechten (Zypressen und Pinien), gleich nach einer Fabrik aus der Zeit der faschistischen Landsanierungspläne.

Der Autobus biegt links ab nach Fiumicino, während die Schnellstraße weiter zum Flughafen führt, auf dessen Gelände die Hafenanlagen des Claudius lagen, die heute nach und nach ausgegraben werden. Ein Schiffsmuseum am Flughafen gibt einen interessanten Überblick über antike Hafenanlagen und den damaligen Seeverkehr. Das große von Trajan angelegte sechseckige Hafenbecken liegt hingegen in einem bis heute der Öffentlichkeit nicht zugänglichen Pinienwald zwischen dem Flughafen und dem künstlichen Tiberkanal. In einem Teil des Parks fristen traurige Giraffen und Löwen in einem Safari-Zoo ihr einsames Dasein und beäugen die Automobile, die sich in Geländefahrt üben. Die Stadt Rom bemüht sich vorläufig noch erfolglos, dieses alte Hafengelände als archäologischen Park herzurichten und zugänglich zu machen.

Von Fiumicino aus geht es direkt mit dem Bus oder Zug nach Rom zurück. Wer sich den Rest des Tages Zeit nehmen will, kann aber auch den Bus nach Lido Centro nehmen, um die anderen Ostias kennenzulernen: den Badeort Ostia Lido und

Nuova Ostia, die Auffangstation für Neuankömmlinge und Randgruppen. Um die Jahrhundertwende entdeckte die wachsende Hauptstadt den Freizeitwert des kilometerlangen Pinienstreifens an der Küste. Der Ort Ostia Lido aber wurde praktisch erst unter dem Faschismus geschaffen.

Mussolini wollte dem imperialen Anspruch, mit dem er das Mittelmeer zum «mare nostrum» der Italiener erklärte, städtebaulich Ausdruck verleihen. Deshalb legte er als Achse der Stadterweiterung Roms die Linie Ostia–Rom fest. Daher der Bau der Metropolitana und großer Verbindungsstraßen; daher der Plan des EUR, des für die Weltausstellung von 1942 vorgesehenen Musterviertels faschistischer Architektur; daher die Bekämpfung der Malaria durch Entsumpfung, die landwirtschaftliche Melioration des Bodens (Bonifica) und der Bau neuer Siedlungen und vereinzelter Fabriken. Zwischen den Dünen und Pinienwäldern der Küste entwickelte sich Ostia Lido als mondänes Seebad. Eine Sommerfrische für die Spitzen der Hierarchie, mit Villen und Parkanlagen. Ein Sohn Mussolinis war Präsident der größten Strandkooperative, die mit ihren Badehäusern und Restaurants dem Ausflug ans Meer den nötigen luxuriösen Hintergrund verschaffte.

Erst nach dem Zweiten Weltkrieg wurden der Sandstrand, die Dünen, die Pinien und die Flußlandschaft das Opfer der christdemokratischen Bau- und Landschaftsspekulation. Man kann sich das anschauen und auf der groß angelegten Promenade zwischen dem faschistischen Ortskern und den Wohnsilos rauf und runter flanieren. Heute bieten die «stabilimenti balneari» oft nur die

Neu-Ostia: Auffangstation für Flüchtlinge, Fremdarbeiter und Randgruppen

Wer schwimmen will, sollte ein paar Kilometer südlich an den freien Strand von Castel Porziano oder in die Badeorte Richtung Anzio fahren.

Am Rande Roms

Mit dem feinen, im Winter verschlafenen, im Sommer bedingt mondänen Ostia des Faschismus und der ersten Nachkriegszeit ist es schon länger vorbei. Ostia wurde zum Kreuzpunkt internationaler Flüchtlings- und Fremdarbeiterströme, zu einem Lager der Bauarbeiter, die im Boom der 60er Jahre immer mehr Wohnungen für die unaufhörlich sich vermehrenden Bürokraten schufen. Für sie war in Rom kein Platz. Man schickte sie an die Peripherie. Fährt man von Ostia Lido Centro mit dem Bus 01 Richtung Idroscalo, sieht man nach etwa zehn Minuten rechts einen großen Wehrturm in der freien

elementarsten Dienstleistungen, dafür um so mehr teure und schlechte Bars und Restaurants. Die verkappte Kurtaxe, die für den Zugang zum Meer erhoben wird, fließt in private Hände. Die Strandbäder entsprechen auf ihre Art dem Zwang des Faktischen: Im Sommer fallen die Heerscharen der Römer in Ostia ein, um sich sonnenhungrig dem Bräunungskult hinzugeben. In das schmutzige Wasser steigen hier nahe der Tibermündung nur Verwegene, auch wenn eine Kläranlage seit einigen Jahren wenigstens die Lebensgefahr für Badende gebannt hat.

Landschaft. Hier ist sozusagen das Ende von Rom erreicht.

Dieser Platz ist das Letzte. Eine Wiese mit Abfällen übersät. Plastiktüten, eine verrostete Badewanne, ein Schutthaufen qualmt. Hinter der Wiese beginnt der Strand und die Wellen des Mittelmeers brechen sich an großen schwarzen Steinbuhnen. Seitlich wird dieser «Platz» von einem Fußballfeld begrenzt, das mit einem Maschendrahtzaun notdürftig umschlossen ist. Dahinter schießen die Betonblocks in den Himmel. Längs des Meeres gebaut, blickt man von hier aus in sie hinein wie in ein Gerüst: Neu-Ostia. Auf der anderen Seite, Richtung Rom, eine Asphaltstraße, die Via dell'Idroscalo, dahinter eine Werkstatt und eine verlassene Fabrik.

Jetzt, Anfang April, deutet nichts außer ein paar Abfallkörben darauf hin, daß hier im Sommer Hochbetrieb ist. Strand- und Badegäste, die die teureren Strandbäder, in denen sich Ostia den Zugang zum Meer bezahlen läßt, meiden und sich abseits einen Weg suchen. Monteure der Autowerkstatt spielen auf der Wiese Fußball, weil ihnen der eingezäunte Platz verschlossen ist. Zwei ältere Frauen suchen mit einem spitzen Messer nach Rughetta, dem würzigen Salatkraut. Diese Frauen gehören zum Stadtrandbild wie der Müll und die Hochhäuser. Man sieht sie überall. Bei dem rauchenden Schutthaufen sucht ein Mann nach Alteisen. Die Wolken ziehen schnell über den Himmel. Manchmal lassen sie die Sonne durch. Plastiktüten blitzen auf, werden von den hastig nachfolgenden Schatten wieder verlöscht. Eine Szene wie aus einem Film von Pasolini.

Pier Paolo Pasolini starb hier, im November 1975. Man fand ihn, «sein Kopf war zerschmettert. Die Haare blutverschmiert. Er lag mit dem Gesicht nach unten, mit den Händen unter sich. Er war schlecht angezogen. Er hatte ein grünes Unterhemd mit kurzen Ärmeln an, Bluejeans mit Flecken von Motorschmiere drauf, braune Stiefeletten bis zum Knöchel und einen braunen Gürtel.» So berichtet die Frau, die ihn fand, einem Reporter der Lokalpresse. Pasolini, noch im Tod geschmacklos. Von einem Strichjungen brutal ermordet. Oder von dessen Zuhältern. Oder von wem? In Enzo Sicilianos Biographie (deutsch bei Beltz & Gelberg) kann man alle Spekulationen nachlesen – sein Tod war wie sein Leben ein gesellschaftlicher Kriminalroman.

Der Maschendrahtzaun des Fußballplatzes weicht an einer Stelle einem merkwürdigen Steingebilde aus, schließt es von zwei Seiten ein. Eine abgrundhäßliche Skulptur, etwas verkommen bereits, bezeichnet den Ort, an dem Pasolini ermordet wurde. Früher war dies ein Wallfahrtsort für viele Linke, die hier Blumen niederlegten.

Als Enzo Siciliano 1976 den Ort zu Filmaufnahmen aufsuchte, standen auf der Wiese neben dem Sportplatz noch etwa 500 Hütten, eine Barackenpolis am Strand, «. . . liebevoll hergerichtete Eingänge, kleine Säulen aus Gips, Fenster improvisiert aus angenagelter Wellpappe». Ausdruck des verzweifelten Versuchs, ein Stück von der reichen Kultur zu imitieren. 1976 war das Jahr, als vor allem diese Leute einen roten Bürgermeister im Rathaus ermöglichten. Die kommunistisch-sozialistische Stadtregierung hielt ihr Versprechen, die Barackenstädte verschwanden. Dafür wuchsen die Betonklötze hoch, die wir hinter dem

Beim Denkmal für den ermordeten Dichter

Sportplatz sehen. Wohnblocks, an deren Fassaden die Architekten nicht einmal mehr mit dem Styling spielten wie anderswo näher an der Stadt.

Nuova Ostia ist nach dem antiken Ostia und Ostia Lido die dritte Etappe in der Geschiche eines Ortes, der für Rom immer nur Lager- und Umschlageplatz war und heute eine Schlafstadt für alle geworden ist, für die Rom keinen Platz mehr hat. Während zwischen 1971 und 1981 im ganzen Gebiet der Gemeinde Rom (zu der Ostia gehört) die Bevölkerung nur um 1,7 Prozent zunahm, wuchs die Ostias um fast 70 Prozent von 100000 auf 169000. Die neueste Fremdenwelle kommt aus dem Süden, über das Meer, zumeist aus dem Irak. Flüchtlinge, Deserteure, Opfer des langen und vergessenen Krieges zwischen Iran und Irak. Dazu arabische und griechi-

sche Studenten, die im Wohnungschaos Roms keinen Platz finden, bei der Zimmerspekulation nicht so mithalten können wir ihre Kommilitonen aus reicheren Ländern. Sie leben, streiten und bekriegen sich in den Palästen von Nuova Ostia zusammen mit den ehemaligen Barackenbewohnern. Ein Stück dritte Welt in Rom.

Wir gehen, Ostia im Rücken, die Via dell'Idroscalo Richtung Tibermündung. Der Asphalt ist vom feinen schwarzen Sand des erzhaltigen Strandes verweht. Breite Busspuren zeichnen sich in ihm ab. Nach wenigen hundert Metern beginnt rechts eine Feriensiedlung aus zusammengestoppelten Holz-, Stein- und Betonhütten, die die Modernisierung überdauert haben. Schilder weisen auf eine Bar hin, auf ein Restaurant. Aber die Siedlung scheint verlassen, nur von streunenden Hunden bevöl-

Endstation Tibermündung: Reste von Selbstbestimmung ▬▬▬▬

kert, die wütend bellen und uns wieder auf die Straße treiben. Am Ende der Via schließlich ein kreisrunder Platz, der vom letzten Regenguß mit Wasser gefüllt ist. Die Endhaltestelle des Autobusses. Die wenigen Meter bis zum Tiber sind wieder mit diesen afrikanisch anmutenden Vielmaterialbauten ausgefüllt. Manchmal gibt es sogar einen kleinen «Vorgarten», dazu Hühnerkäfige. Direkt am Fluß dann Stege, die über den Deich führen und am Ende eine Fischerkabine tragen. Von hier aus werden in dem braunen Tiberwasser mit großen Netzen, die an spinnigen Gerüsten befestigt sind, Fische und Muscheltiere gefangen. Unsere Mägen verkraften bei unserer synthetischen Eßkultur sicher ganz andere Art von «unreinem» Essen, trotzdem würden wir unsere Vongole lieber anderswo kaufen. Die Hütten sind ohne Genehmigung gebaut worden. Aber das Gelände gehört dem Staat, und dem zahlen die Bewohner schon seit Jahrzehnten ordnungsgemäße Pacht. Zwar möchte die Verwaltung Ostias das Gebiet des Idroscalo «kulturell aufwerten», aber konkrete Pläne sind noch nicht in Sicht. Wir blicken auf eine dieser Behausungen, halb Feriendomizil, halb Arbeitsschuppen. Sie hat kleine hübsche Fenster, hinter denen geschwungene Gardinen sichtbar sind. Der Holzbalkon davor ist mit Stacheldraht umspannt. Endstation Sehnsucht.

▬▬▬▬▬▬▬▬▬▬▬▬▬▬▬▬

DAS ROM DER
CHRISTEN

Unter den römischen Aussichtspunkten ist er uns der liebste: der Monte Testaccio. Unweit der Porta San Paolo liegt dieser Scherbenhaufen, ein historischer Müllplatz. In der Antike befanden sich am Fuß des Aventin der Flußhafen und die Großmarkthallen des imperialen Rom. Aus diesem Bauch der Stadt bekamen die rund eine Million Menschen ihre Grundnahrungsmittel: Öl, Wein, Getreide. Die Behälter (Amphoren), die dabei zu Bruch gingen, bildeten im Laufe der Zeit einen Hügel. Er wurde im Mittelalter Ziel christlicher Prozessionen und Ort der großen Volksbelustigungen.

Heute ist der Testaccio eigentlich verschlossen, ein Schild verbietet den Zutritt. Das Tor an der Via Galvani / Ecke Via Zabaglia ist jedoch meist nur angelehnt. Oben angekommen, kann man vielleicht ein Liebespaar stören oder auf ein paar Schafe treffen, die sich kaum aus der Ruhe bringen lassen. Eis- und Andenkenverkäufer, die die sieben Hügel Roms bevölkern, trifft man nicht.

Blick zurück vom Monte Testaccio

Vom Monte Testaccio aus hat man ein anderes Rom im Blick als das, was man innerhalb der Mauern kennengelernt hat. Die Altstadt wird teils vom Aventin verdeckt, teils in ein kleines Dächermeer gedrängt. Vom Petersdom ist hinter dem Gianicolo nur die Kuppellaterne zu sehen. Hier stimmen die Relationen: Von den drei Millionen Einwohnern Roms wohnen heute weniger als zehn Prozent innerhalb der Mauern.

Die Mehrzahl lebt in den Neubauvierteln, die nach dem Krieg entstanden sind. Wir sehen ihre Zement- und Betonfronten, denen Antennen wie Haare zu Berge stehen. Direkt unterhalb des Hügels liegt der verlassene Schlachthof, um den seit einem Jahrzehnt in der Stadtverwaltung gestritten wird. Abriß und Neubau von Wohnungen? Oder eines Kulturzentrums? Oder Aus- und Umbau für Veranstaltungen aller Art? Bisher hat man den Streit römisch geschlichtet, indem man ihn in die Zukunft abschob.

Gegenüber vom Haupteingang, so daß wir sie nicht von oben sehen können, liegt eine Trattoria (Checchino, montags geschlossen), die seit hundert Jahren Innereien aller Art anbietet und damit der traditionell deftig-dürftigen Küche Roms viel näher ist als die «typisch römischen» Gaststätten im Zentrum. Ein paar Meter neben Checchino gibt es den Schwulenclub «Alibi», dessen Lage einiges über die Stellung der Homosexuellen in der Gesellschaft aussagt.

Vom Hügel blickt man auf das sich an den Schlachthof anschließende Arbeiterviertel Testaccio, das mit der Pfarrkirche Santa Maria Liberatrice (Muttergottes der Befreiung) um die Jahrhundertwende angelegt worden ist.

Kaum vorstellbar, daß Maler wie Poussin hier oben ihren Lieblingsplatz hatten, von dem aus die freie Campagna sichtbar war, der Lauf des Tibers, die einstmals größte Kirche der Christenheit, San Paolo fuori le mura, die Kirchen an der Pilgerstraße Via della Sette Chiese, die von San Paolo zur Via Appia und zu den Katakomben führt, und schließlich die Ruinen der Via Appia selbst.

Statt dessen sieht man Richtung Süden hinter dem Güterbahnhof ein Industriegebiet mit zwei Gasometern als Wahrzeichen. Dahinter zeichnen sich die Hochhäuser des EUR-Viertels ab. Die runde Kuppel gehört zu einer im faschistischen Stil gebauten Kirche, den beiden Schutzpatronen der Stadt, Petrus und Paulus, geweiht. Die Basilika, San Paolo fuori le mura (außerhalb der Mauern), eine der ersten Kirchengründungen unter Kaiser Konstantin im 4. Jahrhundert, ist kaum im Gestrüpp der Schornsteine und Industriebauten auszumachen. Nur geübte Augen sehen ihren Turm direkt neben dem größeren der beiden Gasometer.

Im Netz der Kirchen

Um das frühchristliche Rom freizulegen, brauchen wir erst einmal einen Stadtplan. Darauf kann man die wichtigsten Kirchen ausmachen, die zur Zeit von Konstantin (306 bis 337) gegründet wurden: San Pietro fuori le mura, der heutige Petersdom, im Nordwesten, San Lorenzo fuori le mura im Nordosten, San Sebastiano im Südosten und San Paolo fuori le mura im Südwesten. Rom wurde außerhalb der Mauern von allen Himmelsrichtungen christlich abgesteckt. Gleichsam im Schnittpunkt der Linien, die diese Kirchen

*Am Fuße des Scher-
benhügels: der verlas-
sene Schlachthof* ▬▬▬

verbinden, entstand innerhalb der
Mauern die fünfte wichtige Gründung Konstantins: die Erlöserkirche, später San Giovanni Battista
geweiht, auf dem Lateran direkt neben dem Kaiserpalast Konstantins,
der jetzt Mittelpunkt päpstlicher
Macht wurde.

Die Kirchen außerhalb der
Mauern wurden über den wichtigsten Orten christlicher Geschichte in
Rom gebaut, denen der Verfolgung:
über dem Grab von Petrus, dem von
Paulus, dem von Lorenz (Laurentius, ein damals hochverehrter
spanischer Märtyrer) und über der

Apostel-Katakombe Memoria
Apostolorum (San Sebastiano). Die
Kirche innerhalb der Mauern wurde
dem höchsten Martyrium geweiht,
das es im Christentum überhaupt geben kann, dem des Gottessohnes.

Von diesen Eckpfeilern und dieser
Mitte aus wurde jetzt das heidnische
Rom erobert, denn die wachsende
Verehrung der Märtyrergräber be-
wirkte bald, daß man ihren Kult von
den Grabstätten in selbstständige
Stadtkirchen herüberzog. «Die Toten drangen aus den Feldern in die
Mauern zurück und sie verlangten
nach Altären in der Stadt; auch war
das Bedürfnis, die noch lebhaften
und zahlreichen Erinnerungen des
Heidentums und seiner Tempel
durch nicht minder häufige Kirchen
in allen Gegenden des großen Rom
zu bekämpfen. So wurde die alte
Mythologie durch eine neue ersetzt»
(Gregorovius).

Zu dieser Zeit, wir befinden uns etwa in der Mitte des 4. Jahrhunderts, war der Marienkult noch nicht offiziell anerkannt. Kirchen wurden, mit der Ausnahme der beiden wichtigsten Apostel Petrus und Paulus, nicht nach Normalheiligen benannt, sondern nach ihren Erbauern und Stiftern. Die Rolle Marias als weiblichem Gegenpol zum männlichen Gottvater setzte sich erst im folgenden Jahrhundert durch und fand ihren Ausdruck in der Gründung der Basilika Santa Maria Maggiore auf dem Esquilin. Damit war die Mannschaft komplett, die seitdem die himmlische Hierarchie der katholischen Kirche bildet: Christus, Maria, Petrus und Paulus.

Trauernde Heiden

Die Herrschaft des Theodosius im Ausgang des 4. Jahrhunderts trug den letzten Schimmer des Glanzes in sich, der die römische Welt verherrlicht hatte. Unter ihm wurden die heidnischen Tempel geschlossen, die Opfer und Zeremonien abgeschafft und die nichtchristlichen Religionen selbst verboten. Die heidnischen Redner jener Epoche waren voller Erstaunen und Klage über den ungeheuren Kontrast von früherer und jetziger Zeit: «Unsere Tempel sind zu Gräbern geworden. Die heiligen Orte, welche früher mit den heiligen Bildsäulen der Götter geschmückt waren, sind jetzt mit Knochen (den Reliquien der Märtyrer) bedeckt. Menschen, die einen schmählichen Tod um ihrer Verbrechen willen erduldet haben, deren Leiber mit Striemen bedeckt sind und deren Köpfe eingesalzen worden sind, sind Gegenstand der Verehrung.» Man verstand die Welt nicht mehr, alles Verächtliche wurde erhaben und alles, was früher hoch gehalten worden war, zerfiel zu Staub.

Nach Theodosius wurde das Reich in einen östlichen und einen westlichen Teil unter die Söhne geteilt, die Residenz der Herrscher lag nicht in Rom. Goten und Hunnen bedrängten die Provinzen, die Stadt wurde von Alarich, dem großen Gotenfürsten, im Jahre 410 gestürmt und geplündert. Ein Schicksal, das sie 45 Jahre später durch die Vandalen unter König Geiserich noch einmal erlitt. Die Würde der weströmischen Kaiser wurde zur Farce, und ihrem leeren Titel machte schließlich Odoaker, König der Heruler, ein Ende.

Die Weltgeschichte, welche ihren Lauf in den endlosen Weiten Asiens begonnen hatte, welche in ihrem Jünglingsalter auf dem griechischen Olymp verkehrte und in der römischen Geschichte ihre männliche Reife entfaltete, trat nun – so schreibt Hegel – mit den Germanen in ihre Phase der Vollendung. Aus der Einmillionenstadt Rom wurde zur Jahrtausendwende eine 100 000 Menschen starke Pilger- und Christenstadt, um während der Avignonischen Gefangenschaft der Päpste auf 30 000 Einwohner herunterzukommen, die sich, einzig in der Stadtgeschichte, nicht von den Steuern und Abgaben unterdrückter Völker, sondern als redliche Woll- und Getreideproduzenten nähren mußten.

Paulus und Umgebung – Ein Gang ins Abseits

Auf dem Weg ins Frühchristentum kann nur der die Industriezonen übersehen, der sich zum Beispiel die Paulsbasilika als Rosine aus dem Stadtkuchen pickt. Die Metro (Linie B) führt direkt vor den Hintereingang. Besser ist es, von vorn durch die scheinbar wenig attraktive Gegenwart die Vergangenheit zu erkunden.

Randständiges Rom

Vom Monte Testaccio aus gehen wir die Via Zabaglia ein kurzes Stück Richtung Stadtmauer, Richtung «Romantik». Rechts liegen in den Felsen geschlagene Lager- und Wohnräume, Behausungen der «Plebs», die einst, wie Pasolini schrieb, «ringsum das Rom der Macht belagert». Heute sind diese zu kleinbürgerlich anmutenden Wohnungen mit Vorgarten umgewandelt worden. Bertolucci drehte hier Teile seines Rom-Films «La Luna».

Links biegt die Via Caio Cestio ab, an der der protestantische Friedhof liegt. Da gibt es das Grab von

Bei der Porta San Paolo: alter Blick auf den Testaccio, neuer Blick vom Testaccio ▬▬▬

August Goethe, dessen größtes Verdienst laut Inschrift war, daß er als Sohn des Dichters starb. Wir finden Gräber von vielen Ausländern und Nichtkatholiken, die in der Stadt ihrer Sehnsüchte ihr Leben ließen. Und auch das von Antonio Gramsci, einem der Gründer der Kommunistischen Partei Italiens. Gramsci starb an den Folgen faschistischer Haft. Er war für die Nachkriegsgeneration der italienische Linken Theoretiker und Symbolfigur. Pasolini nimmt mit seinem vielleicht besten Poem «Gramscis Asche» am Grabe Gramscis Abschied von den Hoffnungen der Revolution:

«... Doch ich, mit dem wissenden Herzen / von einem, der nur in Geschichte Leben findet / werde ich nichts mehr mit reiner Passion vollbringen / weil ich weiß, daß zu Ende ist unsere Geschichte?»

Das brausende Leben hat uns ein paar Schritte außerhalb des Friedhofs wieder, wenn wir zwischen Autos und Mofas in Richtung Porta San Paolo gehen. Das Areal des Tores wird durch die Cestius-Pyramide, die Bahnhofsanlagen (Metro, Ostia-Linie und Eisenbahn) und die Häuser am Hang des kleinen Aventins begrenzt. Ein historisches wie architektonisches Durcheinander sichtbarer und unsichtbarer Erinnerungen, durch das mitten hindurch die Tram quietscht.

Hier mußte im 5. Jahrhundert Papst Bonifatius lernen, daß es in Rom ein strategischer Fehler ist, sich auf Paulus zu berufen. In Streitigkeiten mit seinem Widersacher Eulalius zog sich Bonifatius aus Sicherheitsgründen nach San Paolo fuori le mura, also außerhalb der Mauern, zurück. Eulalius warf hinter ihm das Stadttor ins Schloß: Bonifatius sah sich von Rom und damit vom Heiligen Stuhl ausgeschlossen.

Fünfzehnhundert Jahre später durchbrach die Stadt zum erstenmal an dieser Stelle die Mauer, um sich nach Süden längs der Straße nach Ostia auszuweiten. Hier fielen deutsche Truppen ein, als sie Rom 1943 besetzten. An der Porta San Paolo kam es am 9. September zu einem Gefecht zwischen Widerstandskämpfern und Besatzern. Der König und Badoglio waren bereits geflüchtet und hatten Italien seinem Schicksal überlassen: Römische Arbeiter retteten die «Ehre der Nation». Es gehört zu den positiven Seiten der italienischen Nachkriegszeit, daß eine geschlagene Nation ihr ganzes Selbstbewußtsein auf dem antifaschistischen Widerstand aufbauen konnte. Doch folgte aus der ideellen Wahl keine politische. Der Widerstand taugte zur Vergangenheitsbewältigung, für die Zukunft wurde er kaum fruchtbar gemacht – Sonntagsreden statt Gesellschaftsveränderung. Der überstrapazierte und von den Jüngeren meist nicht mehr ernstgenommene Widerstandmythos wird festgehalten im Namen des Parks gegenüber vom Stadttor (Parco della Resistenza dell' Otto Settembre) und auf einer großen Tafel an der durchbrochenen Mauer.

Nach den Partisanen wird auch der riesige Platz vor dem Bahnhof Ostiense genannt. Den Vorstadtbahnhof hatte Mussolini mit pompöser Marmorarchitektur überzogen, um hier Hitler bei seinem Rom-Besuch zu begrüßen.

Zwei Kilometer trennen uns noch von der Paulsbasilika. Alternativ zum Fußweg bietet sich der Bus (23 und 673) an. Ein näherer Blick in das Viertel jenseits der Porta San Paolo kann aber neue Perspektiven auf den Alltag der Stadt öffnen.

Zur Versorgung der Verwaltungsstadt: Viertel Ostiense ▬▬▬▬▬

Nach dem Willen faschistischer Stadtplaner sollte sich Rom längs der alten Via Ostiensis in Richtung Meer entwickeln. Mussolini ließ die antike Straße als «Via del Mare» ausbauen. Im Gegensatz zu den bürgerlichen Wohnvierteln im Norden wurde hier Kleinindustrie und das ökonomische Herz der Verwaltungsstadt angesiedelt. Die Via Ostiense, die Eisenbahnlinie und der Fluß waren die großen Verkehrsadern, die dieses Viertel mit Waren und Menschen versorgten. Weit ab vom politischen und historischen Zentrum, von den

«guten» Wohngegenden, gesellten sich zu dem bereits vorhandenen Schlachthof der Großmarkt und Lagerhallen für die Ernährung, Gas-, Wasser- und Elektrizitätswerke für die Energie. Das Wirtschaftswachstum hat inzwischen mit seinem Erneuerungszwang, seinen immer ausgeklügelteren Technologien dieses Viertel längst überflüssig gemacht. Eigentlich funktioniert hier nur noch der Großmarkt. Der Schlachthof ist geschlossen, Wasser, Strom und Gas werden zum größten Teil anderswo produziert, die leeren Gasometer stehen als eiserne Trümmer auf dem Forum einer überholten Stadtpolitik. Kleinstbetriebe und Fuhrunternehmen haben sich in diese industrielle Larve eingenistet. Hinter der Eisenbahnbrücke geht rechts als zweite Straße die Via dei Magazzini Generali ab, wo im Haus Nummer 33 Redaktion und Druckerei von

«Lotta Continua», der großen Zeitung der 68er-Bewegung in einem ehemaligen Fabrikgebäude untergebracht waren. Dahinter zeugen leere Schuppen und verlassene Lager von dem letzten Versuch zu Anfang dieses Jahrhunderts, in Rom einen Hafen anzulegen – es zeigte sich bald, daß sich der Tiber für die Lastschifffahrt nicht schiffbar machen ließ. Wer möchte, kann die Via del Porto Fluviale zu einer Eisenbrücke gehen. Hinter dem Büro des Hafenkapitäns (!), auf dem die italienische Handelsflagge mit dem Wappen der Savoyer-Monarchie weht, führt eine kleine Treppe zum Wasser. Von hier hat man einen Blick auf römische «Industrielandschaft» und auf die Wohnsilos der Nachkriegsspekulation.

Vor dem Hafenamt führt eine kleine Uferstraße etwa zweihundert Meter am Fluß entlang. Am Ende der Teerstraße geht ein Trampelpfad die Böschung hinunter. Jemand hat sich hier einen Gemüsegarten angelegt. Eine römische Idylle am Ende des 20. Jahrhunderts: Ein Hahn kräht, fernab vom Verkehr hört man sogar die Wasser des Tiber und zwischen Schilfrohr öffnet sich eine ungewöhnliche Perspektive auf S. Paolo Fuori le mura.

Auf dem Weg zurück zur Via Ostiense findet man in der Via del Gazometro eine preiswerte Hosteria. Gegenüber der Großmarkt: Hier wird kurz vor Heiligabend der «Cottio» gefeiert, ein volkstümliches Weihnachtsfest, das die ganze Nacht dauert. Man tanzt, ißt und trinkt viel. Ein schönes Fest, bei dem die Händler Obst, Gemüse und Fische so herausputzen, daß man nie wieder in einen Plastik-Neon-Supermarkt gehen mag.

Industriezone außer Betrieb: aufgegebene Bauten, verlassene Baracken ▬▬▬▬▬▬

Die verdrängte Apostelkirche

Kurz vor San Paolo öffnet sich in dieser bis auf den Großmarkt vergilbten Industriezone plötzlich die Erde, und wir sehen mitten auf der Via Ostiense gut 2000 Jahre tief in den Boden auf eine gut erhaltene volkstümliche Grabanlage, die bis auf die republikanische Zeit zurückgeht. Hier soll eine Zeitlang der Leichnam von Paulus aufbewahrt worden sein, was den Ort früher populär gemacht hat. Jetzt brausen an beiden Seiten nur noch Autos, Busse und Lastwagen vorbei. Kein Vergleich mit der repräsentativen Auffahrtsschneise zum Petersdom, der Via della Conciliazione.

Etwa auf der Höhe der Grabanlage in der Via Ostiense beginnt auf der dem Tiber abgelegenen Seite die Via delle Sette Chiese. Sie führte seit dem Mittelalter den Pilgerstrom von der Via Appia Antica über die Domitilla-Katakombe bis zur Paulusbasilika. Kurz vor der Einmündung in die Via Ostiense liegt die Commodilla-Katakombe. Der unglaubliche Reichtum Roms an historischen Stätten führt dazu, daß nicht alle regelmäßig der Öffentlichkeit zugänglich gemacht werden können. Der Widerspruch zwischen Mangel an Personal und Arbeitslosigkeit löst sich auch nicht dadurch allein auf, daß die Katakomben vom Vatikan und nicht vom italienischen Staat

Schon brennen die Lampen, von Lichtern bedeckt
sind Via Zabaglia, Via Franklin, der ganze
Testaccio, schmucklos am Fuße des schmutzigen Berges,
die Tiberquais, die schwarze Kulisse
jenseits des Flusses, wo massig der Hügel
von Monteverde unsichtbar am Himmel sich auflöst.
Lichterdiademe, die sich verlieren,
glänzend und traurig
wie Meereskälte … Stunde des Nachtmahls;
es funkeln die wenigen Busse des Viertels,
mit Trauben von Arbeitern hängend am Trittbrett;
Soldaten schlendern in Gruppen
zum Berg hin, der aufragt inmitten
von feuchten Gruben und trockenem Müll,
im Schatten verkrochene Huren,
die ärgerlich warten im aphrodisischen
Schmutz: und nicht weit, um verstohlen
errichtete Buden am Rande des Berges
und Paläste, spielen, wie zwischen zwei Welten,
die Kinder, leicht wie Lumpen, in der schon lauen
Brise des Frühlings; von jungem
Leichtsinn durchglüht in ihrem römischen
Abend des Mai pfeifen dunkle
halbwüchsige Burschen zum Feierabend
auf den Trottoirs; und mit fröhlichem Dröhnen
rattern die Läden der Garagen herab,
wenn Dunkelheit den Abend befriedet;
unter den Platanen der Piazza Testaccio
ist der Wind, der in zittrigen Böen heranweht,
sehr sanft, auch wenn er über den Tuff
und das Gras des Schlachthauses streift, sich mit faulem
Blute vollsaugt, mit dem überall wirbelnden
Abfall und dem Geruch der Misere.

Aus «Gramsci's Asche» von Pier Paolo Pasolini.
Piper Verlag, München 1983

verwaltet werden. Ein Märtyrergrab nahe Sankt Peter würde mit Sicherheit nicht so achtlos behandelt.

Die Via delle Sette Chiese ist in den 30er Jahren von dem kleinbürgerlich-heimelig anmutenden Arbeiterviertel Garbatella aufgesogen worden. Weiter östlich ist sie durch die große Verkehrsader Via Cristoforo Colombo so brutal zerschnitten worden, daß nur noch ihr Name an die Verbindung von sieben Kirchen erinnert.

Doch nun zur Paulusbasilika. Die Legenda Aurea, ein populäres religiöses Volksbuch im Mittelalter, weiter verbreitet und mehr gelesen (und gehört) als die Bibel, bemerkt: «Man findet auch geschrieben, daß Paulus geringer war als Petrus; auch, daß er größer war; oder, daß er ihm gleich war. Doch ist er in Wahrheit kleiner als Petrus in Würdigkeit, größer als Petrus in seiner Predigt, Petro gleich an Heiligkeit.» Mit Würde hat die Paulusbasilika an der Via Ostiense wenig zu tun. Die französische Romantikerin Madame de Staël schrieb bereits 1807: «Von außen gleicht sie einer schlecht gebauten Scheune.» Madame hatte noch Glück. Wir sehen nur den akademischen Versuch, die Basilika, die 1832 durch einen Brand fast ganz zerstört worden war, Mitte des vergangenen Jahrhunderts wieder aufzubauen. Zum Glück ist der wunderschöne Kreuzgang vom Anfang des 13. Jahrhunderts erhalten geblieben.

Es ist für den Besucher fast unmöglich, den überwältigenden Eindruck nachzuvollziehen, den die Kirche, die heute mit ihrem traurigen Neubau wie der gelungene Abschluß des überflüssigen Industrieviertels scheint, einst auf die Pilger machte. Die riesige, im Mittelalter größte Kirche der Welt, stand buchstäblich auf einer Wiese, vom Fluß und von sanften Hügeln umgeben. Der spanische Dichter Prudentius, der sie kurz nach ihrer Entstehung im 4. Jahrhundert gesehen hatte, schrieb über sie:

«Dort im anderen Gebiet wahrt Ostias Weg des Paulus Titel / Wo linker Hand den Fluß der Rasen gürtet. / Königlich pranget der Ort / (...) so funkelt schon die Au von Lenzesblumen.»

Heute hat der Rhythmus von wild sich ansiedelnder Kleinstindustrie und spekulativem Wohnungsbau San Paolo längst überholt und östlich davon auch den Tiber übersprungen bis hin zur Magliana. Ein in den Sumpf gebautes Stadtviertel mit 30 000 Menschen, das in der neueren Geschichte Roms das beste Beispiel für den Zusammenhang von Bauspekulation und Korruption ist (siehe: *Rückeroberung der Stadt*).

Man betritt die Basilika von der dem Tiber zugewandten Fassade aus, der ein Atrium vorgebaut ist, das mit seinen kolossalen Granitsäulen, Skulpturen und Palmen nichts mehr mit den ruhig gegliederten Vorhöfen des Frühchristentums zu tun hat. Aber Maße und Proportionen sowie die erhaltenen Teile im Querhaus (Trimphbogen und das Apsis-Mosaik) geben noch die Idee einer christlichen Kaiserbasilika wieder. Nicht irgendeiner: Sie wurde über dem (angeblichen) Grab des Apostels Paulus gebaut. Ein architektonisches Dokument nicht nur für die Wichtigkeit von Paulus für die Christenheit (einst größte Kirche der Welt), sondern vor allem auch für die Symbiose von heidnischer Antike und christlicher Moderne. Diese fünfschiffige Säulenbasilika entsprach mit Querhaus, Grundriß und

Ausmaß fast der Basilika des Kaisers Trajan in den Foren. Wo dort in der Apsis der Kaiser saß, nahmen im christlichen Bau der Papst oder der Bischof Platz. Der imperiale Ausdruck der Macht wurde von den Christen bruchlos übernommen.

«Wie Romulus und Remus die Gründer des antiken Rom gewesen waren, so wurden jetzt zwei heilige Apostel, Petrus und Paulus, die legendären Schöpfer des neuen Rom», kommentiert Gregorovius. Um Paulus aber dazu zu machen, bedurfte es einer großen ideologischen Umdeutung. Sie dauerte Hunderte von Jahren, bis der Apostel «nicht mehr als Zeuge des Widerspruchs, sondern als Repräsentant der gesunden Lehre und einer Kirche erscheint, die jene Freiheit und Dynamik verloren hat, die für den historischen Paulus als charakteristisch gelten darf» – so eine uns glaubwürdige These des katholischen Religionshistorikers Paul Hoffmann. Denn «was sich in der Kirchengeschichte allmählich zu einer monarchischen Institution entwickelte, war zu seiner Zeit noch eine plurale Bewegung, innerhalb derer sich zwar bereits Zentren herausbildeten, in der jedoch für Initiativen und eigenständige Wege Raum war, schon weil es noch keine Instanz gab, die solches hätte wirksam verhindern können.»

Von Rom aufs Kreuz gelegt

Je mehr das Christentum aus dem Untergrund in die Gesellschaft hineinwuchs, desto mehr entspann sich ein Machtkampf zwischen den Zentren. Der erste Machtkampf, den wir kennen, ist der zwischen Paulus und Petrus. Petrus stand für die Gemeinde in Jerusalem, Paulus für die der Diaspora. Petrus bestand auf der Führungsrolle Jerusalems, auf einer Hierarchie der Gemeinden, Paulus setzte dem ein gleichberechtigtes Nebeneinander entgegen. Wie wir aus den gesicherten Paulus-Schriften im Neuen Testament wissen, kam es zu einer Art «Vergleich». Jerusalem erkannte die Unabhängigkeit der anderen Gemeinden an, wurde jedoch von diesen ökonomisch getragen.

Der zweite große Machtkampf spielte sich ein paar hundert Jahre später zwischen Rom und den anderen Gemeinden ab. Inzwischen war das Christentum von der neuerungsbedürftigen Hauptstadt des Imperiums aufgesogen worden. Obwohl die Auflösungstendenzen immer größer wurden, war Rom immer noch zentrale politische Macht. Dieses Bewußtsein prägte auch die Christen der Stadt. Um Roms christlichen Führungsanspruch zu rechtfertigen, brauchte man eine Theorie der Hierarchie, die am besten auf Petrus aufgebaut werden konnte. Gleichzeitig mußte aber der zweite große Machtpol des Urchristentums, nämlich Paulus, neutralisiert werden.

Paulus, der einer jüdischen Familie mit römischem Bürgerrecht entstammte, war etwa im Jahre 61 als Gefangener nach Rom gebracht worden. Als relativ freier Mann konnte er hier mehrere Jahre lang arbeiten und die christliche Gemeinde aufbauen.

Um das Jahr 67 fiel er den Christenverfolgungen unter Nero zum Opfer. Im Märtyrerkult, der die Grundlage für die Heiligenverehrung legte, hatte Rom also im Unterschied zu den anderen Gemeinden nicht nur die Masse erschlagener oder gekreuzigter Christen zu bieten, sondern auch noch das Grab eines der wichtigsten Führer – nur halt des falschen.

Im Matthäus-Evangelium steht der berühmte Satz von Christus: «Du bist Petrus, und auf diesen Felsen will ich meine Kirche bauen.» Hier kam Rom eine Legende zugute, die Legende, daß auch Petrus in Rom den Märtyrertod erlitten haben soll (gute Katholiken glauben das, gute Historiker müssen daran zweifeln. Daß Paulus in Rom war und hier starb, gilt als sicher. Daß Petrus in Rom war und hier starb, gehört in den Bereich des Gehorsams, daß heißt des Glaubens, den die Kirchenoberen fordern: Petrus mußte in Rom gewesen sein). So wurden Petrus und Paulus zu den Schutzpatronen der Stadt und damit gleichsam den anderen Gemeinden entzogen. Aber gleichzeitig mußte Paulus «entschärft» werden. Dies geschah durch die Aufnahme von Texten ins Neue Testament, die fälschlich Paulus zugeschrieben wurden, aber erst nach seinem Tod entstanden sind (Pastoralbriefe). Vor allem aber durch die Aufnahme der Apostelgeschichte des Lukas. Hoffmann schreibt: «Der Paulus des ‹Historikers› Lukas ist nur ein Schatten seiner selbst. Was in aufreibenden Kämpfen zwischen urchristlichen Gruppen errungen wurde, ist in der Perspektive des Lukas die eine, zentral vom Heiligen Geist und den Jerusalemern Aposteln geleitete Bewegung. Paulus trägt zwar die Glorie des wundermächtigen und erfolgreichen Missionars, zugleich ist er jedoch ohne eigenes theologisches Profil dieser Bewegung eingeordnet.»

Die Paulusbasilika war bereits bei ihrer Entstehung ein architektonischer Ausdruck der Umdeutung Paulus'. Dieser hatte für eine strikte Trennung des Christentums von anderen Religionen plädiert, gegen eine Vermischung mit dem Heidentum gekämpft. Es gab unter ihm keine Tempel, keine Gotteshäuser. Er lehnte sie, wie auch das Priestertum, ab. Man traf sich in den Wohnungen, «Gottesdienst» war das gemeinsame Gespräch von Gleichberechtigten. Im Brief an die Römer schreibt er: «Wir sind nämlich der Überzeugung, daß der Mensch zu Gott in die richtige, gute Beziehung kommen kann, ohne daß er religiösen Forderungen genügt, einfach dadurch, daß er sich ihm anvertraut und so empfängt, was Gott ihm schenken will.» Die römische Kirche aber schluckte andere Religionen, nistete sich in ihren Tempeln ein, baute neue Kirchen, die wie die Paulusbasilika römischen Kaiserbauten entsprachen.

In der Folgezeit setzt sich der Petruskult, mit dem das Papsttum seine Macht legitimiert, immer mehr durch. San Paolo fuori le mura geriet unter dem glänzenden Neubauprojekt von Sankt Peter auf dem Vatikan immer mehr in Vergessenheit, verfiel zur «Scheune», brannte wie ein Heuschober ab und wurde wie eine Kaserne wieder aufgbaut. Während sich die Stadt dem Petersdom noch in unserem Jahrhundert triumphal mit einer Prachtstraße näherte, umgab man Paul mit Industrie und Arbeitervierteln. Die Geschichte kennt jedoch eine kurze Paulus-Renaissance. Aus gutem Grund. Darüber können wir uns, zehn Minuten mit dem Bus von der Paulusbasilika entfernt, an seiner Hinrichtungsstelle überzeugen.

Am Platz des Geköpften

An der Via Ostiense, etwa dort, wo man den Kreuzgang der Basilika verläßt, nimmt man den Bus 233 in

Wallfahrtsstätte Tre Fontane: drei Quellen aus dem Haupt des Apostels ▬▬▬▬

Richtung Via Laurentina, wo man an der Haltestelle Tre Fontane aussteigt. Gegenüber führt eine kleine Allee zu einem Kloster, das an der Hinrichtungsstelle von Paulus errichtet worden ist. Diese Abbazia alle Tre Fontane hat ihren Namen nach den drei Quellen, die der Legende nach aus dem Boden traten, als das geköpfte Haupt des Apostels dreimal aufschlug. Durch ein schönes romanisches Tor gelangt man in den Klostervorhof. Hier kann man auch den angeblich von den Mönchen selbstgebrannten Eukalyptusschnaps kaufen, der wie Hustensaft schmeckt und es in sich hat. Die Anlage mit der eigentlichen Klosterkirche, der Gedächtniskirche über den inzwischen versiegten Quellen und einer dritten Kirche über dem angeblich letzten Gefängnis von Paulus wurde mehrfach wegen der Malaria verlassen und erst gegen Ende des vergangenen Jahrhunderts von den Trappisten (Zisterziensern) endgültig saniert. Die Mönche pflanzten hier auch die schnapsbringenden Eukalyptusbäume.

Man sieht es diesem heute immer noch feuchten Ort, den die Römer einst «Tal der Kämpfer» nannten, nicht an, daß er eine der größten Hinrichtungsstätten unter Nero war. Hier wurden vor allem römische Bürger geköpft. Sklaven und Ausländern war die Kreuzigung vorbehalten. Zehntausende sollen nach dem großen Brand durch das Schwert gerichtet worden sein. Wie der Leichnam des römischen Bürgers Paulus von diesem Schlachtplatz in seine verschiedenen Gräber gelangt ist, gehört in den Bereich der Legenden.

Der Ort gehörte jedenfalls bereits im Urchristentum zu den wichtigen Plätzen der Märtyrerverehrung. Mit dem Niedergang des Pauluskults verlor er an Bedeutung und wurde der Malariafliege überlassen. Sicher kein Zufall, daß sich im Zeichen der Gegenreformation nach dem Trientiner Konzil die kämpferische Kirche wieder auf ihren militanten Apostel besann. Ende des 16. Jahrhunderts wurde das Kloster wieder in Betrieb genommen. Giacomo della Porta, einer der damals wichtigsten Architekten, der zur gleichen Zeit auch die Bauleitung über den Neubau der Peterskirche hatte, bekam den Auftrag, sowohl die Gedächtniskirche zu erneuern als auch das Gotteshaus über dem legendären letzten Gefängnis von Paulus (Santa Maria Scala Coeli) zu errichten. So schnell aber, wie sich der militante Schwung der Kirche in den barocken Formen des 17. Jahrhunderts verfing, so schnell wurde auch die Hinrichtungsstelle von Paulus wieder vergessen, dem Sumpf überlassen. Bramantes Tempietto über der angeblichen Hinrichtungsstätte von Petrus auf dem Gianicolo, der programmatische runde Zentralbau der Renaissance ist bis heute strahlender Anziehungspunkt für Touristen und Gläubige geblieben.

Wie Rom also mit seinen beiden Aposteln umgegangen ist, ist im Stadtbild abzulesen. Daß Paulus schlicht eine andere Kirche im Sinn hatte als die Nachfolger auf dem Stuhl Petri, müssen wir mühsam zwischen Industrieansiedlungen und einer verständlichen Indifferenz gegenüber der Apostelgeschichte freilegen.

Der religiöse Trip – Pilgern vom Kolosseum zum Lateran

Seit etwa 1500 Jahren pilgern Millionen von Menschen aus den seltsamsten Gründen nach Rom: um sich zu erbauen, um zu büßen, um zu verehren, um zu bitten, um zu erfahren und zu wissen, um mit dem Heiligen Stuhl Politik zu machen, Ansehen, Pfründen, Macht zu erwerben.

Grundlage dieser Anziehungskraft sind die Apostelgräber und das hier verströmte Blut der Märtyrer, die die Heilsgeschichte anschaulich und erlebbar machen. Sie haben für die Gläubigen Rom in ein neues Jerusalem in Erwartung des himmlischen Jerusalem verwandelt.

Vom Zauberer Virgilius zu Karel King Kong

Der letzte Papst, der diese Mischung von Geschichtsphilosophie, Glaube und Aberglaube großartig zu orchestrieren wußte, war Pius XII., der wie Mussolini, Hitler und Stalin, einer bestimmten Massenkultur Ausdruck verlieh, ein umjubelter «pastor angelicus», ein engelhafter Hirte. Noch 1950 verkündigte er die leibliche Aufnahme Mariens in den Himmel als Dogma und setzte im gleichen Jahr gegen den Einbruch der modernen Sexualmoral ein die Phantasie der Gläubigen erschütterndes Zeichen, indem er Maria Goretti heiligsprach, die «Märtyrerin der Reinheit». 48 Jahre nachdem

dieses zwölfjährige Kind einem Sexualmord zum Opfer gefallen war –, eine Heiligsprechung mit allem Pomp, im Beisein der Mutter, während der bekehrte Mörder in einem Kloster büßte. Das sind die Geschichten, die unser armseliges Leben mit der großen Heilsgeschichte verbinden.

Nach Pius XII., der es noch verstanden hatte, «weinende Madonnen» gegen die rote Gefahr zu mobilisieren, versuchten Johannes XXIII. und Paul VI. der Religiosität neue Formen und Inhalte zu geben, während Papst Johannes Paul II. als «moderner» Papst dabei ist, von Hollywood zu lernen, was Hollywood von Pius XII. gelernt hatte. Immerhin, die Zahl der kirchlich registrierten Wunder, insbesondere in den Ostblockländern, steigt ständig an, und das von einem Tag auf den anderen ausgerufene Heilige Jahr 1983 blieb auch nicht ohne Früchte. Pilgern wird wieder modern und das Prellen der Pilger ebenfalls. So gelang es dem Vatikan, die unverkauften Romführer aus dem letzten Heiligen Jahr, 1975, lediglich mit einem neuen Umschlag versehen 1983 endlich an den Mann zu bringen.

Allein schon dieser «Führer» mit seinem kunst- und religionsbürokratischen Gelaber zeigt, daß der Vatikan die Pilger nicht sehr ernst nimmt und keineswegs versucht, ihnen eine

Bescheidene Auswahl: Trophäen vom Pilgertrip

Begegnung mit den «heiligen Stätten» zu erleichtern. Der eigentlich «alternative» Romführer zu den historischen Zeichen des Glaubens und Aberglaubens, zu den Geheimnissen der Religiosität, muß wohl erst noch geschrieben werden (der derzeit beste ist: E. M. Jung-Inglessis: Romfahrt durch zwei Jahrtausende, Athesia Verlag). Die offizielle Kirche verdrängt ihre Vergangenheit und versteckt sie hinter Kunstwerken, die zum rettenden Alibi der Kirchenbesuche werden. Mit den Reliquien, die in die Rumpelkammer kamen, wurden auch der «heilige Schauder» und die Magie als Instrumente und Formen der Erkenntnis verbannt.

Im ganzen Mittelalter wurde der heidnische Weise (und darum «Zauberer») Virgil als Brücke zwischen Antike und Christentum verehrt. Die mittelalterlichen Pilgerbüchlein

veranschaulichten an antiken Gestalten, an seltsamen Steinen, Reliquien und Fabeln den bisherigen Gang der Geschichte als Erlösungsgeschichte. Das ist eine ernst zu nehmende Sache und weniger unheimlich als das Bild des modernen Riesen Karel, dessen Gestalt wie King Kong über Sankt Peter und dem Vatikan auftaucht.

Panoptikum der Heilsgeschichte

Was in Rom zu sehen war, beschreibt im Heiligen Jahr 1350 Petrarca einem Freund: «So gelangst du endlich nach Rom, Herrin und Haupt aller Dinge. Der Pilger besucht die Gräber der Apostel, betritt die Erde, die vom heiligen Blut der Märtyrer gerötet ist. Er sieht das Antlitz des Herrn, das sowohl auf einem Schleier (dem Schweißtuch der Veronika) wie an der Wand der Mutter

Menschen beim Petersdom: die Herde und der Hirte ■■■■■■■■■■

aller Kirchen (des Lateran) zu sehen ist. Er betritt die Sancta Sanctorum, einen kleinen Ort voller himmlischer Gnaden. Er besichtigt den Vatikan und den Friedhof des Kalixtus, der mit den Knochen der Seligen gefüllt ist. Er sieht die Krippe des Erlösers (in Santa Maria Maggiore). Er betrachtet das abgeschlagene Haupt des Täufers, den Rost des Heiligen Lorenz, er besucht die Stätten, wo Petrus gekreuzigt wurde, wo das Blut von Paulus floß und Wasserquellen hervorsprudelten (Tre Fontane), den Ort, wo man die Grund-

mauern einer wunderschönen Kirche auf den Schnee baute, der im Sommer gefallen war (Santa Maria Maggiore).»

Neben diesen Wunderdingen gab es noch zahlreiche andere zu sehen. Rom, die Stadt der Apostel, begann Jerusalem, der Stadt Jesu, den Rang abzulaufen und versammelte in seinen Kirchen mittels eines ausgedehnten Reliquienhandels und zahlreicher Fälschungen die großen Zeichen der gesamten Heilsgeschichte. Die Pilger sahen und verehrten zum Beispiel allein im Lateran: Reste der Arche Noah, Dornen des brennenden Dornbusches Moses', Reste der steinernen Tafeln der zehn Gebote, die Rute, mit der Moses aus dem Felsen Wasser schlug, das Messer der Beschneidung Christi, ein Gerstenbrot der wunderbaren Brotvermehrung, ein Kopftuch unserer Leben Frau, das Tuch, mit dem Maria ihrem Sohn am Kreuz die Scham verhüllte, den Tisch, auf dem die Soldaten die Kleider Christi verlosten, die Salben und Büchsen, mit denen Maria Magdalena Christus salbte...

In Rom waren in konkreten Zeugnissen die gesamte Heilsgeschichte, das Alte und das Neue Testament samt der bisherigen Kirchengeschichte versammelt, in zeitloser Eintracht, als Fragmente und Zeichen, die die Zeit erfüllen. «Und auf dem Münster (von Sankt Johann im Lateran) steht ein eisernes Kreuz, das ist geschmiedet worden von dem Schwert, mit dem Sankt Paulus ist enthauptet worden. Wer das mit Andacht ansieht, der hat 300 Jahre Ablaß» (Niclas Muffel aus Nürnberg, 1452). Bereits der Blickkontakt mit dieser aufgehobenen Vergangenheit durchfährt wie ein Blitz das ganze Leben, leuchtet weit in die Zukunft und verkürzt das Fegefeuer, in dem wir nach dem Tode geläutert werden.

Es ist wahr, daß diese Fetische Macht ausübten und Millionen von Menschen in Bann hielten. Wahr ist aber auch, daß sie den Massen einen phantastischen Zugang zur Geschichte und zu Lebensgeheimnissen eröffneten und daß sich im Aberglauben nicht nur die Macht der Kirche, sondern auch das Wissen der Massen gegen die Kirche äußerte.

In zahlreichen mittelalterlichen Pilgerführern wird die Zahl der Kirchen in Rom mit der fabelhaften Zahl 1505 angegeben, quarum maior pars est destructa, deren größter Teil zerstört ist, von denen einige aber auch an Alter, Würde und Heiligkeit herausragen. In der Hierarchie der Kirchen stehen an erster Stelle die vier Erzbasiliken Sankt Peter, Sankt Paul, Sankt Johann im Lateran und Groß-Sankt-Marien, die bis heute noch direkt dem Heiligen Stuhl gehören und zur Feier der «Heiligen Jahre» über eine Heilige Pforte verfügen. Zusammen mit drei weiteren Kirchen (Sankt Sebastian, Sankt Lorenz und die Kirche zum Heiligen Kreuz von Jerusalem) bilden sie die sieben Hauptkirchen, deren Besuch Ziel der Pilger war. Ferner verzeichnen die mittelalterlichen Führer zwischen 80 und 90 sonstige Kirchen, in denen die tollsten Sachen zu sehen sind: «ein vergötterter Stein, auf dem man will 1000 Christen in Stücke gehauen haben» (der Grabstein eines Römers aus dem 2. Jahrhundert nach Christus in der Kirche San Vito in Macello) oder «der Sarg, da liegen die zwei Kaiser Titus und Vespasianus, Vater und Sohn, noch unverwesen, die Jerusalem zerstörten» (ein Hochzeitssarkophag in der Vorhalle von San Saba), «das Schifflein aus Stein, in dem die heiligen Jungfrauen übers Meer fuhren, das nicht unterging, in dem ihr Vater sie versenkt haben wollte» (das antike Votivschiff vor der Kirche Santa Maria in Domnica), «hundertvierundzwanzig Staffeln von Marmorstein, wohl so weit, daß vier Heuwagen nebeneinander gehen möchten, da ist die Jungfrau Maria mit ihrem Kind dem Kaiser Augustus erschienen, und das Kind hatte ein goldenes Kreuz auf der Stirn, so daß sich der Kaiser sehr verwunderte, doch sagte ihm die Sybille, daß dies der Herr sei über alle Herren und eine Stimme vom Himmel kam so sprechend: mach einen Altar dem künftigen Gottessohn, der soll geboren werden und Herr über alle Welt sein. Da machte der Kaiser einen Altar» (die Kirche Ara Coeli). Die Phantasie der Pilger hatte sich der Stadt bemächtigt und Ruinen, Steine, Bauten, Quellen und Bäume mit dem Leben einer fabelhaften Geschichte erfüllt.

Niederkunft einer Päpstin

Nach seiner Wahl nimmt der Papst als Bischof von Rom den Lateran, die «Mutterkirche aller Kirchen», die eigentliche Bischofskirche von Rom, in Besitz. Auf dem Weg von Sankt Peter zum Lateran führte man die Prozessionen bewußt durch die heidnischen Triumphbögen, und vor allem die Strecke zwischen Kolosseum und Lateran wurde durch Ritus und päpstlichen Pomp zu einer neuen, christlichen Via sacra

Das heute hart angestrahlte und verkehrsumflutete Kolosseum ist, zusammen mit dem Pantheon, die beeindruckendste Baumasse des Altertums. Nach dem Verbot von Zirkusspielen (Anfang des 5. Jahrhunderts) diente es als Burg, als Steinbruch, als Zuflucht von Zauberern, Magiern und lichtscheuem Gesindel, seit dem 18. Jahrhundert dann als Andachtsstätte, an der der christlichen Märtyrer gedacht wird und der Papst jeweils am Karfreitag auch heute noch den Kreuzweg begeht.

Die Einweihungsfeierlichkeiten im Jahre 80 nach Christus dauerten 100 Tage und kosteten 5000 wilden Tieren und fast 3000 Gladiatoren das Leben. Der Bau selbst wurde mit dem Leben von Tausenden von jüdischen Kriegsgefangenen bezahlt. Die alten Pilgerführer heben den heidnischen Luxus hervor: «die runde Spiegelburg, darin man alle Hübschheit und Spiel getrieben hat und auf den Dächern zugesehen in drei köstlichen Stockwerken übereinander. Ein Spiegel lag da, darin man gesehen alle Dinge in der Welt.

Vespasian hat sie gebaut und wird Kolosseum genannt, das nun zerbrochen und zu Kalk gebrennt wird.» Erst später setzt sich die Legende vom Blut der Märtyrer durch, das die Arena färbte. Das ergreifende Bild vom blinden Greis und der Jungfrau, die von einem Löwen zerrissen werden, der sein Geschäft nur widerwillig verrichtet, fand Verbreitung. Im Alltag des italienischen Wirtschaftswunders diente das Kolosseum verzweifelten Arbeits- und Obdachlosen dazu, die Öffentlichkeit auf ihr Schicksal aufmerksam zu machen oder durch einen Sprung in die andere Welt anscheinend unlösbare Probleme zu lösen.

Zwischen dem Kolosseum und der Kirche San Clemente, in der Via San Giovanni in Laterano, passierte die Geschichte mit der Päpstin Johanna, die, bis die Päpste das Bildnis entfernen ließen, durch einen Gedenkstein (heidnischen Ursprungs) dokumentiert war. Nach dem Tod Leos IV. 855 wurde Johannes Angelicus aus Mainz Papst. «Dieser Johannes war, wie versichert wird, eine Frau, die als junges Mädchen in Männerkleidern von ihrem Liebhaber nach Athen gebracht wurde, dort auf verschiedenen Wissensgebieten derart glänzte, daß sich niemand mit ihr messen konnte, so daß sie dann in Rom, nachdem sie durch ihr Wissen und ihr Leben großes Ansehen erworben hatte, einstimmig zum Papst gewählt wurde. Aber als Papst wurde sie von ihrem Vertrauten geschwängert. Den Zeitpunkt der Niederkunft nicht ahnend, gebar sie, als sie sich von St. Peter zum Lateran begab, in dem engen Gäßchen zwischen Kolosseum und der Kirche des hl. Klemens» (Klaus Völker: Päpstin Johanna, Wagenbach Verlag). Johanna gebar einen Knaben und verschied. Die Römer begruben sie an jener Stelle und errichteten ein Denkmal. Seitdem unterwarfen sich die neugewählten Päpste einer förmlichen Prüfung ihrer Mannheit auf der Sella stercoraria, einem durchbrochenen Marmorstuhl. Ihn behängte man am 22. Februar, dem Fest von Petri Stuhl-Feier, mit seidenen Gürteln, die bei schwangeren Frauen hochgeschätzt waren.

Die Päpstin auf dem Stuhle Petri konnte als Herausforderung an die frauenfeindliche Praxis der Kirche wie auch als Entweihung eines heiligen Amtes gedeutet werden. In zahlreichen Riten der Kirche leben aber Fruchtbarkeitskulte in enger Verbindung mit Diskriminierungen des Weiblichen zusammen. Während die Muttermilch Marias als Reliquie größtes Ansehen genoß, durften die Kapelle, in der sie aufbewahrt wurde, von Frauen gar nicht oder nur bei bestimmten Anlässen betreten werden.

Vom Zauber der frühen Christenheit

Vom Kolosseum zur Kirche San Clemente sind es ein paar hundert Schritte. Heute betritt man die Kirche durch eine Seitenpforte, so daß man sich nicht mehr wie früher zunächst in einem Vorhof sammeln und auch waschen kann. Aber der Vorhof ist erhalten, und es lohnt, sich hier eine Weile einzustimmen.

In San Clemente gibt es viel zu bewundern: die Fresken des Masolino da Panicale, die Mosaiken der Apsis oder die Marmorarbeiten aus dem 12. Jahrhundert. Damals wurde die Kirche an Stelle einer frühchristlichen, durch die Normannen 1084 zerstörten Basilika wiederaufgebaut. Zu den römischen Wundern gehört, daß die bei dem Normannen-Brand zerstörte Basilika so zerstört nicht war: 1861 wurde sie als Unterkirche wieder aufgefunden und vom Schutt befreit. Durch die Sakristei steigen wir in die eigentliche Basilika des heiligen Klemens und erfahren hier an Hand einiger Fresken aus dem 11. Jahrhundert zwei wunderbare Geschichten von der Blindheit der Polizei und der Rettung eines Kindes in einem Heiligtum unter dem Wasser des Schwarzen Meers.

Klemens war der dritte Nachfolger des heiligen Petrus und hatte, bevor er Papst wurde, bereits die seltsamsten Abenteuer bestanden – auf der Suche nach seinen totgeglaubten Eltern, in der Auseinandersetzung mit dem Magier Simon, als Mitstreiter des heiligen Petrus. Er selbst war von hoher Geburt und wirkte besonders unter den Jungfrauen aus besten Familien. Domitilla, die Nichte des Kaisers Domitian, und Theodora, Frau des Polizeichefs, empfingen aus seiner Hand den Schleier und gelobten Keuschheit. Da wurde Sisinnius, der Polizeichef, eifersüchtig und ging seiner Frau heimlich nach in die Kirche, um zu sehen, was sie da mache. Für diese Neugier strafte ihn Gott mit Blindheit und Taubheit, und der Unglückliche irrte mit seinen Knechten in der Kirche umher, ohne den Ausgang zu finden. Theodora aber verwandte sich bei Klemens für ihn, und dieser gab ihm Gehör und Gesicht wieder. «Da er aber Sankt Klemens stehen sah neben seinem Weibe, kam er von Sinnen und meinte nicht anders, denn daß er von Zauberkünsten betrogen wäre.» Er ließ Sankt Klemens verhaften, aber die Knechte waren in ihrem Heidentum verblendet wie Sisinnius auch und fesselten Säulen

*Via San Giovanni in La-
terano: Schauplatz
einer päpstlichen Nie-
derkunft* ■■■■■■■

alles ist auf den Fresken anschaulich
dargestellt auf der linken Seite des
Hauptschiffes der Unterkirche.

In der Vorhalle der Unterkirche
berichtet ein anderes Fresko von
einer Geschichte, die sich anschließend, Jahre später ereignete.

Wegen seiner großen Erfolge bei
der Bekehrung von Regierungsleu-
ten, hochgestellten Jungfrauen und
Oberpolizisten schickte der Kaiser
den heiligen Klemens in die Verbannung auf eine Insel im Schwarzen
Meer, wo bereits 2000 Christen in
den Marmorsteinbrüchen arbeite-
ten. Aber Klemens wirkte auch hie:
Wunder und Zeichen, und nach
einem dieser Erfolge taufte er an
einem Tage mehr denn 500 Heiden.
und sie zerstörten die Tempel der
Abgötter und bauten in einem Jahr
75 Kirchen. Als der Kaiser davon erfuhr, ließ er den Heiligen mit einem
Anker um den Hals ins Meer werfen

und Steine, die da herumlagen, und
Sisinnius schrie ganz außer sich «ich
werde dich lassen töten». Sankt Klemens aber ging unbehindert von
dannen und bat Theodora, für ihren
Gatten zu beten, auf daß ein ungläu-
biger Mann durch ein gläubig Weib
gerettet werde. Mit den gefesselten
Säulen stand die Polizei tatsächlich
sehr lächerlich da und Sisinnius ließ
sein Weib zu sich rufen und be-
schwor sie, sie solle für ihn beten und
Sankt Klemens zu ihm rufen. und er
ließ sich taufen mit dreihundertdrei-
zehn Personen seines Hauses. Dies

und war gewiß, daß Klemens nunmehr verschwunden sei. Doch siehe, da die Jünger zum Herrn beteten, er möchte ihnen den Leib des Märtyrers zeigen, wich das Meer drei Meilen weit zurück, so daß man trockenen Fußes weit hineingehen konnte. Da fand man «ein marmorn Haus in eines Tempels Weise, von Gott bereitet, darin lag Sankt Klemens' Leib in einer Arche und der Anker neben ihm». Alle Jahre am Todestag wich das Meer, und die Pilger konnten so den Tempel betreten und beten. An einer dieser Feiern vergaß eine Frau, als man die Wogen wieder herannahen hörte, ihr Kind und floh mit dem anderen Volke zum Ufer. Das war eine schreckliche Sache, und alle schrien und weinten. Als die Mutter ein Jahr verbracht hatte mit Trauern und Weinen und der Tag, an dem das Meer sich auftat, herannahte, warf sie sich vor Sankt Klemens' Grab nieder im Gebet. Und siehe, da lag das Kind und sagte, es habe nur eine Nacht süß und gut geschlafen.

Wegen der Sünden der Bewohner tat das Meer sich eines Tages nicht mehr auf, aber der Bischof Leo von Ostia konnte mit großem Gebet doch wieder die Leiche des Märtyrers bergen und sie im Triumph nach Rom führen. «Da geschahen viele Wunder und wurde der Leib des Heiligen mit großen Ehren in der Kirche bestattet.»

Unterhalb dieser Kirche aus dem 4. Jahrhundert öffnet sich ein weiteres Heiligtum, das des persischen Lichtgottes Mithras, und erst auf dieser untersten Ebene befinden wir uns, fast zwanzig Meter unter dem heutigen Pflaster, auf dem Boden des alten Rom. Neben dem Mithrasheiligtum sind Reste eines römischen Wohnhauses erhalten und ein Kanal, durch den die Niederung zwischen den Hügeln entwässert wurde. Selbst in Rom ist es selten, drei Heiligtümer und drei geschichtliche Ebenen in einem so glänzenden Zustand übereinander geschichtet zu sehen.

Zeichen kirchlicher Machtergreifung

Das frühe Christentum zur Zeit des Bischofs Klemens war noch eine Gemeinschaft der Armen und daher eine tatsächlich subversive Vereinigung. In der Legende hingegen wird Klemens als Mann von hoher Geburt dargestellt, der vorwiegend Leute von hoher Geburt bekehrt. Materielle Probleme gibt es keine, und das Volk ist glücklich, daß eine arme Mutter ihr verloren geglaubtes Kind wiederfindet.

Wie die Kirche zu einer großen Macht wurde, zeigen unverhüllt die Fresken aus dem 13. Jahrhundert, die wir unweit von Sankt Klemens, im Oratorium des heiligen Silvester in der Kirche der Vier Gekrönten, dei Quattro Coronati, sehen können. Wir erreichen über die Via dei Querceti den Abhang des Celio (einer der sieben Hügel mit schönen Basiliken, der Parkanlage der Villa Celimontana und dem Militärhospital, aus dem im August 1977 der Ex-Gestapochef Kappler, der Mörder der Fosse Ardeatine, entfloh). Aus der schmalen Via dei Santi Quattro Coronati steigen wir hoch zum frühmittelalterlichen Kloster- und Kirchenkomplex, der sehr schön erhalten ist und uns mit seinen Vorhöfen, Kapellen und dem Kreuzgang wundersam von der Außenwelt abschließt. Vom zweiten Vorhof aus tritt man in das Oratorium des heiligen Silvester ein. Man erhält den Schlüssel zum Oratorium in einer

Gut erhaltenes Mittelalter: Kloster und Kirche der Vier Gekrönten ▄▄▄

kleinen Eingangshalle mittels einer sinnreichen Drehscheibe, die das Kloster der Augustinerinnen mit der Außenwelt verbindet, und man sollte als frommer oder weniger frommer Mensch nicht versäumen, den Nonnen das Eintrittsgeld in die Drehscheibe zu legen.

Sehr oft hat man das Glück, allein in diesem kleinen Raum zu sein und sich den Fresken und ihrer märchenhaften Überzeugungskraft aussetzen zu können. Der thronende Christus und die Konstantinlegende, 1246 gemalt, also wenige Jahrzehnte vor der Erneuerung der italienischen Malerei durch Cimabue und Giotto, haben den «lebhaften Charakter unentwickelter Kunst».

Wir sehen den mit Leprabeulen im Gesicht behafteten, prächtig gekleideten Kaiser Konstantin, von dem die Legende nicht sagt, ob er der Vater oder der Sohn sei. Auf jeden Fall war dieser Kaiser damals noch ein Heide und verfolgte die Christen sehr, so daß sich der Papst Silvester und seine Priester auf dem Berg Soracte, nördlich von Rom, verstecken mußten. Wegen dieser Verfolgung ließ Gott den Kaiser aussätzig werden, und die Götzenpriester sagten, um gesund zu werden, müsse er im Blute von 3000 unschuldigen Kindern baden. Wir sehen die weinenden Mütter, die den Kaiser zur Milde bewegen: «Besser ich sterbe, als daß ich von dem unschuldigen Tode dieser Kindlein mein

Geburt einer Weltmacht: Siechtum, Bekehrung und Unterwerfung des Kaisers Konstantin in Wandbildern der Silvesterkapelle

sündig Leben erhalte.» In der nächsten Nacht erschienen aber dem Kaiser Sankt Peter und Sankt Paul im Schlafe und gaben ihm den Rat, wie er gesunden könne: «Du sollst nach Silvester senden, dem Bischof, der da verborgen liegt auf dem Berg Soracte, der wird dir einen Brunnen zeigen, in den du dreimal mußt untertauchen. So wirst du deines Siechtums ledig. Zerstöre die Tempel der Abgötter und baue die Kirchen der Christen wieder auf und sei hinfort Christi Knecht.» Die Reiter des Kaisers erreichten den Berg und Silvester glaubte nicht anders, als er solle zur Marter gerufen werden. Doch der Kaiser grüßte ihn freundlich und erzählte seinen Traum und fragte, wer die zwei Götter gewesen wären, die ihm erschienen seien. Da zeigte ihm Silvester die Bilder der Apostel, denn es waren keine Götter, sondern die Apostel Christi, und der Kaiser erkannte sie. Er fastete eine Woche und ließ alle Gefängnisse auftun, und das Wasser der Taufe machte ihn gesund.

In einem unheimlichen Crescendo vollzog nun der Kaiser eine regelrechte Revolution. Er räumte den Christen immer größere Privilegien ein und füllte erneut die Gefängnisse, diesmal mit der heidnischen Opposition. Am ersten Tag ließ er Christus in der ganzen Stadt verehren, am zweiten stellte er die Lästerung Christi unter Strafe, am dritten gebot er, wer einem Christen leides täte, solle die Hälfte seines Vermögens verlieren, am vierten setzte er den Papst als Haupt aller Bischöfe ein, am fünften verfügte er, wer in eine Kirche entrönne, solle sicher sein vor aller Gewalt, und am sechsten, daß niemand ohne seines Bischofs Erlaubnis eine Kirche dürfe bauen, und am siebenten gab er den

zehnten Teil des kaiserlichen Gutes für den Bau von Kirchen, am achten machte er den ersten Spatenstich für den Bau von Sankt Peter und trug selbst auf seinen Schultern zwölf Körbe Erde.

Diese Schöpfungsgeschichte kirchlicher Macht ist in den Fresken nicht dargestellt, wohl aber ihr Ergebnis: Wie Christus in Jerusalem zieht Silvester in Rom ein, und der Kaiser kniet vor ihm nieder. Als dies die Mutter Konstantins, die heilige Helena, die damals noch jüdischen Glaubens war, erfuhr, lobte sie ihren Sohn, daß er die Abgötter gestürzt, tadelte ihn aber, daß er einen Gekreuzigten verehre, und es kam zu einem Disput zwischen jüdischen Meistern und Silvester vor dem Kaiser und seiner Mutter um die richtige Lehre. Von diesem Disput ist das Stierwunder dargestellt, denn nach langen theologischen Auseinandersetzungen, bei denen Silvester auch erklären mußte, warum Christus nur Spott, Leiden und Hinrichtung erfahren hatte, gab schließlich doch ein Wunder den Ausschlag, denn ein jüdischer Zauberer machte sich anheischig, einen Stier, den nicht hundert starke Männer halten könnten, durch die Einflüsterung des geheimen, aber wahren Namens des allmächtigen Gottes zu töten. Der Zauberer näherte sich tatsächlich dem Stier, sprach ihm ein Wort ins Ohr, daß der Stier aufbrüllte, die Augen rollte und zu Boden fiel. Silvester aber sagte: «Das war des Teufels Name, der nur töten kann. Gottes Name jedoch tötet und macht wieder lebendig.» Und der Zauberer konnte den Stier nicht wieder lebendig machen, wohl aber Silvester, beim Namen Jesu Christi. «Da stund der Stier auf und ging von dannen zahm und fromm.»

**Abheben vor der Kreuz-
reliquienkirche: Santa
Croce in Gerusalemme**

Silvester starb um das Jahr 320,
und die bekehrte Kaiserin Helena
rüstete eine Expedition, um in Jerusalem das wahre Kreuz Christi zu
finden, das sie, wie wir auf den letzten, halb zerstörten Fresken sehen,
auch fand. Mit Hilfe eines Juden namens Judas, den sie durch Hunger
zwang, ihr die Lage der Golgatha-
Stätte, die keiner mehr kannte, zu
verraten, fand sie drei Kreuze und
erkannte das richtige daran, daß ein
Toter auf ihm lebendig wurde. Da
bekehrte sich auch Judas, nannte
sich von nun an Quiriacus und wurde

Bischof von Jerusalem. Helena aber
brachte das Kreuz, die Stiege zum
Haus des Pilatus und viele andere
Zeugnisse, die wir im Lateran, in der
Scala Santa (Sancta Sanctorum)
oder in der eigens für das Heilige
Kreuz erbauten Basilika Santa
Croce in Gerusalemme verehren
und bewundern können. All diese
Orte sind keine tausend Meter von
der Kapelle des heiligen Silvester
entfernt.

Apostelhäupter
und Blutstropfen Jesu

Wer eine Erholungspause braucht:
In der Via Claudia 24, zweihundert
Meter vom Kolosseum und oberhalb
der Endstation der Autobusse, die
auf die Via Appia fahren, ist die
empfehlenswerte Taverna dei Qua-
ranta. Uns aber führt die Via dei
Santi Quattro Coronati direkt zum
Lateran, der ersten großen christlichen Kultstätte innerhalb der
Mauern. Kaiser Konstantin hatte
das Gelände dem heiligen Silvester
geschenkt, und die neue Basilika
wurde die Bischofskirche Roms und
vom 4. bis zum 15. Jahrhundert die
eigentliche Papstresidenz, bis Sankt
Peter und der Vatikan wegen ihrer
militärisch sicheren Lage und ihres
machtpolitischen Symbolgehalts
(Primat des Petrus) zum Zentrum
der Kirche wurden.

Auf jener Seite der Piazza San
Giovanni, die wir zuerst erreichen,
befinden sich der Zugang zum Baptisterium (Modell aller späteren Bauten dieser Art) und ein Obelisk aus
dem 15. Jahrhundert vor Christus,
den Konstantin und sein Sohn aus
dem ägyptischen Theben, dem heutigen Luxor, in einem Spezialschiff
und auf Linsen gebettet 357 nach
Rom gebracht hatten. Er übt heute

Mutter aller Kirchen: die Lateransbasilika vor hundert Jahren und heute ■■

vor allem die Funktion einer Verkehrsinsel aus und bleibt schwer zugänglich in diesem Chaos. Das Baptisterium wurde über den Badeanlagen einer Villa errichtet, und das Taufbecken Konstantins und Silvesters liegt einige Meter unter dem heutigen Boden in den unteren Teilen der Anlage. Erhalten blieben Mosaiken aus dem 4. und 7. Jahrhundert, die prächtigen Porphyrsäulen, die dem achteckigen Raum Wärme und Würde geben, und die «singende Bronzetür» aus den heidnischen Caracalla-Thermen, die beim Drehen in den alten Zapfen seltsame Töne erzeugt. Ein Trinkgeld und ein Schwatz mit dem Wärter lohnen, wenn nicht zu viele Leute da sind.

Von den legendären Reliquien in der Lateransbasilika, die wir eingangs nach einem mittelalterlichen Pilgerbuch aufzählten, finden wir heute nur noch wenige Spuren. Die Mosaiken der Apsis über dem Papstthron wurden 1884 erneuert, und die alte Pilgeridee, hier das wahre Antlitz Jesu, ein von Engeln gemaltes Bild, sehen zu können, verblaßte völlig. Der gotische Papstaltar enthält den Tisch, den Petrus benutzt hatte, als er in Rom die Messe las, und im oberen Teil, hinter prachtvollen Stäben, sehen wir die Büsten der Apostel Petrus und Paulus, die die Häupter der beiden enthalten. Ihre Fassungen waren so wertvoll ausgestaltet, daß der Papst in den Kirchenbann schlug, wer hier Hand anlegte. Wie sehr immer wieder um die Verteilung der Reliquien gerade dieser Apostel gerungen wurde, bestätigt die Legenda Aurea, die vom Papst Silvester berichtet, wie er die «kleinen und großen Gebeine der Apostel zusammen auf eine Waage tat und sie mit großer Ehrfurcht

wog, und tat die eine Hälfte in die eine, die andre in die andre Kirche». Klar, daß die gebildeten Heiden des vierten Jahrhunderts über die aufkommene Verehrung «eingesalzener Köpfe» sehr bestürzt waren. Die Franzosen schmolzen die kostbaren Behälter dieser Büsten während der französischen Republik in Rom kurzerhand ein, so daß wir uns heute nur noch Kopien gegenüberfinden.

Im Sakramentsaltar verehrt man noch Stücke des Tisches vom letzten Abendmahl, die die Kaiserin Helena hierher gebracht hatte. Aber noch faszinierender sind die vergoldeten vier Bronzesäulen, die aus dem Tempel des Jupiter Capitolinus stammen, ihrerseits aber vom Kaiser Augustus aus den kostbaren Schnäbeln der Schiffe der Kleopatra gegossen worden waren. Bei all der irreversiblen Zerstörung, die Menschheit in Gang setzt, zählt diese Form, Geschichte aufzuheben und weiterzugeben, zu den tröstlichen.

Im herrlichen Kreuzgang entdeckt man unter den vielen seltsamen Steinen, die namenlos zu werden drohen, die Porphyrplatte des Tisches, auf dem die Kleider Jesu von den Soldaten des Hinrichtungskommandos verlost wurden. «Et super vestem meam miserunt sortem», steht da geschrieben.

Beim Hinausgehen durch den Haupteingang lassen wir rechts die Capella Corsini liegen, zusammen mit der in der ersten Hälfte des 18. Jahrhunderts gebauten Fassade der letzte überzeugende Sakralbau der Päpste in Rom. Es ist bezeichnend, daß damals diskutiert wurde, ob die bereitliegenden Mittel für den Bau der Fassade oder für die Bekämpfung des Fiebers durch Dammarbeiten am Tiber verwendet werden sollten. Der Papst entschied sich für die Fassade, und das weltliche Regiment der Kirche versackte von Jahr zu Jahr immer tiefer in eine kleinliche, klerikale Despotie.

In der Vorhalle steht eine etwas plumpe Statue Konstantins, die aus den Thermen des Quirinal hierher in «seine» Kirche gebracht wurde. Von hier aus überblicken wir den Platz, auf dem die Arbeiterbewegung ihre größten Demonstrationen beschließt, auf dem regelmäßig die Wahlkämpfe der Kommunistischen Partei durch eine Rede des Parteisekretärs beschlossen werden, wobei die Statue des heiligen Franziskus, dessen ausgebreitete Arme die Kirche stützen, mit roten Fahnen und Pappschildern behängt, in die Versammlung einbezogen wird.

Rechts hinter der Aurelianischen Mauer, in der Via Sannio, findet jeden Vormittag ein großer Kleidermarkt statt. Links sehen wir das bescheidene Gebäude der Heiligen Stiege mit Mosaiken aus dem Speisesaal der Päpste im ehemaligen Papstpalast. Was sollen die im 18. Jahrhundert erneuerten Mosaiken Ende des 8. Jahrhunderts anderes zum Thema haben als die gemeinsame Quelle geistlicher und weltlicher Macht? Links gibt Christus dem Petrus die Schlüssel und dem Kaiser Konstantin das Reichsbanner. Rechts übergibt Petrus Papst Leo III. die Bischofsschärpe, das Symbol der geistlichen Macht, und Karl dem Großen das Reichsbanner. Leo und Karl tragen viereckige Heiligenscheine, das heißt, sie lebten noch, als das Mosaik verfertigt wurde.

Und nun die Scala Santa, konkreter Gradmesser der Frömmigkeit, denn die Heilige Stiege, auf der Jesus ging und sein Blut vergoß (für fromme Augen sind Spuren noch an mehreren Stufen zu sehen), darf nur auf Knien begangen werden. Rechts und links führen bequeme Treppen hoch zum Sancta Sanctorum, der allerheiligsten Privatkapelle der Päpste, deren reliquienreicher Altar als wertvolle Schatztruhe durch Eisenstäbe total gesichert ist. 1905 wurden die meisten Reliquien der Kritik und der Verehrung entzogen und in den Vatikan gebracht. Die schon seit langem nicht mehr öffentliche Kapelle kann man am Ende der Stiege durch ein Gitter bewundern, vor allem das nicht von Menschenhand gemalte Bild des Erlösers über dem Altar. Jeder muß selbst sehen, wie er sich, ohne die Gläubigen zu stören, hier bewegt. Dem Blick durch das Gitter zeigt sich unter einer massiven Silberverkleidung ein seidener Schleier, der das Original bedeckt und auf dem die Gesichtszüge nachgezeichnet sind. Im Laufe der Jahrhunderte wurde das eigentliche Bild immer reicher ausgeschmückt, aber durch jeden Schmuck immer weiter verborgen. Diese Verkleidungen und Verstellungen entziehen den ursprünglichen Gegenstand der Betrachtung, und was hier im kleinen passierte, geschah auch der Kirche im großen: Niemand begreift mehr, daß unter der Kuppel des Petersdoms, wenn überhaupt Petrus, dann jedenfalls ein palästinensischer Fischer liegt.

Blick zurück von der Engelsburg

«Wie über den Fürsten und dem Adel der Kaiser, so stand über den hohen und niederen Pfaffen der *Papst.* Wie dem Kaiser der ‹gemeine Pfennig›, die Reichssteuern, bezahlt wurden, so dem Papst die allgemeinen Kirchensteuern, aus denen er den Luxus am römischen Hof bestritt. In keinem Lande wurden diese Kirchensteuern – dank der Macht und Zahl der Pfaffen – mit größerer Gewissenhaftigkeit und Strenge eingetrieben als in Deutschland. So besonders die Annaten bei Erledigung der Bistümer. Mit den steigenden Bedürfnissen wurden dann neue Mittel zur Beschaffung des Geldes erfunden: Handel mit Reliquien, Ablaß- und Jubelgelder usw. Große Summen wanderten so alljährlich aus Deutschland nach Rom.»

Was Friedrich Engels hier in «Der Deutsche Bauernkrieg» beschreibt, gehört zum Hintergrund für den Aufschwung Roms in der Renaissance. Hinzu kamen Einnahmen aus Ämter- und Pfründenverkauf. Mitte des 15. Jahrhunderts, als das Forum

DAS ROM DER PÄPSTE I

noch eine Weide war und das Kapitol ein Marktplatz, hielten Vieh- und Getreidehändler die Zügel der wirtschaftlichen Macht der Stadt in den Händen. Aber die aus der Avignonesischen Gefangenschaft zurückgekehrten Päpste hatten nicht die Absicht, Oberhaupt einer sich redlich von Woll-, Wein- und Fleischhandel ernährenden Provinzstadt zu sein.

Stationen ihrer Stadtentwicklung können wir von der «Blutburg» aus, der Engelsburg, in den Blick bekommen. Hier schaut man auf Rom in Augenhöhe. Von der Loggia Julius' II., die wir nach einem steilen Aufstieg durch Gänge und waffenstarrende Höfe erreichen, blickt man nicht «über» die Stadt wie vom Petersdom, vom Gianicolo oder vom Pincio, vielmehr hat man die Stadt gegenüber, den Vatikan im Rücken. Dahin drängen sich die vollklimatisierten Busse durch die Verengung des Lungotevere unter uns.

Eine feste Burg für Gottes Stellvertreter

Wenn wir die Engelsburg nicht als Gruselkabinett mit schönen, freskengeschmückten Residenzräumen mißverstehen, wenn wir begreifen wollen, warum im Mittelalter aufgebrachte römische Bürger sie mehrmals zu zerstören versuchten, wobei sie nur den weißen Marmor des ehemaligen Grabmals Hadrians herunterrissen, müssen wir uns mit der Frontstellung zur Stadt auseinandersetzen, mit ihrer militärischen Bedeutung.

Totila, ein gotischer General, erkannte als erster, daß mit der Kontrolle der Engelsbrücke die Stadt zu beherrschen war. Die nächsten Brücken befanden sich außerhalb im Norden (Ponte Milvio) oder im Sü-

den (Tiberinsel). Das bewohnte Rom im Mittelalter und in der Renaissance erstreckte sich genau gegenüber im Tiberknie, zwischen Porta Flaminia und dem Kapitol. Das Grabmal Kaiser Hadrians verwandelte sich so in eine gegen die Stadt gerichtete Festung. «Borgo», Burg, heißt auch der Stadtteil zwischen der Engelsburg und dem Petersdom.

Für die Päpste war es bei ihren häufigen Prozessionen zwischen der Peterskirche und dem Lateran, ihrem Sitz bis ins 15. Jahrhundert, lebenswichtig, die Kontrolle über die Brücke und die Festung zu haben. Die antipäpstliche (und antikaiserliche) «weltliche» Stadtregierung konnte mit ihr das Papsttum zeitweilig machtpolitisch in Schach halten. Vor der Rückkehr aus dem Exil in Avignon, 1377, stellte der Papst deshalb der kapitolinischen Stadtverwaltung eine grundsätzliche Bedingung: die Übergabe der Engelsburg. Die aus römischen Edelleuten bestehende Kommission, die den Papst empfing, als er bei Tarquinia an der Küste des Tyrrhenischen Meeres an Land ging, überreichte auf einem Silberteller nicht die Schlüssel zur Stadt, wie es üblich gewesen wäre, sondern die zur Engelsburg.

Von der Loggia Julius' II. blicken wir in Richtung Frühchristentum: Hinter den beiden leeren Gasometern am Horizont liegt die Paulus-Basilika (siehe *Paulus und Umgebung*), wie auch in Richtung Faschismus: Die Via della Conciliazione, die rechts von uns zum Petersdom führt, wurde in den 30er Jahren zur Feier der Lateranverträge mitten durch den Borgo gerissen, den man so zerstückelte. Rechts außen sehen wir die Mauer (später, von der Bar aus, haben wir sie noch besser im

Blick), die den Borgo seit dem Spätmittelalter schützte. Oben auf der Mauer ein Gang, der den Päpsten und Höflingen bei mehreren Gelegenheiten zur Flucht in die uneinnehmbare Engelsburg verhalf.

Die Herrscher im Vatikan benutzten die Burg nicht nur, um sich vor ihren Feinden abzuschließen, sondern auch, um sie darin einzuschließen. Das Erbe der Antike wurde in ein gefürchtetes Gefängnis umgewandelt. Hunderte von Gegnern des Borgia-Papstes Alexander VI. kamen darin um. Benvenuto Cellini, der drüben bei der Via Giulia gelebt hat (Goethes Übersetzung seiner Autobiographie gibt eine der anschaulichsten Schilderungen der Renaissancewelt), hat in der Engelsburg gesessen, in einem dunklen «Behältnis, das sehr feucht war, voller Taranteln und giftiger Würmer», später auch Giordano Bruno. Im Risorgimento wurden hier politische Gefangene eingesperrt und gefoltert – im oberen Rundgang ist eine Zelle nachgebildet. Und selbst der italienische Einheitsstaat nutzte die Engelsburg zunächst noch als Gefängnis und Kaserne, so als mißtraute er dem Rom auf der anderen Seite des Flusses. Heute werden Schauergeschichten, hinter denen das Leiden unzähliger Verfolgter steht, und herrschaftlicher Machtmißbrauch nach dem beruhigenden Motto goutiert, daß man schließlich in besseren Zeiten lebe.

Der schöne Schein der Klassik

Als die päpstlichen Machthaber die Engelsburg fest in der Hand hatten, konnten sie daran gehen, Rom in den Griff zu bekommen. Mit dem weder Grenzen noch Religionen kennenden Geld kam aus den reichen Kaufmannsstädten Mittel- und Norditaliens auch der Geist der Zeit ins malaria- und pestverseuchte Rom gewent. Die Wiederentdeckung oder «Wiedergeburt» der heidnischen Antike bot für die Ideologie des Papsttums neue Horizonte: Rom konnte wieder den Anspruch führen, Mittelpunkt der Welt zu sein, und die Päpste waren die neuen Cäsaren.

Als Nikolaus V. 1455 starb, hinterließ er ein Testament, in dem es hieß, daß Rom als Sitz des Papsttums die bedeutendste Stadt der Welt sei und deshalb mehr als jede andere befestigt und geschmückt sein müsse. Seine Nachfolger fingen an, durch Straßenbauten die vereinzelten Zentren außerhalb des bewohnten Gebiets im Tiberknie an die Stadt und den Vatikan zu binden, der bald fester Sitz der Päpste wurde. Sixtus IV. ließ Trastevere über eine neue Brücke, die Ponte Sisto, mit dem ökonomischen und administrativen Viertel um den Campo dei Fiori verbinden, wo der Papstneffe Riario gerade seinen Palast, die Cancelleria, baute. Unter Sixtus entstand auch die nach ihm benannte Kapelle, deren spitzes Dach wir neben der Peterskuppel mit einiger Mühe ausmachen können – als Wehrbau (!) und Papstkapelle. Sein Neffe Giuliano della Rovere nannte sich bereits stolz nach Cäsar «Julius». Als er 1503 Papst wurde, ließ er sich die Repräsentationsloggia bauen, in der wir hier oben stehen. Julius band den Vatikan über die Via della Lungara an Trastevere und die Brücke seines Onkels und schlug auf der gegenüberliegenden Tiberseite mit der Via Giulia den Bogen zurück Richtung Engelsburg. Der Medici-Papst Leo X. schuf über die Via Ripetta neue Verbindungen vom

103

Nordtor Porta Flaminia zum ökonomisch wichtigen Ripetta-Hafen und politisch-repräsentativen Zentren wie dem Palazzo Medici-Madama.

Zur gleichen Zeit wurden die damals berühmtesten Künstler nach Rom gerufen, um der im Mittelalter auf den Hund gekommenen Stadt neuen Glanz zu verleihen. Sie sollten den «neureichen» Papstfamilien gegenüber dem alten römischen (Land-)Adel wie den Massimo, Orsini, Colonna und Caetani, die noch immer in ihren burgartigen Umbauten der klassischen Ruinen hausten, einen repräsentativen Vorsprung erbauen und ermalen. Rom wurde so zu einem großen geistigen Zentrum Europas. Ende des 15. Jahrhunderts konnte es sich rühmen, zusammen mit Venedig die größte Zahl von Prostituierten und hier veröffentlichten Büchern zu haben. Nur der unbequeme Leonardo da Vinci war

in Rom nicht gern gesehen. Er hielt mit seinem Spott über die bürokratischen «Abkürzlinge» im Vatikan und am päpstlichen Hof, die nur den schönen Schein der Klassik erben wollten, ohne mit ihr wirklich ernst zu machen, nie zurück.

Die ideelle und materielle Großbaustelle Rom war aber zu schnell auf dem flüchtigen Sand der Geschichte errichtet worden. Nach einer halsbrecherischen Schaukelpolitik zwischen Kaiser und französischem König mußte der zweite Medici-Papst, Klemens VII., von dieser Loggia mit ansehen, wie Truppen Karls V. im Jahr 1527 mit deutschen (lutherischen) Landsknechten an der Spitze, die ewige Stadt plünderten und zerstörten (Sacco di Roma). Nur die Engelsburg hielt der Belagerung stand. Der Traum vom neuen römischen Zentralreich der Kirche mit dem Papst als Herrscher und Richter

Die Stadt und der Fluß: der Tiber mit wilden Ufern (um 1870) und eingemauert ▬▬▬

der Weltpolitik war zunächst einmal ausgeträumt. Wenn wir jetzt gegen den Uhrzeigersinn von der Loggia Julius' II. aus dem oberen Rundgang folgen, kommen wir zur Loggia von Paul III. Dieser Papst war noch so von den Folgen des Sacco di Roma beeindruckt, daß er weder Lust hatte, das Elend auf der anderen Tiberseite zu sehen (seine Loggia öffnete sich auf Wiesen und Weingärten – heute sehen wir den «piemontesischen» Stadtteil Prati), noch eine Belagerung unter ähnlichen Bedingungen wie Klemens

auf der Engelsburg erleben wollte. Neben seiner Residenz im Vatikan und dem Sommersitz im Bau seines Namensvorgängers Paul II. an der Piazza Venezia – den er zu diesem Zweck sicherte und mit einem Wehrturm versah –, ließ er sich in der Engelsburg festliche Repräsentationsräume schaffen. Von der Loge Pauls III. blicken wir heute auch auf die zum Park umgewandelten Bastionen der Engelsburg, in dem sich Liebespaare treffen und, sonntags nachmittags, in Rom lebende Asiaten – wenn sie nicht von einem Beatkonzert oder einem Unità-Fest verdrängt werden. Der Blick zurück auf Rom kommt am weißen Ehrenmal Viktor Emanuels an der Piazza Venezia nicht vorbei – dem symbolischen Todesstoß, den das neue Rom des Risorgimento dem der Päpste gegeben hat. Wie man, ohne gnadenlos zu protzen, symbolisch Machtveränderungen bezeichnet, hatte gerade Paul III. vorgemacht, indem er von Michelangelo das letzte weltlich-politische Zentrum, das Kapitol, umbauen und die Reiterstatue des feinsinnigen Kaisers Marc Aurel dort aufstellen ließ. Damit war mit Berufung auf die wiedergeborene Antike die letzte Machtbastion Roms vom Papst und von der Kirche belegt.

Hinter dieser Loggia folgt bald die kleine Bar der Engelsburg, eine der schönsten von ganz Rom, falls man draußen einen freien Tisch findet, (relativ preisgünstig). Hier kann man in dem lohnenden Engelsburg-Führer von Cesare D'Onofrio blättern, den es am Büchertisch im Aufgang zu kaufen gibt. Von hier hat man vor allem einen schönen Blick auf den Petersdom und den Vatikan. Über uns erhebt sich der große Erzengel, der himmlische Landsknecht, der auf der «Blutburg» sein Schwert in die Scheide stößt, um gemäß der Legende das Ende der Pest anzukündigen.

Am «Altar des Vaterlands»: Stützen der Nation

Plätze, Paläste – Ins Zentrum, wo die Klassik blüht

Die Piazza Venezia ist kein römischer Platz zum Verweilen wie die Piazza Navona, die Piazza della Rotonda mit dem Pantheon, die Piazza Santa Maria in Trastevere, die Piazza del Popolo und zahlreiche andere Plätze, auf denen sich täglich und nächtlich privates und öffentliches Leben abspielen. Die Piazza Venezia hat als Platz auch keine Tradition, sondern ist eine moderne Schöpfung und als solche zu einem

Verkehrsknotenpunkt heruntergekommen. Und doch befinden wir uns hier am geographischen Mittelpunkt der Stadt und an einem zentralen Ort römischer Geschichte. Nicht zufällig hat Mussolini von hier aus versucht, mit der Via dei Fori Imperiali den Bogen zurück zum römischen Kaiserreich zu schlagen.

Beherrscht wird der Platz vom Denkmal des Königs der italienischen Staatsgründung, Vittorio Em-

Blick frei: der Palazzo Venezia vor dem Umbau und danach ▬▬▬▬

manuele II., das als «Altar des Vaterlands» in den Jahren 1885 bis 1911 erbaut wurde. Mit ihm hat das «neue» Italien vom heiligen Kapitol der Römer Besitz ergriffen. Es sollte alles in den Schatten stellen, was die Kaiser und Päpste in Rom je errichtet hatten – ein riesiger und trauriger Fremdkörper ist es geblieben. Die Dimensionen, die Formen, ja selbst die Farben der Kalksteine aus Brescia passen nicht in die römische Stimmung. Makaber waren auch die Akte nationaler Geschichte, die hier zelebriert wurden: die Bestattung des unbekannten Soldaten aus dem Ersten Weltkrieg, dessentwegen immer noch Ehrengarden aller Waffengattungen auf- und abziehen; der Aufmarsch der Frauen, die hier für die Finanzierung des zweiten Krieges das Gold ihrer Ringe gegen Eisen gaben; der Jubel der Zehntausenden anläßlich der Gründung des

faschistischen Imperiums nach dem afrikanischen Eroberungskrieg von 1936, mit Mussolini auf dem Balkon des Palazzo Venezia; das Bombenattentat vom Dezember 1969, das von den Faschisten gleichzeitig mit dem Mailänder Attentat verübt und als Angriff der Linken auf das Vaterland ausgegeben wurde, ein Attentat, das von Teilen der Staatsgewalt gedeckt wurde und enorme politische Folgen hatte. Wollte man von diesem Bauwerk auf den Charakter der herrschenden Klassen des «neuen» Italien schließen, fiele das

Urteil vernichtend aus. Es bildet einen schlimmen Schlußstein des Risorgimento, der demokratischen italienischen Einheitsbewegung des 19. Jahrhunderts, und es zeigt den Geist, mit welchem sich das neue Italien des alten Rom bemächtigte.

Im Herzen des alten Rom: der Palazzo Venezia

Das Gegenstück zu diesem Monument leerer Rhetorik ist der Palazzo Venezia, Beginn einer neuen Epoche und eines neuen Interesses der Päpste für die Vergangenheit und die Rolle der Stadt Rom. Während des Exils der Päpste in Avignon (1305–1377) war die Stadt völlig heruntergekommen: Am Tiefpunkt ihrer Entwicklung zählte sie noch 30000 Einwohner. Mit der Rückkehr der Päpste nach Rom begann die Renaissance, die Wiedergeburt

der Trümmerstadt und der Ideen, die sich in ihr materialisiert hatten.

Bei der Rückkehr der Päpste lag ihre alte, prächtige Residenz, der Lateran, vom Leben der Innenstadt abgeschnitten und verfallen. Sankt Peter und der Vatikan waren ein mittelalterliches Baugewirr außerhalb der Stadt. Papst Paul II. (1464 bis 1471) machte den Versuch, ins Zentrum Roms zu ziehen, in einen Palast zu Füßen des Kapitols. Er war als Kardinal Herr der Kirche von San Marco, neben die er seinen Palast baute und als Papst nun zu einer großen Residenz erweiterte. Auf einer Inschrift in der Vorhalle von San Marco steht, daß er sich diesen Bauplatz ausgesucht habe, um «centro urbis» zu sein, in der Mitte der Stadt. Dahinter steckt nicht nur ein kultureller Anspruch des Humanisten und Freundes der Antike, sondern auch der politische Anspruch auf

Übernahme der alten, kaiserlichen Hauptstadt. Der Papst als Erbe der römischen Kaiser ist eine Konstante und begegnet uns überall, im Titel *pontifex maximus*, in den Bauten und im gesamten Zeremoniell, in der Kleidung, im Purpur der Kardinäle, in der Tiara.

Die ersten großen Palastbauten waren zwanzig Jahre vor dem Baubeginn des Palazzo Venezia bereits in Florenz (Palazzo Medici) und in Siena entstanden. Nun holten die Päpste die Künstler nach Rom, in eine Stadt, deren kulturelles Niveau damals weit unter dem lag, das sich in Norditalien, Spanien und Burgund entwickelt hatte. Im 15. Jahrhundert bestand der römische Adel noch aus Haudegen und Grobianen, aus Soldaten oder Kuhhirten großen Stils. Erst dann verfeinerte sich das Niveau, nachdem sich die Romidee erneuert hatte. Etwa 800 Jahre lang hatte man die gleichen Basiliken gebaut, die gleichen Mosaiken und Fresken gemalt, die gleichen Riten gepflogen – nun gab es einen glänzenden Neubeginn, dessen Träger nicht mehr Klöster und Adelsgeschlechter, sondern die großen päpstlichen Familien waren.

Der Ausbau der ursprünglichen Kardinalsresidenz zum Sitz und Regierungszentrum des Papstes erforderte den Ausbau der alten Markus-Basilika zur päpstlichen Hauskirche, die Anlage einer Benediktionsloggia, von der aus der Papst dem Volk, der Stadt und dem Erdkreis seinen Segen spenden konnte, den Bau prächtiger Treppen, Repräsentationsräume, Innenhöfe und privater Gemächer, für welche der zierliche Palazzetto neben dem wehrhaften Palazzo errichtet wurde. Um diese Anlage, die man sich auch von innen anschauen sollte (Museo del Palazzo Venezia) besser zu verstehen, ist einiges zu beachten. Die Hauptfassade und das feine Hauptportal der Frührenaissance liegen an der Via del Plebiscito, an der Nordseite. Im Süden lief auf die Kirche – die heute ziemlich versteckt kaum wahrgenommen wird – und auf die prächtige Benediktionsloge ein Platz zu, der im wesentlichen religiösen Funktionen vorbehalten war. Wir befinden uns hier genau dem Kapitol gegenüber, und die Loggia zitiert sehr frei und souverän die Antike: mit ihren Arkaden, die in den Innenhöfen noch glänzender ausfallen, in erster Linie das wenige hundert Meter von hier entfernte, imperiale Kolosseum. Der Palazzetto schließlich, der heute die Piazza San Marco vor der Kirche abschließt, wurde erst 1913 hierher versetzt, weil er an seinem ursprünglichen Standort, auf der Piazza Venezia, die Sicht auf den Altar des Vaterlands versperrte. Die Piazza Venezia war also bis vor wenigen Jahrzehnten völlig anders proportioniert und schloß mit dem Palazzetto den Corso ab, der auf eine wesentlich kleinere Piazza Venezia mündete.

Paul II. ließ, um sein Regierungszentrum aufzuwerten, den Corso, der noch ein Trümmerfeld war, als große Achse zur Piazza del Popolo und Via Flaminia wiederherstellen. Er zwang Kardinäle und Adel, diese Straße durch Prachtbauten zu verschönern. Um diese Achse noch attraktiver zu gestalten, verlegte er den Karneval und seine Rennen (daher der Name Corso) hierher. Schon 1466 wird von einem prächtigen Karnevalszug mit antiken Göttern, Kaisern, Senatoren und Gefangenen berichtet und vom Bankett, das der Papst anschließend auf der Piazza gab. Zwei Jahre später empfing der

Wenn Cécile am Montagabend aus dem Palazzo Farnese kommt, dich mit den Augen sucht und dich neben einem der wannenförmigen Brunnen entdecken wird, während du, dem Plätschern des Wassers lauschend, siehst, wie sie sich nähert und über den fast leeren Platz schreitet, wird auf dem Campo dei Fiori kein einziger Händler mehr sein, und erst wenn ihr die Via Vittorio Emanuele erreicht, werdet ihr die Lichter und die Belebtheit einer großen Stadt wiederfinden mit dem Lärm der Straßenbahnen und der Leuchtreklame der Geschäfte; doch da euch noch eine Stunde bis zum Abendessen bleibt, werdet ihr wahrscheinlich nicht diesen so alltäglichen Weg einschlagen, sondern langsam und gemächlich kreuz und quer durch die kleinen dunklen Gassen schlendern, deine Hand auf ihrer Hüfte oder Schulter, so wie die beiden jungen Eheleute durch Rom schlendern werden, wenn diese Stadt das Ziel ihrer Reise sein sollte, oder wie sie es in Syrakus tun werden, falls sie bis dorthin fahren, oder wie es jeden Abend die noch so jungen römischen Liebespaare tun, und ihr werdet in die verstreute Menge von Verliebten eintauchen wie in ein Verjüngungsbad, werdet am Tiber entlanggehen, euch von Zeit zu Zeit an das Geländer lehnen, um die zitternden Lichtreflexe unten auf dem schwarzen Wasser zu betrachten, indes von den schwimmenden Tanzflächen eine banale, vom kühlen Wind verwehte Musik heraufdringt, werdet zum Ponte d'Angelo gelangen, dessen beschwingte, am Tage so blendend weiße Statuen euch nur wie seltsame, kompakte Tintenflecke erscheinen, und werdet dann durch andere dunkle Straßen wieder zum Rückgrat eures Roms kommen, zur Piazza Navona ...

Aus «Paris–Rom oder Die Modifikation» von Michel Butor, Suhrkamp Verlag, Frankfurt/M. 1973

Papst in seiner neuen Residenz Kaiser Friedrich III., der mit dreitausendköpfigem Gefolge durch die Porta del Popolo eingeritten kam. Unter diesen 3000 befand sich auch Herr Niclas Muffel aus Nürnberg, dessen Reisebuch wir soviel Wissenswertes über Reliquien und Kirchen entnommen haben (siehe *Der religiöse Trip*).

Im gleichen Jahr 1468 wurde während des Karnevals ein Mordanschlag auf den Papst versucht. Die Ruinenfelder ringsum hatten den Verschwörern, Romantikern in der Tradition der unabhängigen Kommune, als Versteck gedient. Wahrscheinlich kam der Papst auch auf Grund dieses Erlebnisses zu dem Schluß, die Residenz besser in den Vatikan, in den sicheren Schutz der Engelsburg zu verlegen. Die Verschwörung war eine Seifenblase. Die politische Macht des Papsttums ging erneut über Rom auf und verwandelte die Stadt wiederum in ein Zentrum der Welt.

Eingekreist von Palästen: ein Platz des Volkes

Der Campo dei Fiori, wenige Schritte vom Corso Vittorio Emmanuele, ist das Zentrum eines ganzen Systems von kleinen Plätzen, von denen jeder seine eigenen Madonnenbilder, Brunnen, Marmortafeln und Läden besitzt. Piazza Farnese ist der prächtigste dieser Plätze, mit dem schönsten und vollendetsten Palastbau der Renaissance. Erst mit der Renaissance verschob sich das Zentrum der Stadt in das Tiberknie. Die römische Geschäftswelt traf sich auf dem Pferde- und Viehmarkt zwischen Piazza Farnese und Campo dei Fiori, und die Machthaber bauten hier ihre neuen Paläste hin: zuerst

den Palazzo della Cancelleria, begonnen 1485, dann den Palazzo Farnese, begonnen 1514. Während der Palazzo Farnese sich sehr frei erhebt, da die mächtigen Farnese rücksichtslos Häuser abreißen konnten, blieb die Cancelleria in die engen Straßen eingeklemmt. An der Piazza della Cancelleria und an der Piazza Farnese sitzt man im Sommer sehr schön zum Essen. Zu den großen Palästen zählen noch der Palazzo Spada mit der reizvollen perspektivischen Täuschung im Hinterhof und die Bauten der Via Giulia, der Prachtstraße Julius' II.

Das Überraschende ist, daß der Campo dei Fiori auf keinen dieser Paläste hingebaut wurde (oder umgekehrt), sondern daß die ganzen Prachtbauten den Hintergrund beherrschen, aber nicht den Platz. Das gilt auch für den kühn in das antike Theater des Pompejus, in dem Cäsar ermordet wurde, hineingebauten Palazzo Pio, dessen abgebrochene Rückseite über dem Kino den Campo dei Fiori überragt, während die Vorderseite auf die Piazza del Biscione gerichtet ist. Und noch überraschender: der Campo dei Fiori ist der einzige wichtige Platz in Rom, zu dem keine Kirche gehört. Er ist also ein wirklicher Freiraum, *una piazza democratica e popolare*, an dessen Zustand wir in den letzten Jahren und auch in Zukunft ablesen können, wie es dem «römischen Volk» ergeht. Die Behauptung der alten Anwohner des Campo dei Fiori, ihr Platz sei «il centro del mondo realmente», gewinnt an Wahrscheinlichkeit, wenn man bedenkt, daß sich im Umkreis von etwa 500 Metern ein Markt, gute Restaurants und billige Hotels, ein Kino, ein Pfandhaus, ein Frauenbuchladen, die französische Botschaft, eine Drogenberatungs-

Una piazza democratica e popolare:
Campo dei Fiori

stelle, ein Parteilokal der Kommunisten, ein Billardsaal, ein Kulturzentrum (San Paolo alla Regola), das Justizministerium, ein schönes Antikenmuseum, der Tiberfluß, Geschäfte für Bekleidung, Trödler, alte Möbel und jede Art von Behausungen befinden.

Im Zentrum von Rom wohnen und leben noch die Leute. Was für Leute? Sehr reiche Leute in den schönsten Palästen Roms, in deren Erdgeschossen Handwerker und in deren niederen Zwischengeschossen

Dienerschaft untergebracht waren. Dann die Handwerker, die heute allerdings andere Tätigkeiten ausüben, als die alten Straßennamen anzeigen: Hutmacher, Seiler, Schlüsselmacher... Dann die Gelegenheitsarbeiter und Penner, die in den Torbögen und Einfahrten hausen, und die Leute, die mit dem Markt zu tun haben, der bis zum Zweiten Weltkrieg der größte Roms war. Was wir heute jeden Vormittag davon noch sehen, ist ein malerischer, lebendiger, aber kleiner Rest.

Zwischen 1951 und 1976 hat sich die Bevölkerung der römischen Innenstadt von 424000 auf 160000 reduziert. Campo dei Fiori hat am längsten widerstanden, dann zogen auch hier ab der zweiten Hälfte der 60er Jahre die Leute massenhaft weg. Wohnungen wurden immer teurer gehandelt, neue Leute und neue Läden kamen: viele Ausländer, Intellektuelle, Boutiquen und Pizzerien. Und dann kam die Droge. Kaum zu glauben, daß die Droge ein Stadtviertel genauso kaputtmachen

kann wie die Bauspekulation. Aber Pino, der am Campo geboren und aufgewachsen ist, der nicht weggeht, «obgleich wir fast allein geblieben sind», erklärt, wieso: Das Geschäft mit der Droge hat die alte «mala», die Unterwelt der traditionellen Stehler und Hehler, die um den Campo herum ihren festen Platz hatte, völlig demoralisiert. Hut ab vor denen, die bei ihrem alten Gewerbe geblieben sind, während die Droge eine neue Kriminalität erzeugte, große Dealer, kleine Dealer und unberechenbare Diebstähle und Gewaltakte auf seiten der Abhängigen. Das Viertel desintegriert sich. Haustüren werden nachts geschlossen, und die Penner finden keine Orte mehr zum Schlafen. Man weiß nicht mehr, wem man trauen kann. Der «scippo», das Abreißen der Handtasche, Überfälle auch auf ältere Leute verunsichern das Viertel.

Das Leben am Abend erlischt.

Seit Anfang der 70er Jahre führt der Platz ein regelrechtes Doppelleben: Morgens gehört er dem Markt, nachmittags den «Alternativen» aller Schattierungen. Der Markt blieb *un vero mercato popolare*, auch wenn er teuer geworden ist, weil die Umsätze nicht mehr so sind wie früher und weil die Mieten für die Magazine unter der Konkurrenz der Boutiquen gestiegen sind. Aber es ist immer noch der schönste Markt von Rom, auch im Winter, wenn zwischen den Ständen in alten Eimern große Feuer lodern, in denen Kisten und Abfälle verbrannt werden und an denen sich die Leute wärmen. Es gibt Fisch, alle Arten von Obst und Gemüse, Schuhe und Kleidung, und an den Haken hängen die Lämmer und die großen Fleischseiten der Kälber.

In der Mitte des Marktes steht,

**Im Umkreis des Platzes:
Billard, Bücher und
alles zum Leben** ▬ ▬

das Gesicht dem Vatikan zuge-
wandt, Giordano Bruno. Dieses
Denkmal für den als Auftakt zum
Heiligen Jahr 1600 hier lebendig verbrannten Ketzer wurde 1887 gegen
den Protest des Vatikans errichtet
und wird im Viertel sehr geliebt. In
den Köpfen der Leute, die sonst
nichts über den Mönch wissen, hat
sich der Satz festgesetzt: «È stato
bruciato, perchè ha detto la verità –
er wurde verbrannt, weil er die
Wahrheit sagte.» Jedes Jahr am
17. Februar, dem Hinrichtungstag,

legt die «Vereinigung Giordano
Bruno für die Verbreitung des
Atheismus in der Welt» einen Kranz
nieder. Giordano Bruno, ein Gei-
stesbruder des Erasmus, des Johannes Hus und Tommaso Campanella,
wurde durch seinen Tod zum Symbol
freier und häretischer Wissenschaft
und Dichtung. Und so fand auch im
Jahre 1975 die Trauerfeier für den
ermordeten Pier Paolo Pasolini, den
Ketzer und Freibeuter des Nach-
kriegsitalien, hier statt. Der Sarg
war in der Casa della Cultura am
Largo Arenula, unweit von hier, auf-
gebahrt worden. Freunde trugen ihn
durch die enge Via dei Giubbonari,
dem letzten Ausläufer des Gettos,
vorbei an der Sektion der PCI, die
Trauer geflaggt hatte, auf den Platz,
wo Freunde, Intellektuelle und *il popolo di Roma* von ihrem Dichter Abschied nahmen.

Fragment einer großen Idee: der Palazzo Madama

Vom Campo dei Fiori erreichen wir in wenigen Minuten den Corso Rinascimento, der vom Corso Vittorio Emmanele abzweigt. Der Corso Rinascimento ist (parallel zur Piazza Navona) erst 1938 angelegt worden. Auf der rechten Seite zeugen Bauten im faschistischen Stil von dem Versuch Mussolinis, sich in der «guten Stube Roms einzurichten, auch hier Zeichen zu setzen wie vor ihm Kaiser und Päpste. Aber der Corso Rinascimento führt uns auch vor einen Palast, vor dem (außer sonntags und während der Parlamentsferien) eine Ehrenwache steht. Hier ist der Senat, die zweite italienische Kammer, untergebracht. Obwohl er heute weder ein spezifisches Oberhaus noch eine Ländervertretung darstellt, hat man sich nicht entschlossen, beide Parlamente zusammenzulegen, auch wenn sich die politischen Kräfteverhältnisse von Kammer und Senat fast symmetrisch gleichen. Jedes Gesetz muß, nachdem es von der Abgeordnetenkammer verabschiedet worden ist, dem Senat vorgelegt werden, der es annimmt oder an die Kammer zurückverweist.

Hinter der barocken Fassade des Palastes wird nicht so schnell deutlich, daß es sich um das Fragment einer großen Renaissanceidee der Medici-Päpste handelt, das uns in die Strategie dynastischer Politik führt. Wenn ein nicht-römischer Papst in die Stadt übersiedelte, geschah mit schöner Regelmäßigkeit eines: Die männlichen Mitglieder der Familie (Brüder, Neffen) werden in kürzester Zeit zu Kardinälen gemacht oder bekommen hohe Ämter im Vatikan; über Heirat, Eroberung oder Abtretung von Gebieten

des Kirchenstaats wird versucht, für ein Mitglied der Familie einen eigenen Staat zu schaffen; in Rom wird für die Familie ein repräsentativer Palast gebaut.

Als Leo X., der erste Medici-Papst, 1513 nach Rom zieht, holt er sofort seinen Bruder Giuliano nach. Sein Vetter Giulio, der spätere Papst Klemens VII., wird Kardinal. Leo läßt Giuliano zum Ehrenbürger der Stadt machen und ernennt ihn als «Confaloniere» zum Führer der päpstlichen Truppen. Aus mehreren lombardischen und emilianischen Städten zimmert er ihm einen Staat zusammen. Was noch fehlte, war eine Frau und ein anständiger Palast. Giuliano heiratet die Schwester des Herzogs von Savoyen, die außerdem eine Tante Franz' I. von Frankreich ist.

Die Medici, ursprünglich ein Bankiersgeschlecht, stellen jetzt also den Papst und sind mit dem König von Frankreich verschwägert. Das muß sich in einem grandiosen Palast ausdrücken. Sangallo der Jüngere plant einen riesigen Bau von der Piazza Navona bis zur heutigen Via Dogana Vecchia, der über die gerade entstehende Via Ripetta in Blickachse zur Piazza del Popolo gelegen hätte, zusammen mit einer riesigen französischen Nationalkirche (San Luigi dei Francesi). Von weitem wären die Wappen der französischen Könige und der Medici nebeneinander sichtbar gewesen. Doch das Projekt scheitert und wird nur in kleiner Form ausgeführt, weil Giuliano ebenso schnell stirbt wie auch der ihm nachfolgende letzte direkte Neffe des Papstes. Zudem ändert der Papst seine Koalitionspolitik, als Karl V. Kaiser wird. In den verkleinerten Palast zieht schließlich Alessandro dei Medici mit seiner Frau

Aus der Erbmasse der Medici-Päpste: Palazzo Madama ▬▬▬▬▬▬

(*Madama* Margherita von Habsburg), einer Tochter Karls V.

Der Bau der Kirche San Luigi wird gegen Ende des Jahrhunderts wieder aufgenommen. Sie lohnt einen Besuch wegen der schönen Bilder Caravaggios.

Im Schatten der Paläste

Es ist die alte Geschichte: Der Papst X ließ zu seinem Ruhm von dem berühmten Architekten Y einen Palast, einen Brunnen, ein Tor bauen. Woher aber kamen die Arbeiter, die Namenlosen, die Handwerker, wo wohnten sie? Wurde auch für sie gebaut? Die herrschende Geschichte ist die Geschichte der Herrschenden auch deshalb, weil ihre Dokumente überdauern. Das Volk lebte in Rom in den Unter- und Dachgeschossen der Paläste oder in kleinen Häusern, die sich um sie drängten. Ein paar dieser Haustypen sind noch in der Via del Pellegrino nahe des Campo dei Fiori zu sehen. Die Dokumente über ihren Bau sind spärlich.

Luitpold Frommel, seit Jahrzehnten mit der Baugeschichte der Renaissance befaßt, hat uns von einem Projekt unter Julius II. erzählt. Von der Via Giulia wurde damals eine Nebenstraße durch einen Garten geführt, die im Besitz einer vornehmen Familie war. Im Zusammenhang mit der Straße ließ die Familie den Garten parzellieren und zwanzig Reihenhäuser bauen. Geplant hat sie wahrscheinlich Bramante, der Ar-

An der Prachtstraße Julius II.: Brunnen in der Via Giulia

chitekt der Via Giulia, finanziert aber wurden sie von der Familie und dann gewinnträchtig vermietet. Sie waren ein- oder zweigeschossig mit je zwei Räumen, einschließlich einer Kochnische und ein oder zwei Klos – damals ein ungeheuer sozialer und hygienischer Fortschritt. In jeder Wohnung lebten um die zehn Personen. Heute stehen diese Häuser nicht mehr. Sie wurden im 19. Jahrhundert abgerissen. Nach unseren Standards waren sie ziemlich primitiv, aber für die damalige Zeit ein Fortschritt, wie es heute der soziale Wohnungsbau gegenüber einem Slumviertel ist. Rom hatte damals nur ganz wenige hohe Bauten, die Masse war einstöckig. So wirkten auch die wenigen großen Paläste, wie etwa die Cancelleria oder der Palazzo Farnese, um so imposanter.

Im Grunde verlief die private Bautätigkeit damals so: Erstens beschloß der Papst als Herrscher, aus welchen Gründen auch immer, eine Straße zu bauen. Zweitens erfuhren die Verwandten und Günstlinge vor den anderen von diesem Plan und kauften das umliegende Land auf. Drittens parzellierten sie, wie es in den Dokumenten heißt, «aus eigener Vollmacht» und gaben die kleinen Landstücke an einfache Leute weiter mit der Verpflichtung, ein Haus zu bauen. Und dann bauten die ihr Häuschen, wie sie wollten, wobei es relativ große Freiheit in bezug auf Höhe, Materialien, Fenster oder Dachformen gab. Das einzige, was man einhielt, war die Straßenflucht und eine Minimalhöhe. Die Privatinitiative spielte also eine primäre Rolle, es gab noch kein Amt, das bestimmte, was wie wo gebaut werden mußte – ein scheinbar liberales System, wobei der freien Entfaltung des Geldes und auch der Kunst Papst und Klerus allerdings Schranken setzten.

Vatikan für alle – Im größten Museum der Welt

Unterwegs in Rom, ohne die Sixtinische Kapelle gesehen zu haben? Es ist nicht einfach, sie zu besuchen; sie stellt Probleme. Weil sie berühmt ist? Viele Reisende besuchen sie, weil sie vorher bereits von sehr vielen Reisenden besucht worden ist. Die Sixtinische Kapelle gehört zu den Orten des Massentourismus, die ihre Legitimation inzwischen aus dem Tourismus selber ziehen. Das wäre ein Grund, sie nicht zu besuchen.

Marie Luise Kaschnitz erzählt in ihrem Rombuch «Engelsbrücke»: «Nach einer Gruppenführung, die keinen einzigen Raum (der vatikanischen Museen) ausließ, aber auch in keinem verweilte, geschah es, daß eine weitgereiste Pilgerin in Tränen ausbrach, weil man ihr die Sistina vorenthalten hatte – als man ihr klarmachte, daß sie dort gewesen war, weinte sie erst recht.»

Das Recht der Massen auf die Sistina

Die Sixtinische Kapelle ist ein Sinnbild für die Schwierigkeit, in Rom unterwegs zu sein. Drängelnde, schubsende Massen, und wir unter ihnen, legen den Kopf in den Nakken und wissen nicht, wohin und was gucken. Es scheint unmöglich, sich auf ein Bild zu konzentrieren. Und selbst wenn es uns gelänge, was würde es uns schon sagen?

In ihrer Skizze beruft sich Marie Luise Kaschnitz auf das «Recht der Massen auf die Sistina»: durch das «Erleben» der Bilder, durch ein kindergleiches, bruchstückhaftes Verstehen würde es Folgen für das eigene Leben geben. Hilft diese Aussicht? Sollte man nicht lieber die Sixtina-Kapelle sein lassen und einen Vormittag im Park verbringen? Sich seinen eigenen Frustrationen zu stel-

len, kann auch heißen, sich einmal von dem ständig erzeugten Bildungsdruck frei zu machen.

Um auf dem insgesamt sieben Kilometer langen Rundgang der vatikanischen Museen (die größten der Welt!) auch nur annähernd alles zu verstehen, richtig einzuordnen, müßte man ein Universalgenie sein, Theologie, Philosophie, Geschichte, Literatur und Kunst studiert haben. Der Bildungsdruck besteht ja darin, daß man bereits *vorher* alles wissen soll, um es zu verstehen. Aber man

kann sehr wohl etwas verstehen und lernen, indem man in historischen Archiven wie der Sixtinischen Kapelle oder den Stanzen von Raffael stöbert, wie man sich in alten Büchern «festliest», Seiten überspringt, «blättert».

Jeder mag sich seinen eigenen Weg durch das historische Labyrinth bahnen. Der eine möchte die ursprüngliche Bedeutung der Räume wiederfinden und hört etwa in der Stanza dell'Incendio, wo Julius II. Gericht hielt, sein Nachfolger

Leo X. aber mit den Kardinälen zu Mittag aß, bereits Teller klappern. Oder er stellt sich vor, wie außen von der Sixtinischen Kapelle, die ursprünglich unter Sixtus IV. auch als Wehrbau angelegt und mit Zinnen versehen worden war, siedendes Öl auf feindliche Truppen hinabgegossen wurde. Auf jeden Fall lohnt es sich, möglichst schnell vom Museumseingang den Weg zu den Stanzen von Raffael und zur Sixtinischen Kapelle zu finden und den Besuch darauf zu beschränken (oder, bitte, auf ganz etwas anderes: den Apoll von Belvedere? die Laokoongruppe? die Pinakothek? das etruskische Museum, das allerdings meistens geschlossen ist?). Wir wollen kurz in den Renaissancefresken blättern. Und einen Blick auf Michelangelo werfen, der uns schlicht sympathischer ist als Raffael.

Propagandist Raffael

Dadurch, daß das ehemalige Appartement von Julius II. und Leo X. zu einem Museum umgewandelt ist, geht uns die eigentliche Funktion der Räume, die zudem jeglichen Mobiliars beraubt sind, verloren. Wir sehen heute nur noch einen Teil der Zimmer (stanze), die von Raffael und seinen Gehilfen ausgemalt wurden. Wir treten von hinten ein, durch den Borgia-Turm, in dem früher die private päpstliche Schmuckkammer lag, und stehen plötzlich in der Stanza dell'Incendio, kommen dann in die Stanza della Segnatura, die Bibliothek von Julius, in die Stanza d'Eliodoro, wahrscheinlich ein Audienzsaal, und in die Sala di Constantino, einen Saal für offizielle Zeremonien. Von hier geht es zu den Loggien Raffaels und zur Privatkapelle des Papstes.

Wir haben gelernt, Kunst als ästhetisches Produkt mit einer ästhetischen Aussage zu verstehen, das heißt, meistens nicht zu verstehen. Bereits in der ersten Stanza befindet sich an der Eingangswand ein Fresko, das den Brand des Borgo, des Viertels zwischen Vatikan und Engelsburg, darstellt und dem Raum seinen Namen gegeben hat (incendio = Brand). Ein Bild, dessen Botschaft alles andere als ästhetisch ist, Raffael entwarf es, als schon Papst Leo X. in den Räumen wohnte und sich in seinen Namensvorgängern widerspiegeln ließ. Der Sage nach soll Papst Leo IV. einen Brand im Borgo 847 allein durch das Kreuzeszeichen gelöscht haben. Wir sehen die Szene im Hintergrund neben der Fassade von Sankt Peter, wie sie um 1514 noch ausgesehen hatte. Aber im Vordergrund sehen wir ganz etwas anderes: Nicht der Borgo brennt, sondern Troja. Und links sehen wir Äneas, seinen Vater Anchises auf dem Rücken, zu der Irrfahrt aufbrechen, die ihn nach der Erzählung Virgils schließlich nach Italien bringt, wo einer seiner Nachfahren, ein gewisser Romulus, Rom gründet. Hier haben wir das ganze Renaissancedenken in den vielen Anspielungen vor uns: Der Papst beruft sich nicht nur auf die Wunderkraft eines seiner Vorgänger, er beruft sich auf Rom und den Kaiser Augustus – zu dessen Rechtfertigung Virgil die Sage von Äneas geschrieben hatte. Griechenland und Rom, Augustus und Leo IV., Virgil und Raffael verbinden sich alle, um dem bescheidenen Rom Leos X. und seiner Kirche nachzuhelfen.

Die Berufung auf die Antike – Rom als Machtzentrum, Griechenland als intellektuelles Zentrum – können wir in fast allen Fresken der

Stanzen wiederfinden, beispielsweise in der «Schule von Athen»: In eine Architektur, die Raffaels Entwurf des neuen Petersdoms entspricht, werden Platon, Aristoteles, Sokrates, Pythagoras, Heraklit. Euklid zusammen mit Gestalten der Zeit gemalt. In den Deckengewölben der Loggien wurden jeweils Szenen aus dem Alten und Neuen Testament von klassischen und profanen Motiven umgeben. Nie hatte die Kunst vorher so eine Propagandafunktion gehabt. Wer bei diesem Spiel dabei – also abgebildet – sein wollte, mußte entweder zur Herrscherschicht, das heißt zur jeweiligen Papstfamilie, gehören oder kräftig bezahlen. In Ghirlandaios Berufung der ersten Apostel (in der Sixtina) sehen wir zwischen Christus und Petrus im Hintergrund eine biblische Szene. Der Mann, der dort rudert, trägt das Porträt eines damals stadtbekannten Diebes, der so seinen Ruf wiederherstellen wollte.

Das Problem ist, daß sich fast alle gängigen Führer mit allgemeinen Angaben über die historische Bedeutung der Fresken begnügen und sie fast ausschließlich von ästhetischen Standpunkten beschreiben. Ein historisch-politischer Führer der Kunstdokumente Roms ist noch nicht geschrieben worden.

Eine Kur für Michelangelo

Es ist in der Sixtinischen Kapelle nicht leicht, einen Blick auf Michelangelos Fresken an der Decke und auf der Altarwand zu werfen. Sie sind in einer Höhe von zwanzig Metern gemalt – Experten erkennt man daran, daß sie einen Spiegel mitgebracht haben. Noch immer steht zudem irgendwo ein Gerüst im Wege, auf dem Restauratoren arbeiten.

Eine Erfrischungskur für Michelangelo, um den Staub und Dreck der Jahrhunderte abzuwaschen und den Putz zu festigen, in den er seine Bilder «a fresco» gemalt hatte, das heißt in den «frisch» aufgetragenen Putz – war eine Stelle trocken, konnte nichts mehr verändert werden. Mitte der 90er Jahre soll die «Kur» beendet sein.

Wie gefährlich eine rein ästhetische Betrachtung von Kunst ist, zeigt diese Operation. Das ganze vergangene Jahrhundert hindurch fußte die Michelangelo-Interpretation auf der dunklen, gesetzten Farbgebung. Zeitgenössische Kopien, die dagegen von Farbe nur so sprühten, wurden als eigenwillige Schülerarbeiten abgetan. Jetzt zeigt sich an den Stellen, wo die Restaurierungskur bereits beendet ist, ein ganz «neuer» Michelangelo, frisch und bunt. Eine neue Generation von Kunstgeschichtlern kann ans Werk gehen. Der leitende Restaurator des Vatikans, Fabrizio Mancinelli, hatte so unrecht nicht, als er sagte: «Es ist wie die Reise zum Mond. Danach wird die Welt verändert sein.»

Kunstgeschichtler aus aller Welt, die häufig ein ganzes Wissenschaftlerleben der «dunklen» Michelangelo-Interpretation gewidmet haben, fühlen sich betrogen und laufen Sturm gegen die Restaurierung. Doch ebenso viele, meist jüngere Kollegen zeigen sich begeistert. Der Streit zwischen beiden Fraktionen wird die Öffentlichkeit noch länger beschäftigen.

Wir wollen uns nicht mit langwierigen Erklärungen der Deckenfresken aufhalten, wo wie in einem überdimensionalen Comic strip Gott von rechts heranschwebt, um Sonne und Mond zu schaffen, links nach voller Drehung zu neuen Taten weiterfliegt, Adam mit dem berühmten Zeigefinger beseelt (seht ihr es nicht blitzen?) ... Die Schöpfungsgeschichte gehört nun einmal zur Grundlage der Religion wie auch die Moses-Story. Zumal der Papst, der Michelangelo dazu überredet hat, diese Fresken zu malen, sich gern mit dem Moses verglich, der seinem Volk das «gerechte Gesetz» brachte.

Anfang Oktober 1512 war nach vierjähriger Arbeit das Werk vollendet, der Papst belohnte Michelangelo mit 6000 Dukaten (heute wären das etwa 60 000 Mark), und alle «Welt» – der Papst, die Kurie, Teile des Hofes, hohe Gäste – staunte. Michelangelo stand auf dem Gipfel seines Ruhms. «Es vollzieht sich die letzte Wendung in seinem Aufstieg; nicht mehr die Kunst, er selbst wird zum Gegenstand der Verehrung – wird zur Mode. Die Welt, deren Ruhm er zu künden hatte, kündet jetzt seinen Ruhm» (Arnold Hauser).

Aber Michelangelo war nicht der Modekünstler wie Raffael, der allen zu gefallen suchte, der seinen Stil nach den Wünschen der Auftraggeber änderte. Als er fast 25 Jahre später, wieder einmal von einem Papst gedrängt, ein riesiges Jüngstes Gericht malen sollte, produzierte er das größte Skandalbild der Christenheit: Christus nackt und bartlos, um den nackte Leiber rotieren. Es ist oft behauptet worden, daß dies nicht mehr der Christus der Evangelien sei, sondern eine Gottheit auf dem Olymp.

Die Gegenreformation machte auch vor den heidnischen Figuren Michelangelos nicht halt. Fünf Päpste wollten seitdem das «Jüngste Gericht» wieder abschlagen lassen, es wurde verhängt, verdrängt, beschimpft. Der Poet und Literat Aretino, ein Zeitgenosse Michel-

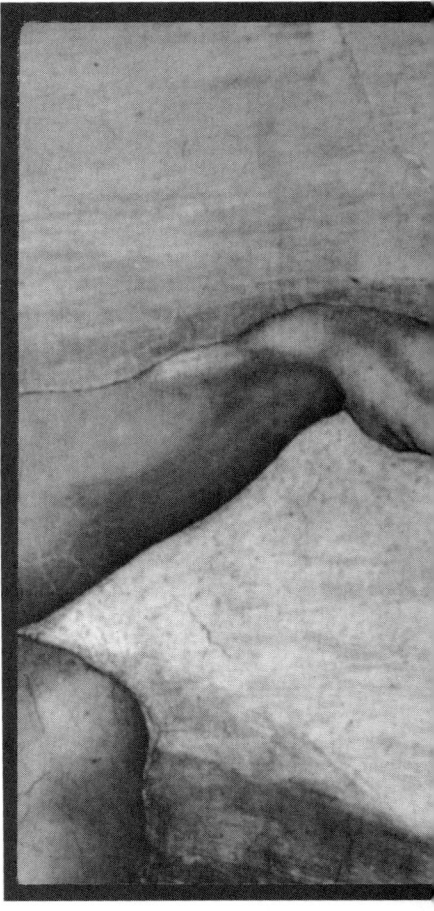

In der Sixtina: der berühmteste Zeigefinger der Kunstgeschichte ■

angelos, zeterte in einem Brief: «In ein üppiges Badezimmer, nicht in den Chor der höchsten Kapelle, dürfe dergleichen gemalt werden!» Noch zu Lebzeiten des Künstlers begann man, 34 nackte Figuren mit dem Pinsel «anzuziehen», ihnen einen Schleier überzumalen. Ausführender war ein Schüler Michelangelos, Daniele da Volterra, der

sich so den Beinamen «Hosenlatzmaler» verdiente.

Michelangelo war mit diesem Endzeitspektakel seiner Zeit einen gewaltigen Schritt voraus: Mit dem Jüngsten Gericht schuf er das erste Kunstwerk der neuen Zeit, das nicht mehr «schön» ist.

DAS ROM
DER PÄPSTE II

Ein Spaziergang auf dem Pincio von der Kirche Santa Trinità dei Monti oberhalb der Spanischen Treppe bis zur Terrasse über der Piazza del Popolo gehört zu den schönsten Morgenerlebnissen, die die Stadt bieten kann. Das Licht, das von Osten kommt, modelliert plastisch Dächer und Kuppeln. Die Spanische Treppe, auf die wir herabblicken, ist noch menschenleer – ein paar Stunden später wird sie, falls die Sonne nicht zu stark brennt, von Touristen wimmeln. Vom Metroausgang kommend, gehen jetzt schnell ein paar Leute über die Piazza, um rechtzeitig zur Ladenöffnung am Arbeitsplatz zu sein. Im Viertel zwischen Via Frattina und Via della Croce finden sich die nobelsten und teuersten Bekleidungsgeschäfte Roms. Hier wacht die Stadt erst gegen neun Uhr auf. Am Barcaccia-Brunnen sitzen die ersten Touristen. Zwei Stadtpolizisten schauen nackten Beinen junger Damen nach. Vor dem Banco di Roma spielt der Wachmann mit seiner Pistole. Abschleppwagen warten in dieser Fußgängerzone auf ihren Morgeneinsatz. Man sieht von hier

oben die Via Condotti entlang, wo gerade das Café Greco öffnet, Richtung Piazza Fontanella Borghese. Hinter dem Stadtpalast der Borghese, den sie sich im 17. Jahrhundert errichten ließen, als Camillo Borghese unter dem Namen Paul V. Rom und den Kirchenstaat regierte, lag einst am Tiber der Ripetta-Hafen. Der Hafen mußte vor hundert Jahren den Uferbefestigungen weichen. Die Spanische Treppe soll dem Modell der Stufen, die am Ripetta-

Blick zurück vom Pincio

Urbi et orbi: über allem die
Kuppel der Kirche ◼◼◼◼

Hafen zum Tiber führten, nachgebildet sein. Spätbarock, «Barocchetto», sagen die Kunstgeschichtler. Aber Stildiskussionen genügen nicht, um einen Überblick zu bekommen. Deshalb sind wir nicht hier oben stehen geblieben.

Alles Theater

Vom Pincio aus hat man das Rom der Päpste, vor allem das in der Barockzeit mit Kuppeln übergossene Dächermeer, schön im Blick. Was hier zwischen dem Ende des 16. und Mitte des 18. Jahrhunderts geplant und gebaut worden war, hat in seiner Kulissenhaftigkeit viele Intellektuelle abgestoßen, obwohl die vollen Formen auch den Reiz der Bühne bieten, auf der man sich wie ein Schauspieler bewegen kann. Heitere, weiche Formen: Was wurde in dieser Kulisse eigentlich gespielt?

Rom in Gestalt des höfischen Papsttums, das in dieser Zeit zur Hauptstadt eines monarchischen (Klein-)Staates wird und damit zum Modell der absolutistischen Fürstentümer des 17. Jahrhunderts, steht nach dem Konzil von Trient auf seiten der Re-Aktion. Der Reformismus in Staat und Theologie wird bekämpft. Aber in der großen Politik hat der Papst ausgespielt. Das ökonomisch-politische Zentrum Europas verlagert sich nach Norden. Auf dem Schlachtfeld kommt es zwischen Protestantismus und Katholizismus zu einem Vergleich. Im Westfälischen Frieden von 1648 wird die Welt, wie 300 Jahre später in Jalta, in Interessengebiete aufgeteilt. Nur im Inneren, in der Ideologie des Katholizismus, gelingt es der Kirche, sich zu stabilisieren – indem sie sich immer noch als Mittelpunkt und Herrscher der Welt vorstellte.

Dieser Prozeß der Imagination schafft den heiteren Stil des Barock. Rom wird zu einem Komödianten einer Weltordnung, deren wirkliche Helden gestorben sind. Es benutzt noch die klassischen Formen der Antike, die Päpste feiern wie die Cäsaren, verwandeln die Stadt in einen Ort der Massenveranstaltungen und Spiele. Aber das klassische Rom ist nur noch Erinnerung. «Hegel bemerkt irgendwo, daß alle großen weltgeschichtlichen Tatsachen und Personen sich sozusagen zweimal ereignen. Er hat vergessen hinzuzufügen: das eine Mal als Tragödie, das andere Mal als Farce», heißt es im «Achtzehnten Brumaire des Louis Bonaparte». Und in der «Kritik der Hegelschen Rechtsphilosophie» schreibt Marx: «Warum dieser Gang der Geschichte? Damit die Menschheit *heiter* von ihrer Vergangenheit scheide.»

Auf dem Pincio, kurz hinter der heutigen französischen Akademie, der ehemaligen Villa Medici, steht rechts in Sträuchern versteckt eine Säule. Nach 1870 hier aufgestellt, gedenkt sie der Gefangenschaft Galileo Galileis in der Villa. Galilei war einer von denen, die in der Barockzeit Berufsverbot erhielten, weil sie die Farce nicht mitspielen wollten. Ihm erging es noch relativ gut. Giordano Bruno wurde auf dem Campo dei Fiori verbrannt. Auch das ist Barock: gnadenlose Verfolgung Andersdenkender.

Straßennetz mit Ideologie

Kurz hinter der Villa Medici führt rechts eine Rampe hoch zur Casina Valadier, dem Schickeria-Café der Freiluftsaison. Aber noch liegen auf den Tischen keine Decken. Wer etwas auf sich hält in Rom, steht spät auf, vor zehn Uhr wird hier nicht geöffnet. Dafür sind die ersten Kinder da, die zwischen den Köpfen italienischer Patrioten spielen oder auf den Asphaltwegen ihre ersten Rollschuhrunden drehen. Wenn man die Selbstdarstellung des deutschen Nationalismus in der Walhalla mit dieser Gedenkallee des italienischen vergleicht, bekommt man eine Ahnung von den Unterschieden. In der Walhalla spielen keine Kinder.

An dieser Stelle bietet der Pincio das vollständige Panorama Roms. Was wir hier sehen, ist aber nur das «Fleischfüllsel». Das Netz, das diese Füllung zusammenhält, muß beschrieben werden, ein Straßennetz. Ein Blick auf die Karte zeigt, daß mit den neuen Straßen, die im 16. Jahrhundert geschaffen werden, ein Gewebe zwischen den Machtzentren der Stadt hergestellt wird. Der Vatikan mit dem Petersdom, damals noch im Bau, ist sowohl an Trastevere als auch an die Viertel diesseits des Tibers über die Brücke vor der Engelsburg gebunden, der Lateran an Santa Maria Maggiore und beide für sich an das antike Zentrum um das Forum. Von den beiden für die Wirtschaft und den Pilgertourismus bedeutenden Nordtoren Porta Flaminia (Piazza del Popolo) und Porta Pia führen neue Straßen zu wichtigen ökonomischen, ideologischen und repräsentativen Punkten der Stadt: zum Ripetta-Hafen, zum Spanischen Platz mit dem Missionszentrum und zum Quirinalspalast, der neuen Sommerresidenz der Päpste. Besonders wichtig ist die Einbeziehung der Lateranbasilika mit dem neuen Lateranpalast. Mag der Petersdom Ausdruck der Weltherrschaft des katholischen Glaubens sein, so stellt der Lateran als Sitz des Papstes in seiner Eigenschaft als Bischof von Rom die weltliche Herrschaft des Pontifex über Rom und den Vatikanstaat dar. Santa Maria Maggiore, eine der fünf päpstlichen Patriarchalsbasiliken schließlich, ist nicht nur eine Haus- und Grabeskirche so wichtiger Päpste wie Sixtus V. oder später Paul V. Borghese, sondern im Zeichen der Gegenreformation durch die Betonung des Marienkults ein ideologisches Zentrum. Vor ihrer Fassade steht eine Marienstatue, über die Gregorovius schreibt: «Sie ist die Tochter der Restauration der katholischen Christenheit, aufgerichtet im Jahr 1614, eine stattliche Frau von Erz, die den Dreißigjährigen Krieg gesehen hat.»

Domenico Fontana, der Architekt von Sixtus V., schließt dieses Netz durch die Via Sistina, die lange Verbindung von Santa Maria Maggiore bis zur Kirche Santa Trinità dei Monti oberhalb der Spanischen Treppe. Die Zerstörung des Straßennetzes durch das moderne Rom hat bewirkt, daß die Via Sistina kaum noch als Verbindung zu erkennen ist: Auf drei verschiedenen Abschnitten trägt sie heute drei verschiedene Namen. Jener Fontana beginnt Ende des 16. Jahrhunderts, die strategische Verknüpfung Roms symbolisch zu kennzeichnen. Römische Feministinnen haben vor Jahren seinen genialen Trick auf ihre Weise durchschaut, als sie forderten, die Obelisken abzubauen, die nichts anderes seien als unselige Phallussymbole. Eben diese Obelisken, zum größten Teil Beutegut der antiken Römer, werden von Fontana und seinen Nachfolgern an strategisch bedeutenden Stellen aufgerichtet: vor dem Petersdom, auf der Piazza del Popolo, vor Santa Maria Maggiore (genauer: hinter der Kirche, damit der Obelisk in Linie zur

Piazza del Popolo steht!), vor San Giovanni in Laterano (wiederum genauer: neben der Basilika, aber vor dem Papstpalast in Linie zu Santa Maria Maggiore), vor dem Quirinalspalast (in Linie zum Petersdom und zur Porta Pia).

So entsteht das Netz, das die Stadt zusammenhält und von der hochaufgerichteten Stärke des Papsttums kündet. Ohne sich um die originären antiken Standpunkte zu kümmern, werden von nun an Obelisken, Statuen, Brunnenbecken – alles, was das klassische Rom an Macht- und Herrschaftssymbolen nachgelassen hat – hin und her geschoben und als Ausrufezeichen im Satzbau der päpstlichen Macht und Herrlichkeit benutzt.

In diesem Gewebe klammert sich die Stadt fest, entwickelt sich. Sie importiert Waren aller Art, um die wachsende Bevölkerung zu ernähren – um 1600 wird zum erstenmal nach der Antike die 100 000-Grenze überschritten – und um der Repräsentationswut der herrschenden Kleriker und Adeligen Genüge zu tun. Rom produziert (fast) nichts als Ideologie, die es aber reichlich exportiert: als prachtvolle Botschaft der katholischen, das heißt «weltumfassenden», «einen» Kirche. Doch diese Kirche ist seit Luther gespalten.

Kuppelkunst

Um den Schein der einen, weltbeherrschenden Kirche aufrechtzuerhalten, braucht es Propaganda. Der Barock als Kunststil läßt sich leicht zur Übertragung dieser Propaganda gebrauchen. Er ist auf Massen ausgerichtet, verständlich, lebensnah, sinnlich. Barocke Bilder brauchen keine Dolmetscher mehr,

wie noch die intellektuelle Minderheitskunst der Renaissance. Pietro da Cortonas Deckengemälde der göttlichen Vorsehung im Repräsentationssaal des Barbarini-Palastes versteht jeder: Im Mittelpunkt der göttlichen Vorsehung steht nicht Christus, sondern schwebt das Wappen von Papst Urban VIII. und seiner Familie.

Als Massenkunst schafft man mit Hilfe des Barocks öffentliche Szenerien. Die Öffentlichkeit mit ihren Plätzen und Fassaden wird zur Bühne der Politik, zur Kulisse der Macht. Auf der anderen Seite trägt der Massencharakter der Kunst die Gefahr der Volkstümlichkeit in sich, päpstliche Mittelbarkeit könnte in plebejische Unmittelbarkeit umschlagen. Für die Unmittelbarkeit schafft man Ventile wie den Karneval mit Pferderennen am Corso oder die großen Wasserspiele auf der Piazza Navona, für die Mittelbarkeit hat die Kunst zu sorgen.

Auf seinen Bildern, Fassaden, Plätzen und Brunnen führt Rom noch einmal eine Ganzheit vor, obwohl die Welt längst aus den Fugen ist. Der weltumspannende Glaube legt sich als schöner Schein symbolisch auf die Kirchenvierungen: als Kuppel. Und wo es keine Kuppel gibt, malt man sich eine: in bestechend imaginärer Weise zum Beispiel in der Jesuitenkirche San Ignazio unweit der Via del Corso.

Nach Meinung des Kunsthistorikers und ehemaligen KP-Bürgermeisters Argan ist «Bernini für das Denken als Imagination das, was Descartes für das Denken als Rationalität ist». Imagino ergo sum. Dieser Gian Lorenzo Bernini hat unter acht Päpsten als führender Architekt, Bildhauer und Maler das barocke Rom geprägt.

Steiles Zeichen: über den Dächern der Piazza Navona ▬▬▬▬▬

Die römische Stadtverwaltung hat anläßlich des 300. Todestages des Barockideologen allen Touristen und Bernini-Fans einen unschätzbaren Dienst erwiesen. Überall dort, wo er Spuren hinterlassen hat, stehen schlanke rote Schilder, die die Art seines Eingriffs anzeigen. So kann jeder Spaziergang in Rom zu einem Bernini-Rundgang werden, wenn man nur auf die roten Schilder achtet. Sichtbarer Ausdruck der barocken Füllung des Straßennetzes.

Gerüstet und geschützt

Von der Pincio-Terrasse sehen wir auf die Piazza del Popolo. Parkende Autos, Busse, Menschenverkehr. Die Zwillingskirchen, die unter Berninis Bauleitung hier errichtet worden sind, bilden nach der Porta Flaminia das «innere» Tor Roms. Heute quält sich der Verkehr durch die dünnen Straßenadern, die von hier abgehen. In den Obelisken hat vor wenigen Tagen ein Blitz eingeschlagen. Ein paar Steinbrocken sind heruntergefallen. Bald wird auch er eingepackt sein wie die Porta Flaminia. Manchmal haben wir den Eindruck, daß die Monumente nicht nur zu Restaurierungszwecken «eingepackt» werden, sondern auch, um die Passanten vor der Fülle an historischen Zeugnissen zu schützen. Für den Barock muß man gerüstet sein.

▬▬▬▬▬▬▬▬▬▬▬▬▬▬

Petersplatz: für Neugierige, Militante und Gläubige ━━━━━

Kulissen der Macht – Vom Petersdom zum Pantheon

Zum Petersdom fährt man mit dem Bus 64 (Termini, Piazza Venezia, Largo Argentina) oder mit der Metro bis Ottaviano – von dort sind es noch etwa zehn Minuten zu Fuß die Via Ottaviano und die Via Angelico entlang. Mit dem Petersplatz betritt man das Gebiet des kleinsten Staates – und das der größten Weltmacht, als welche sich die katholische Kirche heute gerne noch versteht. Angesichts des Rummels von Pilgern und Touristen kann man nicht übersehen, daß es wohl keinen Platz auf der Welt gibt, wo sich die Kirche so zur Schau stellt.

Jeden Mittwoch vormittag zur Generalaudienz, jeden Sonntag, mit Ausnahme der Sommermonate Juli und August, sowie bei Heilig- oder Seligsprechungen: Papst Johannes Paul II. liebt es, sich dem Volk zu zeigen. Man ist wieder wer. Die Kirche zeigt wieder Flagge, ihre Jugendorganisationen wie Comunione Liberazione haben das Erbe der Militanz von 1968 angetreten, nachdem die soziale Revolte der Studenten und jungen Arbeiter spätestens 1977 in den Schießereien zwischen Polizei und Terrorismus die Waffen gestreckt hatte.

Auf dem Platz aber versammelt sich die Menge der Neugierigen, Militanten und Gläubigen, um an längst überwunden geglaubten Erb-schaften teilzuhaben. Da verbindet sich der tief verborgene Wunsch nach dem guten Vater und Monarchen mit der Attraktion einer modernen Massenregie. Wenn der Papst heute bei den Audienzen im weißen Jeep seine Runden auf dem Petersplatz dreht, treffen sich die Jahrhunderte – und Traditionen beuten die Moderne aus, so daß auf den ersten Blick nicht zu unterscheiden ist, was sich hier abspielt: eine Machtdemonstration oder eine Komödie.

Im Vatikan stößt man weniger auf das Mysterium der christlichen Botschaft als auf die Doppelbödigkeit einer Weltorganisation, die sich selbst in ihren Bauwerken zeigt. Der nie versiegende Strom von Touristen und Pilgern erlebt das größte christliche Gotteshaus der Welt als ein religiöses Stadion, in dem gut 60 000 Personen Platz haben sollen.

Petrus, Dickens und die Mißgeburten

Der Reisende Charles Dickens kam 1845 mit einer Kutsche. Englische Kirchen und anglikanische Messen im Kopf, versuchte er, der Peterskirche Sinn abzugewinnen: «Religiös ergreifend ist sie jedenfalls nicht, vielmehr ein immenser Raum mit keinerlei Ruhepunkt für das Auge, so daß es vom Umherschweifen ermüdet. Sogar der Zweck des Gebäudes offenbart sich durch nichts, was man sieht, es sei denn, man ziehe Einzelheiten in Betracht, doch wenn man sich mit Einzelheiten abgibt, kann man einen Raum als solchen nicht erfassen.»

Die Einzelheiten, das sind die Grabmäler, das ist der Baldachin über dem Papstaltar und dem Petrusgrab, das sind auch zwei Skulpturen: die Petrusstatue, vermutlich von Arnolfo di Cambio um 1300 geschaffen, und die Pietà Michelangelos, die nach dem Anschlag eines Wahnsinnigen heute hinter Panzerglas in einer Seitenkapelle so aufgestellt ist, daß man sich die Nase plattdrücken muß, um diesen Höhepunkt der Renaissanceskulptur wenigstens schattenhaft sehen zu können.

Das Ganze könnte nach Dickens «ein Pantheon oder ein Senat sein oder auch ein Prachtbau, der einzig dazu dient, einen architektonischen Triumph zu verkörpern». Dabei ist es aber die wichtigste Kirche der Christenheit über dem Grab des Apostels Petrus. Doch daran scheint allein die Petrusstatue, «deren große Zehe von frommen Katholiken ständig geküßt wird», zu erinnern. Zu wenig für Dickens: «Die Wirkung des Doms als Kunstwerk steigert sie keinesfalls und vermag auch nicht – zumindestens mir nicht – seinen hohen Zweck bewußtzumachen.»

Der schwer zu erfassende Zweck der Kirche erklärt sich aus ihren verschiedenen Bauphasen, dem Wechsel zwischen Basilika, Grabeskirche und schließlich wieder Langhausbau für den Massenkult. Die ursprünglich unter Konstantin hier erbaute Basilika war um 1450 baufällig geworden. Julius II. beauftragte Bra-

mante, einen völlig neuen Bau zu entwerfen. Über fünfzig Jahre planten mehrere Architekten hin und her. Schließlich setzte sich unter Paul III. Michelangelo durch, der getreu dem Ideal der Renaissance einen Zentralbau plante, gekrönt von einer riesigen Kuppel. Somit symbolisierte die Kirche, daß sie, wenige Monate nach der Eröffnung des Konzils von Trient, «sich an alle, die ganze Welt richtete und nicht nur an das korrupte Rom» (Italo Insolera).

Nach Abschluß des Konzils, das gegen den reformistischen Individualglauben den gegenreformistischen Massenglauben setzte, wurde der inzwischen fast fertiggestellte Dom wieder umgebaut. Unter Paul V. Borghese begann Carlo Maderno 1606 ein Langhaus anzubauen, der Zentralbau wurde wieder im Grundriß zu einem lateinischen Kreuz verändert. Der abstrakten Hinwendung an die ganze Welt folgt die konkrete Ausrichtung auf die Stadt Rom.

Dieses Hin und Her entspricht den inneren Widersprüchen der katholischen Kirche, die durch autoritäre Machtworte nicht gelöst werden konnten. Es ist die Dialektik zwischen Reform und Reaktion, zwischen Religion und Repräsentation, zwischen Papst- und Fürstenkirche. Da sie alles zusammen sein will, kommt ein Durcheinander heraus, «ein immenser Raum mit keinerlei Ruhepunkt für das Auge».

In diesem Raum entdeckte Charles Dickens vor allem Werke von Bernini und seinen Schülern, «die abscheulichsten Machwerke auf Erden», «windige Tollhausgestalten». Es gibt nach Meinung des Engländers, die durchaus mit dem herrschenden Geschmack Mitte des vergangenen Jahrhunderts überein-

Am Grab eines armen
Fischers aus Galiläa ■■

stimmt, «auf der ganzen Welt keinen Ort außer Rom... wo derart unerträgliche, vom Meißel des Bildhauers gezeugte Mißgeburten in solcher Fülle zu finden sind».

Das Stichwort soll uns ins Zentrum der Kirche führen, unter die Kuppel Michelangelos, wo Bernini den übergroßen Baldachin über dem Papstaltar und dem Petrus-Grab errichtet hat. Während alle Besucher automatisch den Blick nach oben an den wie gedrechselten Säulen entlang in die Kuppel richten, wollen wir auf der Erde bleiben, uns genauer gesagt die großen Wappen an den Sockeln der vier Säulen anschauen. Alle acht Wappen zeigen drei Bienen, das Familienwappen der Familie Barberini (Papst Urban-VIII.), das überall in Rom von der Bau- und Repräsentationslust dieses Papstes zeugt. Schaut man sich diese Wappen genauer an, entdeckt man unterhalb der Tiara an der Stelle, wo sich die beiden Schlüssel (Petrussymbol) kreuzen, einen Frauenkopf mit wechselndem Gesichtsausdruck, im letzten Wappen schließlich einen Kinderkopf. Es handelt sich, so eine Deutung dieser Reihe, um die Darstellung einer Geburt in ihren verschiedenen Phasen.

Eine Geburt am Papstaltar über dem Petrusgrab? Dieser Ort steht im absoluten Zentrum des Machtanspruchs der römischen Kirche, die sich auf Petrus und damit direkt auf Christus beruft. Der Kuppelring trägt die Inschrift aus dem Matthäus-Evangelium: «Du bist Petrus, und auf diesem Felsen will ich meine Kirche bauen, und dir werde ich die Schlüssel des Himmelreiches geben.» Ein Streich Berninis? Mit Sicherheit nicht. Eher schon, wie Cesare d'Onofrio annimmt, ein Symbol für das archaische Konzept der «Mater Ecclesia», der Mutter Kirche, mit all seinen liturgisch-symbolischen mittelalterlichen Implikationen. Dasselbe Konzept wie bei den «Geburtsstühlen» (siehe *Der religiöse Trip*), in denen im Augenblick der Neuwahl eines Papstes die Wiedergründung der Kirche unter dem Aspekt der Mutter symbolisiert wird.

Barock total

Wie sich barockes Denken mit der Ideologie der Kirche verband, zeigt sich aber noch besser, wenn wir jetzt den Blick nach oben auf den Baldachin über dem Papstaltar richten. In dem riesigen Kuppelraum hätte ein «normaler» Baldachin nicht verdeutlichen können, daß sich hier der Papstaltar über dem Petrusgrab befindet. Der Architekt Bernini zeigt mit seiner Lösung das imaginäre Konzept des Barock: Er steigerte die Baldachingröße ins «Irreale», 29 Meter, so hoch wie der Palazzo Farnese. Er verzerrte die Dimensionen, so daß der Baldachin fast komisch zu nennen wäre, stünde er nicht unter der 119 Meter hohen Kuppel. Auf seinem Dach schwebt eine Erdkugel, über der siegreich das Kreuz aufsteigt. Geschaffen im Jahr 1630, mitten in den Religionskriegen. Der römische Anspruch auf Weltherrschaft war längst so brüchig geworden, daß man ihn nur noch durch Einbildung, Imagination aufrechterhalten konnte.

Optische Spiele setzen sich auch auf dem Petersplatz fort, der nach den Plänen Berninis die Kuppel, das große Symbol der Weltkirche, auf dem Boden «irreal», in einer elliptischen Form widerspiegelt. Der Petersplatz bietet für alle Architekturfreunde ein unerschöpfliches Lehrfeld von Perspektiven, die sich darum bemühen, die als mißlungen verstandene Fassade mit der Kuppel in richtige Beziehungen zu bringen. Man sieht die einzelnen Bauteile mal höher, mal näher, als sie in Wirklichkeit sind. Der Architekt verzerrt und entzerrt, ganz wie in einem Theaterstück.

Ziemlich phantasielos bietet sich dagegen das Rom der Via della Conciliazione, eine von den Faschisten geschlagene Schneise zum Fluß und zum Rom auf der «anderen» Seite. Wir gehen die Straße vom Petersplatz Richtung Tiber. An der Piazza Pio XII. erinnert eine Tafel, die die christdemokratische Stadtverwaltung hier in den 50er Jahren anbringen ließ, an den 1939 zum Papst gewählten Eugenio Pacelli als «defensor civitatis». Pius XII. war jener Papst, über den Hochhuth ein heute schon fast wieder vergessenes Drama («Der Stellvertreter») geschrieben hat, und der anläßlich des Jubeljahres 1950 alle Kommunisten, alle, die Kommunisten unterstützten oder auch nur marxistische Zeitschriften und Bücher lasen, exkommunizierte. Daß Christdemokraten ihm zu Dank verpflichtet waren, versteht sich von selbst.

Die graue Via della Conciliazione spiegelt auf ihre Art die vatikanische Bürokratie wider, kalt und abweisend. Und fast ist man froh, am Tiber in den normal chaotischen Autoverkehr des Lungotevere einzutauchen. Während man sich so Rich-

Mark Twain: «Nicht annähernd so groß wie das Kapitol in Washington»

Zugang zu Sankt Peter: Borgo Pio vor dem Kahlschlag und die kalte Pracht der Via della Conciliazione ▬▬▬▬

tung Engelsburg vorkämpft, werden die Bilder der Vergangenheit von der verkehrsreichen Mühsal des römischen Alltags verdrängt.

Über die Engelsbrücke mit Berninis mythisch entrückten Engeln, «nur bemüht, aus dem wilden Schwung ihrer Gewänder ihre hübschen Mädchenbeine zu enthüllen», obwohl sie doch ein «Spalier des Leidens» (Kaschnitz) bilden, kommen wir auf die andere Tiberseite, die Piazza del Ponte. Die Engel der Brücke zeigen, wie sinnlich die Kunst im Barock geworden ist. Nicht ohne Grund: Gegen die konkreten Ergebnisse der Wissenschaft konnte man nicht mehr rational argumentieren. Der römische Barock verweist auf eine andere Welt und zieht dabei alle Register der hiesigen.

Auf der Piazza del Ponte wurden im 16. und 17. Jahrhundert Hinrichtungen durchgeführt, hier verbrann-

ten vor allem Protestanten auf dem Scheiterhaufen. Heute kann man kaum noch von Diskriminierung der Protestanten in Rom und Italien sprechen. Der Wechsel der sozialen Strukturen des Landes von einer Agrar- zur Industriegesellschaft hat zu einer allgemeinen Indifferenz überhaupt gegenüber Religionen geführt.

Wir gehen von der Piazza del Ponte geradeaus die Via Banco di Santo Spirito hoch und biegen links in die Via dei Banchi Nuovi. Dies war, wie die Straßennamen schon andeuten, das Finanzzentrum mit Banken und einer Münzanstalt, die «city» des Barocks. Vorbei an der Rückseite des Oratoriums, das Borromini für die Bruderschaft des heiligen Filippo Neri errichtete, folgen wir der Straße, die jetzt Via del Governo Vecchio heißt. Linker Hand liegt der ehemalige Palast des päpstlichen Stadtgouverneurs, den die rö-

Optische Spiele: Platz vor Sankt Peter und Brücke vor der Engelsburg ▬▬▬▬▬▬

mischen Feministinnen in den 80er Jahren eine Zeitlang besetzt hielten und der jetzt leersteht.

Diese Straßenfolge war ein Teil des traditionellen Weges der Prozessionen vom Vatikan zum Lateran. Die fast parallel laufende große Straße Corso Vittorio Emmanuele II. wurde erst im letzten Jahrhundert durch das Häusermeer geschlagen. Die vielen kleinen Läden – Goldschmiede, Antiquitäten, aber auch Boutiquen, in denen man günstig second hand kaufen kann – zeugen immer noch von der ökonomi-

schen Funktion solcher Pilger- und Prozessionswege. Hier gibt es noch preiswerte Trattorien, zum Beispiel an der Ecke zum Vicolo Savelli, und eine von einem Deutschen geführte Weinhandlung in der Via del Governo Vecchio, in der man abends bei Kerzenschein eine Flasche Prosecco trinkt und sich wie zu Hause fühlt. Von hier aus kann man einen Abstecher nach links zur barock verkleideten Renaissance-Kirche Santa Maria della Pace machen und zur Bar della Pace, dem klassischen Treffpunkt der alternativen Szene des Zentrums. Die Via del Governo Vecchio aber führt über die Piazza Pasquino auf die Piazza Navona.

Schauplatz Piazza Navona

Dies ist der Touristenplatz «per eccellenza», mit seinen Andenkenverkäufern, Fotografen, Porträtzeichnern... In dieser Kulissenlandschaft treffen sich auch Freaks aus aller Völker Länder, und hier gehen, vor allem am Wochenende, gerne die Römer spazieren. Abends finden manchmal Konzerte statt, Afrikaner und Russen verkaufen Handgewerkeltes, um sich über Wasser zu halten – irgendwie ist dieser Platz als «Schauplatz» eine der möglichen Summen Roms. Die linke und radikale Bewegung hat sich (und ab und zu trifft sie sich auch heute noch) hier zu Abschlußkundgebungen großer Demonstrationen versammelt, so als wollte sie sowohl die Bühne der Piazza Navona benutzen als auch diesen Platz «zurückerobern».

Wir können heute die Piazza Navona genießen, kaum ein Tourist, der nicht von ihr begeistert ist. Zwar sind ihre Bars teuer, aber man kann auf diesem herrlich autofreien Platz auch einfach auf dem Boden sitzen und einem Feuerschlucker zugucken oder einem Fakir. Neben dem Ristorante Panzioni gibt es, leicht zu übersehen, wieder eine kleine Enoteca, in der man ein Glas im Stehen trinken und sich's wohl sein lassen kann. Was für ein Platz!

Was für ein Platz? Die Summe der Ereignisse nach der Reformation und den europäischen Konflikten, die im 30jährigen Krieg gipfelten, wurde in Rom auf der Piazza Navona gezogen – so als sei nichts gewesen. Mitten auf dem Platz, der im Grundriß dem langgestreckten Stadion entspricht, das Kaiser Domitian hier um 80 nach Christus errichten ließ, steht ein Brunnen Berninis, aufgestellt im Jahr des Westfälischen Friedens (1648). Diese Fontana dei Fiumi besteht aus vier Skulpturen, die vier Flüsse aus den damals bekannten Erdteilen symbolisieren: Ganges, Rio de la Plata, Nil

und Donau. Die Statuen sind um einen Obelisken gruppiert. Inzwischen ist auch der Romneuling in der Lage, die Sprache dieses Brunnens zu verstehen: antike Stätte, die Erdteile, das heißt die Welt und ein Obelisk – Kommentar überflüssig.

Dieser Platz, ursprünglich ein Gemüsemarkt in einer Trümmerlandschaft, aus der man sich Material zum Bau der Häuser im Viertel besorgte, wurde im 17. Jahrhundert vor allem unter Innozenz X. «verherrlicht». Dieser ließ den Schutt des vergangenen Jahrtausends abtragen und von Rainaldi einen Palast für seine Schwägerin bauen: den Palazzo Pamphili, heute brasilianische Botschaft. Rainaldi begann auch mit dem Bau der benachbarten Kirche Santa Agnese in Agone, den Borromini zu Ende führte. Bernini entwarf den Flüsse- und den Mohrenbrunnen. So war in wenigen Jahren aus dem Handels- und Schuttplatz ein herrschaftlicher Platz geworden. Das bedeutete aber nicht, daß das Volk jetzt ausgeschlossen wurde. Das wäre bei der Sozialstruktur Roms, die durch das Miteinanderwohnen von Adel, Klerus und Volk im Viertel gekennzeichnet war, auch gar nicht möglich gewesen. Obwohl Roms «gute Stube» geworden, blieb die Piazza Navona, die damals noch «Circo Agonale», runder Wettkampfplatz hieß, sowohl Marktplatz wie auch Sport- und Festplatz: Pferderennen, nautische Spiele – dazu wurde der Platz unter Wasser gesetzt – oder eine Art Corrida wie heute noch in Pamplona, wo es galt, mit wildgemachten Stieren um die Wette zu laufen, während sich die Patrizier auf den Balkonen ob des Volkstreibens ergötzten. Doch im Gegensatz zu den selbstorganisierten, komischsatirischen Veranstaltungen des Mit-

Eine der möglichen Summen Roms:
Piazza Navona

telalters und der Renaissance waren diese Spektakel Teil päpstlicher Öffentlichkeitsarbeit.

Rom im Querschnitt: Piazza della Rotonda mit Pantheon

Von der Piazza Navona liegt die Piazza della Rotonda nur wenige Minuten entfernt. Hier haben wir, wie so oft in Rom, die Möglichkeit, uns quer zu den Zeiten zu bewegen. Aufs Pantheon zu sehen heißt, 2000 Jahre im Blick zu haben. Unsere Schwierigkeit liegt darin, daß er in der touristischen Attraktion zur Unkenntlichkeit, zum Bau außerhalb aller Zeiten verkommen ist.

Die lateinische Inschrift besagt, daß ein gewisser Agrippa, Sohn des Lucius, den Bau hier in dem Jahr errichtet habe, als er zum drittenmal Konsul gewesen sei. Das war 27 vor Christus. Agrippa war Feldherr und Jugendfreund von Augustus. Für diesen räumte er innenpolitische Widersacher wie Sextus Pompeius und Marc Anton aus dem Weg. Augustus machte ihn zu seinem engsten Berater und gab ihm als Dank seine Tochter Julia zur Frau. Ein so bedeutender Mann mußte sich auch in der Öffentlichkeit beweisen. Für die Römer ließ Agrippa hier auf dem Marsfeld eine Badeanstalt errichten. Für die Götter stiftete er einen Tempel.

Über hundert Jahre später ließ Hadrian einen neuen Tempel bauen, aus Stein und Marmor. Hundert Jahre später war also der Name Agrippas noch so viel wert, daß es sich lohnte, ihn in der Inschrift als den ersten Bauherrn des Pantheons zu nennen. Die Berufung auf Agrippa, und damit auf Augustus, hatte vor allem eine Schutzfunktion: Das Pantheon des Hadrian war eine kleine Revolution und eine Provo-

146

Brunnenspiele: Piazza Navona und Piazza della Rotonda ▬▬▬

kation. Das Innere eines Tempels durften gewöhnlich nur die Priester betreten. Das Volk versammelte sich draußen vor dem Heiligtum, wo auch der Altar stand. Das Pantheon wurde aber so gebaut, daß das Volk den Innenraum betreten mußte, um den religiösen Handlungen beizuwohnen. Ein kreisrunder Raum, von einer Kuppel bedeckt. Das Gewölbe sollte den Himmel repräsentieren, der Raum den Kosmos. Wir wissen nicht genau, welchen Göttern der Tempel ursprünglich gewidmet war. Später, als Rom ein liberales Durcheinander von Religionen gestattete,

in dem trotz (zeitlich begrenzter) Verfolgungen sich langsam das Christentum durchsetzte, wurden hier die kleinasiatische Göttermutter Kybele und «alle Götter» verehrt.

Die Christen bemächtigten sich dieses volkstümlichen Baus auf ihre Weise. So wie sie die heidnischen Religionen absorbierten, nisteten sie sich in den römischen Tempeln ein. Die daraus verjagten Götter wurden durch entsprechende Heilige ersetzt. Aus dem angeblichen Tempel der Zwillingsbrüder Romulus und Remus auf dem Forum wurde die Kirche der Zwillinge Cosmas und Damianus. Die heilige Sabina verdrängte die Göttin Diana vom Aventin. Das Pantheon wurde 608 unter Papst Bonifatius durch die neue «Magna mater» in Besitz genommen, es wurde Maria gewidmet und «allen Märtyrern». Gregorovius schreibt: «Wir bezweifeln nicht, daß Bonifatius die Katakomben Roms beraubt hat, um ganze Wagenladungen sogenannter Märtyrerknochen in die Konfession des neuen Heiligtums zu versenken.»

Goethe oder Winckelmann wurden ganz närrisch vor Freude, wenn sie an das klassische Rom dachten. Dabei muß es nach unseren heutigen ästhetischen Begriffen eine ziemlich häßliche, protzige Stadt gewesen sein. Man braucht sich nur das Modell im Rom-Museum im EUR anzugucken. Das Pantheon erleben wir dagegen als klein, wohlproportioniert, hübsch. Das liegt auch daran, daß es gleichsam unter uns liegt, wir steigen Stufen zu ihm hinab. Auch dieser Eindruck trügt. Es lag wie jeder Tempel erhöht, fünf Stufen hoch. Rom ist in den letzten Jahrtausenden um rund sechs Meter gewachsen. Die klassischen Bauten fielen zusammen oder wurden zu-

147

sammengeschlagen. Die Stadt war
ein riesiger materieller und ideeller
Steinbruch.

Von der Himmelssymbolik der
Kuppel ließ sich Michelangelo inspi-
rieren, als er die Kuppel der Peterskirche entwarf: ein Symbol der Weltherrschaft der katholischen Kirche.
Ob die Amerikaner wußten, auf welche Symbolik sie sich beriefen, als
sie im typischen US-Mischmasch
eine Symbiose von Pantheon und
Peterskirche in Washington bauten,
die sie «Kapitol» nannten? Die materielle Ausbeutung des Pantheons
war im Mittelalter der ideellen vor-
ausgegangen.

Dem Barockpapst Urban VIII.
Barberini war das alles nicht genug.
Er ließ den Bronzebeschlag der Bal-
kendecke in der Vorhalle heraus-
nehmen, damit sein Architekt und
Skulpteur Bernini aus dem klassischen Rohstoff den Altarbaldachin
in der Peterskirche gießen konnte.
Im Gegengeschäft fügte Bernini
dem Pantheon etwas hinzu. Wie er
die ganze Stadt in eine barocke
Theaterlandschaft verwandeln
wollte, so auch das Pantheon mit seinem Platz. Für den Brunnen aus der
Renaissance plante er einen Obelisk
(der allerdings erst später aufgerichtet wurde), auf die Vorhalle des antiken Tempels setzte er zwei Glocken-
türmchen. In der Bar direkt gegenüber kann man noch Abbildungen
aus dieser Zeit sehen.

Das neue Italien zeigte sich nach
seiner Einigung ob des schlechten
Barockgeschmacks indigniert und
ließ die Türmchen 1883 wieder abreißen. Die Kirche wurde zur gleichen Zeit in eine riesige Gruft umgewandelt. Hier waren schon berühmte Künstler wie etwa Raffael
begraben worden, die selbst im Tod
noch die Antike suchten. Jetzt ka-

Lieferant von Ideen und
Material: das Pantheon

men die Savoyer Könige dazu. Heute blitzt ab und zu in der Presse der Streit auf, ob nicht der 1947 im ägyptischen Exil gestorbene Vittorio Emmanuelle III., auch einen «Ehrenplatz» im Pantheon verdient habe.

Das Pantheon ist ein idealer Treffpunkt im historischen Zentrum. Ganz in der Nähe liegen die beiden schönen und voneinander so verschiedenen Kirchen San Ignazio und Santa Maria sopra Minerva, die zwei entgegengesetzte Pole der christlichen Militanz bezeichnen: die Jesuiten und die Dominikaner. Die Piazza vor dem Pantheon ist vor allem ein Platz zum Verweilen. Man kann auf den Stufen am Brunnen sitzen, mittags ein Brötchen essen oder ein Stück Pizza. Beides bekommt man in der Via Pastini (links, wenn man auf den Tempel schaut). Blitzsauberes Trinkwasser liefert eine Säule hinter dem Brunnen. Zwei große Straßencafés bieten Tische und Stühle für diejenigen, die ein paar Lire mehr in der Tasche haben. Blumenkübel sorgen dafür, daß man hier von den Autos nicht belästigt wird. Ob dies die feine römische Art ist, den Verkehr abzuhalten, darüber sollen Ästhetiker streiten. Für Leute mit weniger Geld oder einfach einem besonders schnellen Geschmack, bietet sich neuerdings «Burgy» an, Italiens größte Fast-Food-Kette. Dezent aufgemacht, um gleichsam zu zeigen, daß auch Pappbecher Stil haben können, liegt es dem Pantheon genau gegenüber. Rom hält das aus: das Klassische und die Wegwerf-Kultur.

Die Piazza della Rotonda ist jedoch nicht nur ein touristischer Platz. Hier enden kleinere Demonstrationszüge, hier findet im Spätsommer das Pressefest der KPI des Viertels statt. Abends trifft sich ganz Rom am Pantheon. Die massierte Ansammlung von Eisdielen um die Via della Maddalena hinter dem Platz tut ein übriges. Früher war die Piazza vor allem ein Ort für Möchtegernmimen und alles, was entdeckt werden wollte. Römer «entdecken» noch immer gerne mit Vorliebe blonde Frauen. Heute, nachdem die U-Bahn Vororte mit dem Zentrum verbunden hat, treffen sich hier auch viele Jugendliche in Ermangelung preiswerter Zentren. Oder veranstalten per Mofa und (Papas) Auto eine Sternfahrt ins Zentrum, zum Pantheon. Hier und da versucht immer jemand, Drogen zu verkaufen oder zu kaufen. Wenn die Stadt langsam in den Morgen dämmert, ist am Pantheon noch immer etwas los, auch wenn die umliegenden Bars spätestens um ein Uhr schließen.

Neben einem Schnitt durch 2000 Jahre römische Geschichte finden wir hier also auch einen durch die heutige römische Sozialstruktur. Beamte und Angestellte aus den nahen Parlamentshäusern (Kammer und Senat), Leute aus dem Viertel, Händler, Touristen, Schickeria, Jugendliche. Das ist ein Schlüssel zum Verständnis von Rom: die Geschichte anschneiden und die verschiedenen Ablagerungen erkennen, in deren oberster Schicht wir selber stecken.

Langsamer Abstieg – Zwischen Spanischer Treppe und Trevi-Brunnen

Die Spanische Treppe, die sich wie ein in Stein geschlagener Bach vom Pincio unterhalb der Kirche Santa Trinità dei Monti zum Barcaccia-Brunnen Berninis herunterschlängelt, kennen fast alle – selbst die, die nie in Rom waren. Ein angenehmes touristisches Ereignis zum Betrachten und zum Benutzen. Auch für die Römer und die, die in der Nähe wohnen.

Roland Günther hat ein phantasievolles Buch über die Spanische Treppe geschrieben: Er deutet sie als ein Stück Vorrevolution ähnlich den Mozart-Opern. Konkret kann die Spanische Treppe vieles sein: Durchgangsweg, Spazierweg, Beobachtungsplatz, Ruheplatz, Kommunikationsstätte, erotische Szenerie, Kontaktraum, Leseecke, Schreibstube, Picknickplatz, Liegewiese, Spielplatz, Werkstatt, Atelier, Galerie, Markt, Fotografier- und Filmobjekt, Gegenstand unserer Neugier und unserer Sehnsüchte.

Zeichensprache

Wie immer sie benutzt werden mag – die Spanische Treppe ist vor allem ein Stück Architektur, ein «öffentliches Bauwerk», das wie alle öffentlichen Bauwerke in Rom Zeichen setzt und Zeichen ist. Welche, erfahren wir aus ihrer Geschichte.

Ein Zeichen ist bereits die Kirche Trinità dei Monti, eine französische Gründung, die für das französische Königtum steht. Franzosen stifteten auch die ersten Gelder, damit auf dem Abhang des Pincio ein direkter Zugang zur Kirche von dem neuen Barockviertel um den Spanischen Platz geschaffen werden konnte. Diese Treppe sollte symbolischen Charakter haben: Französische Architekten lieferten erste Entwürfe. Der Sonnenkönig Ludwig XIV. wollte sie, ähnlich wie die Päpste die Treppe zum Kapitol mit dem Reiterstandbild Mark Aurels abgeschlossen hatten, mit seinem eigenen Standbild krönen. Wie sensibel die Öffentlichkeitsarbeit der Kirche auf architektonische Symbole achtete, zeigt der Streit, der sich an diese Treppenpläne anschloß. Die Päpste wollten eine Demonstration fremder Macht, auch wenn es sich um die Schutzmacht handelte, nicht zulassen. Wie so viele römische Projekte, die umstritten waren, wurde die Treppe erst einmal nicht gebaut. Erst als die französisch-römischen Beziehungen auf einem Tiefpunkt angelangt waren, setzte Benedikt XIII. einen römischen Entwurf im römischen Stil durch (1721). Die Zeichen hatten sich umgedreht: König Ludwig XV. mußte sich auf der Gedenktafel mit dem zweiten Platz hinter dem Papst begnügen, die Treppe führte jetzt nicht mehr symbolisch zur Kirche und damit zum

französischen Königtum hoch, sondern schloß sie mit der schwingenden Bewegung gleichsam nach unten in die Gestaltung des Spanischen Platzes ein.

Der Nachfolger von Benedikt, Papst Clemens XII., wollte 1733 mit einem Ausrufezeichen diese Symbolik auch dem Dümmsten klarmachen. Dorthin, wo ursprünglich das Reiterstandbild eines französischen Königs stehen sollte, ließ er einen Obelisken bringen. Das war wiederum den Franzosen zuviel. Eine Protestnote folgte der anderen, der Obelisk wurde nicht aufgerichtet, blieb im Sand vor der Kirche liegen. Erst 1789, als der französische König ganz andere Sorgen hatte, als sich um Zeichensprache im fernen Rom zu kümmern, konnten es sich die Römer leisten, den Obelisken aufzustellen. Da steht er seitdem, hoch auf einem Sockel, damit man ihn überhaupt sieht, etwas unglücklich, nicht einmal in der Achse der Treppe, wie eine trotzige Geste.

Zwischen Profit und Propaganda

Im Viertel zwischen dem Spanischen Platz und der Via del Corso befindet sich Roms teuerste Schaufensterstrecke mit Namen der Haute Couture wie Valentino, Versace, Armani, Luxusschuhgeschäften wie Mario Valentino und Pollini oder der Juwelier der Fürstenhäuser, Bulgari. Dazwischen immer wieder «Jeanserie», die von der Stange für den letzten saloppen Schrei sorgen. Im Geschlepp der kaufhungrigen Römer und Touristen kommen auch die Bettler, die Zigeuner, die Pflastermaler und Straßenmusikanten.

Das teuerste Pflaster Roms hat fast alle Handwerker vertrieben oder in Nischen abgedrängt. Stolz

Roms teuerstes Pflaster: Via Condotti mit dem Juwelier der Fürstenhäuser ... ▰▰▰

... dem Caffé mit der illustren Gästeli-
ste und dem feinsten Secondhand-
Laden der Stadt

sind auch die Preise der Restaurants, dafür kann man sehr schön etwa bei «Otello» in der Via della Croce im Hof sitzen oder wirklich gut zu angemessenen Preisen beim Sarden «Il Cantinone» in der Via Vittoria essen. Selbstverpflegern sind die Lebensmittelgeschäfte in der Via della Croce anempfohlen, vormittags gibt es einen kleinen Markt, und offenen Wein oder Mineralwasser kann man in der Enoteca an der Ecke Via Bocca di Leone kaufen.

Frisch gestärkt gehen wir zurück zur Piazza di Spagna, vorbei am Barcaccia-Brunnen auf die südliche Hälfte der Piazza, im Spannungsfeld von American Express, einer Filiale des Banco di Roma, einer kleinen Erinnerungstafel (neben dem Zeitungsstand) an einen während des Widerstands gefallenen Sozialisten, dem Keats-Shelley-Museum, dem Palazzo di Spagna, seit dem 17. Jahrhundert Sitz der spanischen Botschafter beim Heiligen Stuhl, Roms ersten McDonald's und dem Palazzo di Propaganda Fide. In diesem Gebäude hat seit 1622 das Missionszentrum der katholischen Kirche, die Glaubenskongregation, ihren Sitz, die weltweit den rechten katholischen Glauben gegen Abweichler aller Art propagiert und in der Wahl ihrer Mittel nie recht zimperlich war. Heute steht ihr der deutsche Kardinal Ratzinger vor, der unter anderem damit beschäftigt ist, den Basisgemeinden in Südamerika die progressive Spitze zu brechen.

Seitdem große Teile des Spanischen Platzes zur Fußgängerzone geworden sind, verkommen die verbleibenden Flächen zu Parkplätzen. Zwischen parkenden Reisebussen steigt eine Mariensäule auf. Pius IX. ließ sie am 8. Dezember 1854 errichten. Der Marienkult und besonders

das am 8. Dezember verkündete Dogma der Unbefleckten Empfängnis waren die Antwort der Kirche auf ihre schwindende weltliche Macht. Die Errichtung der Säule, so Gregorovius, war eine Antwort auf die Römische Republik von 1849, die Maria eine «Stieftochter der Revolution». Wie es heute Papst Johannes Paul II. mit Revolutionen hält, zeigt er durch die Renaissance des Marienkults. Keine Reise ins Ausland, bei der er nicht ein Marienheiligtum besucht, und keine Kirche in Rom, die nicht sein blaues Wappen mit dem goldenen «M» für Maria trägt.

Gegenüber lockt ein anderes «M» den, der sich anlocken lassen mag. Roms erster «echter» Fast-Food-Tempel, ein McDonald's, wie es sich amerikanische Touristen und römische Jugendliche schon lange erträumt haben. Unter wütendem Protest vieler Puristen Mitte der 80er Jahre hier in der Via Due Macelli eingerichtet, ist es unter anderem zum mittäglichen Stammimbiß vieler Verkäufer/innen und Angestellter geworden. Auch wenn es ein bißchen nach Turnschuhen riecht, ist es sicherlich der schönste McDonald's der Welt – die «Qualität» ist weltweit allerdings gleich phantasielos.

Ende der Vorstellung

Durch die Via Frattina drängeln wir uns gegen den Strom der Kauf- und Schaulustigen zum Corso und dann links zur Piazza Colonna. Hier beginnt um die antike Siegessäule Marc Aurels herum, die von der «siegreichen» Kirche mit der aufgesetzten Paulus-Statue in die päpstliche Zeichensprache einbezogen worden war, das Regierungsviertel auf dem Marsfeld. Direkt am Platz rechts der Palazzo Chigi, der Sitz des

Unverhofft, nach mehreren schmalen Seitenstraßen, stand ich vor dem Trevi-Brunnen, ein marmornes flaches tiefer als die Straße gelegenes Becken mit Wasser inmitten eines verblaßten, engen, sich drückenden Häusergewimmels.

Ich mußte wieder kichern, denn das war so monströs im Verhältnis zu dem geringfügig zur Verfügung stehenden Platz, der die Monstrosität des Brunnenaufbaus noch einmal verstärkte und wie eine gigantische Wahnidee wirken ließ: hier die wirklich abgetakelten Hausfronten, mit den unten hineingebrochenen Läden und Bars, schiefe Fenster, große abgeblätterte Stellen Putz, gelb verblaßt und rötlich verblaßt, darin die schmalen Rinnsale der Straßen, und darin eingesetzt die weißlichen Steinformen, im Grunde nichts als die Verkleidung eines hier endenden Häuserblocks, die einen schwer nach unten gesackten Eindruck macht — eine Steinkulisse, an das Haus angeklatscht, mit einer Wassermulde davor – deutlich ist dies Angeklatschte zu sehen, zwei, drei Schritte seitlich davon links und rechts kommen die üblichen glatten Seitenwände des Gebäudes.

Vor allem die Enge ließ die breit ausladende Brunnenkonstruktion wirklich buchstäblich komisch erscheinen. – Ein riesiger Kitsch. – Über allem wieder eine Papstkrone, – und so das Ganze, als habe hier ein gigantisch-aufgeschwollener Filmregisseur die Kulisse für einige kurze Szenen nach Beendigung der Dreharbeiten stehengelassen.

Aus «Rom. Blicke» von Rolf Dieter Brinkmann. Rowohlt Verlag, Reinbek 1979

italienischen Ministerpräsidenten, dahinter der Palazzo Montecitorio mit dem Parlament. Wie sich die italienische Demokratie in die Adelspaläste der Renaissance und des Barocks mit ihren windigen Gängen und endlosen Zimmerfolgen eingenistet hat, so ist heute das Wort «palazzo» zum Synonym von arrogant-bürokratischer Regierungspolitik geworden.

Wenn wir die Via del Corso weiter Richtung Piazza Venezia gehen, vorbei am typisch italienisch chicen Mittelklassenkaufhaus «Croff», und nach etwa hundert Metern rechts in die Via Caravita einbiegen, kommen wir auf den schönen Platz vor der Kirche San Ignazio.

Hier auf der Piazza San Ignazio sind wir wieder beim Thema. Sie ist ein Monument des Barocchetto, wie die Kunstgeschichtler den Spätbarock in Rom nennen. Filippo Raguzzini hat diesen Kulissenzauber 1727/28 gebaut. Gegenüber der klassisch barocken Fassade der Kirche schwingt der Platz mit seinen konkav-konvex gebogenen Häuserfronten verspielt hin und her. Hier hat das Rom des Barocks im wahrsten Sinne des Wortes ausgespielt. Kann man in der Spanischen Treppe noch Funktion in den Formen erkennen, haben sie jetzt keine andere mehr als die des schönen Spiels vor der stolzen Jesuitenkirche.

Einen etwas angestrengten Gegensatz zur Piazza San Ignazio finden wir in dem nicht erst seit «Dolce vita» so hochberühmten Trevi-Brunnen, den wir erreichen, wenn wir den Corso ein paar Schritte zurückgehen und rechts in die Via delle Muratte einbiegen. Mit der großartigen Fassade des Brunnens wurde zum letztenmal in der päpstlichen Geschichte Roms versucht, die «magnificenza romana» zu beschwören, die führende Stellung der Stadt in der Welt. Nicolò Salvi baute dieses Wunderwerk in der Mitte des 18. Jahrhunderts zusammen mit einem Team von Bildhauern. Wir haben kurz gefaßt noch einmal die Summe römischen Denkens vor uns: Der Brunnen ist eine Herrschergeste. Wasserspenden gehörten schon unter den Cäsaren zu den mildtätigen Symbolhandlungen der Kaiser. Am Ende jeder Wasserleitung gab es im antiken Rom eine große Wasserschau. Päpste haben es den großen Kaisern nachgemacht, etwa mit dem Fontanone auf dem Gianicolo oder der Acqua Felice nahe der Via XX Settembre. Hier an der Fontana di Trevi kam und kommt das Wasser der Acqua Vergine, einer ursprünglich von Agrippa für seine Thermen am Pantheon gelegten Wasserleitung, zum erstenmal in Rom aus dem Boden.

Die Architektur nahm die klassische Geste auf. Die Wand wirkt wie ein antiker Triumphbogen. Davor aber sind in einer pseudonatürlichen Szenerie Skulpturen des Barock gestellt. Mit großem Pathos wird noch einmal eine Einheit geschaffen, die Summe der Architekturtradition gezogen. Bald darauf war in Rom nicht einmal mehr Kunstpolitik möglich. Der Vatikan hatte keine europäisch-politische Berechtigung mehr. Mit leeren Kassen versank er in einen Dornröschenschlaf, aus dem ihn das erste Mal Napoleon und das zweite Mal die piemontesischen Truppen wachküßten, als sie über hundert Jahre später die Stadt besetzten.

Blick zurück vom Petersdom

Von allen Aussichtspunkten ist die Kuppellaterne des Petersdoms sicherlich am mühsamsten zu erreichen. Vom Dach der Kirche geht ein schmaler, gebogener Treppenschacht hinauf, in dem man in der Hochsaison mit nachdrängenden wie entgegenkommenden Besuchern um jeden Kubikzentimeter Luft ringt. Der Gang wird bald so eng, daß nicht einmal mehr Platz für ein Seitengeländer ist – die letzten Stufen muß man sich am Tau festhalten.

Doch die Mühe lohnt. Von hier haben wir das ganze Rom im Blick, die Windrose seiner Geschichte.

158

DAS
ROM DER ITALIENER

Richtung Süden und Osten jenseits des Tibers das Rom der Renaissance und des Barock, durchsetzt mit antiken und frühchristlichen Spuren. Rundherum und in Richtung Norden und Westen das «neue» Rom, entstanden nach 1870, 1922, 1945. Das Nachkriegsrom belagert mit seinen Betonzügen gleichsam das Zentrum innerhalb der Mauern, während sich seine Arme nach «hinten» in die Landschaft Latiums krallen. Den Horizont beschließt im Osten ein großartiges Gebirgspanorama (bei klarem Wetter sieht man schneebedeckte Gipfel des Apennin): die Albaner, Prenestiner, Tiburtiner und Sabiner Berge. Im Westen verhindern Hügel und Häuser den Blick auf das Meer.

Im Süden, über den Gianicolo hinaus, ein friedliches Bild: die Villa Doria Pamphili. Aber hier wurde von patriotisch gesinnten Römern unter der Führung von Garibaldi vor über 130 Jahren die Römische Republik verteidigt. 1848, im Jahr des um verfaßte Rechte kämpfenden Bürgertums, wurde in Rom ein Minister der päpstlichen Regierung ermordet, der Papst floh nach Gaeta. Im Februar 1849 wurde unter der Führung Mazzinis die Römische Republik ausgerufen. Im April landete die päpstliche Schutzmacht Frankreich ein Expeditionskorps in Civitavecchia. Der Gianicolo und der Park der Villa Pamphili wurden im Juni zum Schlachtfeld zwischen den Franzosen und den Republikanern. Die Franzosen siegten, Pius IX. konnte zurückkehren und sich hinter ihren Bajonetten gegen die Nationalisten verschanzen. Erst der Deutsch-Französische Krieg und der Sieg Preußens nach der Schlacht bei Sedan 1870 änderten das internationale Kräfteverhältnis. Piemon-

tesische Truppen schlugen ohne Gegenwehr eine Bresche in die Stadtmauer bei der Porta Pia und eroberten am 20. September 1870 Rom – das Datum hat vielen Straßen in Italien den Namen gegeben. Italien und Deutschland schufen sich so 1870/71 als letzte unter den europäischen Nationen einen Einheitsstaat. Beide nicht durch eine vom Volk getragene Revolution, sondern durch einen Umsturz von «oben» unter der Führung der inneren Hegemonialmacht, hier Piemont, dort Preußen. Soweit der Blick nach Süden.

Die Zerschlagung des alten Rom

Richtung Norden sehen wir auf Prati herab, einen großen Stadtteil wie vom Reißbrett, der kurz nach der Einigung Italiens und der Proklamation Roms als Hauptstadt geplant, aber erst nach dem Ersten Weltkrieg fertiggestellt wurde. Im Hintergrund liegt der weiße Klotz des Außenministeriums, ursprünglich als Parteizentrale der Faschisten geplant. Ein kafkaesker Bau, der nur auf Distanz zu ertragen ist. Prati, gebaut als Viertel für Beamte, wirkt mit seinen regelmäßigen Straßen und den Kasernen mittendrin völlig unrömisch – so stellten sich eben die Piemontesen eine Stadt vor.

Der Vatikan wurde mit Kasernen umgeben, und der Verlauf der Straßen im Viertel ist so angelegt, daß von ihnen aus nie die Peterskuppel zu sehen ist. Benannt wurden sie zum Teil nach berühmten Antiklerikalen wie Cola di Rienzo, Crescenzio oder Mazzini. Erst 1929 gab es «Frieden» zwischen dem Papst und Italien, als Pius XI. und Mussolini die Lateranverträge unterschrieben. Es kam zur Gründung des Kirchenstaates und zur Rückgabe konfiszierter Besitzungen in Stadt und Umland an den Vatikan. Auch ein Ergebnis dieser Versöhnung («conciliazione») war die breite Straße, die vor unseren Augen vom Petersplatz zum Tiber führt, die Via della Conciliazione. Dafür ließ Mussolini fast ein ganzes Viertel, den Borgo Pio, abreißen. Ein volkstümliches Viertel. Uralte Häuser, schmutzige und dunkle Gassen von Bettlern und Proletariern sollten nicht mehr den Blick auf den Petersdom verstellen. Die eingesessene Bevölkerung wurde in Borgate, vor der Stadt liegende Siedlungen, «umgezogen». Das gleiche Schicksal erlitten auch die Bewohner im Viertel zwischen Piazza Venezia und Kolosseum, deren Häuser der faschistischen Aufmarschstraße Fori Imperiali weichen mußten.

Bis 1870 lebten, wie in aller großen Städten, die unteren Schichten zusammen mit den Reichen und Mächtigen im gleichen Viertel, in den Rocksäumen ihrer Paläste. Die Symbiose von reich und arm war funktional, denn die Reichen brauchten eine Vielfalt von Dienstleistungen, und die Armen lebten direkt von den Reichen. In Rom waren 1870 von den 200 000 Einwohnern noch rund 60 000 auf die «Mildtätigkeit» der Klöster und Paläste angewiesen. Mussolini setzte nur fort, was die Piemontesen schon 1870 begonnen hatten. In das feine Netz der sozialen und urbanen Strukturen wurden riesige Löcher gerissen, um der zuströmenden Verwaltungsbourgeoisie mit ihren Mietskasernen, Straßenzügen und Symbolbauten Platz zu schaffen. Architektonische «Höhepunkte» dieser Entwicklung können wir von hier oben aus sehen: den Justizpalast neben der Engelsburg und das Ehren-

mal für Viktor Emanuel II., das weiß und wuchtig aus der Kuppellandschaft herausragt. Mit dieser Brutalität verfahren gewöhnlich nur Eroberer. Die neue Architektur charakterisiert tatsächlich den gewaltsamen Anschluß von Süd- und Mittelitalien an das neue Königreich.

Die Hauptstadt als Parasit

Kaisertum und Papsttum, die beiden großen Interessenten am Erhalt der Stadt Rom als einem Dokument, das seine Inhaber als universale Herrscher ausweist, waren längst entmachtet – der letzte Träumer dieser Art war Napoleon gewesen. Die Rom-Idee der Piemontesen hatte damit nichts mehr zu tun, Rom als Krönung einer nationalen Geschichte ist eine Fälschung. Sosehr sich der Verwaltungsapparat auch aufblähen mag, sichtbar wird nur, daß das moderne Rom zu einem Parasiten ohne Legitimation geworden ist. Produziert werden in Rom Verwaltung und Ideologie wie eh und je, als ideeller Mittelpunkt hat die Stadt jedoch ausgespielt. Im Norden wie im Süden Italiens ist sie zu einem Schimpfwort geworden. «In Mailand wird das Geld verdient, das in Rom ausgegeben wird», fluchen die Lombarden. In Rom arbeitet ein Teil der Bevölkerung in den Büros und Ministerien, während der andere damit beschäftigt ist, für den ersten Kleidung und Nahrung herbeizuschaffen, Paläste und Häuser zu bauen. «Industrie» ist in Rom eigentlich nur die bürgerliche Form der Pilgerreisen: der Tourismus.

Garibaldis Schlachtruf «O Roma o morte», Rom oder der Tod, und die Idee Mazzinis, nach einem Rom der Imperatoren und Päpste eines des Volkes zu schaffen, gingen im

Stille Einfalt, leere Größe:
Mussolinis steingewor-
dene Romidee im EUR

Ansturm der neuen bürgerlich-kapitalistischen Ordnung bereits in den
ersten Monaten nach dem 20. September 1870 unter.

Mussolinis etwas wirre Rom-Idee,
ein Mischmasch aus Klassik und Renaissance, aus Obelisken und Kuppeln, ist spätestens im imperialisti-
schen Krieg steckengeblieben. Von
der Peterskuppel aus sehen wir im
Süden am Horizont die Hochhäuser
des EUR aufragen. Dieses Viertel
sollte 1942 zum zwanzigsten Jahrestag des Marsches auf Rom mit einer
Weltausstellung (EUR = Esposi-
zione Universale di Roma) den
Triumph faschistischer Größe und
Architektur darstellen. Die Bauar-
beiten mußten aber bei Kriegsbe-
ginn unterbrochen werden. Nach
1945 wurde das EUR nach den alten
Plänen von den alten Architekten
unter christdemokratischer Herrschaft weitergebaut, in den 50er und
60er Jahren mit modernen Glaspalä-
sten der Demokratie vervollständigt
und mit kleinen Appartementhäu-
sern und Villen umgeben. Mit seiner
großzügigen Licht- und Raumkon-
zeption, seinen reichen Grün- und
Wasserflächen hat das EUR vor den
Toren Roms wenigstens teilweise
den Traum einer bürgerlichen
Hauptstadt erfüllt. Eine Art Klein-
Brasilia im Agro Romano.

«Tassi? Tassi!» – mit halblauter Stimme bieten «freie» Fahrer allen halbwegs ausländisch oder betucht aussehenden Ankömmlingen gleich hinter der Sperre auf dem Termini-Bahnhof ihre Dienste an, als gelte es, Drogen oder Schmuggelgut zu verkaufen. Meist werden sie fündig – Ahnungslose gibt es immer. Aber im Bahnhof werden nicht nur Taxifahrten schwarz gehandelt. Vom Schmuggelgut bis zur käuflichen Liebe ist hier fast alles unter der Hand zu haben. Die Stazione Termini ist Roms erster großer Markt. Und erste Informationsbörse. Für Touristen, die vor den Wechselbüros der Banken Schlange stehen, wie für die meist dunkelhäutigen Fremdarbeiter, denen der Bahnhof und seine Umgebung, vor allem die Piazza Indipendenza, zum üblichen Treffpunkt geworden ist, wie in jeder anderen Stadt der Welt auch.

Während man in der Bundesrepublik gewohnt ist, nicht nur geographisch auf Italien herunterzublikken, schaut man vom Mittelmeerraum und von Afrika aus zu einer der stärksten Industrienationen des Westens auf. Roms Hauptbahnhof ist sichtbarer Ausdruck des häufig illegalen Zustroms. Römer und Touristen könnten kulinarisch und sozial von dieser Entwicklung profitieren, wie Bundesbürger von den italienischen, spanischen, türkischen Kneipen. Im äthiopischen Restaurant «Hostaria Africa» zum Beispiel,

schräg gegenüber vom Bahnhof in der Via Gaeta, oder im libyschen Restaurant «El Analus» in der Via Farini, links vom Bahnhof in Richtung Santa Maria Maggiore, wo es für wenig Geld ein ausgezeichnetes Couscous gibt. Aber auch da bleiben die Einwanderer meist unter sich.

Fernzüge und der Zug der Zeit

Vom Bahnhof Termini steigt man, gleichsam von hinten, von der Moderne aus in die Geschichte Roms ein. Der Bahnhof entstand 1863 bei

der Vereinigung der beiden Eisen-
bahnlinien Rom–Frascati und Rom–
Ceprano. Zum eigentlichen Hauptbahnhof wurde er erst nach 1870, als
im vereinigten Königreich Italien
mit Rom als Hauptstadt ein nationales Schienennetz entstand.

Heute sehen wir die Stazione Termini in ihrer faschistischen Architektur, mit einer 1950 vorgebauten,
lichtdurchfluteten Vorhalle, die den
Bahnhof zu einem der schönsten Europas gemacht hat. Sie läuft gleichsam wie eine Welle auf die riesige
Piazza dei Cinquecento zu. Aber

auch hier sind klassische Zeichen
nicht zu übersehen. Gegenüber wird
die Piazza durch die großen Diokletiansthermen (heute das wichtigste
Antikenmuseum Roms) begrenzt.
Die Thermen haben dem Bahnhof
seinen Namen gegeben. Rechts der
Vorhalle und im Untergeschoß sind
Reste der sogenannten Servianischen Stadtmauer aus dem vierten
vorchristlichen Jahrhundert zu sehen. Und die Gebäude, die links die
Piazza begrenzen, erste Zeugen der
neuen hauptstädtischen Bauwut
nach 1870, versuchen mit ihren Pila-

stern und Bogen, das antike Kolos-seums-Motiv aufzunehmen, wie es einst die Päpste der Renaissance an der Markus-Kirche kopiert hatten. Nur daß man heute durch die Bogen nicht mehr eine Kirche oder einen Nepotenpalast betritt, sondern die etwas schmuddelige Konsumwelt eines Bahnhofsviertels.

Der Traum der Mazzinianer, nach dem Rom der Imperatoren und der Päpste nun das Rom des Volkes entstehen zu lassen, scheitert hier sichtbar an den Interessen kapitalistischer Spekulationen. Der architektonische Rückgriff auf klassische Formen ist so hohl wie der Versuch, neue Märtyrer einzusetzen. Die Piazza dei Cinquecento hat ihren Namen nach 500 im Abessinienkrieg 1887 gefallenen italienischen Soldaten. Der imperialistische Versuch, sich Äthiopien zur Kolonie zu machen, gelang erst Mussolini fünfzig Jahre später.

Die Piazza dei Cinquecento ist für viele Rombesucher der erste Bodenkontakt mit der Stadt. Die meisten sind zunächst eher vom Verkehr als von Mauerresten oder Völkerschlachten beeindruckt. Der Platz ist einer der Knotenpunkte des Nahverkehrs. Von hier fahren Omnibusse in jeden Teil der Stadt. Von den nahen Endstationen der Überlandbusse gehen Linien in Richtung Süden / Frosinone und nach Nordosten / Rieti (Via Castro Pretorio), nach Osten / Tivoli (Via Gaeta) und in Richtung Flughafen (Via Giolitti) ab. Unter der Piazza befinden sich die Bahnhöfe für die beiden Metro-Linien, den Vorortzug nach Ostia – und ein Reptilienmuseum. Abends und nachts verwandelt sich der Platz in der warmen Jahreszeit in einen riesigen Schlafsaal. Stadtstreicher, Arbeits-

emigranten und Rucksacktouristen treffen sich hier, vereint in dem gleichen Bedürfnis, einen kostenlosen Schlafplatz zu finden. Daß sie sich wirklich treffen, verhindern ihre unterschiedlichen sozialen Rollen und die Flüchtigkeit ihres Aufenthalts. Da kreist die Flasche, hier der Joint – und nicht immer drückt die Polizei ein Auge zu, zumal es immer häufiger zu gewalttätigen Auseinandersetzungen kommt.

Gefahrlos dagegen können «Übernächtigte» hier die Morgentoilette erledigen – im Untergeschoß des Bahnhofs im «albergo diurno» (Tageshotel, nicht mit einem Stundenhotel zu verwechseln) relativ billig, Dusche, frisches Handtuch und Seife inbegriffen, erledigen. Solch ein Tageshotel befindet sich auch an der linken Ecke der Piazza, wenn man mit dem Rücken zur Schalterhalle steht, in der «casa del passaggero».

Ein Stadtviertel in den Thermen

Die «casa del passaggero» an der Ecke Piazza dei Cinquecento / Largo Massimo befindet sich auf der Linie der Seitenmauer der Diokletiansthermen, die sich etwa von der Via Volturno ab die ganze Piazza entlang bis in die Via Viminale, links von unserem Standpunkt, erstreckte. Von dort – ein runder Turmbau ist noch zu erkennen – bog sie im rechten Winkel ab, bildete eine halbkreisförmige Ausbuchtung, heute die Piazza della Repubblica, lief weiter zu einem zweiten Turmbau, der im 16. Jahrhundert zur Kirche San Bernardo umgewandelt wurde, und schwenkte dann als nördliche Seitenmauer wieder um. Diese fast quadratische Anlage war die größte öffentliche Badeanlage des antiken Rom, in der gleichzeitig 3000 Badegäste Platz ge-

Bars, Cafés, Pornokinos, Andenkenläden und Reisebüros: Piazza della Repubblica ▪▬▬▬

habt haben sollen. In der Spätrenaissance wurde in ihren Trümmern ein Kartäuserkloster eingerichtet – damals noch gut eine Meile von den bewohnten Stadtvierteln um die Piazza Venezia entfernt. Die Via Sistina zwischen Santa Maria Maggiore und Trinità dei Monti war noch nicht gebaut, ebensowenig wie der Brunnen der Acqua Felice an der Piazza San Bernardo / Ecke Via Orlando, mit dem sich Papst Sixtus V. (Felice Peretti) feiern ließ. Für die Kartäuser plante Michelangelo eine Kirche, Santa Maria degli Angeli, die nach seinem Tod (1564) gebaut wurde.

Sehr zum Mißvergnügen römischer Adeliger, die in den Trümmern der Thermen einen ausgezeichneten Reitplatz gefunden und die erhaltenen Gebäude zu Ställen umgebaut hatten.

Um den Weg der antiken Thermenbegrenzung ein Stück lang zu verfolgen, gehen wir von der «casa del passeggero» aus zunächst in die Via Viminale, bis wir nach wenigen Metern rechts die Reste des Eckturms sehen. Im anschließenden Hof ist ein Handwerksbetrieb untergebracht, im Rundbau selbst ein wenig vertrauenswürdiges Restaurant. Zu sehr ist dieses ganze Viertel heute von zweitklassigen Hotels und (teuren) drittklassigen Restaurants geprägt. In den Obergeschossen befinden sich Pensionen, Büros, Wohnungen. Wohnungen, die zunehmend von Zuwanderern aus dem Süden bevölkert werden. Immerhin

Zu beiden Seiten des Bahnhofs, zu beiden Seiten des Schienenstranges liegt das Viertel der billigen Pensionen, der Vertragshotels der Massentouristik mit den traurigen kranken Palmen der Halle in altersschwachen Kübeln, deren Erde ausgedrückte Zigaretten düngen. Das alte Gewerbe der Bauernfängerei lebt hier in Erwartung des Mannes vom Lande und des Pilgers aus Köln oder Wisconsin. Selbst zur Sommerzeit merkwürdig kalte, klebrig-kalte, klebrig-schmutzige Eßlokale im Parterre und im Keller hoher Häuser bereiten zur Mittag- und Abendstunde die Abfütterungen vor; doch gemütlich und warm sind die kleinen Espressos der Taschendiebe und Koffertäuscher, die Weinschenken der Eisenbahnarbeiter und die Garküchen der Gepäckträger. Über offenem Feuer – vom Harz des Holzes beizt die Augen der Rauch – braten Lämmerleiber, Kälberrücken, aufgespießte Herzen und schlanke Fische. Ihre vom Rumpf getrennten Häupter stellt der Wirt im Fenster zur Schau. Die gebrochenen Augen der Kreatur blicken den Menschen an. Soldaten stehen herum. Hier sind die Kasernen. Hier waren sie immer. Ein niedriger, düsterer, stallartiger Gebäudekomplex, die Castra Pretoria, das befestigte Lager der kaiserlichen Leibgarde hinter der alten Stadtbegrenzung, der Servianischen Mauer, umschließt, Schildwachen vor den Toren, die Eingezogenen Italiens. Die Steine riechen nach Schweiß, nach versickertem Urin geschundener Generationen, nach Unfreiheit, nach Angst und Überheblichkeit, wozu sich ein Hauch von Desinfektion gesellt, ein Dunst von Leid und Sterben, die Ausstrahlungen der nahen Poliklinik. Jenseits der Schienen des Bahnhofs aber erhebt sich prächtig Santa Maria Maggiore, die größte aller Marienkirchen, nach der Legende auf Schnee gebaut, der sich im August hier fand, und in ihrer mächtigen, schön geschmückten, lichterfunkelnden Höhle sitzen auf zierlichen Strohflechtstühlen die Schutzflehenden, nicht in Reihen geordnet, doch wie zu munterer Konversation in kleine Zirkel geteilt, die Sicherheit der Glaubensburg, im Sommer vielleicht den Schatten, die Kühle genießend, das Schneewunder, auf dem fest die Mauern ruhen, und die Stille vor dem Lärm des Marktes draußen im volkreichen Park Vittorio Emmanuele, den kaum ein Fremder kennt, mit dem Spielplatz armer Kinder, mit den Sonnenbänken armer Alter, den Fleisch-, Obst-, Gemüse- und Fischständen des armen Lebens und mit dem Freistaat der herrenlosen, stolzen Katzen, die hier unverletzlich sind wie die heiligen Kühe am Ufer des Ganges und mit bunten Fischen aus der Tyrrhenischen See gespeist werden, immer gedeckte Tische, denen die Katzen sich träge und mit einer betonten Überlegenheit über die Menschen nähern.

Wolfgang Koeppen: Neuer römischer Cicerone. Aus: Nach Rußland und anderswohin. Suhrkamp Verlag, Frankfurt/M. 1973

gibt es hier im Hinterhof Roms schönstes Freiluftkino (*Arena-Esedra*). Und gegenüber dem Rundbau gibt es eine kleine Osteria: «VINO» steht mit großen Lettern über der Tür. Dort kann man noch preiswert ein Porchetta-Brötchen (Spanferkel) kaufen und dazu ein Glas offenen Wein trinken.

Ein paar Schritte zurück biegen wir links in die Via delle Terme di Diocleziano ein, vorbei an den Bücherständen, die Ladenhüter verramschen, und steigen zu den Kolonnaden der Piazza della Repubblica hoch, die genau die Exedra, einen halbrunden Hof, der alten Thermenanlage nachzeichnen. Piazza dell' Esedra hieß der Platz früher, zum Platz der Republik wurde er, nachdem sich das italienische Volk 1946 für die Republik als Staatsform entschieden hatte. Bars, Cafés, Pornokinos, Andenkenläden und Reisebüros wechseln einander ab. In der Mitte des Platzes, zwischen all den geparkten Reisebussen, sprüht spektakulär die Fontana delle Naiadi (Wassernymphen), die 1912 fertiggestellt wurde und den Sieg des Menschen über die bösen Kräfte der Natur symbolisieren soll. Andere Zeiten, ferne Zeiten.

Am Ende des Halbrunds biegen wir links in die Via Orlando ein, in der es eine der beiden Feltrinelli-Buchhandlungen Roms gibt, die noch immer ein Anlaufpunkt für kritische Literatur und linke Zeitschriften sind. Gegenüber zweigt die Via Parigi ab, wichtig für alle Romneulinge, die sich hier in der Nummer 5 bei der EPT (Ente provinciale per il turismo), dem staatlichen Fremdenverkehrsbüro, Informationen holen oder ein Zimmer vermitteln lassen können.

Die kleine Parkanlage vor dem Planetario, einem zum Kino umgebauten Saal der Thermen, lädt – zum erstenmal hier in der Gegend – zum Verweilen ein. Entweder auf den Steinbänken vor der antiken Säule mit einer bronzenen Karavelle, dem Symbol von Lutezia (Paris) – ein Geschenk der «Schwesterstadt» Roms. Oder in der Bar unter den immergrünen Steineichen, in denen Spatzen zu jeder Jahreszeit mit ihrem Lärm sogar den brausenden Verkehr übertönen. Von hier geht es weiter, vorbei am Magistero, der pädagogischen Universität, und dem relativ langweiligen Wachsfigurenkabinett mit Reagan & Co in Stearin zur Kirche Santa Maria degli Angeli. Sie wurde von den Savoyern für staatsoffizielle Taufen, Heiraten und Begräbnisfeiern benutzt und dient noch heute dem demokratischen Italien als «Regierungskirche». Neben der Kirche der Eingang zum Antikenmuseum.

Einbruch der Moderne oder: Hochwürdens Geschäfte

Für das hauptstädtische Rom ist bezeichnend, daß sich die neuen Herrscher nach 1870 ausgerechnet eine Kirche aussuchten, die weit ab vom Rom der Imperatoren und der Päpste auf einer Trümmerwiese lag, in Bahnhofsnähe dazu und jahrzehntelang von einer riesigen Baustelle eingeschlossen. Das Mißtrauen, das sich hier gegenüber dem päpstlichen Rom ausdrückt, war tatsächlich begründet. Als die piemontesischen Truppen am 20. September 1870 über die Via Pia (heute Via XX Settembre) in Rom einmarschierten, kamen sie in eine rückständige, provinzielle Stadt, die seit der napoleonischen Besatzung so gut wie nichts mehr gebaut worden war. Es gab keine neuen Wohnhäuser wie in Mailand oder Turin. Die Straßen waren eng und winklig. Die Sprache vulgär. Außer dem alles beherrschenden Klerus gab es nur eine hauchdünne reaktionäre Adelsschicht und vor allem Handwerker und «niederes» Volk – aber so gut wie keine «Bürger». Das zuziehende Verwaltungsbürgertum fand keinen Stand, an den es hätte anküpfen, keine Orte, wo es sich hätte treffen können. Es gab nicht einmal eine richtige Oper. Das feuchte, vom Scirocco bestimmte Klima der Stadt, die in manchen Teilen noch malariaverseucht war, tat ein übriges.

Selbst der König kam nur notgedrungen nach Rom, um im Quirinalspalast zu residieren. Den ersten Besuch stattete Vittorio Emmanuele II. Rom zum Jahresende 1870 ab. Aber weder übernachtete er in der Stadt, noch hielt er eine Rede an sein Volk. Denn er sprach nur piemontesisch und französisch. Die Leute hätten ihn nicht verstanden. Ein König, der nur einen italienischen Dialekt konnte, eine Hauptstadt, die etwa auf dem Niveau von Parma oder Modena lag, zugereiste Arbeiter und Bürger, die am liebsten gleich wieder in ihre Heimatstädte zurückgefahren wären: Das war die Situation in Rom 1870/71. Wie sollte man daraus eine «vernünftige» Hauptstadt machen?

Die neue Logik sehen wir vor uns: die Via Nazionale. Wenn man sie heute hinunter Richtung Piazza Venezia geht – von weitem leuchtet weiß das überdimensionale Monument für Vittorio Emmanuele, das einem ersten Entwurf nach auf der Piazza dell'Esedra anstelle des Brunnens in Form einer Säule bescheidener, also angemessener geplant war –, taucht man zum erstenmal in den «Basar Rom» ein. Ein Laden nach dem anderen: Kleidung,

Schuhe, Elektrogeräte, Lederwaren, ein UPIM-Kaufhaus, ab und zu Bars, die aber desto seltener werden, je weiter man sich von der Piazza entfernt. Hier findet, wie so häufig in Rom, eine Symbiose von Tourismus und Alltagsleben statt. Hier kaufen nicht nur Fremde. Aber diese breite Straße ist kein Zentrum eines Stadtviertels, hier gibt es keine Lebensmittelgeschäfte, keine Schuster, keine Weinhandlungen. Sie ist eine künstliche Achse, die den historischen Kern der Stadt (etwa ab dem Largo Magnanapoli) mit der Piazza della Repubblica verbindet.

Die Logik, mit der Rom umgebaut wurde, begriffen die Römer Ende des vergangenen Jahrhunderts nur langsam. Die neuen Bauherren kümmerten sich nicht mehr um Kuppeln und Terrassen, Treppen und Kirchen, sondern nur noch um den Handel mit Grundstücken und den Bau von Häusern. Häuser, in denen nicht wie früher die Bauherren selber wohnen oder residieren wollten, sondern die von den Eigentümern verkauft oder vermietet wurden. Mit Verspätung, aber mit zerstörerischer Gewalt brach der Kapitalismus über Rom herein, ohne jedoch seine produktive Kraft mitzubringen. Die Fabriken blieben im Norden.

Der belgische Kleriker De Merode, ehemaliger päpstlicher Kriegsminister, hatte die Zeichen der Zeit schon Jahre zuvor begriffen. Doch seine Modernisierungspläne fanden bei Papst Pius IX., der dumpf und von der Geschichte beleidigt im Vatikan alten Großmachtvorstellungen nachhing, kein Gehör.

Monsignore de Merode versuchte es auf eigene Faust. Er kaufte von religiösen Instituten Grundstücke in Bahnhofsnähe und auf dem Gebiet der heutigen Via Nazionale auf – zu

Recht hieß sie einst Via de Merode! – oder ließ sie durch eine Finanzierungsgesellschaft aufkaufen. In dieses freigeschaufelte Bett floß nach dem «Anschluß» Roms das Geld der Banken aus Mailand, Turin, Wien, Frankfurt, Antwerpen. Und bevor noch die «neue» römische Stadtverwaltung, in der der alte Adel nach wie vor tonangebend war, einen ersten Stadtentwicklungs- und Bebauungsplan verabschiedet hatte, konnte De Merode schon vollendete Tatsachen schaffen, die von den nachfolgenden «Plänen» nur zu bestätigen waren. Ähnlich vollzog sich auch die Entwicklung der Peripherie nach dem Zweiten Weltkrieg im Zusammenspiel zwischen korrupter christdemokratischer Stadtverwaltung und Bauspekulanten.

Das päpstliche Rom war zwar keine Hauptstadt auf europäischem Niveau, hat jedoch in seinen Bauten jahrhundertelang eine politische Idee, wie immer man zu ihr stehen mag, sichtbar gemacht. Dem europäischen Kapital gelang das in Rom nach 1870 nicht mehr. Die Dialektik von Ausbeutung und Aufbau, die in London, Paris oder Berlin funktionierte, war hier aufgehoben. Das neue Rom der Via Nazionale versteckt in dieser baumlosen, hektisch erbauten Straße hinter stillosen Stuckfassaden nur die Eroberermentalität des Einheitsstaates.

Alt und neu und der Anspruch auf Größe

Rücksichtslos gingen die neuen Herren mit historischem Material um, das zunächst nicht umdeutungsfähig schien. Eine frühchristliche Kirche wie San Vitale wurde von der Via Nazionale (etwa 500 Meter von der Piazza della Republica) rechts liegen gelassen, fast vergessen. Der Portikus ist erst 1958 wieder aufgebaut worden, im Inneren wartet die Kirche dringend auf Restaurierung. Direkt daneben baute man aber sofort einen Ausstellungspalast im schlechten Geschmack der Zeit.

Gegenüber, unterhalb des Hangs des Viminal-Hügels, auf dem das Innenministerium thront, taucht man in die schäbige Schattenwelt hinter der Via Nazionale ein, in ein Gemisch aus Büros, Pensionen und abgedrängten Läden, die bei den hohen Mieten der Via Nazionale nicht mithalten konnten. Aber hier gibt es Anlaufstellen für Rombesucher: das Jugendreisebüro in der Via Genova 16, schräg gegenüber von San Vitale, und am Ende der Straße rechts eine lebhafte Pizzeria mit erträglichen Preisen.

Erst weiter südlich kommen wir über die Via del Boschetto und die Via dei Serpenti wieder in ein gewachsenes Viertel. Hier gibt es nichts Sensationelles zu sehen, hier kann man nur leben. Leben im Kampf mit dem alles durchdringenden Verkehr und mit den Hausbesitzern, die aus der zentralen Lage Kapital schlagen möchten. Mit ein paar Italienisch-Kenntnissen kann man sich bei der KPI/FGCI-Sektion in der Via del Boschetto 5a informieren.

An der Ecke Via dei Serpenti / Via Nazionale steht der kolossale Bau

der Staatsbank, Banca d'Italia, auf
dem Gelände der ehemaligen Villa
Aldobrandini, die einst den südlichen Teil der Via Nazionale umfaßt hatte. Von der für ihre Schönheit gerühmten Parkanlage ist heute
nur noch der kleine Garten übriggeblieben, der über eine Treppe von
der Via Mazzarino aus zu erreichen
ist. Hier oben, mit Blick auf Reste
der Servianischen Stadtmauer, den
Torso eines mittelalterlichen Ge-
schlechtertums, des Torre delle
Milizie und die Barock-Kirche
Santa Caterina da Siena ist man
dem Verkehr, wenn auch nicht unbedingt dem Lärm entkommen. Gegenüber, mit einem Geschäft für
bürgerliche Kopfbedeckungen (daneben, wie sollte es bei Borsalino
auch anders sein, ein Kino mit
einem kleinen Café), endet das neu-
geschaffene Rom. Von hier an wird
nicht so sehr mit Neubauten speku-
liert, sondern mit dem historischen
Erbe.

Vom Largo Magnanapoli gehen
wir die Via XXIV Maggio hoch. Am
24. Mai 1915 erklärte Italien Österreich den Krieg, schied aus dem
Bündnis mit Berlin und Wien, um
drei Jahre später – nach eigener Les-
art – die Einheitsstaatsfindung mit
der Annexion des Trentino, von
Südtirol und Triest endgültig abzuschließen. Die Straße führt hoch
zum Quirinalspalast. Der Quirinal,
ursprünglich Sommersitz der Päpste, wurde 1871 Residenz des Monarchen und ab 1946 Sitz des Staatspräsidenten. Überkommene Herrschaftssymbolik auf dem Hügel, wo
ursprünglich der Tempel des Quiri-
nus stand, so der Name des vergött-
lichten Romgründers Romulus und
Schutzherrn der Bürger. Was von
dem Anspruch auf Größe in der
Stadt der Päpste und Imperatoren

übriggeblieben ist, kann man jeden
Sonntag um 16 Uhr bei der «feier-
lichen» Wachablösung vor dem Quirinalspalast erleben.

Überkommene Herrschaftssymbolik:
der Sitz des Staatspräsidenten ■■■■

«Ci vediamo da Rosati» ist eine der stehenden Redewendungen in Rom: Man verabredet sich bei Rosati an der Piazza del Popolo, auch wenn das Café und das gegenüberliegende Canova inzwischen ärgerlich teuer geworden sind. Die Piazza del Popolo ist ein zentraler Platz, ein großes Foyer am Haupteingang der Stadt, Beginn des Corso, Ausgangspunkt für einen Spaziergang in den Park der Villa Borghese oder auf den Pincio, Treff vor dem Kino oder dem Bummel durch die zahlreichen kleinen Kunstgalerien ringsum, ein Ort, wo man sich vor dem Mittag- oder Abendessen noch ein bißchen die Füße vertritt oder herumsteht, um jemand Sympathischen zu treffen, mit dem man essen gehen kann.

Wie alles in Rom ist auch dieser Platz nicht aus einem Guß. Die heutige Rundform geht auf einen Plan Valadiers zurück, der im Auftrag Napoleons die Pincio-Auffahrt und den gegenüberliegenden Halbkreis entwarf. Napoleon war der letzte Eroberer, für den Rom noch einen «Firmenwert» hatte, wenn auch einen begrenzten, denn Paris war der neue Stern und Rom nur die «zweite Stadt des Reiches». Die meisten napoleonischen Pläne zur Neugestaltung der Stadt kamen nicht mehr zur Ausführung, und auch die Neugestaltung der früher trapezförmigen Piazza wurde erst nach dem kurzlebigen französischen Kaisertum, aber noch von Pius VII., dem Gegenspieler Napoleons, vollendet. Zwei große Tafeln an der Platzseite der Kirche Santa Maria und der gegenüberliegenden Carabinieri-Kaserne schreiben das Werk dem Papst zu, der besiegte Initiator wird natürlich nicht erwähnt. Valadier hatte auch als Pendant zur schlichten Renaissance-Fassade von Santa Maria die klassizistische Fassade der Wache und späteren Carabinieri-Kaserne gezeichnet, so symmetrisch, daß auch die kleine Kuppelkapelle nicht vergessen wurde. An diesem Eingang zum Platz wurden am 23. November 1825 einige Carbonari hingerichtet, Mitglieder des nationalen und demokratischen Geheimbundes, die der Papst – wie es auf dem Gedenkstein heißt – «ohne Beweise und ohne Verteidigung» verurteilen ließ. Die Gedenktafel an der Kasernenfassade trägt Symbole der Französischen Revolution: Jakobinermütze, Rutenbündel, Beile. Kurios genug: diese Symbole der antiken römischen Republik kamen auf dem Umweg über die Französische Revolution in das moderne Italien zurück.

Grandioser Eingang

An der mächtigen Porta del Popolo, Teile der Aurelianischen Mauer, lie-

Haupteingang der Stadt: Piazza del Popolo um 1860 und im Autozeitalter

ßen verschiedene Päpste über dem Eingang ihre Visitenkarte anbringen: die sechs Kugeln der Medici, ganz oben der Stern der Chigi. Das frühe Mittelalter baute neben dem Tor am Hang des Pincio, an dem der Kaiser Nero begraben lag und spukte, als Bann Kirche und Kloster Santa Maria del Popolo, wo viele Pilger Aufnahme fanden, unter ihnen auch Martin Luther. Das Kloster wurde später abgerissen, die Kirche ist ein außerordentlich sehenswertes Schmuckstück, mit den Fresken von Pinturicchio, der Chigi-Kapelle Raffaels, den großartigen Caravaggios, den Grabdenkmälern und der byzantinischen Madonna del Popolo auf dem Hochaltar, ein der Legende nach von «der Hand des Evangelisten Lukas» gemaltes Madonnenbild.

Wer durch das Tor Rom betritt, sieht sich der von Piranesi gestochenen Perspektive mit den zwei Kuppelkirchen aus dem 17. Jahrhundert gegenüber. Den Platz beherrscht der Obelisk, den der Kaiser Augustus für den Circus Maximus aus Ägypten nach Rom schaffen, Sixtus V. 1589 hier aufstellen ließ. Im 19. Jahrhundert wurden die Hieroglyphen entziffert, die den Ruhm des Ramses II. und seines Sohnes verkünden, zu deren Ehren der Obelisk im 13. Jahrhundert vor Christus vor dem Sonnentempel in Heliopolis aufgestellt worden war.

Am Freitag, dem 12. August 1983, ging über Rom das erste der großen Gewitter nieder, die ab Mitte August den Umschwung der Jahreszeit ankündigen. Morgens zwischen 10 und 11 Uhr traf ein Blitz genau den Obelisken und riß große Steinstücke aus den Kanten. Seltsame Vorstellung, daß so ein Blitz bis in die Wurzeln fährt und in einem Bruchteil

von Sekunden 3000 Jahre Geschichte ausleuchtet.

Im Juli des Jahres 1787 notierte Goethe in seiner Korrespondenz: «Die Hitze ist gewaltig. Morgens mit Sonnenaufgang stehe ich auf und gehe nach der Acqua Acetosa, einem Sauerbrunnen, ungefähr eine halbe Stunde vor dem Tor, an dem ich wohne, trinke das Wasser, das wie ein schwacher Schwalbacher schmeckt, in diesem Klima aber schon sehr wirksam ist. Gegen acht Uhr bin ich wieder zu Hause...», in der Via del Corso 18. Der Spaziergang, den damals täglich viele Römer machten, um sich mit Wasser zu versorgen, führt heute durch dichten Verkehr und zerstörte Landschaft. Wer trotzdem zum Brunnen will, nimmt am Piazzale Flaminio, außerhalb des Tors, links vom Eingang zur Villa Borghese, an der Stazione Roma-Nord ein Bähnchen, das in den Norden, nach Viterbo fährt, und steigt an der Station Acqua Acetosa aus. Die schöne barocke Brunnenfassung verkommt, das Wasser, von dem heute keiner mehr weiß, wie es schmeckt, wurde Anfang der 50er Jahre von irgendeinem Bauspekulanten abgegraben. Von hier aus können wir einen Gang durch den Park der Villa Glori machen, der an die Kämpfe der Garibaldi-Freischaren vor Rom 1867 erinnert, oder zur Piazza Euclide im Neureichen-Viertel Parioli oder zur Ponte Milvio, die wir auch auf anderen Wegen erreichen, falls wir uns diesen Abstecher sparen.

Von der Porta del Popolo zur Ponte Milvio sind es auf der schnurgeraden Via Flaminia zweieinhalb Kilometer. Wir gehen zunächst aber an den Tiber, an die neue Brücke, auf der die U-Bahn den Fluß überquert. Nahebei steht die goldene

Untergrund über dem Tiber: die Metro-Brücke

Flamme zum Gedenken an den von Faschisten ermordeten Sozialisten Matteotti (siehe *Rom wird einge-kreist*). Keine fünfzig Meter von ihr entfernt, direkt an der U-Bahn-Brücke, eine zweite Mordstelle: 1979 erschossen hier Rote Brigaden Antonio Varisco, einen hohen Beamten der Terrorismusbekämpfung. An der Stelle liegen immer Blumen, manchmal auch Briefe an den Toten und an die Überlebenden, geschrieben und niedergelegt von unbekannten Leuten.

Mit dem Mord an Matteotti konsolidierte sich das faschistische Regime. Der Mord an Varisco, fast an der gleichen Stelle, dokumentiert den Wahnsinn des blinden «Antifaschismus». Hier beginnt unser Spaziergang zum Foro Italico Mussolinis.

Einst ein Fluß

Zwischen der U-Bahnbrücke und der flußauf gelegenen Ponte Matteotti liegt der Scalo de Pinedo, benannt nach einem Flugpionier, der hier auf dem Tiber nach einem Flug über drei Kontinente mit seiner Maschine gelandet war. Die Anlage, die den Zugang zum tieferliegenden Fluß ermöglichen sollte, kopiert in groben Zügen den Porto di Ripetta, den einst an der Ponte Cavour gelegenen Flußhafen, der seinerseits wieder die Baukonzeption der Spanischen Treppe beeinflußt hatte. Wir sehen mehrere «Hausboote», darunter die «Isola del Sole», ein nicht gerade billiges, aber empfehlenswertes Fluß-Restaurant (montags geschlossen, abends Vorbestellung erwünscht). Früher, bis zum Ende der 50er Jahre, haben die Römer hier und an anderen Stellen des Flusses gebadet. Heute ist das lebensgefährlich. Die Stadt ließ den Tiber, dem sie ein Gutteil ihres Lebens verdankt, zur Kloake verkommen. Römer und Nichtrömer sehen den Fluß kaum mehr, der sich in einer tiefen Schneise durch die Stadt windet. Im Grunde ist eingetreten, was Gregorovius 1876 schrieb: «Einen Augenblick lang war die gebildete Welt durch den Gedanken in Schrecken gesetzt, daß der Tiber aus Rom verschwinden werde, daß an Stelle seiner geheiligten Flut, die in sanften Windungen unter sechs alten Brücken daherrauscht und einen Teil der erhabenen Stadt durchzieht, nichts anderes mehr sichtbar sein werde als ein magerer Bach oder ein verschlammtes Rinnsal, oder ein aufgeschütteter Weg mit langweiligen Häuserreihen zu beiden Seiten.» Das Entsetzen der gebildeten Welt war kurz, der Todeskampf des Tiber lang und einsam.

Der Tiber hatte ab Mitte des vergangenen Jahrhunderts anscheinend keine praktische Funktion mehr und richtete durch seine Überschwemmungen nur noch Schaden an. Der wilde Flußgott wurde also gezähmt und starb dabei. Dompteur war der große Garibaldi, der nach dem Vorbild von Paris die großen Kaianlagen bauen ließ und damit die geradezu biblischen Überschwemmungen beseitigte, deren Höhe an den Hochwassertäfelchen an der Fassade von Santa Maria sopra Minerva bis heute

abzulesen ist. Die Tiefe der Einbettung unterbrach das alltägliche Verhältnis der Bevölkerung zum Fluß, der sowohl oberhalb von Rom als auch in Rom selbst immer mehr verschmutzte und verkam.

Die früheren für die Stadt lebenswichtigen Funktionen des Tiber sind rasch aufgezählt: Das Wasser verband die Stadt mit den Küstenhäfen und damit mit dem Seeverkehr, tiberaufwärts mit dem ganzen umbrischen Hinterland, mit Orte, Orvieto, Perugia. Die Wasserkraft trieb Mühlen und Maschinen, Badeanstalten gewährten Erfrischungen, die «geheiligte Flut» nahm die Abwässer mit und die Leichen der Ermordeten. In den Augen der Antike war der Tiber ein Seher, der mit Überschwemmungen und anderen Zeichen die großen Ereignisse ankündigte, für Gregorovius erfüllte der Fluß auch noch die Funktion eines Archivars, der in seinem «nie gestörten Bett» Gold, Marmor, Statuen, Inschriften, Bronze und andere Schätze bewahrt.

Seit Mitte der 70er Jahre gibt es schüchterne Wiederbelebungsversuche. Dabei spielen die Erholungsfunktion und archäologische Gesichtspunkte die entscheidende Rolle. Der Uferweg vom Castel Sant' Angelo bis zur Porta Portese soll als «archäologischer Spaziergang» ausgebaut werden (vorläufig sind unter den Brücken allerdings nur traurige Zivilisationsreste zu sehen), und seit ein paar Jahren betreibt eine Kooperative Spazierfahrten von der Ponte Garibaldi zur Ponte Milvio oder nach Ostia.

Duce, Duce, Duce

An der Ponte Matteotti, an der Seitenwand des riesigen Palazzo der

In Rom sah ich, daß der Tiber nicht schön ist, aber unbekümmert um seine Kais, aus denen Ufer treten, an die keiner Hand legt. Die rostgebräunten Frachtschiffe benützt niemand, auch die Barken nicht. Sträucher und hohes Gras sind mit Schmutz beworfen, und auf den einsamen Balustraden schlafen in der Mittagshitze die Arbeiter regungslos. Noch nie hat sich einer umgedreht. Nie ist einer hinuntergestürzt. Sie schlafen, wo die Platanen ihnen einen Schatten aufschlagen, und ziehen sich den Himmel über den Kopf. Schön ist aber das Wasser des Flusses, schlammgrün oder blond – wie das Licht ihn strählt. Den Tiber soll man entlanggehen und nicht von den Brücken sehen, die als Wege zur Insel gedacht sind. Die Tiberina bewohnen die Noiantr – wir anderen. Das ist so zu verstehen, daß sie, die Insel der Kranken und Toten seit alter Zeit, von uns anderen, mitbewohnt werden will, mitbefahren, denn sie ist auch ein Schiff und treibt ganz langsam im Wasser mit allen Beladenen, in einem Fluß, der sie nicht als Last empfindet.

«Was ich in Rom sah und hörte» von Ingeborg Bachmann. Aus: *Gedichte, Erzählungen, Hörspiele, Essays. Piper Verlag, München 1981*

Kriegsmarine, dessen Hauptportal die erbeuteten Anker österreichischer Panzerkreuzer schmücken, nehmen wir den Bus 90 bis zur Endstation, Piazza Maresciallo Giardino. Der Bus fährt jenseits des Flusses durch das «Siegesviertel», vorbei an dessen zentraler Piazza Mazzini. Dieses Viertel, eine Erweiterung Pratis über die Kasernen des Viale delle Milizie hinaus, wurde anläßlich der Internationalen Ausstellung von 1911, zum 50. Jahrestag der italienischen Staatsgründung, begonnen und nach 1919 unter der Leitung des deutschen Architekten Stübben fertiggebaut. Es ist eines der wenigen wirklich geplanten und nicht im Wildwuchs wuchernden Neubauviertel Roms mit hoher Wohnqualität. Nach 1960 wurde in die verbliebenen Freiräume, vor allem am Lungotevere della Vittoria und am Piazzale Clodio, nach völlig anderen Maßstäben rücksichtslos hineinspekuliert. Marineministerium, Brücke, das Viertel mit seinen Villen und großen Palazzoni entstanden in den ersten zehn Jahren faschistischer Herrschaft, sind aber noch ganz den Bautraditionen der Vorkriegsarchitektur verpflichtet. Den ästhetischen Vorstellungen der «faschistischen Revolution» von 1922 war das Bürgertum völlig fremd geblieben.

An der Endstation der 90 sehen wir dann ein Musterstück faschistischen Bauens, das historische Museum der Kriegsbaukunst und Pioniere (meist geschlossen). Der Haupteingang ist auf der Überseite, auf dem für den Durchgangsverkehr gesperrten Lungotevere della Vittoria. Auf engstem Raum läßt sich hier eine typische römische Mischung sehen: verwahrlostes Tiberufer auf unserer Seite, «feines» Tiberufer mit Sportanlagen für die oberen Hunderttausend, die in den besseren Neubauten der 60er Jahre leben, auf der anderen Seite. Zigeunerwohnwagen vor der trotzigen Fassade des Museums der Kriegskunst, eine gesperrte Schnellstraße, die auf diesem kurzen Abschnitt das Aussehen des Niemandslands der römischen Peripherie angenommen hat. Und Peripherie war hier auch, als in den 30er Jahren wenige hundert Meter tiberaufwärts die großen Sportanlagen des Foro Italico entstanden.

Die Piazza des Maresciallo Giardino besteht aus einer nur notdürftig gegliederten großen Asphaltfläche mit Verkehr und winzigen Grünoasen. Im Norden befindet sich tiefliegend im «Loch» (La buca) eine Häusergruppe: Sozialwohnungen von 1923, gebaut noch vor der Aufschüttung der Tiberuferstraße. Hinter dieser Häusergruppe beginnt das Foro Italico, auf dessen Zentrum wir über die Viale delle Olimpiadi zugehen. Die ersten Bauten rechts und links, einst Unterkünfte der Sportler, wurden neuerdings in eine Carabinierikaserne und in einen Gerichtsbunker für «Terroristenprozesse» (Moro-Prozeß und Negri-Prozeß) verwandelt. Es folgen die Sportanlagen und im Hintergrund das große Olympiastadion, Wallfahrtsort von Zehntausenden von Fußballfans, die völlig aus dem Häuschen sind, seit «Roma» 1983 italienischer Meister wurde (während die andere Oberligamannschaft der Stadt, «Lazio», seit Jahren ein eher kümmerliches Tabellenleben fristet).

Die Anlagen des Foro Italico sind malerisch zwischen Hügel und Fluß beziehungsweise zwischen zwei Schnellstraßen, der Via Olimpica am Fuß des Hügels und der Ufer-

Männer aus Marmor: Mussolinis Foro
Italico mit Außenministerium ◼◼◼

*Ein Platz zum Ausru-
hen: Piazza del Ponte
Milvio* ■■■■■■■

straße, eingeklemmt. Die Anlage
dieser Verkehrsadern und den Bau
des olympischen Dorfes auf dem gegenüberliegenden Ufer verdanken
wir der Olympiade von 1960, mit deren Hilfe protzig ausgebaut wurde,
was Mussolini anscheinend in zu
kleinem Maßstab und zu bescheiden
begonnen hatte.

Mussolinis Ideen zu Rom sind mit
seinen eigenen Worten schnell wie-
dergegeben: «Alles Malerische ist
dazu bestimmt, zusammenzubre-
chen, und muß zusammenbrechen im
Namen der Würde, der Hygiene und,
wenn Sie wollen, auch der Schönheit
der Haupstadt.» «Die Haltung des
neuen Italieners formt sich im scharfen politischen Klima der Hauptstadt.» «Nun ist es notwendig, die
Forderungen des antiken mit den
Forderungen des modernen Rom in
Einklang zu bringen.» «Auf eine Sache bin ich besonders stolz: die Rö-

mer wieder ans Meer zurückgeführt
zu haben.» «Rom wird der Kultur-
mittelpunkt eines lateinischen Staa-
tenblocks, der die Iberische Halbin-
sel mitumfaßt und von dort aus her-
überreicht bis nach Lateinamerika.»
Und Papst Pius der XII., ein Mann
der gleichen Kultur, echote: «Rom
ist das neue Zion und römisch jedes
Volk, das im römischen Glauben
lebt.» Darauf Mussolini: «Das
Kreuz folgt den Zügen des Adlers.»

Aus dieser Gesinnung erwuchsen
als wichtigste Projekte faschisti-

schen Bauens: die Universitätsstadt am Viale Regina Elena, der Abriß des Borgo, der den Blick auf Sankt Peter versperrte, die Freilegung des Mausoleums des Augustus am Tiber, das heißt der Abriß der «armseligen Häuser, die das Grab des Kaisers ersticken», die Schneise des Corso del Rinascimento im Regierungsviertel, die Paradestraße über die Kaiserforen von der Piazza Venezia zum Kolosseum, die Anlage des EUR im Süden als künftige Mitte von Groß-Rom, des Rom am Meer, und schließlich das Foro Italico.

Das politische Kernstück der Anlage ist der Piazzale del Foro Italico mit einem großen Marmorblock als Weltkugel und der Viale del Foro Italico, ausgerichtet auf die Brücke des Duca d'Aosta, die, als «Heldenbrücke» 1938/39 gebaut, völlig verschieden ist von der zehn Jahre zuvor fertiggestellten Ponte Matteotti. Rechts und links auf diesem «Forum» stehen Gedenksteine für die Etappen der «faschistischen Revolution». Der erste Stein verzeichnet den Kriegseintritt am 23. Mai 1915, der letzte während des Faschismus beschriftete Block berichtet von der Verkündung des Imperiums am 9. Mai 1936. Seltsamerweise wurde diese Geschichtsschreibung auch nach dem Sturz des Faschismus weitergeführt: 25. Juli 1943 Sturz des Faschismus, 2. Juni 1946 Volksentscheid für die Republik, Januar 1948 Verkündigung der Verfassung. Wer dies veranlaßte, wollte die Kontinuität der Geschichte betonen und verschwieg den eigentlichen Bruch: den Bürgerkrieg und die Resistenza.

Die Bodenmosaiken, altrömisch nachempfunden, enthalten Parolen wie: «Siegen ist wichtig, Kämpfen wichtiger» oder «Viel Feinde, viel

Ehr» oder ganz lapidar «Duce, Duce, Duce». Alles ist hier erhalten geblieben, lediglich die Mosaiken bröckeln ab. Erhalten blieb auch der Obelisk mit der Aufschrift: Mussolini Dux. Was nicht in den ersten Monaten nach Bürgerkrieg und Resistenza fiel, blieb bestehen. Das gilt für die Monumente, aber auch für die Institutionen und Personen.

Rechts und links vom Obelisken rote Gebäude, die heute das olympische Komitee und den Konzertsaal des Rundfunks beherbergen. Richtung Nordosten ein Durchblick zum Marmorstadion (Stadio dei Marmi), das mit sechzig überdimensionalen Athleten ausgeschmückt wurde, gestiftet von den sechzig Provinzen des Reiches. Die öden Muskelpakete geben nicht nur Aufschluß über das Menschenbild des Faschismus, sondern zeigen auch den Einfluß der Nazi-Kunst, der sich Ende der 30er Jahre massiv geltend machte.

Der Blick auf den riesigen Kasten des heutigen Außenministeriums hinter dem Marmorstadion ist ebenfalls eine Lektion in Sachen Kontinuität: begonnen als «Palast der Partei», wurde der Bau 1956 vollendet.

Von hier ist es nicht mehr weit zur Milvischen Brücke, zu einer der wichtigsten und schönsten Brücken des alten Rom. Auf der volkstümlichen Piazza del Ponte Milvio sitzt man in der warmen Jahreszeit sehr schön unter Platanen an einfachen Holztischen. Der Weinausschank ist wie früher, und zum Wein kauft man sich am Stand oder Laden nebenan eine Pizza oder Porchetta (Schweinefleisch) mit Brot.

ALLTAG

UND POLITIK

SENAT UND VOLK

Bauen und Wohnen in Rom

Die Einwohnerzahl Roms hat sich in den letzten hundert Jahren mehr als verzehnfacht – auf rund drei Millionen. Verständlich, daß die eigentlichen Römer, die schon seit Generationen in der Stadt leben, äußerst dünn gesät sind. Nach der Volkszählung von 1981 ist fast die Hälfte der Einwohner nicht in Rom geboren. Daß die Stadt trotzdem in weiten Teilen ihren Charakter und bis in die jüngste Zeit auch ihre Sprache bewahrt hat, daß der Ausdruck «Senatus Populusque Romanus», SPQR, der seit 2000 Jahren als Siegel Monumente und Kanaldeckel ziert, immer noch eine Realität hinter sich hat, gehört zu den Wundern von Rom.

Es gibt mehrere Stadtviertel und Straßen, in denen sich das «Volk von Rom» mit seiner Kultur durchgängig erhalten hat. Einige Familien in Trastevere, am Campo de' Fiori und im Getto können auf einen Stammbaum zurückblicken, der mindestens ebensoweit zurückreicht wie der der römischen Adelsgeschlechter, der Colonna oder Massimo, deren erste Vorfahren angeblich römische Konsuln waren. Nur haben Proletarier andere Sorgen, als sich durch Stammbäume zu legitimieren. Sie sind nur «Zubehör» zu den Ruinen und Palästen, und die romantischen Maler des 19. Jahrhunderts, die einen Sinn für Ensembles hatten, haben sie auch so gemalt. Mit der Stadtsanierung verschwand dann dieses Zubehör. Aber das geschah eigentlich erst nach dem Zweiten

Weltkrieg, und damit greifen wir schon vor. Auf jeden Fall lebt heute noch in einer Straße wie der Via dei Giubbonari zum Beispiel eine comunità, eine geschlossene Fraktion des popolo romano, die sich durch ihre jüdisch-römische Tradition, ihr Verhalten und selbst ihre Sprache abhebt von den Bewohnern der übrigen Gassen und Plätze. Und die Via dei Giubbonari ist lebendig und keineswegs ein Reservat der letzten Römer.

Wachsende Hauptstadt

Im Jahre 1870 wurde Rom Hauptstadt Italiens, und das römische Volk, das ziemlich verwahrlost zwischen Ruinen, Gärten, Palästen und Klöstern vegetiert hatte, erhielt Zuzug. Ob die Römer von der Abdankung des Papstes und dem neuen Regiment begeistert waren, weiß man nicht genau, denn der Wechsel der politischen Verhältnisse wurde auf dem Schlachtfeld von Sedan und in den Kabinetten in Paris, Berlin, Wien und Florenz entschieden. Man weiß nur von den zahlreichen Bußprozessionen, die die Priester bei jeder «Beleidigung» des Papstes organisierten – es hat also Tradition, wenn der Generalvikar von Rom, Kardinal Poletti, die Römer zur Sühne aufforderte, nachdem Johannes Paul II. in Nicaragua ausgepfiffen worden war. Man weiß, daß Patrioten, die sich gegen die Priesterherrschaft und das päpstliche Regiment aufgelehnt hatten, zum Tode verurteilt wurden. Einer von ihnen war ein gewisser Angelo Brunetti mit dem Beinamen Ciceruacchio. Sein Denkmal mit der schönen Aufschrift «Dem Ciceruacchio, das Volk» steht am Lungotevere in Augusta über der Passeggiata Ripetta

und schaut wie alle demokratischen Denkmäler Roms vorwurfsvoll gegen den Vatikan.

Der Papst ging, der König kam, und die Römer blieben wohnen, wo sie schon immer gewohnt hatten: im Tiberknie, in Trastevere, in der Suburra und am Marsfeld. Der Zuzug von Beamten für die Ministerien und von Soldaten für die Garnisonen wurde in Neubauvierteln untergebracht: Große, herrschaftliche Mietskasernen entstanden längs der Via Nazionale, im Viertel um die Via Veneto, im Bahnhofsviertel an der Piazza Vittorio und, erst nach der Jahrhundertwende, in Prati hinter der Engelsburg und dem Justizpalast. Bis dahin war der Raum innerhalb der Aurelianischen Mauer weit genug, um die wachsende Bevölkerung aufzunehmen. Die Bauarbeiter, die diese neuen Stadtviertel bauten, kamen aus der Umgebung Roms und lebten in Notunterkünften in der Nähe der Ziegeleien, von denen heute noch in der Valle Aurelia und hinter dem Vatikan halbzerstörte Prachtexemplare zu sehen sind.

Bis zum Ersten Weltkrieg hatte sich eine soziale Geographie Roms herausgebildet, die die Stadt bis heute prägt: In der Altstadt lebten alle Schichten, reich und arm, kunterbunt durcheinander; in die Neubauviertel mit den großen Palazzi zogen der neue Mittelstand, aber auch zahlreiche Intellektuelle (vor allem in das damals noch angenehme Viertel an der Via Veneto), die in der Hauptstadt ein neues Kulturleben in Gang zu bringen versuchten. Es ist bezeichnend für die römischen Intellektuellen, daß sie fast alle, von Moravia bis Pirandello, Antonioni und Pasolini, in Neubauvierteln wohnten; erst in den 60er Jahren

wurde es Mode, in die Altstadt zu ziehen. In der Zeit um den Ersten Weltkrieg entstanden auch die typisch römischen villini, hübsche Mehrfamilienvillen des gehobenen Mittelstandes, von denen einige sehr schöne Beispiele noch in Prati, in der Via degli Scipioni am Tiber und auf dem Monteverde Vecchio zu sehen sind. Und dann gab es die neuen Arbeiterviertel an der Peripherie: das Bauarbeiterviertel Trionfale zu Füßen des Monte Mario, San Lorenzo, das klassische Arbeiterviertel Roms am Güterbahnhof, die Arbeiterviertel Ostiense und Testaccio beim Schlachthof, dem Gaswerk und dem kümmerlichen Industriegebiet nahe dem Bahnhof Ostiense. Und zwischen diesen Vierteln wuchsen wie Unkraut Barackenstädte und andere Notunterkünfte für die ärmsten Zuwanderer.

Ein Dschungel von Seelen

Die Faschisten wollten diese besondere römische Mischung rationalisieren und der Stadt ihren Stempel aufdrücken. Wichtigstes Instrument der Stadterneuerung war nach der faschistischen Propaganda «Ihre Majestät, die Spitzhacke». Mit diesem Werkzeug sollte im alten Rom Raum für neue Straßen und Plätze geschaffen werden. Abgerissen wurde ein Teil der Borghi um San Pietro, das Altstadtviertel um das Mausoleum des Augustus und verschiedene Häuserzeilen in der übrigen Innenstadt, die dem Verkehr im Wege standen. Die Einwohner der «armseligen Häuser» wurden zwangsweise in neue Siedlungen im Umland deportiert, in die berühmtberüchtigten Borgate, oft viele Kilometer von der bisherigen Stadt-

**Ansichten der Periphe-
rie: schlimm geplant
oder wild gebaut** ■■■■

grenze entfernt. So entstanden neue
Proletarierviertel wie die Garbatella, Acilia, San Basilio, Pietralata,
Gordiani, Tormarancio, deren Bevölkerung aus Proletariern ohne Fabriken bestand, aus Leuten, die weder zum Lumpenproletariat noch
zum Industrieproletariat zählten. In
der Altstadt hatten sie ihre Lebensweise und ihre Art, «sich zu arran-
gieren», gehabt. Nun begann eine
neue und sehr harte Art des Überle-
bens, und wer in den Borgate
wohnte, begann sich bald von den
übrigen Römern zu unterscheiden.
In eine solche Borgata kam Pasolini,
als er Anfang der 50er Jahre nach
Rom zog und als kleiner Lehrer sein
Leben fristete.

Der Traum des Faschismus, ein
neues Groß-Rom als «imperiale
Hauptstadt eines Mittelmeerrei-
ches» zu schaffen, ging nur insofern
in Erfüllung, als die Einwohnerzahl
zwischen 1925 und 1939 von 800000
auf 1,3 Millionen anstieg und sich
neben die Borgate riesige afrikanisch anmutende Barackenstädte
ausdehnten. Sonst hinterließ der Faschismus in Rom vor allem Abriß
und Baustellen. Während des Faschismus hatte die Stadt den Gürtel
der Aurelianischen Mauer gesprengt
und sich vor allem nach Süden aus-
gedehnt. Ein normaler Rom-Besu-
cher bleibt gewöhnlich im Gebiet innerhalb der Mauern, muß aber bei
der Einfahrt oder beim Verlassen
der Stadt durch die riesigen neuen

Ein Heer harrt im Lager, um christlich
zu werden in der Christenheit Stadt,
besetzt eine Koppel, gebreitet

aus dreckigem Gras in entzundner Campagna:
will hinein wie die andern ins zivilere Licht,
hoffend auf eine menschliche Wohnstadt:

es warten der Sarde und der Apulier
im Schweinekoben am schmutzigen Tisch,
in blinden Dörfern zwischen gleißenden Kirchen

im neuen Baustil und Wolkenkratzern.

Unter ihren geschlossenen Lidern
diese Belagerung: Millionen Seelen
hinter einfältigen Schädeln,

mit flinkem Auge zwinkernd, an den verseuchten
Tümpeln der Vorstadt.

*Aus: «Gramsci's Asche» von Pier Paolo Pasolini,
Piper Verlag, München 1983*

Viertel fahren, die längs der antiken Ausfallstraßen nach dem Zweiten Weltkrieg entstanden sind. Sie sind das Produkt des großen Baufiebers zwischen 1955 und 1970. Die Bevölkerung wuchs in dieser Zeit von 1,6 auf 2,8 Millionen an. «Ein Dschungel von Seelen», schreibt Pasolini, «bedrängt die Stadt wie steigende Flut, die den Damm überspült.» Der Zuzug von ein paar hunderttausend Familien aus allen Teilen Süd- und Mittelitaliens und die brutale Bautätigkeit von Zementkönigen und Großgrundbesitzern ließen die Stadt sich Jahr für Jahr tiefer einfressen in die ehemalige Campagna. Es gab keine Trennlinie mehr zwischen Stadt und Land, es gab keine Stadtgrenze, die irgendwie fixierbar gewesen wäre, sondern es gab nur diese sich wie ein Ölfleck, «a macchia d'olio», ausbreitende Peripherie. Die, die hier wohnten, mußten ihre ganze Phantasie aufwenden, um irgendwie zu überleben.

Heute hat sich diese Peripherie, die lebendig war, solange sie sich als Provisorium ständig selbst in Frage stellte, in großen Zementvierteln stabilisiert. Nach 1975 ließ die kommunistische Stadtverwaltung die Barackenstädte abreißen und wies den Obdachlosen neugebaute Sozialwohnungen zu. Schwer zu beurteilen, ob die Leute recht haben, die behaupten, in den Baracken habe man besser und wärmer gelebt als in den riesigen Zementsärgen. Auf jeden Fall hat die Peripherie ihre romantisch-tragische «Abenteueratmosphäre» verloren, die nur noch in den alten Filmen Pasolinis, De Sicas und Fellinis weiterlebt. Viel kleiner Mittelstand wohnt inzwischen hier, und das Ende des massenhaften Zuzugs hat die Integration der alten Randgettos erleichtert.

Dafür entstehen nun neue Monstren: Einer der vieldiskutierten und weithin sichtbaren Wahnsinnsbauten ist die «Gebäude-Stadt» (palazzo-città) Corviale an der Via Portuense – ein einziges, gradliniges Gebäude von einem Kilometer Länge und zweihundert Metern Breite, das über 1000 Wohnungen für 7000 Menschen bereitstellen soll. Es gibt Architekten, die behaupten, der Bau sei einer der wichtigsten Beiträge zur neueren europäischen Architektur, aber die hier wohnen, sind die armen Teufel und nicht die Architekten.

Gettos der Reichen

Auch die reichen Leute haben sich nach dem Zweiten Weltkrieg ihre neuen Gettos gebaut oder ältere Villenviertel dazu gemacht. Musterbeispiel dafür ist Parioli im Norden der Stadt, zwischen der Villa Glori und der Villa Borghese. Ursprünglich war der sanft geschwungene und mit Platanen bestandene Viale Parioli die gelungene Verpflanzung eines Boulevards nach Rom, geschaffen für Ausritte und Ausfahrten in die nähere Umgebung. In der Zwischenkriegszeit bauten hier die faschistischen Würdenträger ihre Villen, zum Beispiel in der Via Bertolini und der Via Barnaba Oriani.

Nach dem Zweiten Weltkrieg wurde Parioli zum Viertel der Neureichen und Kriegsgewinnler mit den teuersten Wohnungen der Stadt. Der Drang nach Parioli, nach einer guten Adresse und modernen Wohnungen war so groß, daß die Hügellandschaft im Norden völlig verbaut wurde. Das machte das Viertel «billiger», und so wird es heute weitgehend vom gehobenen Mittelstand bewohnt. Aber man kann immer noch morgens Diener in Livree die Hunde ihrer Herrschaft ausführen sehen, und da eine wohlhabende römische Familie nach wie vor auf Personal Wert legt, sind hier auch immer mehr Collaboratori familiari unterwegs, Mädchen aus Eritrea, Somalia, den Kapverdischen und karibischen Inseln. Um die Herrschaften einmal in ihrem Putz zu sehen, genügt es, sich am Sonntagmorgen an der Piazza Ungheria oder an der Piazza Euclide in eine Bar zu setzen und die Kirchentüren am Ende der Messe zu beobachten. Die Kirchen an diesen beiden Plätzen passen glänzend zur umwohnenden Bourgeoisie, vor allem die erst 1955 gebaute Chiesa dell'immacolato cuore di Maria in reinem Pius XII.-Stil an der Piazza Euclide. Abends sind diese beiden Plätze auch die Treffpunkte der Pariolini, der Jeunesse dorée dieser Viertel, abschätzig auch Fascistelli, Faschistenbübchen, genannt, die auf dicken Motorrädern mit ihrer Welt fertig zu werden versuchen.

Die Wohnwelt des Mittelstandes

Mehr Tradition als Parioli hat das sich östlich anschließende Quartiere Trieste mit zum Teil sehr schönen villini und Bauten aus den 30er Jahren und einer sozial mehr gemischten Bevölkerung. Wer wissen will, wer in solchen Mittelstandsvierteln wohnt, muß sich klarmachen, daß sich die arbeitende Bevölkerung Roms zu etwa gleichen Teilen in Beamte und Angestellte einerseits und in Arbeiter aufteilt, wobei unter den Arbeitern eine klare Trennung besteht zwischen denen, die auf dem Bau, und denen, die in kommunalen Versorgungsbetrieben beschäftigt sind. Zwei Drittel der Bevölkerung

sind Hausfrauen, Schüler, Studenten und Rentner.

Wer genauer wissen will, was «römischer Mittelstand» ist, und mit Statistiken nichts anzufangen weiß, gehe in einen dieser großen palazzi, die um die Jahrhundertwende gebaut wurden. In der Eingangsloge sitzt meistens die Frau des Portiers, der irgendwelchen Beschäftigungen im Häuserblock nachgeht, oder ein Kind, das Schularbeiten macht. Inzwischen müssen richtige Gehälter und Sozialversicherung bezahlt werden, aber viele palazzi bestehen nach wie vor auf dem «Luxus», sich eine Portiersfamilie zu halten. Auch die Polizei, die von den Portiers ihre Informationen bezieht, schätzt diese Einrichtung.

Schauen wir uns ein solches Haus mal näher an. Neben der Portierswohnung, im Untergeschoß, wohnt ein Sarde mit Frau und kleinem Kind. Er ist ohne regelmäßige Arbeit und wird ab und zu von Baufirmen eingestellt zur Bewachung der geparkten Maschinen auf den Baustellen. Parterre lebt ein ehemaliger Maßschneider mit Frau und vier Kindern, der vor einem Jahr arbeitslos wurde und seither nachts als illegaler Taxifahrer oder als Küchenhilfe in einem Krankenhaus arbeitet. Im ersten Stock zur Straßenseite liegt die früher teuerste Wohnung. Hier lebte über Jahrzehnte ein Gymnasiallehrer mit Familie und Schäferhund, der sich am Ende seiner Laufbahn eine zweite Wohnung kaufen konnte (Wohnungen sind das große Sparziel der italienischen Familien), in die er sich nach der Pensionierung zurückzog, so daß seine einzige Tochter hier einziehen und einen Ingenieur heiraten konnte. Ein von langer Hand geplantes Familienschicksal. Weiter von unten

*Palazzo bürgerlich: ge-
mischte Mieter* ▬▬ ▬

nach oben: Fräulein Rosa, uralt,
freundlich, halsstarrig, reich. Sie
läßt prinzipiell niemanden in die
Wohnung. Ihr Vater war ein hohes
Tier für Denkmalpflege, und bei
Fräulein Rosa soll ein echter Caravaggio hängen. Auch sie besitzt noch
eine zweite Eigentumswohnung, die
ein Neffe erben wird, der vorläufig
noch im dritten Stock wohnt und für
die Tante sorgt. Dieser Neffe arbeitet weit draußen im EUR in einem
Zahnlabor. Ein Baron mit seiner
Haushälterin, die auf ihrem Stock-
werk Geländer und Türen blitzsau-

ber hält, ist das Prunkstück des palazzo. Er hat «Vermögen», mehr
weiß man nicht, während man genau
weiß, daß Frau M., die fast eine Ba-
ronin ist, von einem großen Landbesitz in der Nähe von Bolsena lebt. Sie
ist Witwe, und ihre Tochter, die
Krankenschwester in einer vornehmen Privatklinik war und abends in
einer Schwesternuniform nach
Hause kam, heiratete einen Mann,
der eine französische Firma in Rom
vertritt. Das Paar kaufte sich die
Wohnung über der der Mutter. Ihr
kleines Kind ist das feinste Geschöpf
des palazzo und läuft immer wie eine
Geschenkpackung herum. Ferner
wohnen hier: ein alleinstehender Of-
fizier im Ruhestand und ein Angestellter in einem Ministerium, der
gewöhnlich die Initiative ergreift,
wenn es im palazzo etwas zu renovie-
ren gibt. Dann wird das condominio
einberufen, die Versammlung der

Wohnungseigentümer, die nach langem Palaver beschließt, was beschlossen werden muß. Ganz zurückgezogen und ständig hinter verschlossenen Türen lebt im Haus schließlich noch eine sizilianische Familie, ältere Leute mit einem etwa vierzigjährigen Sohn. Sie vermeiden es möglichst, zusammen mit anderen Bewohnern das Treppenhaus oder den Fahrstuhl zu betreten, und wenn dies unvermeidbar ist, wickeln sie lange Zeremonien byzantinischer Höflichkeit ab, um den anderen den Vortritt geradezu aufzuzwingen. Der einzige Sohn, ein Nahrungsmittelchemiker, verwöhnt die Eltern, und diese zeigen sich ihrerseits ständig um ihren Sohn bemüht. Dieses gegenseitige Umsorgen hat sich wie eine Schutzhülle um die kleine Familie gelegt, die seit Jahrzehnten in Rom, aber auf geheimnisvolle Weise immer noch in Sizilien lebt.

Die zwischen 1900 und 1950 gebauten innenstadtnahen Mittelstandsviertel Prati, Trieste, Monteverde, Salario, Nomentano unterscheiden sich sehr stark von der proletarisierten wie von der feinen Peripherie mit ihren ummauerten Residenz-Komplexen mit Schwimmbad, Tennisplätzen, Garagen und einer Andeutung von Grün. Sie verkörpern, obgleich etwas deklassiert, die eigentliche Kontinuität der römischen Hauptstadt. Und sie haben nichts zu tun mit der Altstadt, in der sich in den letzten dreißig Jahren eine riesige Umwälzung vollzogen hat.

Ausverkauf der Altstadt

Seitdem Rom Hauptstadt geworden war, hat die Stadt den ständigen Zuzug von armen und reichen Leuten immer in Neubauvierteln untergebracht. Die Altstadt war heruntergekommen, feucht, übervölkert, gleichzeitig aber auch prächtig, von Kirchen, Klöstern und Palästen eingenommen. Bauflächen gab es genug, auch innerhalb der Mauern. Die eigentlichen Römer blieben also zunächst unter sich. Das hat sich erst nach dem Zweiten Weltkrieg, dann aber radikal geändert.

Die Altstadt mit ihren zwanzig Stadtvierteln deckt sich im großen und ganzen mit dem heutigen Stadtbezirk I (Circoscrizione I). Die Wohnbevölkerung ging hier von 360 000 im Jahre 1951 auf 165 000 im Jahre 1971 zurück. Danach hörte diese Massenabwanderung praktisch auf, und die Bevölkerungszahl stabilisierte sich bei 160 000. In nur zwanzig Jahren haben also fast zwei Drittel der «alten» Römer ihre Quartiere im Zentrum verlassen. Zunächst war die Abwanderung ein positives Zeichen steigenden Lebensstandards. Die alte Bevölkerungsdichte mußte reduziert werden, um annehmbare Wohnverhältnisse schaffen zu können. Es war ein Fortschritt, daß zum Beispiel die Elendswohnungen in den Erdgeschossen in Läden und Werkstätten verwandelt und in den alten Häusern sanitäre Anlagen eingebaut wurden. Die Verbesserung der Wohnqualität vertrieb aber die ärmeren Bewohner und beschleunigte den Identitätsverlust der alten Viertel. Motor dieser ganzen Umschichtung war die Entwicklung der Mieten und der Kaufpreise für Wohnungen.

In ganz Italien spielt die Eigentumswohnung eine zentrale Rolle: Sie gilt als die eigentliche Garantie sozialer Sicherheit. Rein statistisch gesehen verfügt jede zweite italienische Familie über eine eigene Wohnung. In Wirklichkeit sind es sehr

Wohnen in der Altstadt:
Schlechte Aussichten
für einfache Leute ■■■■

viel weniger, da die Anzahl der
Zweit- und Drittwohnunger sehr
hoch ist. Im Stadtzentrum von Rom
überwiegen bei weitem die Miet-
wohnungen, und erst in den letzten
zehn Jahren haben die großen Eigentümer zahlreiche palazzi in Ei-
gentumswohnungen aufgeteilt. Das
war auf seiten der Hausbesitzer eine
Reaktion auf die Schwierigkeiten,
Mieten zu erhöhen, und auf seiten
der Käufer eine Reaktion auf die
wachsende soziale Unsicherheit und
Inflation. Seit einigen Jahren kann
man in Rom nur noch Wohnungen
kaufen, aber keine mehr mieten.

Bis Anfang der 60er Jahre waren
die Mieten im Zentrum billig, man
konnte leicht eine jener Terrassen-
wohnungen finden, die heute besonders begehrt, aber unerschwinglich
sind. Die Mieten begannen sich
dann auseinanderzuentwickeln: Auf
dem freien Markt zogen die Preise
kräftig an, während sie für bereits
vermietete Wohnungen relativ kon-
stant blieben. Dieses Chaos, von
dem alle irgendwie zu profitieren
suchten – die kleinen Leute, indem
sie sich weigerten, auszuziehen und
höhere Mieten zu zahlen, die Spekulanten, indem sie Wohnungssu-
chende auf dem freien Markt brutal
ausnahmen –, dauert bis heute an.
Das Gesetz des «equo canone», der
gerechten Miete, das mit den Stimmen der Kommunisten Ende der
70er Jahre verabschiedet wurde,
sollte Abhilfe schaffen – es wurde
ein Fehlschlag. Nach von der Stadt-

verwaltung genau festgelegten Standards kann jeder Vermieter und Mieter die «gerechte Miete» berechnen, die allgemein weit unter den Preisen des freien Marktes liegt. Das Ergebnis: Die niedrigeren Mieten wurden angehoben, ohne daß der jetzt illegale freie Markt verschwand. Das Gesetz erleichterte zudem die Kündigung: Nach vier Jahren muß der Gekündigte ausziehen. Kaum verwunderlich, daß vier Jahre nach Inkrafttreten des Gesetzes eine riesige Welle von Räumungen die alte Bevölkerung des Zentrums weiter dezimierte.

Der Ausverkauf der Innenstadt lief also in den letzten dreißig Jahren in verschiedenen Etappen ab: zuerst die Entlastung von der Übervölkerung, dann der Abzug von sozial schwächeren Familien bei gleichzeitigem Zuzug von besser gestellten Leuten und schließlich die Eroberung des Zentrums durch Büros, Boutiquen, Tourismus, Ausländer und durch die Bourgeoisie, die aus ihren Enklaven an der Peripherie wieder in die Innenstadt drängt.

Dieser Prozeß ist noch nicht abgeschlossen: Roms Innenstadt ist immer noch lebendig und von einer kunterbunten Bevölkerung besetzt. Minister und Abgeordnete kommen zu Fuß ins Parlament, teure Geschäfte finden sich neben Klitschen, die großen Kaufhäuser haben die Einzelhändler noch nicht aufgefressen, Restaurants finden sich in allen Preislagen und die Menschen in allen Schattierungen. Man braucht nur eine halbe Stunde am Pantheon, an der Piazza del Popolo, an der Piazza Navona oder sonstwo zu sitzen, um zu sehen, wieviel hier noch abläuft.

Peter Kammerer

Bei den Kommunalwahlen im Jahre 1976 eroberten die Kommunisten mit einer relativen Mehrheit das Kapitol. Das war ein tiefer Einschnitt in der Stadtgeschichte, auch wenn die Kommunisten längst salonfähig waren und kein Papst mehr, wie einst Pius XII., gegen ihre Präsenz als «Verletzung des heiligen Charakters der Stadt» protestierte. Bisher hatten der grundbesitzende Adel die ebenfalls über großen Grundbesitz verfügende Kirche und das Bürgertum der Ministerien – national und hohl, wie die Architektur der Palazzi, in denen es arbeitet – die Stadt beherrscht, die durch ein abnormes Bevölkerungswachstum und durch kriminelle Bauspekulationen immer chaotischer und unregierbarer geworden war. Die Probleme, deren Lösung die neue, rote Stadtverwaltung in einem langwierigen Prozeß anstrebte, kann jeder hautnah mitbekommen, der zum Beispiel einen Horrortrip auf dem Autobahnring um Rom unternimmt, die Massenquartiere zwischen Casilina und Tiburtina besucht, im alten Stadtzentrum die Sanierungsarbeiten von Tor di Nona oder San Paolo alla Regola inspiziert, das alte, fast verlassene Industriegebiet zwischen Schlachthof und Sankt Paul vor den Mauern begeht, vergebens ein kommunales Schwimmbad sucht oder einfach am Tiberufer entlangspazieren will.

RÜCKEROBERUNG DER STADT

Gescheiterte Versuche

Probleme mit der Peripherie

Der Autobahnring um Rom herum, der erst in den 70er Jahren geschlossen wurde, ist etwa siebzig Kilometer lang. Er umfaßt flächenmäßig aber nur ein Viertel der Gemeinde, denn mit 150000 Hektar ist Rom zehnmal so groß wie Mailand und überhaupt die größte Gemeinde Europas. Über zwei Drittel des Territoriums sind landwirtschaftliche Nutzfläche, zum Teil sehr fruchtbar und zum Teil bis in die 20er Jahre hinein malariaverseucht und versumpft. Im Westbogen des Rings erkennt man bis heute das Muster der Entwässerungsanlagen und der von Mussolini angelegten Ackerbausiedlungen. «Rom war», so schreibt Moravia,

«bis zum Zweiten Weltkrieg eine Provinzstadt, in der das Land tonangebend war. Städte wie Paris und London haben sich ihr Hinterland kultiviert, in Rom hingegen hat durch Jahrhunderte der Dekadenz das Hinterland die Stadt infiltriert.»

Nach dem Zweiten Weltkrieg kam die Massenimmigration aus Umbrien, aus den Abruzzen, aus Kalabrien, aus allen Regionen Italiens. Zwischen 1951 und 1971 verdoppelte sich die Einwohnerzahl auf drei Millionen. Die großen Spekulanten und die kleinen Leute konnten ungehindert von jeder behördlichen Kontrolle bauen. Allein zwischen 1960 und 1975 hat die unerlaubte Bautätigkeit 12000 Hektar geschluckt. Noch heute leben zwischen 300 000 und 500 000 Personen in «case abusive», illegalen Bauten. Davon gehört eine Hälfte kleinen Eigentümern, die andere den Gesellschaften oder großen «palazzinari», den Palazzospekulanten. In dieser seltsamen Allianz von armen Teufeln und reichen Spekulanten liegt das Geheimnis der halbfertigen Häuser, der riesigen Kästen und der kleinen «Villen» und Fabriken, die man in bunter Reihenfolge zwischen großer und kleiner Landwirtschaft auf dem Autobahnring durchquert.

Mit einem Zubringer zum Autobahnring liegt im Südwesten, gegenüber dem EUR und der Garbatella, den Mustervierteln des Faschismus, auf der anderen Seite des Tibers ein Musterbeispiel christdemokratischer Bauspekulation: die Magliana. Für 40 000 Menschen klotzte man hier in den Jahren 1965 bis 1970 auf die hochwassergefährdeten Tiberwiesen große Zementblöcke. Statt das Gelände, wie gefordert, sieben Meter hoch aufzuschütten, bauten die Baufirmen und Bauherren einfach sieben Meter höher und erklärten sich bereit, «bei Bedarf» die ersten beiden Stockwerke einzuebnen, die auf den Plänen als «Keller» ausgegeben wurden.

In die Magliana zog das ganze Spektrum des römischen Proletariats und Subproletariats: kleine Angestellte, Arbeitslose, Bauarbeiter, ausquartierte Barackenbewohner. Auch Padre Gerardo Lutte kam mit 200 Familien aus dem Barackenviertel Prato Rotondo. Wegen seines sozialen Engagements war der belgische Salesianer bereits mehrmals gemaßregelt worden und mußte schließlich, wie später auch Dom Franzoni, der Abt von Sankt Paul, seinen Orden verlassen. Von Anfang an, so erzählt Padre Lutte, der

heute Psychologie an der Universität Rom lehrt, aber in der Magliana geblieben ist, gab es Reibereien zwischen den «bürgerlichen» Bewohnern der Magliana und dem «Gesindel». Erst in den großen Mieterversammlungen entdeckten die heterogenen Gruppen gemeinsame Ziele: Kampf für eine Verringerung der Mieten, für eine Verbesserung der Infrastrukturen, insbesondere der Verkehrsverbindungen zur Innenstadt, für die Schaffung einer neuen Lebensqualität. Der Mietboykott wurde zeitweise von über 2000 Familien getragen. Das Stadtkomitee erfüllte die Betonkasernen mit Aktivität. Das Centro di cultura proletaria in einer besetzten Wohnung wurde zum Laboratorium einer neuen Massenkultur. Dokumentiert sind diese Zeiten, als die Magliana für ganz Italien zu einem Symbol geworden war, in einem heute wieder lesenswerten Feltrinelli-Band. Nicht dokumentiert ist der Niedergang der Bewegung, das Erlöschen des Traums von einem neuen Leben trotz eines kaputten Viertels. «Man kann das nur verstehen, wenn man berücksichtigt, daß das politische Klima auch in der Magliana stark von der allgemeinen Großwetterlage abhing», sagt Padre Lutte, «und daß die spontane Basisinitiative der Leute schließlich zerrieben wurde zwischen den Fronten einer immer radikaler werdenden ‹Autonomie› und einer sich immer staatstragender gebenden PCI. Aber damit stehen wir erst am Anfang einer Erklärung . . .»

Die PCI hatte wenig Auge und wenig Sinn für die politische und kulturelle Kreativität des Proletariats der römischen Peripherie. Dessen Lebens- und Kampfweise waren der Partei suspekt. Die rote Stadtverwaltung hat dementsprechend die

Fortschritt mit KP: Betonkasernen statt Barackenchaos ▬▬▬▬

ausgedehnten Barackenstädte mit Planierraupen beseitigt und die Peripherie zu rationalisieren versucht: durch den nichtspekulativen Bau neuer Viertel mit besserer Infrastruktur. Tor Bella Monaca an der Casilina, noch über dem Raccordo Anulare hinaus, ist dafür ein Musterbeispiel. In Rekordzeit wurden hier 1980 bis 1982 Wohnungen für 30 000 Einwohner erstellt: für Obdachlose, für Leute, denen in der Innenstadt gekündigt worden war, für junge Ehepaare und ältere Leute. Die Wohnungsvergabe sollte verschiedene soziale Bedürfnisse berücksichtigen. In einem Interview

erklärte der verantwortliche Bauassessor: «Tor Bella Monaca ist das Beste, was wir tun konnten. Aber das allerbeste wäre, wir könnten bauen ohne den Zwang, solche Massenquartiere aus dem Boden zu stampfen.»

Und damit sind wir wieder bei der «Utopie» des alten Comitato di quartiere der Magliana. Ähnlich wie damals in der Magliana wehren sich auch die Bewohner der neuen Trabantenstädte immer wieder gegen die Unwirklichkeit ihrer Quartiere, manchmal, und das ist für Rom etwas völlig Neues, auch mit rassistischen Parolen gegen Zigeuner und Immigranten. Ganze Straßen und die Bahn nach Fiuggi wurden blockiert, doch die Herrschenden auf dem Kapitol sind weit weg und nehmen die Signale der qualmenden Autoreifen an der Peripherie nicht einmal wahr.

201

Unter dem Faschismus hatte Rom einen mit umfassenden Machtmitteln ausgestatteten Gouverneur, aber auch nach der Wiederherstellung der Demokratie blieb das Regiment der Stadt völlig zentralisiert und erwies sich als unfähig, die Probleme der Peripherie, wo heute neunzig Prozent der Bevölkerung leben, zu erfassen. Die Ineffizienz der Verwalter und Kontrolleure war die Erfolgsgarantie für die Spekulanten und Steuerhinterzieher. In deren Interesse war die Untätigkeit der Verwaltung außerordentlich wirkungsvoll.

Erst 1972 wurden in Rom «Bezirksräte» geschaffen, consigli di circoscrizione, manchmal in Konkurrenz, manchmal in Kooperation mit den allenthalben spontan entstandenen consigli di quartiere. Seit 1977 werden die consigli di circoscrizione gewählt und verfügen über erhebliche Befugnisse auf den Gebieten Polizei, Verkehr, Bauten, Handel und Gewerbe, Gesundheit, Schule, Kultur und Sport. Die zwanzig Bezirke Roms haben die Größe italienischer Mittelstädte wie Pavia, Livorno, Modena, Padua mit 100 000 bis 200 000 Einwohnern. Diese Institutionen sind immer noch zu weit entfernt von den Bedürfnissen der Leute. Ihre weitere Dezentralisierung ist daher eines der Hauptthemen der Stadtverwaltung. Die kommunistische Partei hat sich für die Dezentralisierung immer stark gemacht, aber ihre Vorstellung von Bürgerbeteiligung hatte immer einen parlamentarischen Charakter – weit entfernt von den basisdemokratischen Ansätzen, die in Rom zu Anfang der 70er Jahre so weit verbreitet waren.

Sanierung der Innenstadt

Innerhalb der Aurelianischen Mauer, also im eigentlichen Rom, leben weniger als zehn Prozent der Bevölkerung. Und doch konzentriert sich hier all das, was nicht nur für den Touristen Rom ausmacht. Auch hier hatte die rote Stadtverwaltung eine neue Art der Sanierung begonnen, die sich von den Kahlschlägen des Faschismus (Licht, Luft, Sonne durch Abriß) und von den asphaltgläubigen Bemühungen des Heiligen Jahres 1950 und des Olympiajahres 1960, Rom zu einer autogerechten Stadt zu machen, völlig unterscheidet. Auf Grund der in Bologna gemachten Erfahrungen sollte versucht werden, in Eigenregie oder in Kooperation mit privaten Eigentümern ganze Altstadtblöcke zu sanieren, ohne die dort lebende Bevölkerung zu vertreiben. Tor di Nona und ein kleiner Komplex bei San Paolo alla Regola dienten als Modellversuche. Bei einem kleinen Spaziergang kann sich jeder selbst überzeugen, was daraus geworden ist.

Tor di Nona liegt zwischen dem Tiber und der Via dei Coronari, der Straße der Antiquare. Einige Häuserblocks wurden 1937 enteignet, aber der Krieg verhinderte den Abriß. Der sollte 1960 nachgeholt werden, um den Bau der Tiberschnellstraße zu ermöglichen. Geldmangel und die Mobilisierung der öffentlichen Meinung verhinderten dies, aber die Kommune und die restlichen Eigentümer ließen die Häuser vollends verfallen. Seitdem kreisten die Immobiliengeier über dem Aas. Im Dezember 1978 brach schließlich einer der größten Palazzi zusammen und ist bis heute eine Ruine geblieben, denn die Eigentümer klagen ge-

Tor di Nona: Sanierungsprojekt als ewige Baustelle

war im Mittelalter auf römischem Schutt gebaut worden, doch unter diesem Schutt lagen unversehrt antike Gewölbe, die einst als Weinlager oder Weinschenke gedient hatten. Mindestens 1700 Jahre lang haben also auf diesem Fleck ununterbrochen Menschen gewohnt, gearbeitet und gebaut. Freigelegt wurden ein byzantinisches Mosaik und interessante, frühmittelalterliche Bauelemente über den römischen Gewölben.

Nach Aufnahme und Sicherstellung dieser komplexen Baugeschichte und nach anderen Verzögerungen wurden die Häuser endlich fertig. Zusammen mit den sechzehn Wohnungen wurde auch ein centro sociale eingeweiht. Doch dann ging die Baukooperative, die die Renovierung durchgeführt hatte, auf bisher ungeklärte Weise bankrott. Es kam zu heftigen Auseinandersetzun-

gen das Sanierungsprojekt, das die Stadtverwaltung eingeleitet hat. Inzwischen sind einige Häuserblocks saniert, doch die Arbeiten werden mit einem solchen Schneckentempo betrieben, daß der «Modellversuch» nun schon über ein Jahrzehnt Baustelle geblieben ist.

Praktisch gescheitert ist auch die Sanierung der Häuser neben San Paolo alla Regola hinter dem Campo de' Fiori. Die Renovierung bis auf die Grundmauern hinunter brachte zunächst zahlreiche architektonische Überraschungen. Das Haus

gen über die Verteilung der Wohnungen, im Parterre blätterte der Stuck ab, weil sich die freigelegten Mauern mit der Tiberfeuchtigkeit vollsogen. Über ein Jahr lang blieb der Seitenflügel ohne Strom und Wasser und konnte nicht bezogen werden. In dieser delikaten und entscheidenden Endphase, in der unerwartete Schwierigkeiten auftauchten, erwies sich die Gemeindeverwaltung als aktionsunfähig, gelähmt von zahlreichen Kompetenzstreitigkeiten: das Assessorat für Denkmalschutz machte die Gewölbe dicht, das Assessorat für soziale Wohnungsbau stritt mit den Mietern, das Assessorat für das historische Stadtzentrum übernahm das centro sociale, das Assessorat für Vermögensverwaltung vermietete die Erdgeschosse an die Handwerker. Ein einheitliches, rasches Handeln zur Lösung der Schwierigkeiten war nicht möglich und ein Teil der Wohnungen blieb daher unbewohnt. Schließlich wurden die leerstehenden Wohnungen besetzt, aber einige der für Handwerker gedachten Erdgeschoßräume stehen immer noch leer. Aus dem centro sociale wurde eine «Kinderbibliothek», die von den Kindern des quartiere tunlichst gemieden wird.

Eine erste Bilanz dieser beiden sehr begrenzten Versuche zeigt, daß die Altstadtsanierung in Rom große technische Probleme aufwirft, denen nicht alle Baufirmen oder Baukooperativen gewachsen sind, daß die veranschlagten Mittel meist nicht ausreichen und die Zeiten viel zu optimistisch kalkuliert werden, daß die endgültige Verteilung der Wohnungen und Geschäfte heftige Konkurrenz auslöst und daß die Überwindung all dieser Probleme nur unter einem starken politischen Druck erfolgen kann. «Privatleute werfen die alten Mieter raus und verdienen ein Heidengeld, aber wenn niemand an der Sache verdient und gewinnt außer ein paar armen Teufeln, die plötzlich und ohne ihr Zutun schöne Wohnungen bekommen sollen, muß das ja schiefgehen», meinte der kluge vinaio in der Via dei Coronari.

Zauberwort «recupero»

Eine dreißigjährige christdemokratische Mißwirtschaft hat es fertiggebracht, das antike Rom in eine moderne Ruinenlandschaft zu verwandeln. Nichts ist mehr intakt, nichts funktioniert, auch Neubauten und eben eingeweihte Schnellstraßen werden schon nach wenigen Monaten renovierungsbedürftig. Hier arbeitet die Zeit so destruktiv wie nirgends sonst und hinterläßt Mosaiksteine und Bauelemente, die wieder neu benutzt und zusammengesetzt werden müssen. Eine solche Operation heißt «recupero», Wiedergewinnung.

Alles mußte und konnte wiedergewonnen werden, das war die optimistische Hoffnung Anfang der 70er Jahre: die Gehöfte des Agro Romano, alte Klöster der Innenstadt, verstaubte Bibliotheken, geschlossene Museen, der stillgelegte Großschlachthof im Testaccio, die verlassenen Fabrikhallen «La Pantanella» an der Via Casilina und die Birra Peroni in der Via Alessandria, der Umgang auf den Aurelianischen Mauern und die halb verlassene Cinecittà, Symbol eines Hollywood am Tiber. Auch das Industriegebiet um den Gasometer herum, am Tiber Richtung Ostia, und der unbenutzte Gasometer selbst, der in seinem Baujahr 1933 mit hundert Metern Höhe der höchste Europas war, reg-

Eine schöne Stadt, Rom,
wirklich eine schöne Stadt
Müllsäcke die aussehen wie Kissen
Kissen einer perversen Gesellschaft
in der jedes Ding
etwas anderem gleicht.
Schau hin, dreh dich um
Autos die aussehen wie Statuen
Statuen die aussehen wie Kühlschränke
Kühlschränke die aussehen wie Yachten
das geteerte Meer der Via Veneto
ist voll von gebräunten Schriftstellern
mit den Gesichtern arroganter Strandmeister
Verlagshäuser die aussehen wie Sakristeien
Sakristeien die aussehen wie Turnhallen
Turnhallen die aussehen wie Abwasserkanäle
Abwasserkanäle die aussehen wie Schlachthöfe
Schlachthöfe die aussehen wie Boutiquen
Boutiquen die aussehen wie Mauselöcher
Mauselöcher die aussehen wie Garconnieren
Garconnieren die aussehen wie Parteidirektionen
Parteien die ihren Kopf stützen
auf Tausende von Plastiksäcken
voller Abfall, die aussehen wie Kissen
und das Spiel geht weiter
bis zum Traumbild fossiler Pinien.
Anbetungwürdig perverses Rom
in dem jeder Müll die Vision
ist eines anderen Mülls.

«Rom 1982» von Gaio Fratini

ten die Phantasie der Umfunktionierer und Wiedergewinner an. Ernsthafte Projekte betrafen die ehemalige psychiatrische Anstalt Santa Maria della Pietà, die 50 Hektar der Pineta Sacchetti hinter dem Monte Mario, die alte Ziegelbrennerei Veschi hinter dem Hügel des Vatikan im Tal Aurelia (Via Baldo degli Ubaldi) und auch die beiden Flüsse Roms, den Tiber und den Aniene.

Nur ein Teil der Projekte wurde realisiert, vor allem die Öffnung der großen Villen und ihrer Parks für die Bevölkerung (Villa Ada, Villa Torlonia, Villa Doria Pamphili), aber auch kleinere Projekte, um die sich vor allem von der Stadt unterstützte Kooperativen arbeitsloser Jugendlicher kümmerten. Ein Beispiel ist die *Biblioteca Rispoli* an der Piazza Grazioli in unmittelbarer Nähe des Palazzo Venezia. Sie war zehn Jahre lang geschlossen, bis 21 Jugendliche eine Kooperative gründeten und die Führung der Bibliothek, «die mehr sein soll als ein Ort zum Lesen», in ihre Hände nahmen. Inzwischen sind die Jugendlichen auch älter geworden, die christdemokratisch-sozialistische Stadtverwaltung tat nach 1985 nichts mehr, um das Projekt am Leben zu erhalten, und die Lokale werden erneut immer wieder «wegen Renovierung» geschlossen. Jeder «recupero» ist ein Abenteuer, danach beginnt der Alltag und dann kommen die Christdemokraten.

Das gilt auch für die spektakulärsten Versuche eines «recupero», für den «römischen Sommer» und das Projekt Kaiserforen. Im Sommer, so behaupteten man früher, ist die Stadt verlassen, quasi unbewohnt, belebt nur von streunenden Hunden, Katzen und Touristen. Dann kamen die Krise und Nicolini, der kommunistische Kulturdezernent. Er «erfand»

eine einfache Sache, den Aufbau einer riesigen Leinwand mit Filmvorführungen bis zum frühen Morgen und lockte damit in den Augustnächten Tausende von Römern an. Man kam, ging, verlor den Respekt vor dem Medium Film, kam wieder. Diese Leinwand war aus dem römischen Sommer nicht mehr wegzudenken.

Jedes Jahr fand Nicolini neue Orte, an denen sich Leute zu Altgewohntem auf neue Art zusammenfanden: Tanzen in der Villa Ada, Silvesterfeier im Tunnel der Via Nazionale, Zirkus auf der Piazza Navona, Konzerte in der Via Giulia, Karneval von Rio im Circus Maximus, internationale Dichterlesungen in Parks. «Mein Problem war es, daß sich die Peripherie im Zentrum wiederfindet, und tatsächlich kamen die Jugendlichen aus der Peripherie und entdeckten endlich Rom, eine Stadt auch für sie. Natürlich paßt das vielen Leuten, die im Zentrum wohnen, nicht» (Nicolini). Nicht nur für die Leute aus der Peripherie, sondern auch für Touristen war dieses Monate dauernde Sommerprogramm eine großartige Gelegenheit, ein lebendiges Rom zu entdecken, und zu erfahren, auf welch verschiedene Weise man sich an historischen Orten zusammenfinden kann. Nur bescheidene Reste sind von diesem großen Sommerspektakel geblieben.

Bei dem «recupero» der antiken Kaiserforen geht es hingegen um die Ewigkeit. Mitten in Rom war eines der größten Ruinenfelder der Antike immer schon eine Art Fremdkörper gewesen: Steinbruch, Viehweide, Museum und schließlich Kulisse für die Via dei Fori Imperiali, die von Mussolini 1933 angelegte Paradestraße von der Piazza Venezia

Fori Imperiali: recupero della
unità dell'area dei Fori Imperiali
e del Foro Romano per creare
un unico grande parco
archeologico urbano.

Piazza Foro della Pace:
terrazza sui Fori. La sistemazione
finale delle piazze di collegamento
ai Fori sarà oggetto di concorso
di idee.

Piazza S.S. Luca e Martina:
elemento di connessione tra
il Campidoglio ed i Fori.

**Recupero der Kaiserforen: der Plan
und die autofreie Annäherung** ▬▬

zum Kolosseum. Diese Straße, für die ein altes Viertel abgerissen wurde, trennt die Foren des Trajan und Augustus von dem allgemein zugänglichen Komplex ab und bedeckt als 850 Meter langer und 30 Meter breiter Asphaltstreifen zentrale, nie ausgegrabene Plätze der Antike. Die Idee zum Abtragen einer der wenigen funktionierenden mehrspurigen Fahrbahnen mitten in Rom kam den Verkehrsplanern und Denkmalschützern in einem Augenblick völliger Verzweiflung. Alle Maßnahmen, den Verkehr im Zentrum einzudämmen, hatten nichts gefruchtet. Die Autoabgase schwärzen und zerfressen den Marmor der Kirchen, der Tempel und der Triumphbögen, die ständigen Erschütterungen bringen, so Experten, selbst die Fundamente des Kolosseums ins Wanken.

Die Wende

Die Realisierung dieser Projekte und vor allem die Erarbeitung einer neuen Verkehrsplanung kamen 1983 ins Stocken. Der Staat nahm Finanzierungszusagen für die Wiederherstellung der Kaiserforen, den Parco archeologico, zurück, die Regionalregierung blockierte die Verkehrsplanung, der Elan der «roten Stadtverwaltung» sollte gebrochen werden. Und er wurde gebrochen, denn – so bemerkte Kulturdezernent Nicolini nach den verlorenen Gemeindewahlen vom 12. Mai 1985: «Wir roten Politiker saßen nur noch am Telefon, um mit der Opposition und den von ihr beherrschten höheren Stellen Kompromisse auszuhandeln und kamen überhaupt nicht mehr zur wirklichen Politik.» Das Herumtaktieren in Gremien entfremdete die kommunistische Partei ihren

Wählern, und so kam es bei den Gemeindewahlen nach neunjähriger Stadtverwaltung zur Abwahl der Kommunisten. Sie kamen nur noch auf 30,8 Prozent der Stimmen, Umweltschützer und Grüne erreichten zusammen 2,7 Prozent und zogen damit erstmals ins Stadtparlament ein, die Sozialisten brachten es auf 10,3 Prozent, während die Christdemokraten mit 33,2 Prozent wieder größte Partei wurden. Die Christdemokraten stellen nun in einer Fünferkoalition mit den Sozialisten und kleinen bürgerlichen Parteien den Bürgermeister. Von den Kommunisten übernehmen sie eine in den Jahren 1976–1981 völlig reorganisierte Verwaltung und eine ganze Reihe bereits angebahnter Projekte zum Schutz der Küste, der Flüsse und der Kulturdenkmäler. Sie übernehmen auch eine ungelöste Wohnungsfrage und ein Verkehrschaos, dem man bisher vor allem verbal beizukommen versucht hat. Die Christdemokraten, die als Oppositionspartei die Pläne der Kommunisten für eine radikale Verkehrsdrosselung in der Innenstadt und den Ausbau des Parco archeologico blockiert hatten, haben sich nichts Neues einfallen lassen und haben in der zweiten Hälfte der 80er Jahre das alte Rom in den alten Sumpf zurückregiert. Im Sommer 1989 mußte ihre Stadtregierung unter skandalösen Umständen zurücktreten – 1990 finden Neuwahlen statt. Die in diesem Jahr fällige Fußballweltmeisterschaft sorgt für eine verheerende Bautätigkeit und Zementflut. So wird es wohl auch in den 90er Jahren ungehemmt weitergehen mit dem Raubbau an dieser Stadt.

Rita Hermanns / Peter Kammerer

FREMDARBEITER OHNE RECHTE

Dritte Welt in Rom

Professor Ferrarotti, Soziologe und Ordinarius an der römischen Universität «La Sapienza», hat einen Traum: «Die farbige Einwanderung bedeutet für uns eine Herausforderung, der sich Rom (und Italien allgemein) getreu seiner Vergangenheit stellen sollte, als es Treffpunkt der Weltkulturen, außergewöhnlich ideenreiches und aufnahmefähiges Wegekreuz der Reisenden und eines befruchtenden Austausches zwischen Menschen aus aller Herren Länder war.»

«Jenseits des Rassismus» nennt Ferrarotti sein Buch, das von einer nicht mehr zu übersehenden Realität Roms und seinen Hoffnungen auf eine multirassische und multikulturelle Gesellschaft berichtet.

Vu cumpra

Die römische Wirklichkeit läßt (noch?) wenig Raum für solche Träume. Sie ist von Szenen gekennzeichnet, die von der Armut, der Diskriminierung, der Heimatlosigkeit zeugen, unter denen heute die neue Einwanderung aus der «Dritten Welt» in die reichen Metropolen Europas leidet. Es ist noch nicht lange her, daß Hunderttausende von Italienern Arbeit und Lebensunterhalt im Ausland fanden. Erst vor wenigen Jahren hat die damals rote Stadtverwaltung Roms die letzten Bidonvilles der in den 50er und 60er Jahren aus Süditalien Zugewanderten beseitigt. Doch schon entstehen neue Elendsenklaven einer anderen,

209

der afrikanischen und asiatischen Einwanderung. Es sind weniger Barackensiedlungen und Massenunterkünfte in den Stadtrandgebieten als die Myriade von «Pensionen» und überbelegten Appartements im zentralen Bahnhofsviertel, in den altrömischen Vierteln Esquilin, Monti und Parione. Statt in der Fremde Reichtum für die Fremden zu schaffen, importiert Italien nun selbst die Fremden. Rom ist zu einem ihrer «Hauptmärkte» geworden.

«Stranieri», Fremde heißen sie alle, aber nicht alle Ausländer sind gleich fremd in der Ewigen Stadt. Wohlgelitten sind die rund 140 000 in der Provinz Rom offiziell wohnhaften Fremden, die sich zumeist aus beruflichen (Diplomaten und andere) oder aus religiösen Motiven (sprich Priester und Ordensleute) in Rom aufhalten und sich aus Italiens Hauptstadt und der Weltstadt des Katholizismus gar nicht fortdenken lassen.

Der auf rund 300 000 geschätzten anderen Fremden, die unterbezahlt die römische Dreckarbeit leisten, würde man sich gern entledigen, ihre ständig steigende Zahl wenigstens «polizeilich in den Griff» bekommen, wenn es nur möglich wäre. Für die Arbeit sind sie unentbehrlich geworden, «offiziell» existieren sie nicht, da sie wider alle Regel und häufig ohne gültige Dokumente eingereist sind.

Viele Jahre lang hat man versucht, «ein Auge zuzudrücken» – Italien ist kein Einwanderungsland, Rom braucht keine «Gastarbeiter» – nun sind die «vu cumpra» weder aus dem Stadtbild noch aus der römischen Ökonomie wegzudenken. «Vuoi comprare» (Willste kaufen!), animiert eine der zahlreichen «Kategorien» der Einwanderer, die fliegenden Händler, ihre Kunden. Das fremdländisch gesprochene «vu cumpra» hat dann den Namen für alle abgegeben, die nicht nur Billigware, sondern auch die eigene Arbeitskraft als billige Ware anbieten.

Wer sich in der Umgebung von Stazione Termini oder morgens auf Roms größtem Markt, der Piazza Vittorio, umschaut, wird bald feststellen, woher diese Fremden kommen. Der Bahnhof ist auch in Rom der klassische Versammlungsort der Einwanderer. Zur Piazza Vittorio zieht es die einen, um für sich selbst, die anderen, die als Hausmädchen und Bedienstete bei der römischen Bourgeoisie beschäftigt sind, um für ihre Herrschaften einzukaufen. Von der Piazza Indipendenza bis zur Piazza della Repubblica, vom Esquilin bis zur Piazza Vittorio trifft man auf das bunteste Völkergemisch. Die Äthiopier und Somalier, die Frauen von den Philippinen und den Kapverdischen Inseln, die Ägypter und Marokkaner, Pakistaner und Inder bestimmen schon seit Jahren das Gesicht des Viertels mit. Sonntagmorgens und donnerstagnachmittags trifft man auf dem Bahnhofsvorplatz besonders häufig auf Gruppen diskutierender und verhandelnder ausländischer Arbeiter. Dann hat das Dienstpersonal seine üblichen «Freistunden».

Einwanderungsland Italien

Die Masseneinwanderung aus der armen Welt begann Ende der 60er Jahre. Studenten aus Afrika, Asien und Lateinamerika verdienten sich ihr Studium ab oder wollten nach dem Examen nicht mehr in die Heimat zurück. Dann kamen die Flüchtlinge: Lateinamerikaner, Palästinenser, Pakistani – aber auch Rus-

Arbeitskraft auf Abruf: Marokkaner in Rom

sen, die ein Israel-Visum hatten, aber in die USA wollten, Eriträer, Libyer. Viele von ihnen landeten in «Flüchtlingslagern» in der Nähe von Rom und Neapel.

Und dann entdeckte das wohlhabende Bürgertum die «collaboratori familiari» (Colf), farbiges Dienstpersonal, dem man den schönen Namen «Familienmitarbeiter» gab. Ausgerechnet die Kirche begann damit, Krankenhauspersonal aus Missionsländern einzuführen, und bald flogen auch bessere Familien ihre «Mädchen» ein: aus der Karibik, aus Afrika, von den Philippinen, aus Marokko und Ägypten.

Nach Sardinien und Sizilien wurden zur Olivenernte Tunesier importiert. In Kampanien und Apulien fanden immer mehr farbige Saisonarbeiter bei der Tomatenernte und in der Konservenindustrie Beschäftigung. Aber auch im Norden waren Billiglohnkräfte gesucht: Kleine Metallbetriebe und vor allem Gießereien in der Emilia und in Piemont beschäftigten zunehmend Dritte-Welt-Einwanderer. Als Handlanger fanden sie auf dem Bau vermehrt Arbeit. In jüngster Zeit sieht man an den Stränden des Massentourismus, in Ligurien und in den Marche, die mit Teppichen, Tüchern und Modeschmuck beladenen Senegalesen und Marokkaner, die meist für Großhändler, nicht mehr auf eigene Rechnung arbeiten.

Seit Mitte der 70er Jahre ist Italien offensichtlich zum Einwanderungsland geworden. Schwer vorstellbar, daß dies vornehmlich im Zeichen der Illegalität geschehen ist. Doch das immer noch gültige Einwanderungsgesetz, dessen wichtigste Bestimmungen aus den dreißiger Jahren stammen, ist äußerst repressiv. Bisher genießen nur Bürger aus den Ländern der Europäischen Gemeinschaft eine kaum eingeschränkte Freizügigkeit. Sie reisen ohne Visa ein und bekommen ihren «permesso di soggiorno», die Aufenthaltsgenehmigung, ohne Arbeit und ausreichende Unterhaltsmittel nachweisen zu müssen. Für die Arbeiter aus der Zweidrittel-Welt ist es fast unmöglich, der Bürokratie und dem Gesetz Genüge zu tun, wenn sie nicht schon mit gültigem Visum und einem regulären Arbeitsvertrag in der Tasche eingereist sind.

Das Ausländergesetz von 1986, mit dem versucht wurde, zumindest rückwirkend die Hunderttausende von Illegalen zu legalisieren, ist ganz offensichtlich deswegen gescheitert, weil die geforderten Voraussetzungen an der Realität der heutigen italienischen Einwanderung vorbeigehen. Viele Fremdarbeiter finden nur unregistrierte Arbeitsplätze in der sogenannten «Schattenwirtschaft». Ein Großteil von ihnen macht Gelegenheits- und Saisonarbeiten, arbeitet im Tagelohn oder als «Selbständiger», während das Sanierungsgesetz nur für abhängig Beschäftigte Gültigkeit hatte. Die Bedingungen der internationalen Arbeitswanderung haben sich entschieden geändert. «Vu cumpra» – dieser häßliche italienische Begriff für das pharisäische deutsche «Gastarbeiter» – ist zu einem ihrer Charakteristiken geworden.

SOS Rassismus

«Nur nicht genau hinsehen», scheint die Devise zu sein, nach der Italien allgemein und Rom im besonderen auf die neue soziale Frage reagiert. Man setzt immer noch auf die «geringe soziale Sichtbarkeit des Phänomens». Die Behörden tolerieren,

Verbrannt von Unbe-
kannt: zum Gedenken
an den Somalier Mo-
hammed Ali ▬▬▬▬▬

von gelegentlichen Ausweisungen, Razzien und Zurückweisung ganzer Einwanderungsgruppen an der Grenze einmal abgesehen, die irregulären und illegalen Zustände.

Früher berichtete die Presse praktisch nur unter der Rubrik «Unglücksfälle und Verbrechen» über die Dritte Welt in Italien. Das Schicksal des Mohammed Ali, eines 36jährigen Somaliers, der 1973 mit Benzin übergossen und verbrannt unter dem Portikus der Kirche S. Maria della Pace aufgefunden wurde, schien nur ein krimineller Einzelfall zu sein. Die Schuldigen sind nie gefaßt worden. Nichts erinnert heute mehr an diesen Tod in Rom unter der hochbarocken Fassade einer Kirche, in der sich Maderna, Raffael, Bramante und andere Geister des Abendlandes verewigt haben. Rückblickend erscheint diese Episode allerdings als Vorbote eines Rassismus, der gerade in Rom durch die sorglose Toleranz und die ansteigende Zahl der Fremden gefährliche Nahrung zu erhalten scheint.

Denn was der Mann auf der Straße sieht, was ihn zu rassistischer Reaktion veranlaßt, sind die Widersprüche einer genutzten, aber weitgehend rechtlosen, einer profitablen, aber nicht integrierten Präsenz von Leuten, die er nicht gerufen hat, die ihm nun als Sündenböcke gelegen kommen, um auf ihnen alle Übel Roms, vom Verkehr über die Bürokratie bis zur Arbeitslosigkeit, abzuladen.

Deswegen häufen sich die Berichte unter dem Vorzeichen «SOS Rassismus». Da wird von der Römerin berichtet, die «die Ausländer» angepöbelt hat, weil sie im überfüllten 64er-Bus keinen Platz mehr fand. Da fragt sich Italiens bekannteste Tageszeitung «Corierre della Sera»: «Sind wir ein Land rassistischer Idioten?» und erzählt den Fall der italienischen Polizistin dunkler Hautfarbe, die in Sizilien bei der Ausweiskontrolle eines Mannes beschimpft wurde: «Meinen Ausweis zeige ich keiner dreckigen Negerin.» Statt einzugreifen, hatten die beiden weißen Streifenmitglieder abgewiegelt und ihrer Kollegin geraten, die Sache auf sich beruhen zu lassen. Nationales Aufsehen erregte der Vorfall nicht zuletzt, weil vor drei Jahren der 16jährige Bruder der Polizistin von Klassenkameraden ermordet worden war – aus unbegreiflichem, blindem Haß gegen seine Hautfarbe.

Die Kräfte, die sowohl der Schutzlosigkeit der Einwanderer als auch dem Rassismus der Einheimischen entgegenwirken könnten, sind gering. Die traditionellen Organisationen der Arbeiterklasse können gerade mit der «Unterschicht», mit den wirklich Heimatlosen und Entrechteten, wenig anfangen. Dem gestandenen Gewerkschaftsfunktionär erscheinen sie als Konkurrenz für die Einheimischen, als Streikbrecher und Lohndrücker, die nur schwerlich zu klassenbewußten Lohnarbeitern erzogen werden können. Versuche zur gewerkschaftlichen Organisierung sind an der gleichen Klippe gescheitert wie die staatlichen Bemühungen. Wie organisiert man die «Illegalität»? Vorschläge, für die Rechte der Fremden zu streiken, bleiben Gedanken-

spiele. Zwar existiert das CELSI, das «Gewerkschaftszentrum für die ausländischen Arbeiter» in der Via Adua, aber es ist trotz des vielversprechenden Namens kaum mehr als eine vom bürokratischen Streit der verschiedenen Gewerkschaftszentralen behinderte Ausländerberatungsstelle. Der weiterhin ungezählten und unorganisierten Masse von Arbeitern, die die Gewerkschaften selbst in Rom auf zwanzig Prozent der Beschäftigten schätzt, wird sie nicht gerecht.

So kommt es, daß die Gewerkschaften außerhalb der italienischen Grenzen den guten Kampf für die Rechte der Arbeitsemigranten kämpfen, zu Hause aber außer Konferenzen, Gesetzesinitiativen, Prinzipienerklärungen wenig zu ihren Gunsten hervorgebracht haben. Unterstützt werden sie dabei von den verschiedensten linken Organisationen, seien es nun die Jungkommunisten der FGCI, die ein kommunales Wahlrecht für Ausländer fordern, oder die «Lega per l'Ambiente», die unter der römischen Telefonnummer 8 44 19 20 eine Initiative gegen den Rassismus unterhält. All das ist angesichts des wahren Problemumfangs nur der berühmte Tropfen auf den heißen Stein.

Um die Unterschicht der «Unterschicht» kümmert sich mit bewährter Langmut und unzureichenden Mitteln die römische Caritas. Seit Jahren unterhält sie in Zusammenarbeit mit der römischen Gemeinde Obdachlosenheime, Armenküchen und Auffangstellen, zum Beispiel in der Viale Castro Pretorio und in der Via Ferruccio. Das Centro Accoglienza Stranieri der Caritas in der Via delle Zoccolette findet man täglich von Hilfesuchenden umlagert. Hier werden Anrechtsscheine für

das absolut Lebensnotwendige aus-
geteilt: Essen, Schlafen, Dokumente und zuweilen auch Arbeit.
Der Sprachenwirrwarr ist ebenso
groß wie die Mittellosigkeit. Als «as-
colto» – Hinhören und Aufnehmen –
versteht der Inder Pereira, Leiter
des Caritasbüros, einfühlsam seine
Aufgabe. Außer ihrem Wort, woher
sie kommen, wie alt sie sind und was
sie zu tun gedenken, haben die Be-
treuten in der Tat meist nichts, auf
das man bauen könnte.

Heimat- und Wurzellosigkeit sind
hier an ihrem absoluten Ende angelangt, wo man der Caritas anheimge-
geben ist und das «vu cumpra» schon
eine Hoffnung wird. Bis zum Traum
von Professor Ferrarotti ist da noch
ein weiter Weg. Das Bild einer mul-
tirassischen, multikulturellen Großstadt, das Rom im Straßenbild bietet, weist in der rechtlichen und materiellen Perspektive noch zu viele
blinde Stellen auf, als daß man ihm
Glauben schenken könnte.

Stefan Heiner

RUMHÄNGEN IN EINER VERDAMMT ALTEN STADT

Die Jugendszene

«Du, hör mal, ich hab deine Adresse von einem Freund, der einen kennt, mit dem du in Berlin mal zusammengewohnt hast. Können wir vielleicht bei euch übernachten?» Anrufe dieser Art, die einen aus dem Nichts heraus beglücken, kennt fast jeder Deutsche, der sich im Reiseziel Rom niedergelassen hat. Nach einer kurzen Schrecksekunde wird der Wahlrömer wahrscheinlich das Kunststück versuchen, einem wohngemeinschaftsgewöhnten Reisenden die Wohnsituation in Rom und die damit gesteckten Grenzen für die alternative Gastfreundschaft zu erklären.

Kein Platz für sich

Nehmen wir also einen jungen Römer, einen der rund drei Millionen Bewohner dieser Stadt, und sehen zu, wie er so lebt. Große Wohnungen gibt es zwar reichlich im Verwaltungszentrum des noch relativ jungen italienischen Staates. Aber diese Wohnungen sind natürlich nicht frei

– und wenn sie frei sind, kann man sie nicht mieten, sondern im besten Fall kaufen. Und das zu Horrorpreisen. Die Grundvoraussetzung für die mittlerweile in jedem bundesdeutschen Nest verbreitete «WG-Kultur» mit dem gleich mitgeplanten Bett für Gäste fehlt hier also.

Was macht unser junger Römer, der vielleicht gerade erst in die Stadt gekommen ist, um die hiesige Riesenuniversität zu besuchen, und der jetzt eine Bleibe sucht? Wäre er von hier, würde er mit ziemlicher Sicherheit weiterhin bei den Eltern wohnen. So aber ist er auf die berüchtigten Zimmer zur Untermiete angewiesen oder auf das, was hier «postoletto» heißt: Statt eines Zimmers oder gar einer ganzen Wohnung mietet man einen Bettplatz, der auch seine 200 000 Lire kosten kann – schläft also in einem Zimmer vielleicht zu zweit oder zu dritt. Gäste haben da einen schwierigen Stand.

Hat unser Jungrömer das familiäre Heim oder die Bettplatz-Behausung eines fernen Tages hinter sich gebracht, entscheidet er sich erfahrungsgemäß eher für schöner Wohnen allein oder zu zweit. Die Wohngemeinschaft bleibt die seltene Ausnahme. Auch wenn die kleine, neue Wohnung unseres Bilderbuchrömers Dauergäste nur schwer verkraften kann, wird sie doch Treffpunkt für Bekannte und Freunde sein. Und dies aus einem einfachen Grund, der dem szene-geübten Reisenden aus der Bundesrepublik spätestens dann auffallen wird, wenn er den vertrauten Gang in die Kneipe vorschlägt: Dieses Kernstück alternativer Geselligkeit gibt's auch kaum in Rom – bis auf wenige Ausnahmen im Zentrum. Und für die kulinarischen Freuden der etwas deftigen römischen Küche reicht das knappe Geld nur selten.

Unter die Rubrik «la vita cara» fällt schließlich noch ein anderes internationales Heiligtum des Vergnügens: die Disco. Tanzböden, die eine billige Alternative zu den hochtechnisierten Stätten des Saturday Night Fever bieten, sucht man in Rom so gut wie vergeblich. Was also machen die Jugendlichen, die ohne Schecks von Papa leben müssen, in ihrer Freizeit?

Halbversteckte Treffs

Stößt man Samstagnacht, sagen wir in der Nähe der Engelsbrücke, auf eine Gruppe schwarzgewandeter Gestalten mit ruppig abstehendem Kurzhaar, sind die möglichen Alternativen für ihr Treiben schnell aufgezählt. Die aus dem nächtlichen ruhigen Stadtbild herausstechenden Punks könnten gerade ihr Abendessen in einer Trattoria beendet haben, die in dieser Gegend nicht allzu teuer sind; oder sie haben sich, was wahrscheinlicher ist, in einer der wenigen Bars, die erst um Mitternacht schließen, die Zeit um die Ohren geschlagen und gehen jetzt einfach nach Hause. Folgen wir der Truppe ein Stück, sehen wir vielleicht, wie sie in zwei alte Fiats steigen. Dann sind unsere einsamen Punks vermutlich aus einer der vielen Schlafvorstädte ins Zentrum gekommen, weil hier wenigstens noch ein paar Lichter an sind. Oder aber – letzte und für Rombesucher interessanteste Alternative: Sie haben sich bei einem Freund getroffen, dort vielleicht eine «spaghettata» reingezogen und auf die Stunde gewartet, sich mit ihresgleichen zu versammeln. Der Ort dafür, wenigstens am Wochenende, existiert immerhin und hört auf den Na-

men *Uonna* (menschenfreundliche Mischung aus «uomo» und «donna»). Hier treffen sich bis in den frühen Sonntagmorgen Skinheads, Punks, New Romantics und was die Szene der achtziger Jahre sonst noch vorzuweisen hat. Vielleicht 400 bis 500 Leute aus ganz Rom, meint der Discjockey. Das Eden für die Vergnügungssuchenden mit «Metallohren» liegt allerdings weit außerhalb, an der Ausfallstraße Cassia, noch hinter der Tomba di Nerone. Die erste Punk-Disco in Rom, das «Metall-X», wurde 1979 eröffnet – und kurz darauf wieder geschlossen, von oben. Nicht anders erging es dem weiträumigen «Tube», das auch mehrere Übungsräume für die gegen Ende der 70er Jahre zahlreicher werdenden Rockgruppen in den Kellern beherbergte. Auch das «Tube» wurde, wie andere, kleinere Räume, angeblich wegen Drogenproblemen zugemacht. Seitdem stehen die Amateurgruppen auf der Straße. Die derzeitige Ebbe hat nicht einmal ein Dutzend von ihnen überlebt.

Auf der Straße trifft man und treffen sich auch diejenigen, über die anderswo als Protagonisten einer neuen Jugendrevolte sinniert wurde.

Am frühen Abend, bei Geschäftsschluß gegen sieben Uhr, schlägt die Stunde der Skinheads. Ihr Treffpunkt: eine Straßenecke wie hundert andere an der großen Via Tuscolana, gleich hinter dem gleichnamigen Bahnhof. Vorstadt-Atmosphäre schon hier. Die Punks, heißt es gerüchteweise, haben ihren Treff etwa zur gleichen Zeit vor der Birreria Peroni mitten im Zentrum, einem Lokal mit der zärtlichen Ausstrahlung bayrischer Bierstuben. Andere Zirkel, andere Treffpunkte – von diesen unscheinbaren rituellen Räumen, die in der Stadtgeographie versteckt sind, dürfte es sehr viele geben. Eine Halböffentlichkeit, in die man nicht einfach eintreten kann wie in ein New Wave-Café, unverständlich für den Fremden, wie das Ritual des abendlichen Corso-Bummels in den kleineren Orten in ganz Italien. Zu einer bestimmten Stunde des Ta-

ges flanieren alle auf und ab. Nur, daß diese «modernen» Treffpunkte, diese alten, neuen Räume der Öffentlichkeit nicht mehr vor aller Augen sind. Sie sind zwar da, aber gehen zu dieser Zeit des Tages in der Flut von Autos und Lärm unter.

Treffpunkte, die sich die andere, die touristische Seite Roms als Kulisse zu eigen gemacht haben, gibt es vor allem auf den Plätzen des alten Zentrums, die für den Verkehr gesperrt sind: Piazza della Rotonda vor dem Pantheon – die Preise der Bar verraten es schon: Hier sammeln sich die reicheren Vorstadtbürger. Piazza San Calisto und Santa Maria in Trastevere – hier deuten die Löffel in den Bars auf etwas anderes hin: Sie haben Löcher, damit die Fixer sich ihren Schuß woanders bereiten. Piazza Navona – die reicheren Leute, die heute dort wohnen, regen sich darüber auf, daß sich die falschen Leute dort aufhalten: Von den japanischen Touristen über die Mailänder Manager bis zu den Freaks aus Centocelle. Trotz der hohen Preise und des langsamen Verschwindens aller einfachen Läden, trotz der Polizeirazzien, mit denen man hier im Sommer rechnen muß.

Immer wieder ist es «die Droge», die als Begründung für Eingriffe von oben herhalten muß. In Gegenden wie der ehemaligen Vorzeigeavenue Via Veneto, wo in den Cafés und Bars der nobleren Klassen reichlich von der Modedroge Kokain genascht wird, hört man von den spektakulären Polizeieinsätzen nichts. Der angeblich gegen das Rauschgift Heroin gerichtete Griff der Polizei hat jedoch alle Orte in dieser Stadt erfaßt, die von der Norm abweichen – bis auf das Frauenzentrum vielleicht. Und weil das in Rom wenige sind, fällt der Zugriff mehr ins Ge-

wicht als in anderen europäischen Städten. Seit zum Beispiel der Rock- und Schwof-Keller «Deja-Vu» in Trastevere geschlossen wurde, gibt es in der Innenstadt einfach keine Disco mehr, wo einen die Lasertechnik nicht erschlägt oder der synthetische Rhythmus den Herztakt durcheinander bringt. Obwohl mit dem nötigen Kleingeld auch ein Abend im *Piper* oder *Histeria* unterhaltsam sein kann.

Elend der Vorstädte

Die «coatti» allerdings wird man in diesen Nobelschuppen nicht finden. Das Slangwort, das soviel heißt wie Gefangensein im Knast oder in den zu engen Grenzen der eigenen Wirklichkeit, bezeichnet den ruppigen Vorstadttypen, der rumhängt, vielleicht dealt oder Autos klaut, der Randale macht, wenn seine Fußballmannschaft verliert, oder der Touristen im Zentrum nervt. Oder vielleicht gar nichts tut, weil er die Schnauze einfach gestrichen voll hat. Seine Viertel, das sind die Stadtteile der Peripherie wie Centocelle, Tiburtina oder auch EUR, Torre

Spaccata oder Cinecittà. Dort zu wohnen und keinen Job zu haben – und 70 000 Jugendliche unter 24 sind arbeitslos –, heißt rumhängen – freie Bahn dem Flipper und den Videogames. Unterhaltung, die sich in der Bar irgendeiner Piazza abspielt. Im Hochhausquartier Collatino an der Ausfallstraße Tiburtina (aus der Serie «Spekulationserfolg der 50er und 60er Jahre»), dort zum Beispiel, so erzählt Sandrino, machen die meisten Bars am Abend zu. Und dann ist wirklich «dicht». Vier Bars haben

im Umkreis des Radios, wo Sandrino arbeitet, auch noch bis spät in die Nacht auf. Aber die seien ungenießbar, meint er, wenn du nicht gerade an der Spritze hängst. Heroin kann man dort überall kaufen.

«Warum fahren die Jugendlichen aus der Peripherie so oft ins Zentrum? Was fehlt in ihren Vierteln?» fragte sich die römische Stadtverwaltung in ihrem hauseigenen Monatsblatt und ließ auch gleich die Antwort einiger Jungrömer abdrucken. Meinte die siebzehnjährige Paola, Verkäuferin: «Ich wohne in Boccea, und mit meinen Freunden verbringe

ich die meiste freie Zeit im Zentrum, vor allem sonntags. Der 46er Bus ist dann auch knallevoll durch uns. Wenn es mehr Bars, Discotheken oder Jugendzentren gäbe, würden wir vielleicht mehr im Stadtteil bleiben.» Oder Norma, neunzehnjährige Studentin: «In meinem Viertel, Pineta Sacchetti, gibt's einen schönen Park, wo wir aber nie hingehen, auch weil es dort keine Sportanlagen gibt. Und dann gibt es da eine Menge Drogen, die vor allem aus Primavalle kommen. Das ist davon buchstäblich überschwemmt, auch unter den ganz Jungen. Ich gehe lieber in den Park der Villa Pamphili, wenn schönes Wetter ist.»

Arbeitslos zu sein kann genauso ein Grund sein wie eine Scheißarbeit, um an der Heroinspritze zu landen. Diese Plastikdinger sind im Stadtbild zu Elendsdenkmälern im Wegwerfstil geworden: Unter dem Bogenportal der Chiesa della Pace kann man sie finden; der Aufstieg zum Gianicolo am Ende der Via Garibaldi ist übersät mit den manchmal leicht rot befleckten Hülsen. Oft schreckt in irgendeiner der kleinen Gassen im Dämmerlicht zwischen zwei Autos jemand auf – mit der Spritze in der Hand.

Nachgeborene der Revolte

Jugendliche in einer Großstadt. Das Durcheinander ihres Alltags läßt sich nicht aufschreiben, die vielen privaten Versuche, einen nervigen Alltag zu füllen, schon gar nicht – in Rom genausowenig wie anderswo. In Rom sind die Räume dieser Alltagsversuche unscheinbarer, weniger gut und doch auch leichter zu entdecken – weil sie eher auf der Straße liegen. Die große Hausbesetzerwelle der früheren Jahre in Am-

sterdam, Berlin, Zürich ist an Rom
spurlos vorbeigegangen. Proletarische Familien, und kaum Jugendliche, kämpfen hier, fast ganz «normal», seit Jahren schon um ihre vier
Wände – auch per Besetzung: in der
Magliana zum Beispiel oder draußen
an der Via Cortina d'Ampezzo.

Jugendliche in der Großstadt
Rom. Einen gewissen Platz können
die Kommunistische Partei mit ihren
Jugendorganisationen und die Kirche in ihrem Leben einnehmen.
Meint Monsignore Luigi Di Liegro,
Verantwortlicher für die freiwilligen
jugendlichen Sozialhelfer der Kir-
chengemeinden: «Wir sind heute in
den Stadtteilen und Pfarreien stärker als in den 70er Jahren. Die 68er-
Zeit ist mit Verbitterung und Enttäuschung zu Ende gegangen, aber
die Energien von damals sind unter
den Jugendlichen noch wach. Und
auch der Wille, sie für eine Veränderung einzusetzen, ist noch da...»

Und die Kirche bietet dazu die Instrumente und die nötige Ideologie.

Die Ideologien haben ansonsten
einen schweren Stand unter den
Nachgeborenen der Revolte. Auch
die linke Bewegung kann nur mit
praktischer Arbeit noch etwas be-
schicken. Das zeigt beispielsweise
die Geschichte des Circolo Castello,
eines Sportzirkels, der seinen Sitz
seit Jahren an der Piazza Dante in
einem quartiere popolare unweit des
Hauptbahnhofs hat. Sport ist für die
römischen Jugendlichen keineswegs
Nebensache. Die Möglichkeit, sich
ohne Gängelung durch die meist
parteigebundenen Vereine auszuto-
ben, bekamen sie allerdings erst
1976, als die kommunistische Stadtverwaltung die Sportanlagen für alle
öffnete. Gegen die Vereinsmeierei
war damals auch der linksradikale
Circolo Castello mit der Parole
«Sport für alle» angetreten und hatte
die Sporthalle in der Via Sannio besetzt. Das ältliche, aber weitläufige
Gemäuer in der Nähe der Lateranbasilika war früher Trainingsstätte
für ein paar Fechter, seit der Besetzung ist es zum Treffpunkt für den
Stadtteil geworden, zumindest für
alle Leute, die sich bewegen wollen.

Zuletzt organisierte der Circolo zehn Sportanlagen in ganz Rom. Das war 1981, danach überließen sie das den Leuten aus dem jeweiligen Viertel.

Dazwischen lag eine lange «politische» Phase. Auf allen Versammlungen in den Jahren der «Bewegung», bei den Stadtindianern, bei den gewaltsamen Demos waren sie dabei. Der Preis war hoch zum Teil: Drei aus der Handballgruppe, die es bis zur zweiten Landesliga geschafft hatten, wurden 1982 unter Terrorismus-Verdacht verhaftet.

Heute ist von den alten Strukturen des Castello-Zirkels nicht mehr viel geblieben. Und doch hat er konkrete Ergebnisse vorzuweisen. Er hat eine Kooperative ins Leben gerufen, die dreißig Leuten Arbeit gibt. In Primavalle, einer der öden Vorstädte Roms, organisieren noch heute Jugendliche die Sporthalle, die sie 1977 zusammen mit dem Circolo besetzt hatten. Und der harte Kern des Circolo macht immer noch in der Via Sannio Kurse für die Bewohner des Viertels. Der revolutionäre Schwung ist hin, aber die Freude an der Bewegung ist geblieben. «Wir spielen halt und machen irgendwas.»

Andreas Rostek

In der kämpferischen Zeit Ende der 60er und Anfang der 70er Jahre blieb Rom noch am Rande der Ereignisse: Die großen Fabrikbesetzungen fanden im Norden statt, die oft genannten Schwerpunkte der sozialen Kämpfe hießen Mailand, Turin, Porto Marghera, Genua. Rom galt weiterhin als schmarotzender politischer Überbau mit einem Heer von Beamten, Militärs und zahllosen Zuwanderern aus dem Süden und der Campagna: Ohne Klassenbewußtsein waren sie in der Hoffnung gekommen, dank irgendeines Bekannten oder Verwandten, der bereits in der Hauptstadt lebte, dort ihr Glück im Handel oder mit Gelegenheitsarbeiten zu machen. Die Borgate mit ihren miserablen Dauerprovisorien zum Wohnen waren das sichtbare Abbild dieser Situation. «Arbeiter gibt's in Rom eigentlich nicht, höchstens am Bau und ein paar kleinen Betrieben der Umgebung» – in linken Kreisen war man sich klar darüber, daß Rom schwerlich in den Klassenhimmel kommen konnte, weil es ja keine Seele besaß.

Und doch begann die revolutionär gesinnte Linke damals, Rom interessant und wichtig zu finden. Keine größere Organisation konnte es sich mehr leisten, in Turin oder Mailand ihren Schwerpunkt zu haben und Rom zu vergessen. Denn die Ge-

ABSCHIED VOM GESTERN

Die wilden Siebziger

meinde- und Regionalwahlen vom Sommer 1975 hatten inzwischen gezeigt, daß der Wille zur sozialen und politischen Veränderung nicht mehr nur auf die Hochburgen der Arbeiterschaft beschränkt war, sondern Millionen von Menschen auch in Städten wie Rom und Neapel, in Regionen wie Apulien, Sizilien, Sardinien erfaßt hatte. Wer sich mit dem Ganzen, nicht nur mit den Teilen beschäftigen wollte, mußte auch die hohe Politik in Betracht ziehen – und das hieß Rom.

Ich hatte das Glück, Rom sozusagen von unten und von oben kennenzulernen. Als Redakteur der linksradikalen Tageszeitung «Lotta continua» und Mitarbeiter im damaligen zentralen Stab der gleichnamigen

Organisation erlebte ich Rom als sensiblen Mittelpunkt sämtlicher sozialer und politischer Spannungen und Erschütterungen, die damals Italien zum Traumland für alle Bewunderer sozialradikaler Massenbewegungen gemacht hatten. Die Revolution in Portugal, der Kampf der Griechen gegen ihre Obristen, der Widerstand chilenischer Flüchtlinge gegen die Putschisten – all das war in Rom hautnah zu spüren, und zugleich erlebte man die Verwandlung einer Verwaltungsstadt mit ihrem parasitären Schlendrian in einen Schauplatz sozialer Organisierung und Auseinandersetzung. In San Basilio, in der Magliana, im Quartiere Tiburtino, in Primavalle wurden leerstehende Wohnblocks notorischer Spekulanten besetzt, und wenn die Polizei räumen wollte, standen ganze Viertel dagegen auf. Die vielen Bittsteller vor Behördentüren bemühten sich nicht mehr in erster Linie darum, einen kleinen individuellen Vorteil zu erschleichen – den Posten als Amtsdiener, die wohlwollende Punktierung des Antrags auf eine Sozialwohnung –, sondern begannen, organisiert auf den Straßen und Plätzen aufzutauchen. «Von oben», das heißt aus dem höchst lebendigen Observatorium der Zeitungsredaktion, war dies und vieles mehr greifbar zu erleben: mitmachen und schreiben waren kaum zu trennen. Rom «von unten» konnte ich erleben als Lehrer in einem Vorstadtgymnasium am südlichen Stadtrand, wo ich mir damals mein Brot verdiente. Da sah alles noch einmal anders aus, und die «echten» Römer, die dort lebten, kannten Trastevere oder das Judengetto in der Altstadt viel weniger als ich, der Fremde. Die meisten meiner Schüler stammten aus Familien, die erst vor wenigen Jahrzehnten nach Rom gezogen waren, als Beamte, Polizisten, Händler, Facharbeiter, Versicherungsagenten, aber schon zur Oberschicht in Cinecittà oder Torre Spaccata, Appio Latino oder Tuscolano gehörten. Mein Arbeitsplatz am «XXIII liceo scientifico» ließ mich diese Viertel von innen her kennenlernen und ihr Leben mitmachen.

Lotta continua

Rom damals: Es gab kaum einen Samstagnachmittag, an dem nicht eine Demonstration stattgefunden hätte. Von den ganz großen mit Leuten aus ganz Italien zwei- bis dreimal im Jahr, wo der Kopf des Zuges schon die Piazza Navona oder die Piazza del Popolo erreicht hatte, während immer noch Abertausende in der Bahnhofsgegend auf den Abmarsch warteten, bis zu den zahllosen «presídi antifascisti» oder den «Massenabordnungen», die etwa den Zugang für die Allgemeinheit zu einem Park oder die Errichtung öffentlicher Verkaufsstellen von Lebensmitteln zu kontrollierten Preisen forderten.

Eine der Voraussetzungen und zugleich Folgen der Bewegung war ein sehr dichtes Kommunikationsnetz. Tausende von Wandaufschriften, Hunderttausende von Flugzetteln, etwa ein halbes Dutzend privater Radiosender, die seit 1976 legal senden durften, drei Tageszeitungen der Linken außerhalb der Kommunistischen Partei – jeder wußte immer sofort, wo was los war und wo man mittun konnte. Jede Demonstration konnte sozusagen live verfolgt werden, da die Mitarbeiter der freien Radios jede der spärlich vorhandenen Telefonzellen nutzten, um alle Hörer ständig auf dem laufenden zu halten. Irgendwie glaubte man zu spüren, daß eine alte Ordnung in den letzten Zügen lag und eine neue fast schon in Griffweite war. Was in Portugal geschah oder für Spanien nach Franco erwartet wurde, würde in Italien sicher weit übertroffen. Alle wußten, daß die christdemokratische Herrschaft – zumindest über Rom – in den letzten Zügen lag, und tatsächlich übernahm im Sommer 1976 eine linke Mehrheit aus Kommunisten und Sozialisten das Kapitol.

Selbst Soldaten, «Proletarier in Uniform», konnte man damals in Demonstrationszügen sehen: anfangs vermummt, später ganz offen. Und als der Feminismus endlich

Ich hasse euch Römer
ich hasse euch alle
schmutzige Bande von Hehlern und Heuchlern
recht und schlecht verkleidet
als Intellektuelle und Heilige
ich hasse euch Römer alle miteinander.

Falsch seid ihr wie Judas
aber mit Judas schmeichelt man euch noch
ihr lebt wie in vorchristlichen Zeiten
und behandelt die Armen
wie eure Vorväter die ersten Christen
ich hasse euch allesamt, ihr Römer.

Ich hasse euch Römer
ich hasse euch alle
Verschwender seid ihr, müde Geborene
eine Last der Nation
dreckiges Volk
ich hasse dich, großes verkommenes Rom

Auf die Kanaldeckel schreibt ihr immer noch
wie in der Antike SPQR
schaut euch doch an, ihr falschen dottori
weich seid ihr wie faule Feigen
und vergessen ist der Stolz der Krieger
ich hasse euch Römer
auch verkleidet bleibt ihr alle Schurken
ich hasse euch Römer, ich hasse euch alle.

«Euch Römern» von Alberto Fortis. Song, der im Staatsfunk RAI nicht gesendet werden durfte.

auch in Italien ausbrach, konnte man dies Ende 1975 in Rom spürbar erleben. Die erste große Frauendemonstration verwehrte den Männern den Zutritt – und klassenbewußte Revolutionäre aus Roms südlichen Vororten wurden handgreiflich, um den Hauptwiderspruch zwischen Arbeit und Kapital nicht so ohne weiteres durch die Dialektik zwischen den Geschlechtern verdrängen zu lassen.

Besetzte Häuser wurden nicht nur in revolutionärer Selbstverwaltung den bedürftigen Familien zugewiesen, sondern auch mit «murales» nach chilenischem Vorbild verschönert: lange noch konnte man in Tor di Nona, am linken Tiberufer in der Altstadt, Reste davon sehen.

An unserer Schule gab es damals einen Abendkurs für Arbeiter und Hausfrauen. Die Initiative war von gewerkschaftlich organisierten Lehrern ausgegangen, die in Zusammenarbeit mit dem «consiglio di zona» handelten, ein von der Gewerkschaft ins Leben gerufener Koordinierungsrat auf Gebietsebene, der quer durch die Fachgewerkschaften ging. Dieser «consiglio di zona» war das gewerkschaftliche Gegenstück zum unabhängigen und eher radikal-links orientierten «comitato di quartiere», dem Stadtviertelkomitee. Die Erfahrung mit dem Abendkurs war sehr aufschlußreich: Die Leute vom «comitato di quartiere» sahen dieses Experiment als zu wenig bedeutsam an, um Energien zu investieren. Der Kontakt zwischen Schülern und Arbeitern sollte mehr im Kampf als im Lernen hergestellt werden. Die Gewerkschaft sah ihrerseits mit Mißtrauen, daß der Kurs ein Terrain betrat, das in den Tarifverträgen nicht vorgesehen war, nämlich Oberschulbildung

für Arbeiter. Im Kurs selber waren vor allem die Frauen aktiv dabei, weil es eine Gelegenheit war, aus der Familie auszubrechen. Als bekannt wurde, daß Gewerkschaft und Schulamt für den Kursbesuch kein Zeugnis ausstellen würden, ging das Interesse zwar zurück, aber ein harter Kern machte trotzdem weiter.

Immer wieder gab es Auseinandersetzungen mit Faschisten – auch bewaffnete. Rom war traditionell eine Hochburg neofaschistischer Gruppierungen, und die Polarisierung zwischen links und rechts eskalierte rasch in gewaltsamen Zusammenstößen mit zahlreichen Opfern auf beiden Seiten. Daß die Faschisten dabei meist auf ein gewisses Wohlwollen der Polizeiorgane zählen konnten, war den Linken zwar bekannt, wurde aber nicht immer genügend in Betracht gezogen. Antifaschismus wurde meist militant betrieben – ohne Rücksicht auf Verluste.

Wut und Gewalt

Ab 1977 wurde vieles anders. Die Zuspitzung sozialer Konflikte und Erwartungen machte einer tiefen Enttäuschung Platz. Schuld an allem waren die Kommunisten – so zumindest schien es vielen radikalisierten Jugendlichen, Arbeitern, Arbeitslosen und Intellektuellen. Das ganze Potential, das sich durch jahrelange Mobilisierung gebildet und 1976 in einem Linksrutsch bei den allgemeinen Wahlen ausgewirkt hatte, wurde nun, wie sie meinten, von der Kommunistischen Partei verschleudert: durch übervorsichtiges Taktieren mit den Christdemokraten im «historischen Kompromiß» und durch ständiges Abwiegeln der inzwischen ungeduldig gewordenen Basis.

Abgekippte Bewegung: von kurzer
Militanz in lange Repression ▬▬▬

Andere Ursachen, die den erhofften Umschwung verhinderten, wurden, wenn überhaupt, erst später wahrgenommen. Vorerst kam vor allem die Wut über die «zahnlose Führung» der Kommunistischen Partei und der von ihr beeinflußten Gewerkschaftsspitze zum Ausbruch – heftig, aber ohnmächtig.

In knapp zwei Jahren durchlief die Bewegung eine steile Parabel. Die Demonstrationen wurden in kurzer Zeit gewaltsam, Provokationen auf beiden Seiten beschleunigten die Eskalation, es gab immer häufiger Tote und Verletzte. Bei den immer häufigeren Demonstrationsverboten wagten sich nur noch hochpolitisierte militante Aktivisten auf Straßen und Plätze. Auch die kurzlebige autonome Studentenbewegung von 1977, in der neben den Studenten und Schülern auch arbeitslose Jugendliche eine wichtige Rolle spielten, konnte es trotz manch kreativer Ansätze nicht verhindern, daß meist die bewaffneten Aktionen einzelner, der «Brigate rosse» und ähnlicher Gruppen, den Ton angaben. Das schuf ein ideales Terrain für eine harte und bis heute im Stadtbild sichtbare Polizeirepression.

Die Moro-Entführung im Frühjahr 1978 setzte einen Schlußpunkt. Ohne den Segen von Partei, Gewerkschaft und Institutionen ließen sich die eigenen Hoffnungen und Bedürfnisse kaum noch auf die Straße tragen – und Parteien, Gewerkschaften und Institutionen rückten im Zeichen der terroristischen Bedrohung gegen jede Art von Radikalisierung eng zusammen.

Heute sieht Rom wieder sehr viel anders aus. Die großen Veränderungen der 70 Jahre haben sicher ihre Spuren hinterlassen – allerdings sieht man sie in seltenen Fällen direkt. Das linksradikale Kommunikationsnetz ist weitgehend verlorengegangen; Demonstrationen gibt es kaum mehr, und selbst die vielen Maueraufschriften werden nach und nach systematisch gelöscht; Häuserbesetzungen werden – wenn's immer noch jemand versucht – im Keim erstickt; in den Schulen herrscht wieder die alte Ordnung aus Lernfleiß und Gleichgültigkeit; Basiskomitees in Stadtvierteln oder auf Gewerkschaftsebene sind nur noch eine mehr oder weniger deutliche Erinnerung.

Dafür fordern viersprachige Plakate der Gemeinde Einheimische und Fremde auf, die Stadt sauberzuhalten; im Sommer gibt es ein international berühmtes und tatsächlich sehr ansprechendes Unterhaltungs- und Kulturprogramm im Freien, das Tausende in den Circo Massimo oder in den Park der Villa Borghese lockt. Und jeden Mittwoch kommt der Verkehr zum Erliegen – nicht wie früher am Samstag durch Demonstrationen, sondern durch den massenhaften Zulauf zu den wöchentlichen Generalaudienzen des polnischen Papstes.

Alexander Langer

EIN REST VON BASIS

Die Entdeckung der Umwelt

«Prendiamoci la città» – wir nehmen uns die Stadt! Das Wandbild bei der Piazza Tor di Nona ist verblaßt und wer weiß, ob es morgen noch zu sehen ist. «Prendiamoci la città» kennzeichnet die Aufbruchstimmung der 70er Jahre, die im großen Sieg der Kommunisten bei den Kommunalwahlen 1976 mündete – und auslief. Dann kam die Ernüchterung, politisch-parlamentarischer Alltag. Die Hoffnungen der Bewegung erstickten zwischen der in Behörden eingezwängten historischen Linken und den Schußwechseln von Terroristen und Polizisten. Italiens bleierne Zeit

begann, und Rom war auch hier Hauptstadt.

Nach sieben bitteren Jahren, in denen der «movimento» im Privatleben zerbröckelte, zeichnete sich Neues ab. Getragen vom kalten Nordwind kamen Ideen und Organisationsmuster nach Rom. Die Friedensbewegung begann sich zu formieren, es gab wieder Demonstrationen, in der Schule wurden wieder Vollversammlungen einberufen, an der Uni fingen die Studenten an, nicht nur an Examina zu denken. Dabei stießen die neuen Gruppen aber auf erheblichen Widerstand der katholischen Massenorganisationen wie Comunione e Liberazione, die die von der Linken seit 1977 kampflos geräumten Stellungen eingenommen hatten.

Von Norditalien kam auch das grüne «Unkraut», doch bevor Atomkraftwerke, Umweltverschmutzung und die sinkende Lebensqualität der Stadt zum Thema wurden, floß noch viel verdrecktes Tiberwasser seinen Weg.

In der Hauptstadt Rom sind die klassischen Umweltschutzvereinigungen mit ihren Zentralen präsent. *Italia Nostra* und *WWF* (die italienische Sektion des World Wildlife Found) kümmern sich um den Schutz des kulturellen und landschaftlichen Bestands. Sie hielten sich lange aus Diskussionen um grüne Listen heraus, bemerkten aber dann, daß sie auf politische Stellungnahmen doch nicht ganz verzichten können. Inzwischen sind Äußerungen, die einst nur sanft Mißstände anprangerten, schärferen Tönen gewichen: «Der Kampf um ein sauberes Meer, bessere Luft und eine saubere Erde ist eine Schlacht, die man nicht alleine gewinnen kann.»

Die Sympathisanten der grünen Bewegung finden sich in allen linken Parteien, von der PCI zu den Sozialisten, von der Democrazia Proletaria bis zum Partito Radicale. Diese Parteien, allen voran die KPI, sahen das Grüne als Konkurrenz und reklamierten die Farbe erst mal für sich. «Die grüne Partei» zieht sich also durch das ganze offizielle linke Spektrum und die grüne Liste mit ihrem Qualitätssiegel der «lachenden Sonne» ist darüber nicht unglücklich.

Die innerhalb der linken Freizeitorganisation *ARCI* operierende *Lega per l'Ambiente* gehört zum Dunstkreis der KPI und muß den Widerspruch zwischen grüner Unabhängigkeit und Parteianspruch schmerzlich in sich austragen. Ein schwieriges Manöver innerhalb der eigenen Reihen war für sie die Unterschriftensammlung zum Jagdreferendum, um das völlig ungeregelte Jagdchaos in Italien zu verändern. Innerhalb der *ARCI* stieß sie nun aber auf die alteingesessene Jagdgruppe ARCI – Caccia, die dort als eine der vielen Freizeitvereinigungen organisiert ist. Mit ihren Initiativen zählt die *Lega per l'Ambiente* in Rom zu den aktivsten Gruppen, die für das grüne Bewußtsein operieren. Außer Diskussionsveranstaltungen und Seminaren bietet sie mit ihrer Gruppe «Pedale verde» Fahrradausflüge in die Umgebung Roms an und Rundfahrten innerhalb Roms zu bestimmten Schwerpunkten: das barocke Rom, das päpstliche Rom usw. Auch die weniger an Kunst und Geschichte Interessierten kommen auf ihre Kosten: Eine Saturday-Night-Tour senkt das Fieber mit den köstlichsten Eissorten – die besten römischen Eisdielen werden per Rad besucht.

Eine kleine Initiative, unseren Bürgerinitiativen vergleichbar, erzielte mit zäher Ausdauer im Viertel Appio Latino einen Erfolg, der vor wenigen Jahren für Rom noch undenkbar erschienen wäre. Die Grünzone zwischen Via Latina und Via Appia Antica, das Tal der Caffarella, wurde nach jahrelanger Benutzung als riesiges Schuttabladegelände von Bauschutt und Müll geräumt. Schafe und Kühe grasen nun nicht mehr zwischen kaputten Kacheln, sondern tatsächlich zwischen sanften, grünen Hügeln. (Siehe *Spurensicherung*)

Eine andere grüne Gruppe nennt sich *AAM – terra nuova* und gibt eine

No grazie: Anti-AKW-Demo beim Bauplatz Montalto di Castro ■■■

gleichnamige Zweimonatszeitschrift heraus. Sie kümmert sich um agricoltura, alimentazione und medicina naturale, um alternative Formen der Landwirtschaft, der Ernährung und die Naturmedizin. Ihr Laden in der Innenstadt, *L'Albero del pane*, ist nicht nur Mekka für alle Honigfreunde (über 20 Sorten), sondern Infostelle für Land- und Stadtfreaks, die geistig und materiell Neuland, terra nuova, suchen.

Lange Zeit wurden Naturkostläden fast als Geheimtips gehandelt. Inzwischen gibt es ein gutes Netz über die gesamte Stadt verteilt. Die Kaufhauskette Standa hat in ihrer Lebensmittelabteilung eine grüne Ecke mit Naturkost eingerichtet. Die Zeitung «Repubblica» führt in ihrer Samstagsbeilage eine Extra-Rubrik «Il verde» auf. Mit großer Verspätung werden Glascontainer aufgestellt. Belächelte man noch in den letzten Sommern die schwitzenden Touristen auf Fahrrädern, so tritt mancher Römer jetzt selbst in die Pedale. Die grüne Welle ist angekommen. Was tatsächlich bleibt, wenn sie wieder zurückschwappt, wird sich zeigen.

■■■■■■■■■■■■■ *Maria Morhart*

NACH DEM AUFSTAND

Frauen in Rom

Wer Rom und den Mezzogiorno vor der Frauenbewegung nicht kannte, hat leicht den Eindruck, hier herrschten im Beziehungs- und Familienleben unverändert patriarchalische Zustände. Verglichen mit Mitteleuropa – und dazu gehört auch Norditalien –, wirkt die römische Männergesellschaft auf den ersten Blick ungebrochen. Noch immer pfeifen, buhlen und balzen sie, wo immer eine hübsche Frau auftaucht. Aber der erste Blick täuscht. Was du siehst, sind Rückzugsgefechte eines geschlagenen Helden. Mach die Probe aufs Exempel: Dreh dich strahlend nach dem Mann um, der dir nachpfeift, und er blickt verwirrt zur Seite. Sag dem, der mit dir anbandeln will, du hättest große Lust

auf ihn, und seine wird ihm vergehen. Denn vor nichts hat er mehr Angst als vor unabhängigen Frauen, seit ihm die Feministinnen demonstriert haben, wie weit sie auch ohne ihn kommen.

Besonders in Rom. Es ist kein Zufall, daß die revoltierenden Römerinnen Mitte der 70er Jahre so etwas wie ein Symbol der militanten Frauenbewegung Europas waren. Von allen italienischen Städten ist Rom immer diejenige gewesen, in der politische Bewegungen sich sofort die Straße erobern, während man im Norden zurückhaltender ist. So traten die Römerinnen auf Frauendemos denn auch nicht zu Hunderten, sondern zu Hunderttausenden an. Und ihre Lieder waren zündender, ihr Spott beißender und ihre Erfolge unmittelbarer als anderswo. Ihr Protest trug 1974 entscheidend dazu bei, daß das kurz zuvor in Kraft getretene Scheidungsgesetz nicht wieder von Kirche und Christdemokratie per Referendum abgeschafft wurde. Ihr Kampf für freie, kostenlose Abtreibung zwang 1976 eine Regierung zum Rücktritt. Ihre kollektiven Austritte aus den außerparlamentarischen Linksparteien stürzten diese in tiefe Krisen oder führten, wie bei Lotta continua, zur Auflösung. Ihre Präsenz war so unübersehbar, daß sich niemand leisten konnte, sich nicht mit ihnen zu beschäftigen. Es war, als hätte eine große, kollektive Explosion das Land erschüttert.

Das Ende jener stürmischen Massenbewegung ist genau datierbar. Anfang 1978 war die straffreie Abtreibung, erste große Forderung aller neuen westlichen Frauenbewegungen, erkämpft. Zwar blieb die verabschiedete Fristenlösung hinter den Forderungen der italienischen Feministinnen zurück, aber sie war ein Anfang. Vermutlich wäre damals den kämpferischen Jahren eine Phase des Atemholens und des Weiterdenkens gefolgt, wie überall in Europa. Aber im Mai jenes Jahres wurde Aldo Moro von den Roten Brigaden ermordet. Wenig später war die Frauenbewegung, war ihr für Außenstehende wahrnehmbarer Teil von der Straße verschwunden.

Das Ausmaß der staatlichen Repression, die dem Moro-Mord folgte, ist über ein Jahrzehnt später kaum mehr vorstellbar. Rom, wo bis dahin drei Demos am Tag keine Ausnahme waren, glich einer belagerten Stadt. Tausende von Verhaftungen lähmten eine politische und kulturelle Szene, der auch die Femi-

nistinnen angehört hatten. Angst und eine um sich greifende Hysterie erstickten sämtliche Bewegungen, die sich, wie auch immer, als autonom begriffen. Auch die Massenbewegung der Frauen.

Die Feministinnen tauchten ab in die Theorie. In Wahrheit war die italienische Frauenbewegung von Anfang an, verglichen etwa mit der deutschen, viel weniger auf praktische Errungenschaften wie selbstverwaltete Häuser für geschlagene Frauen ausgerichtet. Sie lehnte Dienstleistungsfunktionen kategorisch ab. Ihre Aufgabe sollte nicht sein, Versäumnisse des Staates auszubügeln, sondern den gesetzlichen Rahmen dafür zu erkämpfen, daß Frauen sich selber helfen konnten. Als Folge der Repression verstärkte sich diese Tendenz. Gleichzeitig entstand ein beachtlicher kultureller Überbau: Im Frauenzentrum *Buon Pastore* im Stadtteil Trastevere leisteten und leisten zahlreiche Frauenkollektive kulturelle Forschungsarbeit. Seit über zehn Jahren besteht dort die «Frauenuniversität» Virginia Woolf, wo hochqualifizierte Frauen Seminare und Vorlesungen abhalten. Ebenso ist ein gut ausgestattetes Dokumentationszentrum zur Geschichte der Frauenbewegung entstanden, zu dem alle Frauen Zugang haben, die an diesem Thema arbeiten. Im Frauentheater *La Maddalena* finden zwar nur noch sporadisch Aufführungen statt, dafür aber regelmäßig Kurse für künftige Autorinnen und Drehbuchschreiberinnen. Daneben existieren zahlreiche Kollektive und mit teilweise öffentlichen Geldern finanzierte Forschungsgenossenschaften.

Wer sich über den theoretischen Stand der Diskussion in Italien ein Bild machen will, findet im Frauenbuchladen *Al tempo ritrovato* reichlich Material. Unter den sieben feministischen Frauenzeitschriften ist als einzige «Noi Donne» leicht lesbar, wenn auch durchaus anspruchsvoll, während sich «Fluttuaria», «Lapis», «Leggere Donna», «Memoria», «Reti» und «Donna/Woman/Femme» vorwiegend mit Theorie beschäftigen. Aber der Frauenbuchladen ist nicht nur für Lektüre gut: Neben der allabendlich geöffneten Bar des *Buon Pastore* ist der kleine Laden an der Piazza Farnese der einzige Ort in Rom, wo Besucherinnen sich in Ruhe einschlägig informieren können.

Einst waren dafür auch die vielen Zirkel der *UDI* (Unione Donne Italiane) gut geeignet. Die *UDI* war die Organisation kommunistischer Frauen, zählte ihre Mitglieder nach Hunderttausenden und hatte ein landesweites Netz von Lokalen, wo die verschiedenartigsten Aktivitäten stattfanden. Aber 1982 wurde sie parteiunabhängig, weil ihre Spitzenfrauen es leid waren, nur eine Parallelorganisation der Kommunistischen Partei zu sein. Heute ist sie noch immer existent, aber weit von den einstigen Mitgliederzahlen entfernt.

Im nachhinein erscheint die Entwicklung der *UDI* wie ein erstes Signal, daß die Frauen sich nach den Jahren kultureller und theoretischer Arbeit wieder in Sachen Politik zu Wort melden wollten. Ein zweites Signal setzte die Frauenbewegung nach Tschernobyl, als sie seit langem zum erstenmal wieder zu einem nicht frauenspezifischen Problem eine separate Protestdemo veranstaltete. Mit anderen Worten: Die Frauen wollten sich wieder in die Politik einmischen. Etwa zur gleichen Zeit begann sich in der KPI eine ra-

Kollektive Explosion: die Anfänge der Frauenbewegung ▬▬▬

dikale Wandlung in der Frauenpolitik abzuzeichnen, die bis heute anhält. Mit dem Slogan: «Die Stärke der Frauen kommt aus der Stärke der Frauen», näherten sich die kommunistischen Frauen innerhalb der Partei immer stärker dem Feminismus an. Sie forderten nicht länger Emanzipation oder Gleichstellung der Frau, sondern verlangten, was die autonome Frauenbewegung schon vor Jahren gefordert hatte: die Anerkennung der «differenza sessuale», der Unterschiedlichkeit der Geschlechter. Mit Erfolg. Heute praktiziert die KPI nicht nur die Quotenregelung, sondern bekennt sich explizit zu einem Programm, das von jener Unterschiedlichkeit zwischen Mann und Frau ausgeht.

«Wir kämpfen», sagte KPI-Sekretär Achille Occhetto in seiner vielbeachteten Rede zum Parteikongreß 1989, «für die vollständige gesellschaftliche Anerkennung dieser Unterschiedlichkeit in der Arbeit, für die Bereicherung aller menschlichen und sozialen Beziehungen, für eine radikale Veränderung der Lebensart und der Verhaltensweisen.»

Der frauenfreundliche Kurs der Kommunisten wirkt sich weit über die Partei hinaus positiv für die Frauen aus. Zwar ist die Gesetzesinitiative, mit der die eheliche und außereheliche Vergewaltigung zum Offizialdelikt erklärt werden sollte, erneut gescheitert, dennoch sind die neuen Töne aus dem Parlament nicht zu überhören. Die weiblichen Abgeordneten sind nicht länger eine Minderheit von Alibifrauen der einzelnen Parteien. In vielen von ihnen erkennen sich auch Feministinnen wieder, denen der lange Marsch durch die Parteien durchaus suspekt ist.

Gute Zeiten für Frauen also? In Grenzen. Die Gegenbewegung rollt, wie überall in Europa. Die Gegner der Fristenlösung sind aktiv wie seit Jahren nicht, das vom Fernsehen gepuschte Image der geilen Puppenfrau wird von Tag zu Tag beleidigender. Aber die Mehrheit der Frauen scheint davon wenig berührt. In einer 1989 in «Noi Donne» veröffentlichten Umfrage erklärten zwei Drittel der Befragten, daß es den Frauen in Italien heute deutlich besser geht als noch vor ein paar Jahren und daß sie, von Schwangerschaftsabbruch über Kindererziehung bis zur Scheidung, eigentlich alles allein entscheiden.

Beatrice Schlag

Rom ist eine alte Bettlerin, eine fette, aufgedunsene, alte Frau, die aber nicht so viel wiegt, wie sie wirklich wert ist. Sie trägt bunte, billige Fähnchen, feine Spitzen und wertvolle, verschlissene Stoffe, durchlöcherte Handschuhe, und erst die Schuhe . . . einer klassisch und blankgeputzt, der andere ausgelatscht. Sie ist dick geschminkt, auf dem Kopf eine puppenähnliche Perücke, und übersät ist sie mit auffallenden Schmuckstücken. Sie sitzt auf den Vortreppen der Kirchen, und je mehr man sie erforscht, desto weniger versteht man sie, desto mehr wächst die Neugier auf ihre Vergangenheit: War sie vielleicht eine Adelige, die dann in Ungnade fiel? Eine fromme Frau, die verrückt geworden ist? Eine ausgebeutete Unglückliche? Und unter den Mengen von Teilen, Teilchen, Seidentüchern, Röcken, Umhängen, Strümpfen, Ringen und Ketten, befindet sich da wirklich eine Frau?

Wie fast alle Städte des Südens ist Rom ein riesiger Kessel von Widersprüchen. Angefangen bei der Mentalität, der Lebensweise der Römer, die katholisch sind und womöglich gar aktive Kirchgänger, aber dennoch die heidnischsten Leute, die es gibt. So wird es dem Nicht-Römer auch paradox erscheinen, daß er in einer Stadt, in der es so viele «Gays» – wie Schwule sich hier nennen – gibt, so wenige Strukturen für sie

ZAGHAFT NACH DRAUSSEN

Schwule in der Ewigen Stadt

vorfindet. Die wenigen Treffpunkte sind zweifellos Gettos, aber in der heutigen Situation für die Homosexuellen notwendig, um aus ihrer Privatheit heraus in ein etwas öffentlicheres Milieu zu kommen.

Etwas Bewegung

1971 ging es los. Da wurde FUORI! gegründet. Der Name ist eine Abkürzung für «Einheitsfront revolutionärer italienischer Homosexueller», bedeutet aber auch «draußen» und meint damit etwas Ähnliches wie «coming out». Hier haben sich viele Homosexuelle mit großen Zielen für den Kampf um die sexuelle Befreiung organisiert. Um 1975 verband sich FUORI! eng mit der Radikalen Partei und verzichtete so automatisch auf alle Schwulen, die mit der politischen Linie dieser Partei nichts zu tun haben wollten.

Das Kollektiv NARCISO bildete sich im Mai 1979 aus schwulen Genossen von Lotta Continua und verfolgte die Absicht, eine Debatte über die Homosexualität innerhalb der Neuen Linken zu eröffnen. Ein grundlegendes politisches Ziel war daher der Dialog mit den politischen Bewegungen, mit Feministinnen, Anarchisten, freien Radios, Stadtteilkomitees. Diese Absicht stellte sich als mehr oder weniger unrealisierbar heraus, einerseits wegen der zunehmenden Auflösung der verschiedenen Bewegungen, andererseits, weil die Notwendigkeit immer

237

deutlicher zutage trat, unter Schwulen zu diskutieren und weiterzukommen. Das große Ereignis jener Zeit war der zweite nationale Schwulenkongreß, von dem viele Initiativen ausgingen, unter anderem eine Schwulenseite pro Woche in «Lotta Continua», die bis zur Einstellung dieser Zeitung existierte.

Nach einer langen Zeit der Untätigkeit entstand im Zusammenhang mit dem tragischen Tod Salvatore Pappalardos eine Bewegung namens CUOR, in der römische Schwulengruppen und viele einzelne Schwule zusammenkamen. Daraus entwickelte sich der *Circolo Mario Mieli*, heute die wichtigste kritische Schwulengruppe in Rom. Seit über einem Jahrzehnt verspricht die Stadtverwaltung geeignete Räume. Solange sie ihr Versprechen nicht eingelöst hat, behilft man sich mit den Räumen in der Via Ostiense.

Eine weitere Initiative ist ARCI-gay (ARCI ist eine Vereinigung für Kultur und Freizeit, die der «historischen Linken», den Kommunisten und Sozialisten nahesteht). Ausgelöst hat sie der aufsehenerregende Selbstmord zweier homosexueller Jugendlicher in einem sizilianischen Dorf. Marco Bisceglia, ein ehemaliger Priester, der seine Homosexualität bekannt hatte, ging daraufhin nach Palermo und gründete dort mit einigen Schwulen eine Gruppe, wobei man sich der ARCI als lokaler Struktur bediente. So entstand gerade in einer so «schwierigen» Gegend wie Sizilien diese Initiative, die sich dann auf andere Städte wie Brescia, Pavia, Genua und Mailand ausbreitete. Absicht der ARCI-gay ist es, eine Diskussion in Gang zu bringen über Fortschritt und sexuelle Befreiung im Milieu der historischen Linken, von der gesagt wird,

sie sei seit längerem an diesen Themen interessiert.

Geschützte Räume

In Rom gibt es ein paar Discotheken, aber kein schwules Lokal, in dem man sitzen, etwas trinken und Musik hören kann. Die Gründe? Vor allem die soziale Situation der Homosexuellen. Die Discothek ist ein abgeschlossener Raum, der Anonymität gewährleistet und Anmache verhindert und wo man in Ruhe sitzen kann. In einer erklärtermaßen homosexuellen Bar, wo jeder reinkommen kann, ist das anders. Die andere Seite ist das Geld: Für den happigen Eintrittspreis einer römischen Discothek gibt es nur ein Getränk – die weiteren Getränke sind irre teuer. Die älteste schwule Discothek ist das *Alibi* im volkstümlichen Viertel Testaccio, nahe dem Schlachthof. Für Liebhaber morbider Atmosphäre bietet das *Alibi* gedämpftes Licht und gedämpfte Musik sowie eine Bar für sanfte Verführung... Abgesehen vom Wochenende, wo sich unterschiedliche Leute herumtreiben, hat das *Alibi* eine bestimmte Kundschaft: Schwule amerikanischen Zuschnitts. Machos, alle mit Schnauzern, Jeans, Leder und Ketten, die anscheinend ihre «verlorene Männlichkeit» vergessen machen wollen. Gleich neben dem *Alibi*, lädt ein gepflegtes Speiserestaurant zum draußen Sitzen ein.

Seit September 1980 gibt es den *Angelo Azzurro* in Trastevere. Die Leute am Eingang können Gäste nach Gutdünken einlassen oder zurückweisen. Die Discothek liegt im Tiefgeschoß, die Garderobe kostet extra, die Decken sind niedrig. An den Wänden der Durchgänge wimmelt es (oje!) von Spiegeln, der Fuß-

Tommaso hörte gar nicht hin; rauchend, als schluckte er Gift, sah er sich um. Ihn kümmerte nichts mehr. Verdammt, verdammt, die sind doch alle gleich! Wer sollte ihn schon dazu zwingen, rechts oder links zu gehen: Er war ein freier Bürger, ein Anarchist des Todes, und damit basta! «Oho», machte der Blonde, der zuletzt gekommen war; er konnte die gute Nachricht nicht länger zurückhalten: «Da kommt Foca!»

«Wieviel hast du denn eingesackt?» fragte einer der Zuhörer sofort, aus seinem Dämmerschlaf erwachend, mit einem Gähnen.

«Sieben Lappen!» sagte der Blonde, und tief befriedigt vom Leben, das ihm an diesem Abend freundlich gesinnt war, ging er großspurig qualmend davon, die Zigarette zwischen den zitternden Fingern.

Jener, der eben gefragt hatte, stand nun auch auf, streckte sich, gähnte ein letztes Mal und schlenderte langsam durch die Anlagen zur Piazza Esedra.

Tommaso nahm seinen Platz am Rande der Bank ein.

«Sag mal», fragte jetzt einer von den Knäblein die Tante, «wie ist das eigentlich mit Sabbrina ausgegangen?»

«Was?» Der Schwule fuhr hoch, als hätte man ihm einen Finger in den Hintern gesteckt, «das weißt du nicht? Liest du denn keine Zeitungen?»

«Wer soll denn das Zeug schon lesen», erklärte der Knabe, aber ein wenig schämte er sich doch.

«Verdammt!» krähte der andere, «das war ein Skandal!» Und dabei hob er die Augen zum Himmel auf und bewegte die Hände, mit den Flächen nach vorn, vor dem Gesicht hin und her.

«'n richtiger Skandal!» wiederholte er. «Stell dir vor, sie haben ihn gefunden, mit 'nem andern, der als Frau angezogen war, mit Dreiviertelrock und Bolerojäckchen; und sie gingen in den Anlagen am Tronfale spazieren! In der Zeitung hatten sie sogar 'n Bild drin. Was die alles anstellen!»

Aus «Vita Violenta» von Pier Paolo Pasolini. Piper Verlag, München 1983

boden zeigt schwarzweißes Schachmuster, und an den Wänden hängen riesige Bilder von Marlene Dietrich. Alles Übrige ist in beruhigender blauer Farbe ausgemalt. Hier wie in den anderen römischen Discotheken gibt es keine der anderswo so beliebten «dark-rooms».

Mit einem großen Fest wurde der Blaue Engel nach einem Brand wiedereröffnet: Neu waren längs des Eingangsraums und im Korridor wirklich funktionierende Brunnen, deren Rauschen man jedoch nur an Werktagen vernimmt, wenn der chaotische Lärm der Gäste gedämpfter ist. Den Blauen Engel besuchen fast nur junge Leute und neuerdings viele Heteros und Frauen. Die Präsenz von Lesben ist, wie in den anderen Discotheken, gleich Null.

Die politisierten Schwulen, denen die Discomusik nicht behagte und die vielleicht etwas zu moralisch auf die politische Wende der 80er Jahre reagierten, ziehen die Lokale und Discotheken der Linken und Freaks vor. In Trastevere war es lange Zeit das «Dejà-vu», wo die Atmosphäre sicherlich weniger gespannt und die Musik besser war. Wegen Drogen wurde das Dejà-vu geschlossen.

Am meisten «in» sind das *Saint James* in der Via Campania, das *Hangar* (Video- und Cocktailbar) in der Via in Selci und, mit kulturellem Pfiff, das *Magnani* in der Via S. Maria del Pianto.

In Rom fand die «Anmache» – das Abschleppen und Kontaktsuchen, nicht unbedingt die Prostitution – überwiegend im Freien statt. Sehr schön im Sommer, im Winter etwas weniger. Fand: So lange, bis Aids dem Leben und Lieben im Freien ein Ende gemacht hat. Die klassischen Treffpunkte und «Märkte», die Piazza dei Cinquecento, der Circo Massimo und der Monto Caprino, haben ihren Charakter völlig verändert und sind in keiner Hinsicht empfehlenswert. Im Sommer trifft man sich an der Küstenstraße bei Ostia, auf der Litoranea (Kilometer acht), in der Bar «Il Buco».

Wer es genauer wissen will: Seit 1983 erscheint ein Monatsmagazin für Kultur und Information der Schwulen – «Babilonia» wird in ganz Italien am Kiosk verkauft.

Erica Capobianco

EIN ZWERGSTAAT ALS WELTMACHT

Der Vatikan

«Wer zwischen 21 Uhr und Mitternacht über den Petersplatz schlendert, stellt oft fest, daß in der obersten Etage des apostolischen Palastes noch Licht brennt.»
Horst Schlitter

«Dann streckte der Fremde einen Arm aus, deutete nach oben... wo ein einsam erleuchtetes Fenster zwischen Himmel und Erde zu hängen schien, und sagte: ‹Dort wacht er.›»
Prinz Konstantin von Bayern
«Und im Kreml brennt noch Licht.»
Majakowski / Pater Alois Kolb

Der Vatikanstaat gehört zu den Zwergstaaten der Welt und besteht neben ein paar extraterritorialen Kirchen und dem Sommersitz Castel Gandolfo hauptsächlich aus Peters-dom, Petersplatz, den vatikanischen Museen und Palästen, den Gärten und einigen Anbauten. Das ganze Areal von 44 Hektar, nicht größer als ein mittlerer Landwirtschaftsbetrieb, kann in einer Stunde locker umgangen werden. Gewöhnlich wird dieser Staat touristisch verharmlost als ein kurioses Überbleibsel der weltlichen Herrschaft der Päpste, mit einem kleinen Bahnhof, 430 Staatsbürgern, 1800 Verwaltungsangestellten, mit altehrwürdigen Schweizergardisten («katholisch, moralisch integer, mindestens 1,74 Meter groß, meist aus kleinen Verhältnissen»), mit ein paar schwarzen Limousinen (heruntergezogene Jalousien und Nummernschild SCV), mit einem berühmten Museum, einer Männerwelt von

241

Monsignori und schließlich mit einem Heiligen Vater, der hier wie ein westlicher Dalai Lama als Priesterkönig thront.

Die bewachten Eingangstore und hohen Mauern regen auch zum Gruseln an und beschäftigen die Phantasien von Gläubigen und Nichtgläubigen. Und in der Tat: Der Vatikan war nicht nur eine der furchtbarsten Machtmaschinerien des Mittelalters, sondern ist immer noch einer der effizientesten und elitärsten Apparate, die es auf der Welt gibt. Auf diesem kleinen, mit religiöser Folklore verbrämten Gelände gehen Heilige und Bankrotteure, Gelehrte und Politiker, Revolutionäre und Schieber, scheue Nonnen und orientalische Patriarchen aus und ein. Hier funktioniert das Gehirn einer weltumspannenden, fast 800 Millionen Gläubige zählenden Organisation, die fast in jedem Ort Europas, Amerikas und in allen Teilen der Welt hauptamtliche, bezahlte Funktionäre hat, mit Pfarrsälen, Krankenhäusern, Schulen, Druckereien, Banken. Im Vatikan werden so seltsam unterschiedliche Dinge entschieden oder mitentschieden wie der Glaubenssatz eines Dogmas, der Bankrott einer Bank, der Sturz einer Regierung, die Indizierung eines Buches, die Annullierung einer Ehe, die Heiligsprechung von Grace Kelly (für die sich zur Zeit ein Monsignore einsetzt, denn «ihre Schönheit war ein Gotteswunder»), die Schulpolitik in Niedersachsen, die Anerkennung einer politischen Bewegung oder die Besetzung eines erzbischöflichen Stuhles. Dieser einzigartige Zwergstaat lädt zu beidem ein: zum folkloristischen Blick durchs Schlüsselloch und zur schaurigen Mystifizierung der Macht. Der Vatikan selbst übt sich in Schweigen

– und unterstützt damit beides. Versuchen wir also einen nüchternen Spaziergang durch diese seltsame Machtkonstellation und ihre jüngste Geschichte.

Statt Kirchenstaat ein Konkordat

Im Jahr 1870, am 20. September, stürmten die italienischen Patrioten durch die Bresche an der Porta Pia, und Rom wurde Hauptstadt des Königreichs Italien. Die Zeit des tausendjährigen Kirchenstaats, den sich die Päpste auf Grund gefälschter Dokumente und echter Machtkämpfe in den Jahrhunderten nach dem Zusammenbruch des römischen Reiches geschaffen hatten, war endgültig abgelaufen. Grollend zog sich der Papst in den Vatikan zurück und spielte von nun an, teils aus Überzeugung, teils um die Gläubigen zu mobilisieren, die Rolle des «Gefangenen im Vatikan». Mit dieser Fiktion, mit der Exkommunikation der «Usurpatoren am Kirchengut», mit dem Verbot für Katholiken, am politischen Leben der neuen Nation teilzunehmen, blieb er ein Dorn im Fleisch des italienischen Nationalstaats. Erst der Faschismus führte zur Versöhnung und zu einer Lösung des Konflikts im «beiderseitigen Interesse»: 1929 schloß die Regierung Mussolini mit dem Heiligen Stuhl die Lateranverträge ab (Konkordat, Staatsvertrag, Finanzvertrag). Der Finanzvertrag sah für den Verlust des Kirchenstaates eine finanzielle Entschädigung vor und legte so den Grundstein des heutigen Vatikan-Vermögens. Der Staatsvertrag erkannte den Vatikan als eigenes Staatswesen an und lieferte dem Papst die territoriale Grundlage für das bedeutende Netz internationaler Beziehungen. Das Konkordat

schließlich regelte die kirchliche Präsenz innerhalb des italienischen Staatsgebietes: Katholizismus als Staatsreligion; Sonderstellung der Geistlichkeit; obligatorischer Religionsunterricht als «Fundament und Krönung der Schulerziehung», wobei die Kirche bestimmt, wer Unterricht erteilen darf und wer nicht; Unauflöslichkeit der Ehe, die nur durch die Sacra Ruota, das reichlich korrupte Tribunal der Kirche, annulliert werden kann, und natürlich Steuerfreiheit für das Kirchenvermögen – das sind die wichtigsten Punkte, die die Kirche durchsetzen konnte. Kardinäle haben das «Recht auf Ehrenbezeugungen wie Fürsten von Geblüt»; der «heilige Charakter der Stadt Rom» wird staatlich geschützt, das heißt, nichts darf in Rom passieren, was die Kirche kränken könnte; Beleidigungen des Papstes werden als Majestätsbeleidigungen geahndet; verhaftete Kleriker genießen eine Sonderbehandlung – das sind die kleineren Bestimmungen, die ein Licht werfen auf die Sorgen des Papstes und der Kirche in jener Zeit.

In der verfassunggebenden Versammlung nach dem Zweiten Weltkrieg haben die Kommunisten über Nacht die Front der laizistischen Parteien gegen eine Verankerung des Konkordats in der Verfassung verlassen und den Forderungen der Christdemokraten und des Vatikans nachgegeben. Ein taktischer Meisterzug Togliattis, um die Verfassung zu retten und um den «katholischen Massen» entgegenzukommen, oder trauriger Vorläufer des späteren «historischen Kompromisses»? Auf jeden Fall nahm Pius XII. das Geschenk an und exkommunizierte kurz darauf nicht nur die Mitglieder, sondern sogar die Wähler der Kommunistischen Partei.

Erst in den 60er Jahren kam es unter der Führung des kleinen Partito Radicale zu einer Massenbewegung gegen die reaktionärsten Bestimmungen des Konkordats und für die Einführung der Ehescheidung. Tatsächlich erließ das italienische Parlament ein Scheidungsgesetz (sehr restriktiv) gegen das der Heilige Stuhl protestierte (schwach), gegen das aber kirchliche Kreise und Christdemokraten zum Volksentscheid aufriefen. Sie hatten Pech. Am Abend der Entscheidung vom 13. Mai 1974 war die Piazza Navona in ein Meer von roten Fahnen getaucht, und noch spät in der Nacht ging ein riesiger Demonstrationszug unter dem Absingen antiklerikaler Volkslieder, der Internationalen und der Bandiera rossa zur Porta Pia, wo 1870 die erste Bresche in die päpstlichen Mauern geschlagen worden war.

Seit 1967 gab es Revisionsverhandlungen zwischen dem italienischen Außenministerium und dem Vatikan, die im Februar 1984 abgeschlossen wurden. Danach ist der Katholizismus keine Staatsreligion mehr, die Schüler können (formell) frei den Religionsunterricht wählen, aber die Finanzbeziehungen wurden einer weiteren Kommission übertragen und blieben ungeklärt.

Vom Kreuzzug zum Konzil

Die Vorsehung wußte es so einzurichten, daß in gleichem Maße, wie die weltliche Macht zerfiel, die moralische und geistige Autorität des Papsttums wuchs – so zumindest liest man es in kirchentreuen Büchern. Der Aufbau neuer Machtpositionen wurde systematisch betrieben. Auf die Revolution von 1848/49 antwortete Pius IX. 1854 mit dem Dogma der Unbefleckten Empfängnis, wonach Maria ohne Erbsünde empfangen ist, was zu ihrer jungfräulichen Mutterschaft, die bereits Dogma war, noch hinzukam. Im Juli 1870, kurz vor dem Sturm auf Rom, ließ sich Pius IX. vom I. Vatikanischen Konzil die Unfehlbarkeit bei kathedralen Verkündigungen in Glaubens- und Sittenfragen bescheinigen. Sein Nachfolger Leo XIII. weihte kurzerhand die ganze Menschheit dem Herzen Jesu.

Aus ihrem «traurigen Leben» (Stendhal) versuchten die modernen Päpste durch Askese und Sublimierung ihrer Einsamkeit die Quelle einer neuen, massenwirksamen Autorität zu machen. Pius XII. trieb es darin am weitesten. Beispielhaft ist seine Regie des Heiligen Jahres 1950: die Via della Conciliazione (so genannt nach dem Versöhnungswerk mit dem faschistischen Staat 1929) wurde als Aufmarschstraße zum Petersplatz durch den Abriß der mittelalterlichen Spina rechtzeitig fertiggestellt. Heiligsprechungen setzten die Identifikationsprozesse der Massen in Gang, insbesondere die Heiligsprechung eines zwölfjährigen Mädchens, Maria Goretti, die 1902 als «Märtyrerin der Reinheit» ermordet worden war. Es folgte das Dogma der leiblichen Aufnahme Mariens in den Himmel. Großartige Prozessionen wurden abgehalten, und schließlich verkündete der Papst, das echte Grab des Apostels Petrus sei endlich wiedergefunden worden. Wohl keinen Papst haben die Gläubigen so umjubelt und gefeiert wie damals Pius XII., den «engelhaften Hirten, den Verteidiger des Abendlandes und Friedenspapst..., dessen schlanke, weiße Gestalt fast überirdisch wirkte».

Pius XII. hat seine Kreuzzüge gegen Atheismus, Materialismus und

Kommunismus unter dem besonderen Schutze Marias geführt: Gerade in der politisch entscheidenden Periode der Nachkriegsrestauration erlebte Italien zahlreiche «weinende Madonnen» und andere Erscheinungen, wie sie Fellini in «Dolce vita» beschreibt. Was Wunder, daß auch jetzt wieder, unter Papst Johannes Paul II., die kirchlich registrierte Wundertätigkeit vor allem im Osten rapide zugenommen hat.

Die intime Verschränkung von restriktiver Sexualmoral, Marienkult, Kreuzzugsfanatismus, übersteigertem Moralismus bei Taubheit für elementare menschliche Belange – soweit sie nicht die Kirche berührten, schwieg Pius XII. zu den Verbrechen der Nazis und Faschisten – führt tief in den Bereich der «Männerphantasien» (Theweleit). Bei aller Vorsicht vor allzu verkürzten Schlüssen: Die «geistige und moralische Autorität» der modernen Päpste ist aus besonderem Stoff gemacht.

War Pius XII., der 1958 starb, der «heilige», so war sein Nachfolger, Johannes XXIII., der «gute» Papst, il papa buono. In der Art, wie Pius heilig und Johannes gut war, schließen sich die beiden Eigenschaften aus. Um so bemerkenswerter ist die Fähigkeit der Kirche, aus den beiden so entgegengesetzten Figuren Kapital zu schlagen. Wie die katholische Kirche konservative Strukturen und revolutionäre Strömungen in einer eigenartigen Dialektik verarbeitet, dafür bietet das II. Vatikanische Konzil ein glänzendes Lehrstück.

Schon drei Monate nach dem Tode Pius' XII. war «alles ganz anders». Zur Überraschung aller und zum Entsetzen vieler gab der neue Papst bekannt, er wolle ein Konzil einberufen. Niemand wußte so

recht, was ein Konzil eigentlich sei. In ihrer fast zweitausendjährigen Geschichte hatte die Kirche nicht mehr als zwanzig Konzilien abgehalten, das letzte 1869/70. Die damalige Verkündigung des Dogmas von der Unfehlbarkeit des Papstes schien für die Zukunft Konzile überflüssig oder zumindest bedeutungslos gemacht zu haben. Neunzig Jahre später setzte sich nun erneut der riesige Apparat der Kirche in Bewegung – in welche Richtung und von wem kontrolliert?

In vier Sitzungsperioden versammelten sich in den Jahren 1962 bis 1965 über 2500 stimmberechtigte «Väter» mit ihrem Anhang von Experten und Managern. In der Zeit der Vollversammlungen bot sich nicht nur das prächtige Schauspiel im Petersdom, sondern auch das Spektakel schwarzer Limousinen mit versteinerten Machtmumien oder «progressiver» Würdenträger im überfüllten Autobus Nummer 64. Keine andere Organisation der Welt hätte für eine so lange Periode eine so repräsentative Versammlung in einem Raum konzentrieren können. Keine andere Organisation der Welt verfügt über einen so weltumspannenden Apparat ausgesuchter Spitzenfunktionäre.

Diese begannen nun, auf eine sehr konservative Art und Weise, aber doch relativ frei miteinander zu diskutieren. Für Außenstehende war das Kirchenlateinische zunächst unverständlich. Bald aber wurde klar, daß hier, für Gläubige wie für Ungläubige, wichtige Dinge verhandelt wurden: ein neues Verständnis der Bibel (Alphabetisierungskampagne), eine Liturgiereform unter Betonung der Rolle der «Gemeinde», eine neue Kollegialität der Führung (Aufwertung der Bischofskonferenzen und Synoden) und die Aufnahme von Impulsen der ökumenischen Bewegung. Johannes XXIII. war ein Meister in der Kunst, komplexe Zusammenhänge «einfach» zu machen, die Basisströmungen hervortreten, aber nicht ausufern zu lassen. So erhielt das Konzil, ungeachtet der vielen traditionellen «Kontrolleure», eine eigene Dynamik – in der Kirchensprache «Heiliger Geist» genannt.

Noch während des Konzils starb Johannes. Zu seinem Nachfolger wählten die Kardinäle einen Mann, der die zum Teil weitreichenden Beschlüsse der Versammlung so verwalten sollte, daß Brüche innerhalb der Kirche vermieden werden konnten. Paul VI. erwies sich tatsächlich als der «Vermittler», der als Testamentsvollstrecker des Konzils «rechts» und «links» die Spitzen abbrach, ohne das Rad der Geschichte zurückzudrehen.

Mag sein, daß dieses Konzil den Übergang zu einer neuen Epoche einer weltweit verwurzelten Kirche bezeichnet. Denn «in seiner Zusammensetzung, in einzelnen Reformabsichten und auch in einigen Passagen seiner lehrhaften Aussagen» trat die Kirche zum erstenmal «als polyzentrische Weltkirche» auf (J. B. Metz). Gleichzeitig mit Che Guevara und noch vor der Eskalation in Vietnam, vor der chinesischen Kulturrevolution und der Befreiung Angolas und Moçambiques hörte man hier schon Stimmen, die über die Einheit von Erlösungs- und Befreiungserfahrung sprachen. Auf der Suche nach einem neuen Gleichgewicht zwischen Eurozentrismus und weltweitem Polyzentrismus, zwischen Rom und den lokalen Kirchen kommt auch Bewegung in die Päpste: Sie reisen!

Das Gewicht der Dritten Welt in der katholischen Kirche ist nicht mehr rückgängig zu machen. Von den insgesamt über 750 Millionen Katholiken leben heute fast 450 Millionen in der Dritten Welt. Zwar ist ihr Anteil an der Führungsgruppe der Kardinäle und Bischöfe noch unterproportional, aber die Europäer sind schon deutlich in der Minderheit. Inwieweit sich diese «neue» Kirche noch von der «alten», eurozentrischen Kirche prägen läßt, ist zu einer theologischen und praktischen Machtfrage ersten Ranges geworden, die das Pontifikat des Papstes Johannes Paul II. entscheidend bestimmt.

Daß sich das alte Rom jedoch nicht einfach ins Abseits stellen läßt, zeigt das Beispiel der vatikanischen Hochfinanz, die von einer Etage im Vatikan aus weltweit Kapitalströme in Bewegung setzt und kontrolliert. Hier kann von einem materiellen oder moralischen Einfluß der Dritten Welt überhaupt keine Rede sein.

The Godfather oder Die Finanzen des Vatikan

Kaum ist vom Vermögen des Vatikan die Rede, fängt die Verwirrung an. Da gibt es zunächst die außerordentliche päpstliche Vermögensverwaltung, die seit 1870 das Vatikanvermögen im engeren Sinne verwaltet, die sogenannte Privatschatulle des Heiligen Vaters. Dann eine besondere Vermögensverwaltung, die die großen Summen und Wertpapiere verwaltet, die 1929 vom italienischen Staat dem Heiligen Stuhl gezahlt wurden. Ferner gibt es den «Staatshaushalt» des Vatikan (Post, Museen, Verwaltung) und schließlich die 1942 gegründete Vatikanbank IOR, das «Institut zur Finan-

zierung religiöser Werke». Unter Kirchenvermögen im weiteren Sinne kann man durchaus auch noch das riesige Vermögen der Ordenshäuser, Diözesen und kirchlichen Organisationen, beispielsweise des Opus Dei, bezeichnen, die aber mit den Finanzen des Vatikan nur indirekt etwas zu tun haben.

Die Papstschatulle dient in der Regel wohltätigen Zwecken, der Staatshaushalt finanziert die religiös verbrämte Kleinstaaterei, die besondere Vermögensverwaltung und die IOR hingegen arbeiten weltweit und steuerfrei, ohne Kontrolle und nur dem Papst verantwortlich, unter Benutzung einer gut geölten diplomatischen Maschinerie und eines außerordentlichen Informationsnetzes – vom katholischen Buchhalter bis zum katholischen Bankier, vom katholischen General bis zum katholischen Staatsmann. Viel freier noch

als das Geld der Scheiche bewegt sich das Vatikanvermögen in der freien Welt.

Pius XII. vertraute die Verwaltung der Vatikanfinanz seinen Neffen und ihrem Anhang an. Familienbande als Sicherheitsgarantie. Johannes XXIII. traf keine spektakulären Entscheidungen, sorgte aber dafür, daß der Pacelli-Clan langsam entmachtet wurde. Paul VI. schließlich machte sich an eine Reform der Vatikanfinanz mit dem Ziel, die «moralische Struktur» zu verbessern und die bisher stark auf Italien konzentrierten Werte weltweit zu streuen. Das erforderte große Vermögensverschiebungen, und damit kamen auch die großen Schieber.

Zur Erledigung delikater Börsenoperationen bediente sich der Vatikan vor allem zwischen 1968 und 1974 fast ausschließlich eines sizilianischen Bankiers, der über eine sclide politische Rückendeckung (Fanfani, Andreotti, Nixon, David Kennedy), über ein kleines italo-amerikanisches Bankenimperium und über enge persönliche Beziehungen zu italienischen Bankiers und Würdenträgern des Vatikan verfügte. Bis zum Krach der Sindona-Banken 1974 bewegten sich der aus Chicago stammende Kleriker Marcinkus und der aus Patti in Sizilien stammende Michele Sindona als ein gut eingespieltes, aggressives Duo in der internationalen Finanzwelt. Der anschließende Krach kostete die italienische Zentralbank über 200 Milliarden Lire, den Vatikan mindestens 60 Milliarden Lire. Amerikanische und italienische Staatsanwälte deckten intime Beziehungen zur Mafia, enorme Valutaschiebungen, illegale Finanzierung christlicher Parteien und Politiker auf. Für seine Delikte wurde Sindona in Amerika zu 25 Jahren Haft verurteilt. Italien erreichte seine Auslieferung, um den mafiosen Bankier als Auftraggeber des Mords an Ambrosoli, dem Konkursverwalter der Banca Privata Italiana, zu belangen. Am 20. März 1986, zwei Tage nach seiner Verurteilung, starb Sindona in der Zelle eines Hochsicherheitstrakts, auf mysteriöse Weise vergiftet. Er nahm die Geheimnisse des Machtdreiecks Sindona–Mafia–Vatikan mit ins Grab.

Marcinkus überstand 1974 ein vatikanisches Untersuchungsverfahren und stürzte sich in neue Abenteuer. Er brachte es schließlich als Präsident des IOR bis zur Bischofsweihe. Diesmal wurde es noch spannender, denn der neue Partner von Marcinkus, der katholische Bankier Calvi, wurde im Juli 1982 als «Bankier auf der Flucht» (F. C. Delius) unter der Londoner Blackfriars Bridge erhängt aufgefunden. Die

vielen Fäden dieses Stricks führen, ähnlich wie die Spuren Sindonas, in den Vatikan, zur Mafia, in die italo-amerikanische Politik, zur Freimaurerloge P 2, aber auch tief in die «guten» europäischen Kreise der Hochfinanz. Der um die Jahrhundertwende von einem katholischen Priester gegründete Banco Ambrosiano, eine gutbeleumundete Bank, war unter der Führung Calvis und der Mithilfe der IOR mit 1287 Millionen Dollar Schulden zusammengekracht. Man weiß, daß Calvi den Roman «The Godfather» von Mario Puzo als beispielhafte Schilderung des wahren Lebens immer wieder zur Lektüre empfahl.

Das Duo Calvi–Marcinkus hatte über Briefkastenfirmen und Beteiligungsgesellschaften in Luxemburg, Panama, auf den Bahamas und in Managua die Kontrolle eines großen Finanzimperiums angestrebt. Kardinalsstaatssekretär Casaroli erklärte dazu am 26. November 1982 vor der Presse: «Es erwies sich, daß der Name des IOR zur Realisierung eines okkulten Projekts mißbraucht wurde, das ohne das Wissen des Instituts Finanzoperationen beinhaltete, die, einzeln für sich betrachtet, regulär und normal erscheinen mußten, (in Wirklichkeit) jedoch einem einzigen letzten Ziel galten.» Über dieses «letzte Ziel» schwieg sich der Vatikan ebenso aus wie über die anderen Hintergründe der Affäre. Eine gemischte italienisch-vatikanische Kommission arbeitet seit November 1982 an einem Bericht (mit von der Partie ist auch der alte Hermann Josef Abs, auf Vatikanseite natürlich), dessen Publikation im Zweimonatsrhythmus immer wieder versprochen wurde.

Marcinkus genoß weiterhin offiziell das Vertrauen des Papstes. In

seinem Bericht an die Kardinäle vom November 1982 verkündete der Heilige Vater zwei Entscheidungen: In Zukunft wird ein kleiner Kreis von Kardinälen die Geschäfte der Bank überwachen, zunächst aber wird ein Heiliges Jahr gefeiert, zur Überraschung und zum Jubel aller. An den Banco Ambrosiano zahlte der Vatikan freiwillig 240 Millionen Dollar und im Frühjahr 1989 wurde eine Reform des IOR verwirklicht. Erst jetzt wurde Marcinkus, der als Angehöriger des Vatikanstaats von der italienischen Justiz nicht zur Rechenschaft gezogen werden konnte, aus seinem Amt entfernt.

Die Stellvertreter

Man muß ihn gesehen haben, wie er anläßlich seiner «Mittwochsreden» im weißen Mercedes-Jeep durch die am Petersplatz versammelten Massen fährt, wie er am 8. Dezember in schwarzer Limousine zur Mutter Gottes an der Piazza di Spagna pilgert, am Karfreitag den Kreuzweg am Kolosseum begeht, im Petersdom ein Heiliges Jahr eröffnet und beschließt, Pfarrkirchen visitiert und in der großen Audienzhalle mit über 15 000 Stehplätzen oder vom Fenster der päpstlichen Wohnung den traditionellen Segen erteilt – am prächtigsten auf der Loggia am Ostersonntag. Mit der gleichen Unbeirrbarkeit, mit welcher er durch das Labyrinth der dunkelsten Finanzgeschichten schreitet, eilt Papst Johannes Paul II. von Marienheiligtum zu Marienheiligtum, von Massenmeeting zu Massenmeeting. In der Ferne ein leuchtender, weißer Bezugspunkt, in der Nähe ein gebräunter, athletischer, aber von den Folgen des Attentats vom Mai 1981 gezeichneter Mann, der weiß, was er will, der Sicherheit ausstrahlt, der keine Identitätskrise aufkommen läßt.

Blicken wir auf die Vorgängerpäpste, um das Neue an Johannes Paul II. besser erfassen zu können. Jeder Papst ist nur die absolute Spitze eines Eisbergs, verkörpert aber tatsächlich auf «wunderbare Weise» die gesamte Figuration der Kirche in der Zeit. Kein Signal, auch aus der entferntesten Ecke, geht in Rom verloren: Es wird abgelehnt, schweigend geduldet oder positiv bestätigt.

Pius XII. verkörperte das christliche Abendland und dessen «Heilsmission». Seine Autorität und sein Verhältnis zu den Massen lebten von der diktatorialen Geste des Mannes der Vorsehung. Sein Friede war der Friede der Kreuzzüge und der irrationalen Sehnsüchte. Johannes XXIII. öffnete den Blick für andere Konfessionen, für die Dritte Welt, für die Fähigkeit des Kirchenvolks, die eigenen Bedürfnisse selbst zu artikulieren.

In der Heiligen Schrift erscheint der Geist als ein «Sturmesbrausen», und Johannes XXIII. schuf in der Kirche Bedingungen für dieses Brausen. Papst Paul VI. versuchte in den fünfzehn Jahren seines Pontifikats, die entstandenen Ströme und Strömungen zu kanalisieren, unter Kontrolle zu bekommen. Sein Nachfolger, Johannes Paul I., geriet mit seinem Versuch, das Werk von Johannes und Paul in Synthese zu bringen, von Anfang an auf den Holzweg. Das war es nicht, was die Kirche brauchte. Er starb nach einer Regierung von nur 33 Tagen und geht in die Geschichte ein als der «Papst des Lächelns» (il papa del sorriso). Lächeln hat meist etwas Närrisches, und die Kurie, so der römische Volksmund, wollte sich eine «heilig-närrische» Periode ersparen.

Johannes Paul II. ist aus ganz anderem Stoff und alles andere als ein Ersatzmann oder bloßer Nachfolger, der Bescheidenheit in seiner Namenswahl zum Trotz. Wie Giovanni XXIII. im Gegensatz zu Pius XII. stand, so steht der neue Papst im Gegensatz zu Paul VI. Zugleich aber hat er, wie jeder große Papst, die Aufgabe, die «Errungenschaften» aller seiner Vorgänger «aufzuheben». Es ist spannend, in einigen Punkten zu verfolgen, auf welche Weise Papst Woityla dies versucht.

Johannes Paul II. verläßt das vermittelnde, ausgleichende Strickmuster (eins rechts, eins links) seines eigentlichen Vorgängers Paul. Er schafft wieder klare Fronten. Er steht in der Tradition, läßt sie aber nicht erstarren, sondern setzt sie in Bewegung. Mit Pius XII. verbinden ihn der Marienkult, die harten Aussagen zur Sexualmoral, das Unterstreichen der päpstlichen Autorität (beispielhaft war der Clinch mit dem alten Jesuitengeneral Padre Arrupe um die Kontrolle des Ordens) und das direkte Zugehen auf möglichst organisierte Massen. Stark in dieser Tradition nimmt er einige wichtige Fädes des Konzils wieder auf, aber auf neue Weise. Er sucht den Kontakt und das Gespräch mit den anderen Konfessionen, doch ohne theologische Zugeständnisse. Er beruft Synoden, Bischofskonferenzen, Kardinalskollegien ein, aber aus einer Position der Stärke. Er akzeptiert den Zusammenhang von politischer Freiheit und Glauben, aber unter dem Primat des letzteren: Freiheit für die glaubensstarken Polen, aber nicht unbedingt für die «glaubensschwachen» Massen Südamerikas. Doch ist für ihn gerade

deshalb auch die Gewinnung und Organisierung gläubiger Massen in der Dritten Welt ungleich wichtiger als die Gewinnung politischer Freiheiten im Ostblock. Im Schnittpunkt der Ost-West- und der Nord-Süd-Problematik verkörpert er durchaus eine eigene Position. Seine Aussagen zum Frieden sind das «progressivste», was Päpste der Neuzeit bisher haben verlauten lassen. Seine «feministische» Forderung nach Lohnzahlung für Hausfrauen, abgeleitet aus theologischen Überlegungen über die besondere Rolle der Frau in der Gesellschaft und vor allem in der Familie, zeigt, welch undefinierbare Blüten der neue Traditionalismus treiben kann.

Das Zeitgemäße an diesem Papst sind der Ausbruchsversuch aus dem klassischen Rechts-links-Schema und eine gewisse Wertrevolution, die sein politisches Handeln unbere-

chenbar macht und ihm zumindest den Schein einer identitätsstiftenden Eigendynamik verleiht. Als Gefangener der Tradition und daher schwach erscheint er hingegen gerade auf dem ureigenen Feld der Kirche, nämlich in seinen Aussagen zur Glaubens- und Sittenlehre. Auch wenn Johannes Paul II. keine Mariendogmen oder Unfehlbarkeitsdogmen verkünden wird, bleibt doch die Tatsache, daß die Kirche da, wo sie am unerbittlichsten glaubt, am unglaubwürdigsten geblieben ist. Für diesen Papst sind Glaube und Hierarchie untrennbar verbunden. Der «Heilige Geist» in den Versammlungen und Massenbewegungen wird durch Kontrolle, Führung und den publicitywirksamen Gebrauch der Massenmedien ersetzt.

Peter Kammerer

KULTUR

UND KONSUM

Selten im Stadtbild: Reklame für Rockmusiuk ■■■■■■■

DIE HAUPTSTADT ALS PROVINZ

Musik von Rock bis Klassik

Rock around the clock, das trifft auf Rom nun wirklich nicht zu. Die «Highlights» der Rockmusik sind sparsam übers Jahr verteilt. Nur aus den Lautsprechern der Hi-fi-Anlagen in Autos und Wohnungen und über die Kopfhörer der Walkmen, da tönen die heißen Rhythmen der Konserven. Als eine Metropole der Rockmusik schweigt Rom sich aus.

Unbekümmert ziehen die Lastwagen der Konzertveranstalter auf der Autostrada an Rom vorbei und lassen die Hauptstadt in ihrem Dämmerzustand. Bescheiden geworden, freut sich das römische Publikum über Konzerte von Bee Gees, Elton John und Pink Floyd. Zum Glück, heißt es, ist deren Manager für Italien ein Römer, und so denkt er ab und zu an seine Stadt, sonst würde sie als Veranstaltungsort völlig in Vergessenheit geraten.

In den Städten Norditaliens läßt sich nicht nur produktiver arbeiten, sondern auch einfacher organisieren. Da nützt auch die große Flexibilität des Südens nichts, denn die Konzertdaten für internationale Musikstars müssen Monate vorher festgelegt werden. Vor allem muß es auch Räume und Plätze geben, in und auf denen die Konzerte überhaupt stattfinden können. Und an diesen mangelt es in Rom an allen Ecken – auch für die klassische Musik. So mußten über Jahre Rockkon-

zerte kurzfristig abgesagt werden, weil keine geeigneten Veranstaltungsorte aufzutreiben waren. Die einzige Großhalle im EUR-Viertel, das «Pala-Eur», muß sich die Musik mit Basketball und anderen Sportarten teilen. Die Zelttheater (*Tenda Pianeta*, *Tenda-a-Strisce* und *Spaziozero*) eignen sich nur bedingt für Konzerte. Zudem steigen von Zeit zu Zeit die lärmbelästigten Zeltnachbarn auf die Barrikaden. Damit sich die Wogen wieder beruhigen, wird dann kurzfristig eine Aufführungssperre verhängt, die zwar nicht lange dauert, aber einige Veranstaltungen doch schon verhindert hat.

Resigniert blickt das Publikum nach Norditalien und ist froh über die Fernsehübertragungen der Konzerte zwei, drei Tage später. Doch beim Auftritt von Prince sollte alles anders werden. Einen besonderen Ort hatte er sich für sein Romkonzert ausgesucht. Die Umgebung spiele eine wichtige Rolle zum Gelingen der Show, meinte der Star und wählte das «Stadio di Marmi», das Marmorstadion. Die Publikumsherzen schlugen höher: Da war einer, der ein perfektes, gekonntes Musikerlebnis bieten wollte. Das Fieber wuchs. Der Kartenvorverkauf blühte. Zwei Tage vor dem Auftritt erschütterte die Rücknahme der Genehmigung für das Konzert die Stadt. Das Stadion könne für derartige Nutzung nicht zur Verfügung gestellt werden. Ein Ersatzort konnte nicht gefunden werden, und so verbrachte Roms Jugend den heißen Abend halt wie gewöhnlich auf der Piazza, mal wieder um ein Ereignis betrogen.

Klar, daß ein Großteil des Publikums das Geld für die Eintrittskarten nicht aus dem Ärmel schütteln konnte. Für ein solches Rockereignis jedoch hatte man die «soldi» irgendwie aufgetrieben. Betrogen waren nun viele doppelt, denn wochenlang schoben sich Veranstalter und die Stadt Rom gegenseitig die Verantwortung zu, wer der Schuldige am Ausfall sei. Die Enttäuschung, nicht mit der exklusiven Rockwelt verbunden zu sein, ist bei vielen groß. So haben auch die kleineren, auf den ersten Blick nicht so spektakulären Musikveranstaltungen es schwer, ihre Reihen zu füllen. Doch gerade sie bringen zuweilen Licht ins düstere Musikleben.

Neben den üblichen Privatveranstaltern übernehmen in Rom Kulturkooperativen und Vereine die Aufgabe, die Wüste zu beleben. Trotz beträchtlicher Schwierigkeiten nach dem Niedergang der *Estate Romana*, dem großen Theater-, Film- und Musikspektakel im Sommer, organisieren sie weiter. Unter dem Titel «Back in USSR» stellte eine Initiative Rockgruppen aus der Sowjetunion vor. Zufrieden fühlte sich das Publikum einmal dem Zeitgeist nahe. In Zusammenarbeit mit dem Kulturassessorat der Stadt Rom, mit der Unterstützung von Zeitungen und ab und zu auch von Sponsoren bewegen die Ideen der Kooperativen mit Namen wie Murales, Beat 72, Alcatraz die Szene. Die Freiluftveranstaltungen im Sommer in Parks und auf Plätzen wurden leider sehr reduziert. Die neuen Orte liegen oft nicht besonders zentral und eine Koordination zwischen den einzelnen Veranstaltungen existiert nicht. Eine Struktur, die konkrete Konzepte und Absprachen ermöglicht, entwickelt sich erst langsam, denn das Kulturassessorat, das seit Jahren in der Krise steckt, hilft dabei nur wenig.

Mit der Musik aus dem eigenen Land, den Auftritten der italienischen LiedermacherInnen, werden zwar regelmäßig Zelte oder Theater gefüllt, doch Rom hat keine spezielle Szene, in der etwas entstehen und wachsen könnte. Es kommen eben alle mal vorbei. Für den römischen Nachwuchs, sei er nun rockig, folkig oder jazzig, eher der zeitgenössischen oder der klassischen Musik näher, sind die Chancen, aus den Übungskellern herauszukommen, gering. Für die Jazz- und Folkszene sieht es noch am besten aus. Im *Grigio Notte Folkstudio* oder *Il Trauco* kommen sie auf die Bühne. Für die Rockgruppen wird es schwieriger. Die Disko *Uonna Club* veranstaltet in jedem Jahr eine Konzertreihe mit jungen römischen Rockgruppen, im *Classico* kann man, neben Jazz, mitunter Rock hören, aber Auftritte in anderen Diskos bleiben eher Einzelfälle.

Um das zu ändern, hat eine Kulturinitiative mit Namen «Teorema» das Projekt «Musica nelle scuole» (Musik in den Schulen) geboren, das sich speziell um die junge Rockmusik kümmert. Die Schirmherrschaft haben zwar nicht, wie bei einer ähnlichen Initiative in den Staaten, Stars wie Peter Gabriel und Keith Richards übernommen, aber immerhin die Kulturassessorate der Stadt Rom und der Provinz. Über drei Monate lang werden an verschiedenen Schu-

Gepflegte Stimmung:
Jazz im Barocktheater
Goldoni ▪▬▬▬▬▬▪

len Konzerte mit den Gruppen veranstaltet. Wer dabei ausgewählt wird, spielt dann noch einmal zum Finale an einem größeren Veranstaltungsort im Freien. Um sich technisch zu verbessern und weitere Erfahrungen zu machen, können einige der Bands in den Studios der Plattenfirma BMG-Ariola experimentieren und sich dort mit alten Hasen des Gewerbes austauschen. So hört man vielleicht in der Zukunft einmal Namen wie «Rouge Dada», «Ok Pears» oder «Seawolves» auf dem Musikmarkt. Musikschulen, vor allem für Jazz, gibt es in fast allen Stadtteilen. Im Viertel Testaccio sitzt die Bekannteste, die *Scuola Popolare di Musica.*

Nützliche Adressen, Informationen über die täglich wechselnden

Programme des Musikclubs und über Musikveranstaltungen überhaupt bieten die Veranstaltungsseiten der römischen Tageszeitungen, für einen Überblick über die ganze Woche empfiehlt sich die Samstagsbeilage der «Repubblica».

Auch zur klassischen Musik gibt es dort Hinweise. Zwar mangelt es auch in diesem Bereich an technisch gut ausgestatteten Räumen, dafür kann man sich aber oft mit den schönen Fresken eines Palazzos oder dem kunstvollen Gewölbe einer Kirche trösten – Ambiente statt Akustik.

Maria Morhart

Zahlenspiele haben die italienische Hauptstadt zur europäischen Bühnenmetropole erklärt. Keine andere Stadt hat so viele Theater. So um die hundert, wenn man die Zelte und Kabaretts mitzählt. Insgesamt werden 44 000 Plätze feilgeboten. Die Off-Bühnen stellen mit über dreißig Theatern die größte geschlossene Gruppe innerhalb der römischen Theaterstruktur. Aber nicht immer gelingt der Umschlag von Quantität in Qualität.

Ein Durchblick durch die römische Theaterlandschaft ist ohne die Kenntnis der italienischen Theaterstruktur kaum möglich. Im Gegensatz etwa zur Bundesrepublik gibt es keine festen Ensembles, die über ein, zwei Stücke zusammen bleiben. Ab und zu bilden sich Kompagnien um einen berühmten Schauspieler wie Albertazzi, Gassmann oder Bene, die aber regelmäßig nach Ende des Stücks wieder auseinanderfallen.

Das Ensemble wird also für jede Inszenierung «frei» zusammengestellt. Häufig geht es nach der Premiere auf Reisen durch die italienischen Städte. Produziert wird entweder von privaten Veranstaltern oder von den Staatstheatern, dem «teatro stabile». In Rom heißt es Teatro di Roma und hat seinen Sitz im *Teatro Argentina*. Stabile, fest, bedeutet auch hier, daß es zwar eine

SO EIN THEATER

Rings um römische Bühnen

feste Theaterstruktur vom Direktor bis zur Platzanweiserin gibt, aber kein festes Ensemble. Die privaten Produktionen werden entweder in den vielen privaten Theaterhäusern (Hochburg in Rom ist das *Eliseo*) aufgeführt oder auf Bühnen, die von der ETI (Ente Theatrale Italiano) geleitet werden. Diese staatliche Organisation hat keine andere Aufgabe, als Abspielstätten bereitzustellen. Solche ETI-Bühnen in Rom sind: *Quirino, Sala Umberto, Tordinona* und *Valle*.

Jede größere Produktion kommt auf diese Weise irgendwann einmal nach Rom. Die relativ große Freiheit und Mobilität des italienischen Theaters wäre fast perfekt, wenn es nicht einen kleinen Schönheitsfehler gäbe. Die Aufführungen sind durch die Bank unter aller Kritik. Es gibt Ausnahmen, wie etwa die Inszenierungen von Strehler am Piccolo Teatro in Mailand, die aber äußerst selten als Gastspiel nach Rom eingeladen werden. Weitere Regisseure, die Qualität im Bereich des teatro stabile garantieren, sind an einer Hand abzuzählen.

Jenseits des Staats- und Off-Theaters kann man in Rom bei Gastspielen einen anderen Mailänder entdecken, der in Italien Theatergeschichte machte: Dario Fo. Sein politisch-satirisches Volkstheater war jahrelang Kristallisationspunkt für die außerparlamentarische Linke. Flink reagierte er mit Sketchen und Stücken auf aktuelle politische Ereignisse. Jahrelang war Dario Fo zusammen mit seiner Frau Franca Rame mit einem Auftrittsverbot im staatlichen Fernsehen belegt. Franca Rame hat vor allem beeindruckende Stücke zu Frauenthemen entwickelt, bei denen sie auch jeweils die Hauptprotagonistin der Handlung ist. Die beiden machen sehenswertes Theater, sind Meister der Improvisation, doch pflegen auch sie eine Art «Star-Theater». Um sie agieren zweitrangige SchauspielerInnen und Laien. Das Strickmuster ist ähnlich wie die Zusammenstellung einer Truppe des «teatro stabile»: Stars mit Beiprogramm. Auf deutschen Bühnen sind die Stücke von Fo und Rame relativ häufig zu sehen. Vor einigen Jahren zählte Fo zu den am meisten gespielten zeitgenössischen Autoren.

Im Off-Theaterbereich ist zwar nicht alles Gold, was glänzt, aber auf alle Fälle stellt er Interessanteres vor. Zu unterscheiden ist dabei zwischen dem «teatro di ricerca e sperimentazione», vergleichbar mit den deutschen «Freien Gruppen», sowie dem «teatro avanguardia» und den Spielorten, die Auftritte dieser Theatergruppen ermöglichen und teilweise produzieren. Zu Spielstätten umgewandelt wurden Super-

*Europäischer Standard: Marat-Sade
im Off-Theater* ▬▬▬▬▬▬▬▬

märkte, ehemalige Kinos und Kellergewölbe. Die bekanntesten unter ihnen sind *La Piramide*, in der Nähe der Pyramide des Gaius Cestius gelegen, das *Trianon* an der Metrostation Furio Camillo, das *Colosseo* am Kolosseum, das *Teatro dell'Orologio* am Corso Vittorio und das jüngste, das Ex-Kino *Il Vascello*, im Stadtteil Monteverde Vecchio.

Ein legendärer Ort für das Off-Theater ist *Spaziozero*, ein Zirkuszelt im Viertel Testaccio. Die Höhen und Tiefen des jeweiligen römischen Kulturlebens hinterließen hier immer deutlich ihre Spuren. Projekte und Initiativen, auch in der Musik, wurden von *Spaziozero* ins Leben gerufen. Ebenso war für einige Zeit eine Theaterschule angegliedert. Doch kontinuierliche, qualitativ gute Arbeit ist in Rom nur schwer zu leisten. Konzeptlos trifft das Kulturassessorat seine Entscheidungen. Verteilt ein Geldspritzchen hier, ein Geldspritzchen dort, das weder zum Leben hilft noch ganz sterben läßt. Aber eines verhindert diese Kulturpolitik ganz sicher: den Aufbau einer lebendigen Theaterszene. Die durchaus guten Ideen und Interessen lassen sich kaum so bündeln, daß sie über Rom hinaus nationales und internationales Aufsehen erregen könnten.

Bis auf ein paar Ausnahmen sieht es bei den römischen Theaterschaffenden selbst, den Off-Theatergruppen, nicht anders aus. Von den älteren Regisseuren der ehemaligen «avantguardia» ist nicht mehr viel zu hören. Die Jüngeren bringen zweifellos einige Lichtblicke. In ihrer Arbeitsweise orientieren sie sich nicht unbedingt an literarischen Vorlagen, sie nutzen sie eher als Arbeitsvorlage oder Leitmotiv; die Sprache steht weniger im Mittelpunkt, sie ar-

beiten körperbetonter, gebrauchen andere Ausdrucksmittel und/oder ziehen Malerei und Video zur Inszenierung heran.

Als Vorzeigegruppe Roms steht die Kompagnie um Regisseur und Schauspieler Giorgio Barberio-Corsetti mit Erfolg im In- und Ausland auf den Bühnen. Ihre Produktionen entstehen zum Großteil außerhalb Roms. Die Stadt, die ihr klerikales Gepäck noch immer mit sich herumträgt, erzeugt in ihrer Beamtenmentalität kein kulturelles Klima, in dem Innovationen gedeihen könnten. Eine Avantgarde, die ihr Theater fördern und tragen könnte, hat sich nicht entwickelt. Das Publikum scheint zufrieden, daß es das Theater als Einrichtung überhaupt noch gibt, aber das Ereignis auf der Bühne wird nebensächlich. Das gilt für die BesucherInnen des Off-Theaters ebenso wie für die des Stadttheaters. Wichtig ist, sich vor den Aufführungen zu sehen, danach und in den Pausen. Wen diese Treffen nicht interessieren, der setzt sich lieber ins Kino oder vor den Fernseher.

Die Kehrseite der Fernsehkultur besteht auch in der Zerstörung volkstümlicher Theaterformen, von Bühnen, die zu drittklassigen Stripteasebuden verkommen sind. Rom hat noch eine davon: das Volturno. in der Via Volturno Zusammen mit dem Ambra Jovinelli war es früher eine Hochburg des «avanspettacolo», einer typisch italienischen Form des Volkstheaters. Es entstand in den 20er Jahren, um Kinofilme, die noch keine abendfüllende Spielzeit hatten, in ein Abendprogramm zu integrieren. Hier trafen sich für kurze Zeit zwei damals noch proletarische Künste, die eher auf dem Jahrmarkt denn in bürger-

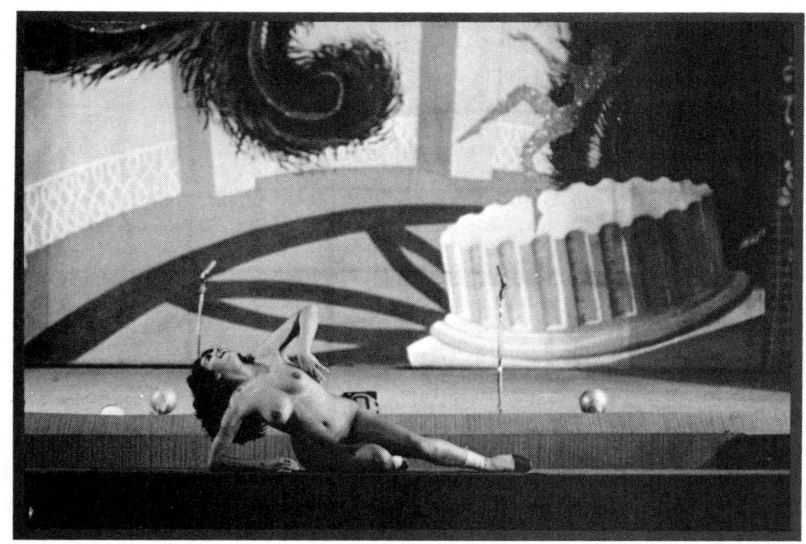

Avanspettacolo: vom Volkstheater zum Animierbetrieb

lichen Kulturtempeln zu Hause waren. Heute hat das Fernsehen beide aufgesogen. Man muß sich an Hand dieser Stripteasebude, die in rudimentärer Form noch das alte «Theater» aufbewahrt, einmal klarmachen, was «avanspettacolo» war. Bissige Sketche, Artistik, Tanz, Musik. Hier lebte das Lachen, das Verlachen der regierenden Schichten. Hier wurden berühmte italienische Komiker wie Totò oder Aldo Fabrizi groß. Dario Fo beruft sich noch heute auf diese volkstümliche Tradition. Geblieben ist davon im wahrsten Sinne des Wortes nur noch die nackte Struktur. Zu volkstümlichen Eintrittspreisen um fünf Mark wird zunächst ein Pornofilm gezeigt, an den sich die «rivista di spogliarello» anschließt, eine Folge von Stripteasedarbietungen.

Erfreulicher für Theaterfans ist eine Abteilung für Theatergeschichte und Theaterwissenschaft an der römischen Universität, der ein kleines Theater, das *Teatro Ateneo*, angeschlossen ist. Neben Aufführungen gibt es Seminare, Diskussionen, Workshops. Mit den Veranstaltungen gelang es, wichtige Persönlichkeiten des Theaterlebens der letzten zwanzig Jahre vorzustellen und Einblicke in ihre Arbeitsmethoden zu vermitteln.

Eine weitere Anlaufstelle für Freunde des Theaters, und nicht nur für sie, ist die Casa del Burcardo in einer Seitenstraße neben dem *Teatro Argentina*. In dem Gebäude ist die *Biblioteca Teatrale del Burcado* untergebracht. Das ist eine der typischen kleinen und unbekannten Bibliotheken Roms: überschaubare Räume in einem Renaissancehaus mit schönem Fußboden und bemalten Holzdecken. Die aufs Theater spezialisierte Bibliothek (Schwerpunkte: Italien, Frankreich) weist einen gut sortierten Bestand von rund 30 000 Bänden auf. Dazu kommen viele handgeschriebene Manuskripte, und im angeschlossenen kleinen Museum finden sich Kostüme, Plakate, Fotografien – sehenswert, auch wenn die einzelnen Ausstellungsstücke mehr die theatralische Phantasie anregen als einen geschlossenen Beitrag zur italienischen Theatergeschichte darstellen.

Die Casa del Burcardo war das ehemalige Wohnhaus eines päpstlichen Zeremonienmeisters aus Straßburg, Johannes Burckard. Als ein Herr mit kirchlichen Ämtern und Würden, fügte er seinem Namen die lateinische Übersetzung für Straßburg, «Argentoratum» oder «Argentaria», bei. Danach wurde der Platz, Largo Argentina, die Straße und auch das naheliegende *Teatro Argentina* benannt, das 1981 sein 250jähriges Jubiläum feierte.

Dieses *Teatro Argentina* erlebte die Blüte der italienischen Oper. Hauskomponist war Rossini, sein «Barbier von Sevilla» hatte 1816 hier seine Welturaufführung. In den 20er Jahren unseres Jahrhunderts leitete

Pirandello hier eine eigene Schauspielertruppe. Heute ist das *Argentina* ein träges Staatstheater, das nur ab und zu seinen melancholischen Dämmerschlaf unterbricht.

Ein ärgerlicher Ort, den Fehlbesetzungen in der Verwaltung und in der künstlerischen Leitung ruiniert haben, ist die römische Oper. Durch eine größere Öffnung, etwa in Richtung Tanz, könnte sie eine wichtigere Rolle in der Stadt zu spielen beginnen. Der Mißstand ist um so ärgerlicher, besitzt sie doch zum Teil ein Potential unter den Tänzern und Tänzerinnen, das sich durchaus mit anderen auf dem Markt messen kann. Ihr «primoballerino» glänzt bei Fernsehauftritten. Dort trifft der klassische den modernen, zeitgenössischen Tanz. Warum nicht einmal in der Oper selbst oder bei ihren Sommerveranstaltungen in den Thermen des Caracalla?

Einen Schritt in diese Richtung hat die römische Tanzakademie unternommen, die seit zwei Jahren auf ihrer kleinen Freilichtbühne auf dem Aventin Aufführungen organisiert. So bleiben einige junge römische Choreographen und TänzerInnen wenigstens nicht völlig unbekannt. Erfolge in Paris, Wien und London können sie vorweisen. Rom dagegen bewegt sich nur zäh und langsam.

Maria Morhart / Henning Klüver

KINO

Blick in die Sterne und zurück

Den Blick auf die Leinwand geheftet, im Sog der laufenden Bilder – und plötzlich strömt der frische Geruch eines Sommerabends ins Kino. Man atmet durch, der Held scheint gerettet, man blickt auf. Doch statt an eine dunkle Kinodecke schaut man in den phantastischen Abendhimmel über Rom, der Orion blinkt. Heimat, deine Sterne live, statt «A star is born» oder «Stella». So kann es einem im Kino *Garden* in Trastevere geschehen, das ein Schiebedach besitzt – besonders angenehm in den gar nicht so fernen Zeiten, in denen in Italien noch im Kino geraucht werden durfte.

Die Zeiten scheinen auch noch nicht lange her, als Kino in Rom noch ein wahres Volksvergnügen war. Mann und Frau und Kind und Oma gingen einfach am Sonnabend oder Sonntag ins Kino mit knisternden Bonbontüten und lautstarken Kommentatoren über die blutjunge Lollo oder den gar so komischen Totò. Bei den heutigen Preisen um zehn Mark pro Nase und dem Gratisprogramm der privaten Fernsehanstalten zu Hause hat sich die Wochenendkultur der römischen Durchschnittsfamilie den veränderten Zeitläufen angepaßt. So bedingen sich gegenseitig: technologische Neuerungen wie Fernsehen und Video, Kinosterben in der Vorstadt, immer teurere und luxuriösere

Kinos im Zentrum, immer schlechtere Filme in der Vorstadt (vorwiegend dümmliche Sexfilme, aber auch mehr und mehr harte Pornos), exklusiveres Programm für ein exklusiveres Publikum in der Innenstadt, Verlegung eines wirklich breiten, vielseitigen und ansprechenden Filmprogramms in die privaten und staatlichen TV-Kanäle. Aber trotz aller gegenläufigen Tendenzen findet man in Rom noch mehr Leute mittleren und fortgeschrittenen Alters in den Lichtspielhäusern als in der Bundesrepublik. Die Kinopremiere eines italienischen Films hat (noch) den gleichen gesellschaftlichen Stellenwert wie eine «prima» im Theater. Und man sieht das typische Pärchen aus der wohlhabenden Jugendszene: Er, in der linken Hand das Autoradio, das wegen der vielen Diebstähle mit einem Griff ein- und ausgebaut werden kann, an der rechten seine herausgeputzte Schöne. Friseure kennen in Rom noch immer keine Wirtschaftskrise.

Dazu gehört auch, daß man in Rom wie in ganz Italien die Möglichkeit hat, sich zu zeigen und anderen zuzugucken. Jeder Film wird nach dem «primo tempo» etwa in der Mitte unterbrochen, das Licht geht an, der Süßwaren- und Eisverkäufer geht herum, und man hat Zeit zu einem kurzen Schwatz, einem Blick in die Runde oder einer halben Ziga-

Kino mit Atmosphäre: das Farnese am Campo dei Fiori

rette auf dem Gang. Im Kino geht es zu wie in der Kirche: Man kommt, wann man will, auch mitten drin oder kurz vor Schluß, und bleibt so lange, wie man will. Wem's Spaß macht, der kann sich den Film drei-, viermal ansehen zwischen 16.00 und 22.30 Uhr, wenn im allgemeinen die Nachtvorstellung beginnt, die hier jedes Kino an jedem Wochentag hat. Diejenigen, die es stört, wenn sich während der Vorstellung etwas im Zuschauerraum bewegt, wenn sich alle zehn Minuten Leute an ihren Knien vorbeidrängeln, sollten lieber in Rom nicht ins Kino gehen.

Kinos, Kinos und Kinos

Früher gab es in Rom eine verwikkelte Kinostruktur: von den Erstaufführungskinos (prima visione) zur zweiten und dritten Klasse, Filmkunstkinos (cinema d'essai), Filmclubs und Gemeindekinos der Kirchsprengel (parrocchiali). Heute hat sich diese Struktur den Bedürfnissen entsprechend vereinfacht. Die Masse der Lichtspielhäuser, etwa siebzig, besteht aus den Erstaufführungskinos, die die höchsten Eintrittspreise nehmen dürfen und überwiegend im Zentrum liegen. Unbekannt sind die im Ausland so beliebten Kinosupermärkte à la UFA 1–13. Wenn es einmal zwei Säle in einem Kino gibt, so handelt es sich wirklich um zwei Säle und nicht um einen, der parzelliert wurde. Die weiteren Klassen der Vorstadtkinos wurden auch mangels Masse (knapp über zwanzig) in einer einzigen «Nachfolgeklasse» (visioni successive) vereinigt. Der Eintritt liegt hier meist noch unter fünf Mark. Unter diesen Kinos ist das *Pasquino* in Trastevere für Rombesucher wichtig, weil es das einzige

ist, das Filme in englischer Sprache bringt, während – mit Ausnahme der Filmclubs – alle anderen Kinos nur synchronisierte Fassungen zeigen. Die Filmkunsttheater und Cineclubs unterscheiden sich kaum noch im Programm, sondern hauptsächlich durch die Art, auf die man die Eintrittskarte erwirbt. In den Clubs muß man zusammen mit dem biglietto eine tessera, einen Mitgliedsausweis erwerben, der meistens mehrere Monate lang gültig ist.

Echte Filmclubatmosphäre bietet das *Filmstudio* in Trastevere: Dort versucht man noch, Programmreihen auf die Beine zu stellen. Ein schönes Off-Kino nach Berliner Muster ist auch das *Labirinto* in Prati. Bisher haben die kirchlichen Gemeindekinos, die nur am Nachmittag Programm haben, den Ansturm der privaten Fernsehstationen relativ gut überstanden, und manchmal kann man einen alten, längst aus dem Verkehr gezogenen Streifen hier wiedersehen.

Einen idealen Überblick über das tägliche Programm bringen die Zeitungen: mehrere Seiten täglich für die Kinoübersicht, für Kurz- und Langkritiken. Sollte gar irgendwo ein Filmfestival stattfinden, und sei es noch so weit entfernt, so kann sich der Cineast in der italienischen Tagespresse wie zu Hause fühlen – sofern er Italienisch versteht. In Rom erscheinen auch die wichtigsten Filmzeitschriften, unter anderem «Bianco e nero», herausgegeben vom Centro Sperimentale, und «Filmcritica», die der KPI nahesteht.

Außerdem gibt die Associazione Italiana Amici Cinema d'essai (Verein der Freunde des Off-Kinos) eine monatlich erscheinende Broschüre heraus mit Interviews, Bücherempfehlungen zum Thema Film und natürlich mit Filmtips. Eine Telefonansage der Off-Programme mit Kurzkritiken vervollständigt den Service des Vereins.

Deutsche Filme, die einen guten Ruf haben, kann man vor allem während der Herbst- und Wintermonate im Goethe-Institut in der Via Savoia sehen, das von Zeit zu Zeit die Propheten zeigt, die im eigenen Land wenig gelten.

Kinomachen und Kinolernen

An der Peripherie liegt die Traumfabrik, die Rom über Jahrzehnte hinweg den Ruf eines europäischen Hollywood eingebracht hat: *Cinecittà*, die Kinostadt an der Via Tuscolana. Aber in den allgemeinen Zelluloidkrisenzeiten stehen auch hier viele Studios leer, der Fundus wurde 1982 unter großem Tamtam versteigert.

Eine wichtige Adresse liegt nicht weit davon entfernt: die Filmhochschule *Centro Sperimentale di Cinematografia* und die *Cineteca Nazionale* mit Filmvorführungen und großer Filmbibliothek. Interessierte können hier in der Bar oder in der Mensa Kontakt mit den Studenten aufnehmen, unter denen sich immer einige Ausländer befinden, oder sich im Sekretariat über die laufend wechselnden Aufnahmemodi informieren. Immerhin scheint die Filmhochschule nach langen Jahren der Agonie langsam wieder zu einer lohnenden Ausbildungsstätte zu werden.

Eine weitere Ausbildungsstätte, das Istituto di Stato per la Cinematografia e la TV in den ehemaligen Studios von Ponti-De Laurentis in der Via della Vasca Navale untergebracht, scheint dagegen in den zwanzig Jahren seines Bestehens nie auf einen grünen Zweig gekommen zu sein. Dabei ist die Grundidee dieser Schule bestechend: ein Gymnasium, das eben keine humanistische, sprachliche oder naturwissenschaftliche Ausrichtung hat, sondern sich ganz auf die Massenmedien in theoretischer und praktischer Ausbildung konzentriert. Hier macht man Abitur neben den Normalfächern Italienisch, Mathematik, Geschichte und Literatur auch in Filmschnitt oder Videotechnik. Nur braucht eine solche Schule wegen der hohen Materialkosten einen großen Finanzhaushalt, der fehlt. So bleibt es eben häufig bei Trockenübungen und Theorie.

Treffpunkt für Cineasten

Alternative Filmarbeit mit eigener Produktion und Distribution gibt es in Rom kaum. Das hängt damit zusammen, daß Filmarbeit in der großen Zeit der politischen Bewegung zwischen 1968 und 1977 unterbewertet oder den finanziell potenteren linken Parteien überlassen wurde. Die KPI hat zum Beispiel in der Unitel eine eigene Produktionsfirma, der aber zugunsten der paar privaten TV-Sender, die von der Partei unterstützt werden, der finanzielle Boden entzogen wird. Filmemachen, auch alternativ oder underground, kostet nun mal Geld. Und wahrscheinlich ist es kein Zufall, daß alternative Kinoszenen vor allem in den reichen Nordländern wie England, Bundesrepublik oder den USA entstehen – oder in Italien ganz zaghaft in und um Mailand.

Jedoch gibt es in Rom eine vorzügliche Anlaufstelle für Filmfreunde, die Bücherei *Il Leuto* im Vicolo del Leuto / Ecke Via Monte Brianzo. Hier gibt es nicht nur alte und neue Bücher über Film, Video, Theater. Hier trifft man auch immer irgend jemanden aus der Szene. Am großen Pinnbrett werden Gesuche und Nachrichten ausgetauscht. Im Keller werden Seminare gehalten oder Vorträge. Hier trifft sich auch die Kooperative *Cinema Democratico*, die der KPI nahesteht, aber relativ offen für alles aus der Szene ist. Ursprünglich war auch Cinema Democratico als Produktionsgemeinschaft gegen das Kino des Kapitals gegründet worden. Mangels Geld und mangels Unterstützung durch die Partei, die anscheinend andere Sorgen hat als Filme zu produzieren, beschränkt sich die Kooperative auf Bildungsarbeit.

Ein schwerer Schlag traf das gesamte Rom und nicht nur Filmfans mit der Abschaffung des großen Kinoereignisses Massenzio (so der Name der Veranstaltungskooperative). Die Kommunalwahl 1985 beendete die Amtszeit des kommunistischen Kulturassessors Nicolini. Die vielen Freiluftveranstaltungen, die er mit seinem «Estate Romana», dem sommerlichen Kulturprogramm, ins Leben gerufen hatte, wurden an allen Enden und Ecken gekürzt. Die fast sagenumwobenen Filmaufführungen mit einer riesigen Leinwand im Freien, zuletzt fanden sie im Circo Massimo statt, mußten an kleinere Orte umziehen und verloren viel von ihrem Charakter. Doch auf die Dauer wird es nicht möglich sein, dieses Spektakel zu verdrängen. Zu viele Augen strahlen bei dem Namen Massenzio.

Henning Klüver/Maria Morhart

Rom vom Äther aus – in wahrlich verwirrendes Kapitel. Da ähnelten sich über Jahre hin so extrem verschiedene Stationen wie ein Reaganfreundlicher Ami-Sender und ein linker Sender: Sie servierten beide eine ausgezeichnete Musikmischung. Mit einem Ohr hängen die Römer ewig am Lautsprecher, für jeden Geschmack ist Musikalisches zu hören. Es schallt in Bars, in Läden, in kleinen Werkstätten und aus den Autoradios. In der Region Latium, die Rom umgibt, sind rund 760 Sender registriert, zwei Drittel davon allein in der Hauptstadt. Ein Äther der unbegrenzten Möglichkeiten?

Kampf der Frequenzen

Nun hat jedes Radiogerät – auch wenn die Freiheit über den Wolken grenzenlos sein mag – eine begrenzte Bandbreite. Der Kampf um die schon lange nicht mehr «freien» Frequenzen wird erbittert geführt. Daß die Sendeanlagen einer Radiostation zerstört werden, kommt seltener vor, auch wenn der Monte Cavo im Süden Roms fast den gesamten Sendeantennenwald der Stadt in aller Öffentlichkeit präsentiert. Eher ist es üblich, die eigene Sendestärke zu erhöhen, um so dem Konkurrenten, der wenige Millimeter entfernt auf dem Wellenband zu finden ist,

WELLENSALAT

Freie Radios in Rom

eins reinzufunken. Schlecht dran sind also die «ärmeren» Radios, und das sind meistens die wenigen noch übriggebliebenen politischen Sender oder Stationen, die quasi als Familienbetrieb arbeiten.

Auch wenn diese Wellenkämpfe vor dem Richter enden, ist nicht viel gewonnen. Zwar hat ein Urteil des italienischen Verfassungsgerichts 1976 jedem Bürger freigestellt, einen Sender für den lokalen Bereich zu betreiben, allerdings ohne

daß seither irgendwelche gesetzlichen Ausführungsbestimmungen das Chaos im Äther geregelt hätten.

Von daher die Wellenkämpfe, gegen die sich Macher und Hörer kleinerer Radios wehren. Doch was nützt es, wenn der Stärkere bereits wieder über der Frequenz liegt, während sie gerade ihren Protest formulieren. Die Potenteren verdrängen die Schwächeren und darunter eben auch die kleineren politischen Sender. Die waren zu Beginn der neuen

Welle in der italienischen Rundfunkgeschichte Mitte der 70er Jahre – in der Hochzeit der linken Bewegung – mit dem Begriff «Gegeninformation» angetreten. Der Einbruch in die herrschende Kultur sollte mit Hilfe vieler kleiner Sender passieren. Über das Mikrofon sollte eine Gegenkultur vermittelt werden, die sich die Stadt oder das eigene Viertel wieder zu eigen machen wollte. Das Radio sollte zum Instrument einer neuen, aber lokalen Kommunikation werden.

Politische Sender wie Radio Alice aus Bologna wurden auch über die italienischen Grenzen hinaus bekannt. Solche Radio della Sinistra wurden mit ganz unterschiedlichen Positionen fast in jeder Stadt gegründet: Radio Popolare in Mailand, Radio Città in Bologna, Controradio in Florenz, Radio Città Futura oder Onda Rossa in Rom, daneben zahllose andere.

Mit dem Niedergang des Movimento Ende der 70er Jahre und der Enttäuschung linker Hoffnungen haben die freien politischen Radios zunehmend ihre Avantgardeposition, das heißt ihre kulturelle Kraft verloren.

Zwischen Prolo und Disco

Wenn wir ein bißchen auf dem Wellenband herumturnen, haben wir gleich am Anfang, ganz links, *Radio Radicale*. Das Radio gehört zum Partito Radicale, einer kleinen, aber kiebigen Partei mit radikaldemokratischem Anspruch und einem unbestrittenen charismatischen «leader» – wie in Italien alle bezeichnet werden, die man auch bei uns nicht mehr «Führer» nennen mag. Die Wahrscheinlichkeit, den Vorsitzenden Marco Pannella während

eines seiner unerträglich langen Vorträge zu hören, ist sehr groß. Als einer der wenigen Sender überträgt der Radikalen-Funk aus Parlamentsdebatten live und vollständig. Um auf eine drohende Schließung aufmerksam zu machen, brachte das Radio 1987 eine «Live-Sendung», die mehrere Tage dauerte und hohe Wellen schlug. Die Anrufe im Radio, und nur die, wurden direkt ausgestrahlt. Gab es anfangs noch Anrufe, die ernsthaft pro und contra Radioschließung diskutierten, so schlug die Stimmung bald um, als die ersten entdeckten, wie schön es sich doch über Radio live fluchen läßt. Die obszönsten Schimpfworte im tiefsten römischen Dialekt erschütterten den Äther und die Gemüter.

Gleich neben den Radikalen, bei 89 MHz sendet ein weiteres «altes» politisches Radio. Was für die Radicali die Worte Pannellas sind, ist für die Autonomia von *Radio Proletaria* das Wortpaar «compagni» (Genossen) und «proletari» (Proletatier). Trotz des mitunter tiefen Griffs in die Kiste überholter Kaderagitation bringt der Sender oft genug Nachrichten, die sonst verschwinden: über Streiks, Demonstrationen, Besetzungen und andere Aktionen. Eine kleine Gruppe italienischer Volontäre berichtet täglich aus Palästina mit Direktanschluß zu Radio Intifada. Hier hat der Begriff «Gegeninformation» noch am ehesten eine Bedeutung im römischen Äther. Und dazu eben Musik.

Liegt Radio Proletaria im Neuproletarierviertel Tiburtina, so beherbergt den anderen linksradikalen Sender ein klassisches Arbeiterviertel: In San Lorenzo, zwischen Hauptbahnhof und Universität, arbeitet *Onda Rossa* (Rote Welle) auf 93,3 MHz – «immer gegen die Regie-

Nicht mehr dabei: der Frauensender Radio Donna ▬▬▬▬▬▬

rung und den Klerus». Die Räume des Radios wurden Ende 1982 durch einen Bombenanschlag stark zerstört, der mit großer Sicherheit auf das Konto von faschistischen Gruppen geht.

Dazwischen auf dem Wellenband haben wir die Vielzahl der Gute-Laune-Radios, deren Konservenschnulzmusik mit regelmäßiger Penetranz von den neuesten Hinweisen auf die römische Warenwelt unterbrochen wird. Existenzberechtigung, Inhalt und Geschäft dieser zum Teil sehr potenten Sender ist die Werbung. Prachtausgaben dieser Art von Großstadtkultur sind Tele-RadioStereo und Radio Dimensione Suono, die ihre Werbung immer wieder durch die geschultesten Diskjokkey-Stimmen von ganz Rom aufpeppen. Mit dem verführerischsten Vokalschmelz werden einem hier die alleralleraktuellsten Produkte aus der Disko-Retorte präsentiert.

Ein Radio aus dem engeren Dunstkreis der kommunistischen Partei darf natürlich auch nicht fehlen. Es hört auf den Namen *Italia Radio* und sendet auf 94,9 MHz. Als direktes Sprachrohr der Partei bringt der Sender Parlamentsdebatten, politische Beiträge, Diskussionen, Berichterstattung zur KPI. Es regiert das gesprochene Wort. Das Musikprogramm stellt italienische Musik vor, in erster Linie Erfolge aus den letzten Jahren. Bloß keine Wagnisse, nicht aus dem Rahmen fallen, auf Nummer Sicher gehen, lautet das Motto.

Der ehemalige Bewegungssender Radio Città Futura (R. C. F.) schloß 1987 nach über zehnjähriger Tätigkeit seine Mikrofone. In Rom war R. C. F. das Sprachrohr der Bewegung von 1976/77 gewesen. Seine Geschichte steht als typisches Beispiel. Die ersten Probleme des Senders fielen Mitte 1977 mit der Krise des Movimento zusammen. Lebte der Sender anfangs durch das, was draußen passierte, durch eine aus der Bewegung kommende Fülle, deren Instrument er war, so sahen sich die Radioleute mit dem Niedergang der Bewegung plötzlich vor die Aufgabe gestellt, selbst Ideen und Vorschläge zu produzieren. Einen erfolgversprechenden Neuanfang probierten 1983 ehemalige Mitglieder mit einer neuen Kooperative und neuen Ideen. Professionelles Radio machen, hieß es, regelmäßige Nachrichtensendungen, Reportagen, Musik- und Kulturprogramme. Das Radio ging nach außen. Es organisierte Konzerte, Feste mit Kulturprogramm in Discos, Kinos und Schwimmbädern. Gab es witzige und interessante Veranstaltungen, war Radio Città Futura immer dabei. Man hoffte, durch Werbung die angespannte Finanzlange zu verbessern. Arbeitsplätze sollten endlich bezahlt werden, und um potent zu senden, mußte die Sendekapazität erhöht werden. War die Sendeanlage am Monte Cavo ausgefallen, legte sich sofort ein anderer Sender über die R. C. F.-Frequenz. Doch Werbespots für einen ehemaligen Linkssender zu finden, gestaltete sich als sehr schwierig. Eine feste starke Hörergemeinde, nach der die Werbebranche immer zuerst fragt, war noch nicht so recht zu fassen. Um das Überleben von R. C. F. zu sichern, schloß sich das Radio schließ-

lich nach langen Diskussionen doch einer politischen Gruppierung an, der kleinen Linkspartei Democrazia Proletaria. Aber auch mit dieser Entscheidung war es nicht mehr zu retten. Zu viele Schwierigkeiten haben den Traum beendet, ein ungebundenes linkes Informationsradio mit guter Musik in Rom zu etablieren.

Heute ist auf der alten Frequenz von Radio Città Futura ab und zu ein ganz anderes Radio, *L'A radio Città Uno*, zu hören, das eigentlich auf 97,5 MHz und 98,8 MHz sendet. Völlig unbelastet von Bewegung und Informationsauftrag strahlt es ein Programm aus, das sich allein auf Musik und Satire konzentriert. Das Radio und seine Hörergewohnheiten, mitsamt der unmöglichen Radiowerbung, will es auf den Arm nehmen. Viele hören es, um sich mit den witzigen Anti-Werbespots zu vergnügen. Vor allem die des staatlichen Senders RAI und der großen kommerziellen Sender werden verulkt. Die Idee ist erfolgreich und so muß das Radio nicht auf tatsächliche Werbekunden warten. Die nehmen es in Kauf, wenn der Schalk mal wieder mit den Machern durchgeht und zum 1. April sämtliche Musik mit der falschen Geschwindigkeit abgespielt wird oder 24 Stunden lang unterschiedliche Musiktitel angesagt werden, aber doch nur ein und derselbe Beatles-Song zu hören ist. Nachrichten werden von einer Agentur abgerufen und alle zwei Stunden als Flash gesendet. Dazu dreimal in der Woche Kulturnotizen, und das ist es auch schon. Kontakt mit den Hörern gibt es über Radiospiele, bei denen Schallplatten und Eintrittskarten für Konzerte verlost werden. Als besonderen Leckerbissen strahlt das Radio

«Rock-Café» aus, eine Sendung für die es die Rechte für das gesamte Gebiet Latium besitzt. Sie wird in Mailand produziert und stellt interessante Konzerte innerhalb Italiens vor. Für *L'Aradio Città Uno* bedeutet Kommunikation eher Musik als Wort.

Anders verhält es sich bei einem Sender mit dem vielversprechenden Namen Voglia di Radio (Lust auf Radio), der seit November 1988 in die Ohren und weiter vordringen will. Links ist er zu finden auf dem Wellenband, aber politisch hat das überhaupt keine Bedeutung, denn der Sender steht den Christdemokraten nahe. Und er hat sich in den Kopf gesetzt, *das* römische Radio zu werden. So bietet er zahlreiche Informationen zum Stadtgeschehen; verschiedene Rubriken zu Ernäh-

rung, Umwelt, Frauen; Beiträge zu aktuellen Themen, die die Volksseele beschäftigen; Sendungen live mit Hörerbeteiligung, Nachrichten, Presseschau und Musik. Zum Großteil sind Altprofis aus der RAI am Werk, Persönlichkeiten, die Professionalität und Werbeeinnahmen garantieren. Das Radio beteiligt sich bei Sportaktivitäten und Kulturaktionen, verankert damit seinen Namen bei der römischen Bevölkerung. Schade nur, wenn dann die Nachricht über eine Frauendemonstration lautet. «Eine Gruppe von Chaotinnen unterwegs» – und das bei einer Beteiligung von 150000 Frauen, die mit ihren Forderungen auf die Straße gehen.

Maria Morhart / Andreas Rostek

TELEVISIONE

Eine Stadt wird umgeschaltet

Im Vergleich zum Fernsehen erscheint der Rundfunkbereich ein gesellschaftliches Spielzeug. Wie in Rom Fernsehen gemacht, gesendet und gesehen wird, unterscheidet sich kaum von Mailand oder Turin. Aber die Kultur der Stadt wird durch das Fernsehen stärker bestimmt und verändert als im Norden. Einen Blick auf römische Bildschirme zu werfen heißt nicht, abzuschalten von der Wirklichkeit, sondern einen Einblick in Prozesse zu bekommen, die ganz Italien verändern. Hier sind Milliarden von Lire im Spiel und Millionen von Menschen.

TV: total unterhaltsam

Auch in Rom gibt es noch Snobs, die keinen Fernseher haben. Sie leben auf dem Mond, vielleicht im Zentrum, jedenfalls nicht in den Vorstädten. Der kulturelle Trumpf außerhalb der Mauern heißt Fernsehen, achtzehn Programme in Farbe. Mit einer guten Antenne auf dem Dach kann ein Römer auf dem Telecommander spielen wie mit einem Taschenrechner. Auf Knopfdruck geht's los. Kanal 25, Prisma TV, ein klerikaler Sender, politisch auf dem rechten DC-Spektrum angesiedelt: Seinen spärlichen Informationsteil erhält er via TV-Brücke von Mailands rechtskonservativer Zeitung «Giornale Nuovo» aus dem Hause

Montanelli. Ein paar Kanäle weiter folgt Italia 1, eines der drei großen Networks Italiens zusammen mit Canale 5 und Retequatro. Hinter den drei Networks steht ein Name: Silvio Berlusconi, Verleger, Finanzmanager und Bauunternehmer aus Mailand. Seine Sender bringen mit wenigen Ausnahmestunden landesweit das gleiche Programm. Nur eine nationale Tagesschau ist ihnen bisher gerichtlich verboten worden. Eine lokale ist abgesehen von Flash-Notizen zu teuer.

Einen Großteil des Programms bestreiten Filme, die inzwischen auch den Ansprüchen gehobener Konsumenten genügen. Alle Tageszeitungen halten auf ihren Fernsehseiten einen Überblick über die Filme, die in den verschiedenen Stationen abgespult werden, als Extraservice bereit. Hier ist Fernsehen wirklich Heim-Kino. Es vergeht kein Tag, an dem man nicht die Qual der Wahl hätte. Zum Beispiel heute, Sonnabend, 19. März, kein guter Tag, aber immerhin: Pasolini, Vincente Minelli, Arthur Hill, außerdem Filme mit Alec Guiness, Paul Newman, Cary Grant, Sophia Loren (natürlich). Die Sender finanzieren sich ausschließlich über die Werbung. So wird jeder Film etwa alle zehn Minuten für Coca-Cola oder Martini unterbrochen. Sehgewohnheiten werden in Frage gestellt, wie

reagiert man? Kann man dem Reklamesystem entkommen?

Am ersten Tag lächelt der Konsument vielleicht noch über diese Hick-Film-Hack-Werbungs-Art des Fernsehguckens. Am zweiten reagiert er wahrscheinlich schon anders. In dem Augenblick, wenn er aus der Bilderflut eines Fellini oder der politischen Schlüsselszene eines Costa Gavras in die Warenwelt geschleudert wird, ist die natürliche Reaktion: Knopfdruck, umschalten.

Schon ist man im nächsten Programm, im Footballspiel, das Canale 5 gerade live aus New Jersey überträgt, im Westen auf T. R. E., einem kleinen Network auf Kanal 29, in den Kurznachrichten auf T. R., C. das hauptsächlich das Programm von Telemontecarlo übernimmt, wieder in Werbung – welcher Sender war das eigentlich? Englischunterricht auf SPQR? Schnell

wieder zurück: Rete A bringt gerade einen Visconti, aber man hat den Anfang nicht gesehen und begreift kein Wort, TVR-Voxon hat auch Werbung, Teletevere einen dieser brutalen japanischen Zeichentricks, Teletuscolo einen dieser amerikanischen Serienfilme zweiter Klasse, denn die erste Wahl von «Kojak» bis «Dallas» können sich nur Networks leisten. War das nicht eben RAI, zweites Programm? Schnell, Knopfdruck, unser Film auf Italia 1, wo allerdings schon wieder Reklame läuft, diesmal für Waschmittel.

So nicht. So verstrickt man sich im Mediennetz. So bleibt man blutiger Anfänger. Man mache es wie wir: Wir haben resigniert, lassen die Werbung über uns ergehen. Wenn wir uns aber ganz und gar nicht diesem Kommerzsystem ausliefern wollen, bleibt noch eine radikale Alternative: abschalten und hoffen, daß der Film irgendwann mal ins Club-Kino kommt. Und daß man dann seine Faulheit besiegt und auch wirklich hingeht. Dann gehört man wirklich zu einer kleinen, radikalen Minderheit.

TV: total vermarktet

Jedermann kann es sehen: Nichts kommt über Rom. Die nationalen Networks interessieren sich nicht für Lokalpolitik. Und die kleinen lokalen Sender sind in der Hand von Werbegesellschaften oder von ihnen abhängig. Die vermieten Programme en bloc mit der Reklame an finanzschwache Sender im Land. So kommen auch die Kleinen zu notwendigen Werbeeinnahmen, und Coca-Cola wird garantiert, daß ihre Spots in ganz Italien zu sehen sind. Vor ein paar Jahren versuchte in Rom die Station GBR, ein allerdings total angepaßtes Lokalprogramm zu machen. GBR ist im Konkurrenzkampf mit den nationalen Networks und den Werbegesellschaften untergegangen und lebt heute nur noch als Programmhülse für Filme und lokale Talkshows. Aber das kann sich schon morgen wieder ändern, denn die Entwicklung der einzelnen Stationen ist ähnlichen Schwankungen unterworfen wie im Radiobereich. Die lokale Werbung für das Schuhgeschäft um die Ecke hat sich – auch aus Kostengründen – ganz auf das private Radio verlegt.

Die Geschichte der privaten Fernsehsender wie der Radios seit ihrer Gründung 1976 sind Seiten aus einem kapitalistischen Lehrbuch. Zwei Jahre später drängelten sich rund tausend Stationen im italienischen Fernsehbereich, in Rom über dreißig. Alle kämpften mit Haken und Ösen gegen die Konkurrenz.

Mit Sexfilmen und mit Kapital. Das Kapital gewann. Die Sender wurden immer weniger und immer größer. Inzwischen befinden wir uns im Stadium der Oligopole. Drei große haben genug kleine Fische gefressen. Die Networks repräsentieren den modernen internationalen Kapitalismus Norditaliens. Der Staatsfunk RAI, seines Monopols beraubt, spiegelt die bürokratische Kruste der italienischen Politik wider – insofern ist die RAI wirklich «römisch».

TV: total verteilt

Das erste Programm der RAI (Radio Audizioni Italiana) empfängt man auf der VHF-Skala. Es ist eine Hochburg der Christdemokraten, verantwortlich für jahrzehntelange «Romanisierung» Italiens, als es nur ein Programm gab: Sendungen und Informationen aus dem mittelmäßigen Sozialgemisch der Hauptstadt, Fernseheintopf, in dem die kulturelle Vielfalt Italiens verkocht wurde und noch wird. Der bürokratisch aufgeblähte RAI-Apparat hat seinen Sitz im Viale Mazzini, im Viertel für höhere Beamte nördlich von Prati. Ein paar Kilometer vom historischen Zentrum entfernt, meilenweit vom übrigen Italien. Die Studios befinden sich unterhalb des Monte Mario in der Via Teulada (TV) und in der Via Asiago (Radio). Die RAI ist wie alle Staatsbereiche parzelliert und unter der herrschenden Politikerkaste verteilt worden. Diese «lottizzazione» schreibt nicht, wie etwa in der Bundesrepublik, «Ausgewogenheit» vor, sondern «Aufteilung». Das erste TV-Programm also für die DC (wie auch das zweite Rundfunkprogramm), im zweiten tummeln sich die laizistischen Parteien wie Sozialisten. Sozialdemokraten, Republikaner (im Rundfunk gehört ihnen der erste Kanal) und seit der RAI-Reform Mitte der 70er Jahre auch die Kommunisten. Im dritten, das mehrere Stunden am Tag von den regionalen Studios aus Mailand, Turin, Neapel produziert wird, haben diese sogar ein leichtes Übergewicht («Radio Kabul» nennen Böswillige die Tagesschau TG 3 im dritten Programm).

Das dritte Fernsehprogramm war eine Antwort auf die «lokalen» Privatstationen, die seit 1976 in immer größerer Konkurrenz zum Staatsfunk stehen. Konkurrenz in welchem Sinne? Die neuen Medien entstanden, nachdem die KPI einen Fuß in den staatsmonopolistischen Sender gesetzt hatte. Sie entstanden vor allem auf Initiative von christdemokratischen Unternehmern. Sie sind auf der politischen Ebene eine Antwort auf die «Demokratisierung» der RAI und auf der wirtschaftlichen die Quittung für die Unfähigkeit des Staatsbetriebes, die neuen Technologien zu nutzen. Daß besonders auf dem Rundfunksendersektor auch Kräfte von unten zu Wort kamen, hat man in Kauf genommen. Der private Konkurrenzkampf hat sie dann fast verschwinden lassen. Auf dem TV-Sektor war ihre Chance schon aus Kostengründen gleich Null. Die KPI, die als große gesellschaftliche Kraft in der Lage gewesen wäre, eigene TV-Sender aufzubauen, der Entwicklung eine andere Richtung zu geben, hatte den Privatfunk zunächst abgelehnt. Sie richtete ihre ganze Kraft auf die RAI, war mal wieder staatstragender als die Christdemokraten, die das RAI-Monopol unterhöhlt hatten. Als sie sich endlich Ende der 70er Jahre entschloß, auch mitzumischen, war der Zug längst in Richtung der Networks abgefahren. Den Kommunisten blieb in Rom nur Vidouno (Kanal 46 und 59), locker mit anderen KPI-Sendern im Land verbunden, der immerhin inzwischen eine ansprechende lokale Nachrichtensendung auf die Beine stellt. Während Retequattro und Canale 5 längst über Satellit Sendungen aus anderen Kontinenten empfingen, mußten die Kassetten vom KPI-Kongreß 1983 in Mailand noch per Flugzeug oder Auto zu den verschiedenen «roten» Sendern gebracht werden.

Der wirkliche Konkurrenzkampf spielt sich zwischen der RAI und den privaten Sendern auf wirtschaftlichem Gebiet ab. Das Werbeeinkommen der Networks hat das des staatlichen Fernsehens überrundet. Die RAI ruft nach einem Gesetz, das die privaten Stationen in ihre lokalen Schranken weisen soll. Das Gesetz, das seit 1976 aussteht, wird irgendwann einmal kommen. Aber es wird nichts anderes mehr tun können, als die augenblickliche Situation abzusegnen.

TV: total vereinsamt

Für den Normalbürger hat das Fernsehen, privat wie staatlich, die Piazza mit Kino und Kirche ins Wohnzimmer verlegt. Der «Platz» als traditioneller Treffpunkt und als Ort des Austausches von Meinungen und Waren ist für viele nur noch eine Reminiszenz. Mit all seinen Vereinsamungsfolgen ist der Blick in die Welt weiter geworden, der in die Nachbarschaft enger. Wahlkampf findet auf der Mattscheibe statt, wie auch der Segen des Papstes seine Gültigkeit via Äther oder Kabel nicht verliert. Warum also noch auf den Petersplatz gehen, der ist ohnehin von den Touristen besetzt. Kein Vorstadtkino kann nur annähernd das Programm bieten wie 18 TV-Stationen. Nachrichten, Informationen gibt es zuhauf – auch über den Nachbarn in Dallas. Letzte Erfolgsmasche sind die Telemärkte. Es begann mit Versteigerungen von Bildern und Antiquitäten und ist jetzt bereits bei Bettwäsche angelangt. Direkter Draht per Telefon zum Sender, um zu ordern, Kommunikation in Kaufform. Die Schlafstädte um Rom kennen kaum noch Plätze, Kinos, Osterien. Das Fernsehen ist der neue Treffpunkt, ist Platz, Kirche, Kino, Osteria. Der Übergang vom Arbeitsplatz zum Wohnzimmer verläuft nahtlos: Auf der Fahrt hält das Autoradio die private Welle.

Das private Fernsehen ist eine «Erfindung» des Nordens. Sie wird in Rom um so aktueller, je mehr sich die Stadt, die Vorstädte (nord)europäischem Muster angleichen. Trotz aller Kritik an der städtischen Kulturpolitik gibt es Ansätze, die den Einwohnern Alternativen zum Wohnzimmer bieten. Das Zentrum ist Roms letzter großer Platz geworden. Ein Platz allerdings, der für viele weit weg liegt. Der abends spät ohne Auto nur noch schwer zu erreichen oder zu verlassen ist. Zwar stimmt der Versuch, die totale Mattscheibenwelt aufzubrechen, noch immer hoffnungsfroh. Aber er schlägt höchstens Breschen im Kulturkampf, die von privilegierten Inwie Outsidern besetzt werden. Die Plätze müssen wieder da geschaffen werden, wo das Fernsehen die Stadt kulturell umschaltet: in den Vorstädten.

Henning Klüver

GRÜN MIT KULTUR
Die Parks

Die Parks in Rom sind ein idealer Ausstieg aus dem Verkehrschaos der Innenstadt, aus der allgegenwärtigen Konfrontation mit Geschichte. Aber sie sind zugleich ein angenehm grüner Einstieg in die Vergangenheit wie in die gegenwärtigen urbanen und kulturellen Probleme der Stadt. In Rom sind sozusagen auch Grashalme historisch. Die meisten römischen Parks werden nach Sonnenuntergang geschlossen. Eine rühmliche Ausnahme macht vor allem die Villa Borghese – zur Freude der Spanner, die bei den vielen ungenierten Liebespärchen voll auf ihre Kosten kommen. Aber zum Dösen, Pausemachen, Picknicken bieten sich die meist zentral gelegenen Parks alle an. In der Nähe vom Kolosseum etwa liegt die schöne Villa Celimontana. Auf dem Weg zur Via Appia oder nach einem Besuch der Caracalla-Thermen kann man im Park der Orti degli Scipioni Pause machen. Ebenso im Apfelsinengarten oder im Rosengarten auf dem Aventin. Nach einer Trastevere-Tour gibt es die Villa Sciarra, die Grünanlagen auf dem Gianicolo oder den Botanischen Garten zur freien Auswahl.

Wirklich «außerhalb», aber keineswegs weit weg liegen die Villen Ada und Pamphili. Wie fast alle römischen Parks sind sie am Sonntag Ziel vieler Familien, die mit Kind und Kegel und den obligatorischen Transistorradios (um die Fußballübertragungen am Nachmittag zu hören) die ruhigen, verschlafenen Villengelände in quirlige Volksparks verwandeln. Werktags ist man dagegen fast unter sich.

Hauspark der Römer

Der Hauspark Rom ist jedoch die Villa Borghese mit einem Umfang von sechs Kilometern. Zwischen einem bedeutenden Museum und einem relativ unbedeutenden Zoo, der allerdings vom alten Hagenbeck entworfen wurde, gibt es darin noch: ein afrikanisches Museum (chronisch geschlossen), ein Zoomuseum, das Museum des Bildhauers Canonica, den Arbeits- und Wirtschaftsrat der italienischen Regierung (CNEL), die Direktion der städtischen Gärtenverwaltung, eine Polizeireitschule, einen religiösen Kindergarten der Schwestern der Maria SS. Consolatrice, ein Kinderkino, Ponyreiten, Karussells, eine Parkbahn, Bars, einen See zum Bootfahren, eine kleines Mehrzweckstadion (Piazza di Siena), Vogelhäuser ohne Vögel – darin wird heute Theater gemacht –, Brunnen, Statuen, zum Teil relativ kopflose, Denkmäler (unser Goethe!) manchmal auch Zirkus,

Pop- und Jazzkonzerte, Theaterfestivals, Freiluftkino, kommunistische Jugendfeste, viel im Sommer meist bräunliches Gras, Pinien, Steineichen, Lorbeerhecken, Platanen, Eukalyptus, Palmen, Bananen, Bambus, Enten, Katzen, Hunde, natürlich Vögel, jegliche Art von Menschen und trotzdem, bis auf sonntags, viel Platz und gute Luft.

Nervig ist allein der Verkehr, der durch zwei Adern den Park zerschneidet. Umweltschützer, allen voran Italia Nostra, und das Gartenbauamt haben sich in der Presse eine Artikelschlacht geliefert, die einen kleinen Einblick in das römische Parkproblem geben kann. Ausgangspunkt war die Frage, ob man angesichts der langsamen Zerstörung der Parks zumindest diesen hier in eine exklusive Oase gegen Eintritt verwandeln sollte. Die Umweltschützer wetterten gegen das Gartenbauamt: «Die Villa erinnert heute an Grünanlagen, wie wir sie vor Bahnhöfen kennen!» Antwort: «Jeden Sonntag laufen allein im Parco dei Daini hinter dem Museum Borghese um die 100 000 Menschen herum, die ganzen Extraveranstaltungen nicht berücksichtigt. Die Villa kann das nicht verkraften. Die 45 Gärtner, die wir haben, müssen ihre Zeit damit zubringen, den Park vom Dreck zu reinigen, den diese Vandalen hinterlassen haben.» Italia Nostra: «Die Villen müssen auf jeden Fall der Öffentlichkeit zugänglich bleiben, aber sie müssen besser bewacht werden.» Das Gartenbauamt: «Gerade haben wir die Brunnen gereinigt und schon sind sie wieder ein Zentrum geworden, wo jedermann sein Auto wäscht!» Italia Nostra: «Seit 20 Jahren sind die Alleen asphaltiert, der Park stirbt langsam im Verkehr.» Das Gartenamt

Ein Park für jeden Ge-
schmack: Villa Bor-
ghese

zieht dagegen eine alte Inschrift aus der Tasche, die im 17. Jahrhundert in der Villa angebracht war: «Der Freund habe hier nicht Gesetze zu achten, sondern den guten Willen; wenn aber jemand aus böser Absicht die goldenen Regeln der Gastfreundschaft verletzt, muß er damit rechnen, daß ihm der Wärter den Ausweis der Freundschaft zerreißt.»

Muße mit Würde

Nicht unwichtig in der Diskussion ist, daß es sich bei den meisten Parks, bei den Villen, nicht um irgendwelche Grünanlagen handelt, sondern um historische Kulturgüter. Und damit wären wir bei der Gelegenheit, in grüne Geschichte einzusteigen.

Zunächst in Sprachgeschichte: Das Wort «Villa», das im Deutschen etwa «vornehmes Einfamilienhaus» bedeutet, bezeichnet im Italienischen ein schloßartiges Landhaus oder allgemein Landhaus sowie den das Haus umgebenden Park. Das Wort geht auf das lateinische «villa» (Landhaus, Landgut) zurück, wobei immer die Bedeutung von «abgelegen» mitschwingt.

Außerhalb Roms lagen in antiken Zeiten die Villen der intellektuellen Reichen, die sich hier gemäß ihrem Wahlspruch «otium cum dignitate – Muße mit Würde» gelehrtem Nichtstun hingaben. Da wollten die wiedererwachten Römer der Renaissance und des Barock nicht nachstehen. Im 16. und 17. Jahrhundert entstanden eine ganze Reihe von solchen «abgelegenen Landhäusern», Villen für die herrschenden Familien der Päpste, des Klerus, des Adels. Abgelegen bedeutete damals außerhalb des bewohnten Zentrums im Tiberknie. Viele Villen entstan-

den so innerhalb der Mauern oder gerade so weit außerhalb, daß sie noch schnell und ohne gefährliche Landreise zu erreichen waren. Dort jagte man – in der Villa Borghese befand sich auf dem Gebiet des Parco dei Daini («Hirschpark») ein Wald. Ging spazieren – selbst die Pflanzungen wurden nach antikem Muster angelegt, beispielsweise wie die heiligen Haine der immergrünen Steineichen. Oder gab sich kunstvoll – das Landhaus der Familie Borghese wurde von vornherein als «Museum» geplant. Wichtig für die Schaffung einer Parkanlage war aber neben dem Zusammenkauf von Grundstücken die Zuführung von Wasser. Der Papstneffe Scipione Borghese, der mit dem Bau der Villa begann, ließ sich von seinem Onkel Paul V. 1618 einen kostenlosen Anschluß an die Wasserleitung Acqua Felice schenken.

Im Laufe der Zeit wurde dann die Villa dem jeweils neuesten Geschmack angepaßt und erweitert – die Villa Borghese um den romantischen Giardino del Lago um 1790 etwa. Nach und nach wurde sie auch für die Öffentlichkeit zugänglich, im 19. Jahrhundert gab es in der Villa Borghese sogar eine Trattoria. Um 1870 hatte scheinbar das letzte Stündlein der Villa Borghese geschlagen. In der frischgebackenen Haupstadt des vereinten Italien der Piemontesen quoll der Bauboom aus der Stadt in die Grünanlagen über, Kirche und verarmter Adel versuchten sich erfolgreich in der Grundstücksspekulation. Eine ganze Reihe von Villen mußte neuen Vierteln weichen. Zum Beispiel die hochgerühmte Villa Ludovisi der Via Veneto und Umgebung, die Villa Aldobrandini dem südlichen Teil der Via Nazionale. Sie wurden,

Joggen statt Jagen:
Rundlauf im Park ▬▬

wo sie nicht verschwanden, auf ein Gärtchen neben dem Landhaus – das jetzt Stadthaus wurde – reduziert.

Die Borghese wollten am neuen Reichtum teilhaben und auf ihrer Villa ein Boulevard-Viertel nach Pariser Vorbild errichten. Doch die Villa war zu sehr im Bewußtsein des Volkes als «Eigentum» der Bewohner Roms verankert, als daß sich die Familie dies wirklich erlauben konnte. Nach mehreren Kampagnen und feurigen Parlamentsdebatten beschloß die Abgeordnetenkammer 1901 schließlich den Kauf des Parks

und des Museums durch den Staat. König Umberto I. schenkte sie als Staatsoberhaupt der Stadt Rom unter dem Namen «Villa Umberto I.». Doch das Volk nannte sie weiter ungerührt «unsere Villa Borghese».

Kurz davor hatte die Familie Borghese noch einmal privat Kasse gemacht, indem sie 1891 eine Reihe von Statuen, Brunnen und sogar die Landhaustreppe nach England und anderswohin verkaufte. Nachdem bereits Napoleon einiges abgeschleppt hatte, blieb dem römischen Volk vom Park nur noch die Idee einer großen Villa.

Vor ein paar Jahren gab es in Rom unter der roten Stadtverwaltung einen Kampf zur Rückgewinnung öffentlicher Grünflächen. Von den über hundert noch existierenden, mehr oder weniger durch die Spekulation verkleinerten Villen gehören nur 31 dem Staat oder der Stadt.

Vierzehn dienen ausländischen Staaten als Botschaft bei der italienischen Regierung oder beim Heiligen Stuhl sowie als Kulturinstitute. 54 sind im Privatbesitz (einschließlich der religiösen Einrichtungen). In den letzten Jahren wurden, zum Teil durch Enteignungen, ein paaar Villen, wie zum Beispiel die Villa Torlonia (auch ehemalige Residenz Musolinis) in der Via Nomentana wieder der Öffentlichkeit zugänglich gemacht. Die den Kommunisten folgenden Stadtregierungen setzten allerdings andere Prioritäten

Henning Klüver

Selbst wenn man den Vatikan ausklammert, hat wohl kaum eine Stadt so viele Gemäldegalerien und Museen vorzuweisen wie Rom. Die Crême de la Crême der Malerei, vor allem des 16. und 17. Jahrhunderts, ist hier versammelt: von Raffael bis Velasquez, Tizian bis Guercino, Holbein bis Reni, Dürer bis Carracci, Lotto bis Rubens. Diese geraubten, gekauften oder in Auftrag gegebenen Kunstsammlungen stehen im Zusammenhang mit der Familienpolitik der ehemals herrschenden Klasse Roms, das heißt, vor allem mit den Papstfamilien.

Eine Voraussetzung für die erstaunliche Vielseitigkeit (in den bekannten ideologischen Grenzen) der Spitzenpolitiker des Kirchenstaates lag darin, daß die Monarchen, das heißt die Päpste, nicht einer Dynastie entstammten, sondern nach oligarchischem Prinzip aus einer relativ großen Zahl von Familien ausgewählt wurden. Dabei stellte nur in Ausnahmefällen, wie den Della Rovere und Medici, eine Familie mehr als einen Papst. Belebend wirkte auch die Tatsache, daß die meisten Päpste nicht einmal aus Rom oder aus dem Kirchenstaat kamen, sondern potenten Familien Norditaliens entstammten. Von den 23 Päpsten der Zeit zwischen 1585 und 1774 kamen mehr als zwei Drittel aus Städten anderer Staaten, zum Beispiel

aus Florenz (Barberini, Corsini), aus Siena (Chigi), aus Como (Odescalchi) oder aus Venedig (Ottoboni). Fast alle Päpste nutzten ihre Herrschaftsrolle aus, um die Bedeutung ihrer Familie wirtschaftlich wie sozial zu stärken und ihren politischen Einfluß für längere Zeit zu sichern (Nepotenwesen). So blieben diese Familien meist nach dem Tod des Papstes in Rom und erneuerten jeweils die herrschende Klasse.

Zu einer Übersiedlung gehörte der Bau eines repräsentativen Palastes ebenso wie die Schaffung einer repräsentativen Rolle. Diese Rolle, Ruhm, konnte man nicht mehr wie früher durch militärische Heldentaten oder wie anderswo durch kaufmännische Erfolge oder diplomatische Schachzüge erringen. An die Machtperipherie Europas gedrängt, konnte man nur noch mit Kunst glänzen: als Mäzen – solange der

«Familienpapst» an der Macht war, standen dafür sogar öffentliche Gelder zur Verfügung – und als Sammler. Pracht und Bildung waren Zeichen von Macht, zum eigenen Ruhm richtete man ein «Museum» ein, was im Lateinischen soviel bedeutete wie «Ort für gelehrte Beschäftigung», «Bibliothek», «Akademie». So entstehen im 17. und 18. Jahrhundert in den Palästen der herrschenden Familien private Sammlungen von Gemälden und Skulpturen, die heute noch zum Teil zugänglich sind (*Galleria Colonna, Doria Pamphili, Spada*) und damit auch einen Blick in die schloßartigen Repräsentationsräume des Barock gestatten, mit denen die Familien jede für sich ihren kleinen «Hof» schufen.

Ein Teil dieser Sammlungen ist in den Staatsbesitz gekommen und zum Grundstock von Museen im heutigen Sinne geworden, das heißt, sie haben teilweise den Charakter der privaten Sammlung verloren und geben dafür einen Überblick über eine bestimmte Periode (die Galleria Nazionale im *Palazzo Corsini* beispielsweise über das 17. Jahrhundert). Dazu gehören neben der Galleria Corsini vor allem die *Galleria Nazionale di Arte Antica* im Palazzo Barberini sowie das Museum und die Gemäldesammlung *Borghese*. Eine ganze Reihe der privaten Sammlungen ist trotz eines besonders in den letzten Jahren andauernden politisch-juristischen Tauziehens noch immer nicht zugänglich, so etwa die Sammlung Torlonia.

Hinzu kommen die Verluste durch Verkäufe der in «Armut» geratenen Familien im 19. Jahrhundert sowie durch besonders unter Napoleon beliebte «Zwangsverkäufe». Es wäre in diesem Zusammenhang mal interessant zu untersuchen, wie viele Museen in der Welt von solchen «Beutestücken» leben und auf welchen manchmal krummen Wegen diese in die bürgerlichen Kulturtempel diesseits und jenseits des Ozeans gelangt sind.

Der Besuch der Galerien ließe sich unter verschiedenen Aspekten organisieren. Man kann sich (zum Beispiel Caravaggio) auf die Suche nach bestimmten Malern oder Schulen machen. Man kann sich aber vor allem auch ansehen, *wie* gesammelt und repräsentiert wurde. Das «Durcheinander» in den heute noch privaten Sammlungen (Colonna, Doria Pamphili) zeigt, wie weit diese Galerien von den didaktischen Ansprüchen moderner Museen entfernt sind. Hier sollte man nichts über die Maler lernen, sondern etwas über den Hausherrn.

Ein schönes Beispiel ist auch der Palazzo Corsini. Neben der Galerie hatte der Papstneffe Neri Corsini im 18. Jahrhundert eine Bibliothek eingerichtet, die nach seinem letzten Willen nicht aus Trastevere weggebracht werden darf. Es war schon damals eine öffentliche Bibliothek, was den Aufklärungskurs der Corsinischen Familienpolitik unterstrich. Neri Corsini gehörte zu den Jansenisten, einer Reformgruppe innerhalb der katholischen Kirche, die offiziell nicht geduldet wurde. Daß ausgerechnet er als Kardinalstaatssekretär einer «verbotenen» Vereinigung angehörte, zeigt, wie stark die äußeren Bewegungen auch in die Kirche hineinwirkten. In der Bibliothek, die heute zur Accademia dei Lincei gehört, kann man einen Wandfries aus dem 18. Jahrhundert sehen, in dem Kirchenväter und Gelehrte abgebildet sind – Gelehrte, deren Bücher damals auf dem Index standen.

Wie repräsentiert wurde, zeigt sich auch heute noch im Casino der Villa Borghese. Sie wurde von einem Neffen Papst Pauls V. Borghese eigens in Auftrag gegeben, um die Skulpturensammlung der Familie aufzunehmen. Das *Museo Borghese* (vor allem mit den Skulpturen Berninis) ist eines der eindrucksvollsten seiner Art in Rom. Die Gemäldegalerie im ersten Stock mit Werken Raffaels, Tizians, Caravaggios und vieler anderer Starkünstler war ursprünglich im Stadtpalast der Familie untergebracht.

Es gibt sicher viele Arten, sich diese Museen nutzbar zu machen. Auf jeden Fall sollte man den falschen Bildungsdruck spätestens vor ihrer Tür ablegen und versuchen, aus der Kunst gewordenen Geschichte herauszulesen. Das Erlebnis einer ratlosen Begegnung mit einem Kunstwerk kann frustrieren, wenn man nicht seine Ratlosigkeit in produktive Neugier umwandelt. Hilfe bei der Suche findet man in Rom in der Bibliothek des *Goethe-Instituts* in der Via Savoia zum Beispiel in so übergreifenden Untersuchungen wie Hausers Sozialgeschichte der Kunst und Literatur.

Als letztes Beispiel für ein Museum sei die *Galleria Spada* genannt. Neben der Gemäldesammlung lohnt ein Blick in den Hof, der jenseits der Bibliothek eine mit perspektivischen Mitteln vorgetäuschte Kolonnade verbirgt, die einen zweiten großen Innenhof vortäuscht. In Wirklichkeit ist der Gang nur neun Meter lang, der Boden steigt an, das Gewölbe wird niedriger und die scheinbar lebensgroße Figur im Fluchtpunkt ist knapp einen halben Meter groß. Borromini hat dieses Täuschungsmanöver für die Familie Spada entworfen – sichtbarer Ausdruck einer Zeit, die sich «heiter» von ihrer Vergangenheit verabschiedet, mal als Komödie, meistens aber als Farce.

Henning Klüver

ROM DURCH DEN MAGEN

Essen und Trinken

Ein richtiger italienischer Tag beginnt mit einem caffè, meist einem espresso, möglichst am Bett serviert mit kleinem Gebäck. Der scharfe Espressogeruch in der Küche, das Röcheln der Maschine beim Auslaufen des Kaffees, das leise Geklirr der Tassen zeigen an, daß die Welt in Ordnung ist. Meist vollzieht la mamma, oft aber auch der Herr des Hauses diesen lebenswichtigen Ritus. Die Güte des espresso hängt von vielen Faktoren ab: Ebenso entscheidend wie die Qualität des Kaffees und der Röstung ist die des Wassers. Wichtig sind ferner der Zustand der Maschine, Intensität und Dauer des Kochens, das Herumrühren des eingelaufenen Kaffees noch in der Maschine. Nach dem Aufstehen trinkt man einen caffè latte oder in der Bar einen cappuccino und ißt ein cornetto oder eine pasta. In den römischen Büros erscheint gegen elf ein ragazzo und serviert nochmals, oder man geht rasch runter in eine Bar und läßt die Bürotür offen zum Zeichen, daß man (wahrscheinlich) sofort wieder zurück ist.

Die Hotels sind auf Frühstück nicht eingerichtet oder sie sind es nur unter dem Druck des Tourismus und nicht aus Überzeugung. Am besten geht man daher in die nächste Bar, das ist billiger und spannender.

Pranzo, das traditionelle Mittagessen, vollzieht sich in der Regel zwischen eins und drei und besteht aus einem primo (meist spaghetti, auch ein brodo), einem secondo (Fleisch oder Fisch mit Gemüse), Käse, frutta/dessert und einem caffè (diesmal ohne Milch, also kein cappuccino!) samt anschließendem Nickerchen. Doch hat sich an dieser Sitte in den letzten zehn Jahren viel geändert. Werktags halten Arbeiter und Angestellte ein solches Essen in einer Trattoria oder zu Hause einfach nicht mehr durch. Das schaffen sie zeitlich, wegen Verkehr und neuer Bürozeiten, physisch und finanziell nicht mehr. Eine neue Ernährungsweise und Eßkultur setzen sich durch: Vor allem in der Nähe der großen Büros sind Weinausschänke und Bars dazu übergegangen, in Hinterzimmern oder an der Theke auch kleine Gerichte oder Salate zu servieren. Hier trifft sich meist Stammkundschaft, und das ist eine Garantie für Qualität. Außerdem hat sich in den letzten Jahren eine richtige Snackbar-Kultur entwickelt, nicht amerikanischer, sondern italienischer Prägung mit einer aufregenden Vielfalt von tramezzini, medaglioni, panini, pizze, die man mit einem Glas Wein, Mineralwasser oder Saft zu sich nimmt. In der Tavola calda oder in einer Rosticceria, das heißt in den entwickelteren Formen der Garküchen, findet man eine breite Auswahl gekochter

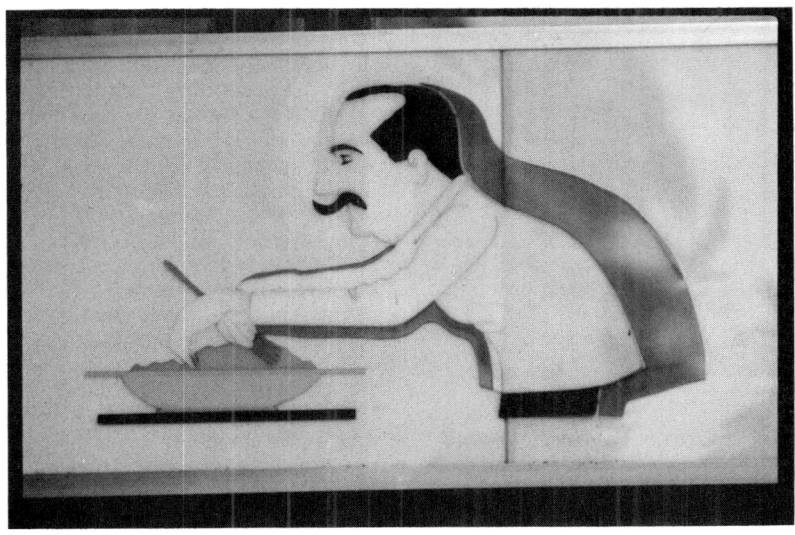

Speisen, die man auf Barhockern
verzehren oder mitnehmen kann.
Unter den Rosticcerien gibt es auch
teure Prachtexemplare. Und
schließlich sind die Pizzerien auf
dem Vormarsch, die es früher in
Rom in dieser Zahl nicht gab. In den
Restaurants gilt es nach wie vor als
unfein, nur einen Teller Spaghetti,
also nur ein primo zu essen. Doch
eine Pizza, die es meist nur abends
gibt, gilt als vollständige Mahlzeit.
Die pizze a taglio kauft man sich zum
Mitnehmen in den kleinen Geschäften, die sich zusehends verbreiten.

Diese neuen Formen haben die
alte «cucina» oder die «osteria» ersetzt, in denen früher die ärmeren
Leute das mitgebrachte Essen aus-
packten oder einen Teller Spaghetti,
Bohnen beziehungsweise ein Stück
porchetta, Schweinernes, aßen.

Das Abendessen, cena, ist durch
die «Entwertung» des pranzo zum
eigentlichen Essen geworden:
Hauptmahlzeit und Augenblick in-
tensiven Zusammenseins zwischen
halb neun und elf Uhr in der Familie,
mit Freunden, zu Hause oder auswärts – bedroht lediglich durch das
Fernsehen. Aber meist ist der Apparat schon voll integriert und läuft
und läuft als unterschwellige Reizbe-
reicherung nebenher. Vor allem im
Sommer geht man in Rom häufig
und ausgiebig abends essen, in hel-
len Haufen, bunt zusammengewür-
felt, wer mitkommt, kommt eben
mit. Bezahlt wird meist «alla romana», das heißt, die Rechnung per
tutti wird pro Kopf umgelegt, unab-
hängig davon was der einzelne bestellt hat. Es gilt als unschön, Rech-
nungen auseinanderzufieseln – lieber glaubt man langfristig an eine
ausgleichende Gerechtigkeit, kurzfristig an die Großzügigkeit oder
Selbstdisziplin der Tischgenossen.
Im übrigen gehört das Einladen zur
römischen Alltagskultur. Schon

morgens in der Bar beginnt das noble Streiten, wer dem anderen den caffè zahlen darf, und Leute, die dabei immer den Kürzeren ziehen und keine Gelegenheit finden, sich ab und zu zu revanchieren, verlieren irgendwann auch ihr Gesicht.

Römische Küche

Die großen Kochbücher vermerken lakonisch: «Eine römische Küche gibt es nicht.» Gleichzeitig ist aber allgemein bekannt, daß man in Rom fast überall gut und im Verhältnis zu anderen italienischen Städten auch billig ißt.

Die römische Campagna bestand jahrhundertelang aus desolaten Feldern, Weiden und Sümpfen und bot keinerlei materielle Grundlage für gastronomische Glanzleistungen, wie zum Beispiel die fruchtbaren Gärten von Neapel, die Ölhaine und Gemüsefelder der Toscana, die Reisfelder und der intensive Landbau der Lombardei und Piemonts. Die gastronomischen Bezugspunkte der Stadt waren die Castelli Romani und die Abruzzen. Von den Castelli kamen der Wein, fast ausschließlich

Weißwein (Rotwein ist daher in der römischen Küche nicht üblich). Kastanien, Saubohnen und Schweinefleisch. Aus den Abruzzen kamen im Winter die riesigen Schafherden in das römische Umland und damit, vor allem im Frühjahr, die große Spezialität: l'abbacchio, gegrillt oder als Braten. Lammfleisch, Schweinefleisch und Kalbfleisch (saltimbocca alla romana, mit Schinken und Salbei gekocht) sind die hauptsächlichen Fleischarten, die in Rom gegessen werden. Wie alle armen Küchen hat auch die römische viel Phantasie darauf verwandt, die Innereien der Tiere zuzubereiten: trippa alla romana, römische Kutteln, sind eine der ganz großen Spezialitäten. Zu dieser Art Essen gehören auch die coratella (Innereien vom Lamm), die coda alle vaccinara (Kuh- oder Ochsenschwanz, zubereitet nach Art der römischen Cam-

pagnahirten), fegatelli di maiale (Schweinsleber mit Lorbeerblättern) und vor allem die pagliata oder pajata (rigatoni oder spaghetti mit dem kleingeschnittenen, scharfen Zwölffingerdarm eines Kalbs), die unter den römischen prima piatti zusammen mit den äußerst empfehlenswerten bucatini oder spaghetti alla matriciana (Spezialität aus Amatrice, in den Sabinerbergen: Sauce aus Bauchspeck, peperoncino und pecorino) den Ehrenplatz einnehmen.

Zu den römischen Beilagen zählen vor allem carciofi (Artischokken), auf vielerlei Art zubereitet, im Ghetto zum Beispiel seit über zwei Jahrtausenden «alla giudia», ferner piselli al prosciutto (Erbsen mit Schinken), cicoria und broccoli (Zichorie und Broccoli, am besten saltate in padella, in der Pfanne zubereitet mit Knoblauch und peperoncino). Fast nur in Rom gibt es im Winter den insalata di puntarelle, eine mit Knoblauch und Sardellen angemachte, stark gekräuselte, bittere Salatpflanze. Die Krönung eines gut gemischten Salats ist die rughetta, die ihm einen eindringlichen, vollen Geschmack gibt. Das ist ein typisch römisches Kraut. Ein Wirt, der dem gemischten Salat rughetta beimischt (ruhig darum bitten), versteht sein Handwerk. Empfehlenswert sind schließlich noch die funghi trifolati, geschnitzelte Champignons, gezüchtet in den Steinbrüchen und Grotten der römischen Campagna.

Da der Zugang zum Meer jahrhundertelang versumpft und uninteressant war, spielt Fisch in der römischen Küche nur eine geringe Rolle. Verbreitet war vor allem der Armeleutefisch baccalà (Stockfisch, Dorsch).

Natürlich haben sich schon von jeher die reichen Leute, der Adel und die Kardinäle, von überall her Köstlichkeiten an Fleisch, Fisch, Früchten und Gemüse anfahren lassen. Und heute ist in Rom kein Mensch mehr gezwungen, römische Küche zu essen. Einheimische und Touristen sind von der Notwendigkeit befreit, sich versorgen zu müssen mit dem, was das Umland bietet: Sie erhalten alle Weine Italiens, alle Biere Europas, Fleisch aus Argentinien,

Muscheln aus Thailand, Thunfisch aus Japan, Grapefruit aus Israel. Fouriers Traum von der Himbeersauce am Nordpol hat seine Erfüllung gefunden im Satz von Andy Warhol: «Das Schönste an Florenz ist McDonald's». Den gibt es Rom nun auch.

Marktvergnügen

Leichter als anderswo verfolgt man in Rom noch die Spur, die vom Mittagstisch zum ursrpünglichen Produzenten der Nahrungsmittel zurückführt. Man braucht nur einen der Märkte zu besuchen, die täglich in jedem römischen Viertel stattfinden.

Niederlassungsbeschränkungen für große Warenhäuser und Supermärkte schützen die Vielfalt des römischen Einzelhandels. An jeder Ecke befindet sich noch ein Lebensmittel- oder Gemischtwarengeschäft, und die römischen Hausfrauen kaufen in der Regel bei «ihrem» Krämer ein, besuchen allerdings auch regelmäßig, um zu sparen, die Märkte. In fast jedem Viertel gibt es überdachte mercati rionali. Der schönste offene Markt ist der am Campo de'Fiori, die größten und billigsten Märkte liegen an der Piazza Vittorio und am Trionfale (Via Andrea Doria). Demnächst, das kann in Rom Jahre dauern, soll der Markt der Piazza Vittorio auf das Gelände der alten Milchzentrale und der ehemaligen Kasernen zwischen Via Turati und Via Principe Amedeo verlegt werden, um die bedeutenden Baumbestände des Plat-

zes als Park nutzbar zu machen und um der gegenwärtigen Anlage den chaotischen Zuschnitt eines Basars zu nehmen.

Die besondere Qualität dieser Märkte liegt nicht nur in der Reichhaltigkeit des Lebensmittelangebots, sondern auch in der Verschiedenheit und Fülle des Publikums, das sich hier trifft. Auf beiden Märkten wird immer noch lebendes Geflügel angeboten, an einigen Ständen gibt es den Wein von den Castelli, die Salatstände führen nicht nur gezogenen Salat und Gemüse, sondern auch auf den Wiesen gesammelte Kräuter, Zichorie, wilde Spargel. An manchen Tagen sind auch die Fischstände besonders reich bestückt mit billigem pesce azzurro (Sardinen, Makrelen) und cefalo (Meeräsche), mit Muscheln, Meerspinnen und mit der ganzen Fülle von scampi, mazzancolle, gamberi neben Seezungen und teuren orate (Goldbrassen) und spigole. Hier einzukaufen ist eine Kunst für sich, die dem Betrachter weitgehend verborgen bleibt, von der man jedoch beim Zuschauen und Herumschlendern eine Ahnung erhält.

Die kleinen Genüsse

Wer nach den großen Genüssen Beschwerden verspürt, besorge sich in einer farmacia ein Alka Selzer oder nehme in einer Bar einen warmen China zu sich (china calda), und schon kann es weitergehen. Doch bedenke man immer, daß der kulinarische Spaß an Rom sich nicht im «großen Fressen» erschöpft. Roms Straßen sind auch mit zahlreichen kleinen Genüssen gepflastert. Die Lebenskünstler, die sich in einem Zweifrontenkrieg befinden gegen die Verbilligung des Essens durch Chemie und gegen seine Verteuerung durch internationale Feinschmeckerei, finden praktisch an jeder Ecke einen Kitzel für den Gaumen. Zur Anregung in wilder Reihenfolge: unbedingt einmal porchetta essen an der Ponte Milvio oder am Bahnhof, Via Viminale 2, einmal alle tramezzini (über 50 Sorten) durchprobieren in der Casa del tramezzino, Viale Trastevere, einmal bei Cecere in der Via San Francesco a Ripa zwischen Mitternacht und Morgengrauen die backofenfrischen cornetti kosten oder tagsüber die pasta mit zabaione, einmal den unterschiedlichen Geschmäckern des espresso auf die Schliche kommen durch systematischen Vergleich zwischen der Tazza d'Oro und Bar S. Eustacchio, beide in Pantheonnähe, einmal den Geschmackshorizont erweitern durch sizilianische dolci in der Bar Europeo an der Piazza L. Lorenzo in Lucina, einmal einen baccalà versuchen am Largo dei Librari, gleich beim Campo de' Fiori, oder hin und her bummeln am Campo de'Fiori zwischen der latteria im Vicolo del Gallo und der latteria zu Beginn der Via dei Giubbonari, einmal statt Coca-Cola den Chinotto probieren, eine italienische Version und darum weniger berühmt. Und einmal sollte man sich

fragen, warum uns an der Bar nur immer Campari und Martini als Getränke einfallen, während auf den Regalen noch dutzendweise andere Flaschen stehen, zum Beispiel der unsägliche Caffè Sport (Kaffeelikör), der Marsala secco, der Aperol, Cynar, Ramazzotti ... Gesünder sind sicher die Fruchsäfte, succo di frutta, besser noch die Säfte ausgepreßter Früchte, spremuta di ... chi vivrà, vedrà, wer überlebt, sieht weiter.

Jeanclaude Berger

PRAKTISCHE HILFEN

UND

ADRESSEN

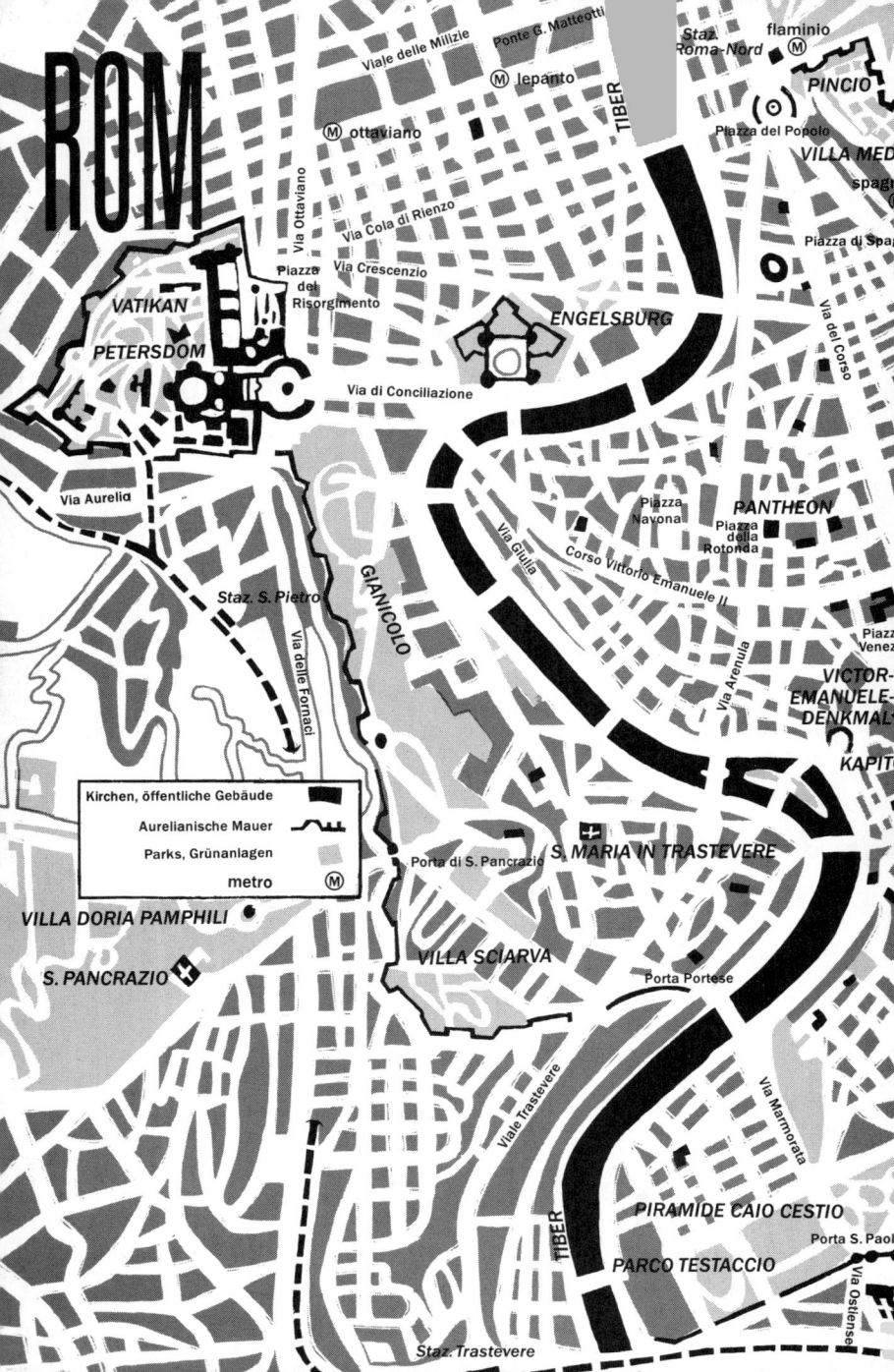

Ankommen

Die Stazione Termini, Roms Hauptbahnhof am Rande des historischen
Stadtzentrums, ist für Zugreisende
ohnehin Ausgangspunkt jeder Rom-
tour. Flugreisende kommen über die
Bahnverbindung des neuen Air Terminal vom Flughafen Leonardo da
Vinci (Fiumicino) zur Stazione
Ostiense (von dort: Metrostation Linie B: Piramide). Vom Flughafen
Ciampino (Charter- und Berlin-Bil-
ligflüge) kommt man mit Bus (bis
zur Metrostation Subaugusta) und
Metro in die Stadt.

Am Bahnhof kann man erst mal
sein Gepäck loswerden (bagagli a
mano, Bahnsteig 1) oder in Empfang nehmen (bagaglio in arrivo,
außen an der Ostseite des Bahnhofs
in der Via Marsala), wenn es schon
zu Hause aufgegeben worden ist.
Geld gibt es bei den Banken in der
Schalterhalle oder in der Wechselstube vor dem Bahnsteig 12
(9–21 Uhr, auch am Wochenende

geöffnet). In Erwartung oder Ermangelung einer Bleibe kann man
im Tageshotel (albergo diurno) des
Bahnhofs im Kellergeschoß sich
und sein Äußeres wieder herrich-
ten: Dusche und Bad, Friseur und
Maniküre, Wäscherei, Bügelei,
Reinigung, Schuhputzer, Ruheraum
und Bar – alles steht gegen Entgelt
zur Verfügung.

Erste Informationen bekommt
man am Anfang von Bahnsteig 3,
noch innerhalb der Sperre, beim
Stand des staatlichen Tourismusam-
tes (Ente provinciale per il turismo,
kurz: EPT). Hier gibt's in allen wichtigen Sprachen etwas, summarische
Führer, Stadtpläne fürs Grobe, ein
Hotelverzeichnis – und, wer will,
kann sich auch gleich hier ein Zimmer vermitteln lassen. Am besten
bringt man einen Stadtplan mit, zum
Beispiel die neueste Auflage des
Falk-Plans, der trotz aller Falterei
noch immer der handlichste aller
Rompläne ist – und ziemlich genau
dazu. (*Siehe Adressenverzeichnis:
Touristeninformation*.)

Am Kiosk liegen die Lokalzeitun-
gen «Messaggero» und «Paese Sera»
und die überregionale «Repubblica»
(mit römischem Teil) aus, die seiten-
weise Informationen geben über
das, was gerade läuft und los ist.

Telefone für Stadt- und Inlandsge-
spräche gibt es in der Passage und in
der Schalterhalle. Ferngespräche ins
Ausland können ohne Telefonmün-
zenstreß von der Zentrale der SIP an
der östlichen Seite der Schalterhalle
und im Kellergeschoß geführt werden.

Von dem Bahnhofsvorplatz fahren Busse in alle Stadtteile Roms,
die beiden Metrolinien kreuzen sich

unter ihm, gegenüber stehen die ersten klassischen Ruinen; signore e signori, amici e compagni. Roma hat nur noch auf euch gewartet – die anderen sind schon da!

Rumkommen

Am schnellsten geht es zu Fuß. Das Rom der historischen und heiligen Stätten zwischen Stazione Termini, Kolosseum, Petersdom und Piazza del Popolo liegt per pedes kaum mehr als eineinhalb Stunden in jeder Richtung auseinander. Zugegeben, bei Verkehrsgewühl, Benzingestank und Sommerhitze ist das nicht immer ein Vergnügen. Aber viele der winkligen Innenstadtstraßen sind relativ angenehm zu begehen.

Das Fahrrad als Fortbewegungsmittel ist stark im Kommen. Jüngere Leute machen zunehmend von den gelb oder rot gestrichenen Leihrädern Gebrauch, die es in den warmen Monaten an vielen Plätzen, zum Beispiel an der Piazza di Spa-

gna oder an der Piazza di Popolo, zu mieten gibt. Trotz der sieben Hügel bewegt man sich vor allem in der verkehrsberuhigten Innenstadt relativ angenehm. Allerdings nehmen immer noch viele Auto- und Motorradfahrer einfache Radfahrer nicht für voll. Extreme Vorsicht also, auch wenn man recht hat. Lieber heil bleiben, als auf einer Vorfahrt bestehen.

Busse

Einen speziellen Bus- und Tramlinienplan gibt es bei den Büros der ATAC (römische Verkehrsbetriebe) zu kaufen. Feststehende Fahrzeiten gibt es nicht, die könnten bei dem Verkehrschaos auch gar nicht eingehalten werden. Nur die Nachtbusse (servizio notturno) verkehren meistens stündlich zu den Zeiten, die auf den Anzeigetafeln der Haltestellen (fermata) angegeben sind. Der normale Busverkehr geht an Werktagen bis Mitternacht. «A richiesta» auf den Schildern bedeutet Bedarfshaltestelle: dem Busfahrer ein Zeichen geben. Die Fahrkarten, die auch für die wenigen noch übrigen Tramlinien gelten, gibt es an den ATAC-Schaltern etwa vor dem Terminibahnhof oder auf der Piazza San Silvestro, sie gibt es in vielen Tabakläden (tabacchi), Bars und an manchen Kiosken, die sich durch ein kleines schwarz-rot-gelbes Schild ausweisen. Neuerdings sind im Zentrum auch Automaten aufgestellt. Auf jeden Fall empfiehlt es sich, gleich auf Vorrat zu kaufen (Preis 1992 800 Lire, berechtigt zum Benutzen aller Linien 90 Minuten lang, mit Umsteigemöglichkeit). Wird man von den seltenen uniformierten Kontrolleuren erwischt, kostet Schwarzfahren 50 000 Lire.

Wer länger in Rom bleibt, sollte sich unbedingt eine Monatskarte kaufen. Zum Beispiel kostet das gesamte Bus und Tramnetz der Stadt umgerechnet etwa 65 DM (1992). Man kaufe für 18 000 Lire die tessera für die Metro und / oder für 22 000 Lire die tessera für das gesamte Busnetz. Es gibt auch Wochenkarten für das Busnetz (10 000 Lire) und eine Tageskarte, die sogenannte BIG für 2800 Lire (rund 4 DM), erhältlich an den ATAC-Schaltern vor dem Hauptbahnhof, an der Hauptpost (Piazza San Silvestro), bei Sankt Peter (Endstation Bus 64) und an anderen Endstationen.

Für Fahrten in die Umgebung Roms benutzt man am besten die Busse der ACOTRAL-Gesellschaft, die für wenig Geld (Fahrkarte meist beim Fahrer) von A bis Z (Albaner Berge bis Zagarolo) fahren. (*Siehe Tips für Trips und Adressenverzeichnis: Bahnhöfe.*)

Metro

Die schnellste Verbindung garantiert wie überall die oft erstickend heiße Metro. Derzeit gibt es zwei Linien, eine dritte ist in Bau. Letzte Fahrt um 23.30 Uhr. Die Linie A verbindet wichtige Punkte des Zentrums mit der Vorstadt längs der Via Tiburtina (Cinecittà). Die Linie B führt von Rebibbia im Nordosten über Stazione Tiburtina, Piazza Bologna und Stazione Termini zum EUR-Viertel. Vom Bahnhof Magliana kann man nach Ostia Antica und Ostia Lido umsteigen (neue Karte im Bahnhof kaufen!). Die Karten nach Ostia können am Bahnhofsschalter gelöst werden, die anderen Metrokarten – sie sind von den Buskarten verschieden – müssen auf die gleiche Weise wie die Bustikkets gekauft werden. Wer genügend Münzen (700 Lire) in der Tasche hat, kann sie auch aus den Automaten an den Haltestellen ziehen.

Taxi

Die römischen Taxis sind nicht so billig wie ihr Ruf. Zum Flughafen sollte man auf jeden Fall mit dem Zug fahren. In der Stadt ist darauf zu achten, nicht eines dieser illegalen Taxis zu benutzen, die meist am Bahnhof auf Kundenfang gehen. Die offiziellen gelben Taxis müssen mit einem Taxometer ausgerüstet sein. Im Wagen hängt in mehreren Sprachen die Preisliste aus. Eine durchschnittliche Stadtfahrt kostet zwischen zehn und fünfzehn Mark. Nachts muß ein Zuschlag bezahlt werden. Ebenso, wenn man sich einen Wagen über Telefon bestellt (Rufnummer 35 70, 38 75, 49 84 oder 45 17).

Auto

Es gibt wohl keine Stadt in Europa, wo so intelligent Auto gefahren wird wie in Rom. Ohne zu rasen, aber dennoch schnell. Die Regeln erfährt jeder Teilnehmer aus der Situation, im Ungang mit den anderen. Sie müssen in jedem Augenblick neu geschaffen werden. Es ist wie im Autoscooter, nur daß jeder vermeidet den anderen anzufahren. Wer auf geschriebenen Rechten (rechts vor

links, grün, Vorfahrtsschilder) besteht, riskiert einen Unfall. Fahren
und fahren lassen, heißt die Devise.
Im Notfall läßt sich sogar beim Polizisten das Strafmandat auf eine
freundliche Ermahnung herunter-
handeln. Daß soviel Freiheit für auf
Gleichheit und Gesetz getrimmte
Deutsche Chaos bedeutet, versteht
sich fast von selbst. Für sie ist Auto-
fahren in Rom eines der letzten
europäischen Abenteuer, wie es
sonst höchstens noch in Paris möglich ist.

Das größte Problem ist jedoch
nicht der fließende, sondern der ste-
hende Verkehr. In Rom sollen fast
zwei Millionen Kraftfahrzeuge aller
Klassen zirkulieren, im historischen
Zentrum gibt es ungefähr 2000 offizielle Parkplätze. Der Rest steht
deshalb in der zweiten und dritten
Reihe oder die Fahrer kurven ent-
nervt schon das dritte Mal um den
Block. Es empfiehlt sich deshalb,
vor allem bei geringer Ortskenntnis
des komplizierten Einbahnstraßen-
systems (in dem man immer damit
rechnen muß, daß jemand entgegen-
kommt), das Auto auf einem glücklich gewonnenen Parkplatz oder in
einem der wenigen Parkhäuser
(ohne jegliches Gepäck) stehenzu-
lassen – eine gute Parkmöglichkeit
befindet sich unter der Villa Borghese – und die weiteren Romtouren
zu Fuß oder mit den öffentlichen
Verkehrsmitteln zu unternehmen.

Sollte man das Auto dummer-
weise so abgestellt haben, daß es von
der Polizei abgeschleppt wird, kann
man über die Rufnummer 6769 («rimozione» verlangen) erfahren, aus
welchem Depot es wieder auszulö-
sen ist. Die fällige Strafe (rund

80 DM) kann allerdings nicht mehr
heruntergehandelt werden. Falls
einmal ein Bagatell-Unfall passiert,
sieht man am besten darüber hinweg. Ob das auch der «Gegner»
tut, ist nicht immer gesagt. Dann
sollte man die Verkehrspolizei (Comando dei Vigili Urbani), die in
Rom so lange höflich ist, solange
man ihr höflich begegnet, zur Scha-
densfeststellung rufen. (*Siehe
Adressenverzeichnis: Autos, Fahr-
zeugverleih.*)

Eisenbahnen

Im Nahverkehr spielen die Eisenbahnen so gut wie keine Rolle. Es
gibt aber einige parastaatliche Linien, die als Mischung aus Straßenbahn, Metro und Schienenbus in die
Umgebung fahren. Etwa von der
Stazione Roma-Nord (Piazzale Flaminio) Richtung Viterbo, von der
Stazione Ferrovie Laziali Richtung
S. Cesareo oder von Termini Richtung Frascati / Albano. (*Siehe Tips
für Trips und Adressenverzeichnis:
Verkehrsmittel.*)

Unterkommen

Seinen Schlafsack auf der Wiese vor
dem Bahnhof oder im Park der Villa
Borghese auszurollen, ist inzwischen
– die Droge hat schuld – höllisch gefährlich. Die Zimmer- und Betten-
not ist in Rom chronisch. Die Stadt
wird jährlich von rund zwölf Millionen Touristen heimgesucht. Ganz
abgesehen von den rund fünfzigtau-
send Studenten, die von auswärts
kommen, und den Tausenden

terra oder Plaza ausgebucht zu finden. Das gleiche gilt für Jugendherbergen oder Campingplätze. Für offensichtliche oder vermeintliche Pilger bieten sich Ordenshäuser an, deren Plätze vom zentralen Pilgerbüro in der Via della Conciliazione 10 vergeben werden. Die Mehrzahl der Suchenden begibt sich allerdings in das Tourismusbüro der EPT in der Via Parigi 5, unweit der Piazza della Repubblica, um sich hier ein Zimmer vermitteln zu lassen. Nur die «happy few» haben Freunde in der Stadt, die sie belästigen können. Auch die Preise laufen davon, jährlich steigen sie zwischen 5 und 10 Prozent. Zur Orientierung (jeweils Minimum/Maximum Doppelzimmer mit Bad): 1 Stern 40000/65000 Lire, 2 Sterne 55000/95000 Lire, 3 Sterne 75000/150000 Lire, 4 Sterne 125000/400000 Lire – in der Luxusklasse bis 650000 Lire (Stand: 1992)
(*Siehe Adressenverzeichnis: Camping, Unterkunft.*)

von Fremdarbeitern. Sie sind meist gezwungen, in Mehrbettzimmer billiger Pensionen zu hausen. Glücklich also der, der schon «vorgebucht» hat. Vor allem die billigen Hotels um dem Campo de'Fiori herum sind bei Alternativtouristen beliebt und immer belegt. Und selbst die, bei denen das Geldsäckel das schwerste Gepäckstück ist, müssen damit rechnen, ihr Hassler, Albergo d'Inghil-

Banken, Post, Telefon

Banken

Geld sollte bei den Banken getauscht werden. Im Gegensatz zu vielen kleinen Wechselstuben akzeptieren sie Eurocheques (in Lire ausstellen, Maximum: 300000 Lit), wobei manchmal eine Art Stempelsteuer verlangt wird. Auch bei Bargeld haben sie meist bessere Kurse. Die Banken sind vormittags von Montag bis Freitag zwischen 8.30 und 13.30 Uhr geöffnet, nachmittags von 15 bis 16 Uhr. Einige Geldautomaten sind inzwischen auch für Eurocheque-Karten eingerichtet (Eurocheque-Zeichen am Automaten).

Am Wochenende kann man zum Hauptbahnhof fahren (jederzeit, Wechselstube oder Fahrkartenschalter). Am Sonnabend gibt es für Vergeßliche noch die Filiale des American Express (Eurocheques in DM, SFr oder ÖS) an der Piazza di Spagna 38 (8.45 bis 12.30 Uhr). Das Eintauschen von Bargeld oder Eurocheques wird hier allerdings mit einer deftigen Gebühr bedacht.

Bankenbürokratie und italienische Devisenbestimmungen machen Überweisungen manchmal zum Problem. Bei größeren Geldmengen sollte man sich vorher ausführlich über die beste und billigste Möglichkeit erkundigen. Überweisungen auf ein römisches Konto sind relativ unkompliziert, dauern aber ewig. Ansonsten gehen Überweisungen per Posttelegramm an eine römische Adresse meist am schnellsten. Telegrafische Banküberweisungen hingegen können mehrere Tage beanspruchen.

Rücktausch ist in Italien nur dann möglich, wenn man die von Banken und Wechselstuben ausgehändigten Umtauschquittungen vorlegt.

Post

Briefmarken bekommt man auch bei allen Tabakläden, die auf ihrem schwarzen T-Schild noch die Bezeichnung «valori bollati» tragen. Für den normalen Postverkehr – postlagernde Sendungen (fermo posta), Telegramme, Einschreiben, Päckchen – ist das zentrale Hauptpostamt in der Piazza San Silvestro zuständig (geöffnet 8.30–21 Uhr, sonnabends 8.30–12 Uhr, Europostschecks täglich außer sonntags 8.30–14.30 Uhr). Eilige Briefe sollten dort oder am Bahnhof eingesteckt werden. Schneller kommt im allgemeinen die Vatikanpost an (Postamt hinter der Porta S. Anna oder auf dem Petersplatz, geöffnet 8.30–19 Uhr).

Telefon

Das Telefonieren ist im Prinzip sehr

einfach. Man braucht dafür nur Kleingeld oder eine Telefonmünze (gettone) und ein Telefon, das funktioniert. Beides zu finden, zumal am selben Ort, ist freilich nicht ganz einfach. Runde gelbe Schilder mit einer Wählscheibe oder einem Hörer zeigen an, daß sich in der Bar, dem Ristorante oder dem Laden ein öffentliches Telefon befindet. In solch einem Lokal sollte man auch einen gettone kaufen können – sofern sie nicht gerade ausgegangen sind. Manche Telefonapparate nehmen auch 100- und 200-Lire-Stücke entgegen (ein Ortsgespräch beziehungsweise eine Einheit im Ferngespräch kostet 200 Lire). Sehr viel praktischer für Auswärtsgespräche sind vorher zu erstehende elektronische Kärtchen, auf denen Einheiten für 5000 oder 10000 Lire gespeichert sind. Fast jedes Telefon ist mit viersprachigen (darunter auch deutschen) Hinweisen beschriftet, so daß Telefonieren in Rom eigentlich keine Schwierigkeit sein sollte . . .

Für Ferngespräche lohnt es sich, zu den Büros der SIP an der Piazza

303

San Silvestro, (8–24 Uhr), im Bahnhof Termini (Atrium und Untergeschoß, 7–24 Uhr) in der Via Santa Maria in Via (8–21.45 Uhr) oder unter der Villa Borghese/Via Veneto (8–21.45 Uhr) zu gehen. Dort telefoniert man nach Hinterlegung einer kleinen Kautionssumme ohne Münzenzwang. Die Rechnung wird hinterher präsentiert. Vorwahl in die Bundesrepublik 0049, in die Schweiz 0041, nach Österreich 0043. Von diesen Ländern nach Italien 0039 (von Österreich 040). Die Vorwahl für Rom ist in Italien 06, vom Ausland aus 00396 (von Österreich 0406).

Notfälle

Diebstahl

Natürlich ist Vorbeugen besser als hinterher ein dummes Gesicht machen. Aber umgekehrt gilt auch: Wer sich gegen alles versichern lassen will, sollte besser gar nicht auf die Reise gehen. Rom hat zum Beispiel einen schlechten Ruf in Sachen Diebstahl. Dieser hier «scippo» genannte Tatbestand ist auch gar nicht wegzuleugnen. Aber je ängstlicher man sich zeigt, desto größer ist die Gefahr, daß man von den «scippatori» als Opfer ausgewählt wird. Nach ein paar Vorsichtsmaßnahmen (nichts, aber auch gar nichts im Auto liegenlassen; nur die gerade nötige Geldsumme mit sich herumtragen, wenn man aus der Bank kommt, nicht auf der Straße die Hunderttausender nachzählen) darf man sich so ungezwungen verhalten wie zu Hause.

Wenn die Fototasche dann doch einmal futsch sein sollte, fragt man den nächsten Verkehrspolizisten nach der zuständigen Carabinieri-Station. Die Anzeige ist wichtig für die Versicherung – so man hat. Sollten auch die Papiere weg sein: erst Anzeige bei den Carabinieri aufgeben, dann zum Konsulat (nur vormittags geöffnet). Aber keine Angst: Es passiert weniger, als in deutschen Zeitungen steht.

Gesundheit

Wer unbedingt in Rom krank werden will, soll sich einen internationalen Krankenschein mitbringen (oder nachschicken lassen). Behandlungen auf der Ersten-Hilfe-Station (pronto soccorso) der Krankenhäuser sind kostenlos. Wer den römischen staatlichen Kliniken nicht traut – die im Zweifelsfall besser als ihr Ruf sind –, kann sich in eines der vielen Privatkrankenhäuser begeben. Die deutsche Botschaft hat für Krankenhäuser und Ärzte entspre-

chende Listen ausliegen. In ganz
dringenden Fällen wende man sich
telefonisch an den Notruf 1 13 oder
rufe den Krankenwagen des Roten
Kreuzes unter der Nummer 51 00.

Die Apotheken befolgen im allgemeinen die üblichen Ladenschluß-
zeiten. Den Nachtdienst erfährt man
aus der Tageszeitung oder über die
Telefonnummer 1 10. Viele Mittel,
die in der Bundesrepublik oder
Österreich rezeptpflichtig sind, kann
man ohne Schwierigkeiten bekommen (zum Beispiel die «Pille»). Wer
nicht sicher ist, daß das italienische
Präparat (häufig unter einer anderen
Bezeichnung im Handel) seiner Hei-
mat-Medizin entspricht, kann bei
der Apotheke des Vatikans (Zugang
über die Porta Angelica, Via
S. Anna) oder bei der Farmacia In-
ternazionale an der Piazza Barberini
49 nachfragen. (*Siehe Adressenverzeichnis: Notstellen.*)

Anmache

Aufdringliche Herren jeden Alters
sind gegenüber vorzugsweise blon-
den Frauen eine Stadtplage. Es mag
genervte Fremde kaum trösten, aber
auch dunkle Römerinnen leiden darunter. Rezept der Römerinnen:
Frau sieht durch jeden Mann hindurch. Die Folge beklagte eine Römerin in einer Frauenzeitschrift:
Selbst bei der Frage eines Passanten
nach der Uhrzeit stelle sie sich schon
automatisch taub.

*Essen
und Trinken*

Der Tag beginnt, wie er endet: mit
einem caffè, im Stehen in der Bar
(im Sitzen wird alles doppelt und
dreifach so teuer). Morgens in der
Bar um die Ecke, abends etwa in der
Bar della Pace vor der Kirche Santa
Maria della Pace oder gegen halb
eins in der Nacht an der Piazza Sant'
Eustachio oder gar um vier in der
Bar Labri in der Via del Corso, wo
sich Nachtschwärmer und Morgen-
falter endlich einmal treffen. Zwi-
schendurch stehen alle die römischen Lokalitäten offen, die ristoranti, trattorie, osterie, pizzerie,
bottiglierie, rosticcerie bis hin zur
omnipräsenten Snackbar. Fast-
Food-Tempel und Hamburger-Kul-
tur sind im Begriff, die Innenstadt zu
erobern (an der Piazza di Spagna
oder gegenüber dem Pantheon zum
Beispiel) – eine Alternative vor allem

305

für den Geldbeutel, weniger für den Gaumen. Geheimtips gibt es nicht. Abseits vom Touristenstrom kann man in Rom nicht essen, da hilft nicht einmal die Flucht in ein superteures Nobelristorante. Jeder muß sich seinen eigenen Weg durch dieses Lokalbabylon schlagen, je nach Preislage (die Speisekarten sind fast immer ausgehängt) Erfahrungen sammeln und eigenen Spürsinn entwickeln. Damit Rom aber nicht gleich im ersten Nepplokal auf den Magen schlägt, haben wir im Adressenteil (*Ristoranti*) ein paar Tips gegeben, an denen man sich orientieren kann.

Eine weitere Alternative ist die Selbstverpflegung, natürlich kalt, denn kaum einer hat eine Kochplatte im Pensionszimmer. Man beginnt mit einem Marktbesuch (*siehe Adressenverzeichnis: Wochenmärkte*). Preiswert und zugleich ein Erlebnis sind die beiden großen Lebensmittelmärkte Piazza Vittorio (Metrostation gleichen Namens) und Trionfale (Metrostation Ottaviano). Brot gibt es dann im forno (Brotbäckerei) oder beim alimentari (Lebensmittelgeschäft). Wein (offen und in Flaschen) und andere Getränke beim vinaio, manchmal auch vornehmer enoteca genannt. Häufig kann man bereits dort im Stehen sein Mahl an der Theke zubereiten und verzehren, manchmal sogar im Sitzen. Mitunter gibt es auch eine Kleinigkeit zu essen (*siehe Adressenverzeichnis: Wein*). Parks und Grünflächen bieten sich natürlich auch für so ein Picknick an – man sieht es bereits an den Resten der Vorgänger.

Die Öffnungszeiten: Lebensmittelläden und viele Weinhandlungen haben wochentags (einschließlich sonnabends) von 8 bis 13.30 und 17 bis 19.30 Uhr geöffnet, am Donnerstag nachmittag aber geschlossen (zwischen Juni und September: wochentags von 8 bis 13.30 und 17.30 bis 20 Uhr, Sonnabend nachmittag geschlossen). Die Märkte arbeiten wochentags von 8 bis 13 Uhr. Alle Typen von Gaststätten haben von etwa 12.30 bis 15.30 Uhr geöffnet und abends von 19.30 bis 23 Uhr (Pizzerien meistens nur abends). Nach 23 Uhr wird es schon schwieriger (*siehe Adressenverzeichnis: Ristoranti*). Die reinste Katastrophe ist die Ferienzeit zwischen Mitte Juli und Mitte September. Dann haben viele Läden und Kneipen geschlossen. Aber: Matth. 7 Vers 7.

Supermärkte gibt es im Zentrum nicht – die nächsten liegen in Trastevere und in Prati. Milch kauft man in der latteria, Fleisch in der macelleria, Aufschnitt und Käse in der salsamenteria oder beim alimentari, Zigaretten und Streichhölzer gibt es nur beim tabacchi (selten in Bars), deshalb ist es sinnvoll, sich vor 20 Uhr und am Wochenende rechtzeitig mit Nikotinbedarf einzudecken.

Kaufen und Flanieren

Mit Ausnahme von Rinascente (oberes Niveau) am Largo Chigi und an der Piazza Fiume sowie den vielen Filialen der UPIM- und Standa-Ketten (unteres Niveau) gibt es im Innenstadtbereich keine Kaufhäu-

ser. Spezialisierung ist Trumpf wie im Lebensmittelbereich. Wer einkaufen will, muß deshalb gut zu Fuß sein (*siehe Adressenverzeichnis: Buchläden, Flohmärkte, Fotografie, Klamotten, Schallplatten*). Wenn man ganz bestimmte Wünsche hat, schaut man in den gelben Seiten der Telefonbücher nach.

Bestimmte Viertel und Straßen sind inzwischen zu einem – was viele beklagen – großen Basar geworden. So ziehen in alte Handwerksstuben Jeans-Läden oder Boutiquen. Kapital und Konsum verdrängen Menschen und Menschlichkeit, ein internationaler Prozeß, der vor Rom nicht halt macht. Vor allem im Viertel zwischen der Spanischen Treppe und der Via del Corso (Fast-Fußgängerzone) läuft das ab. Etwas billiger und ramschiger ist es die Via Nazionale entlang oder in der Via Cola di Rienzo im Stadtteil Prati. Bunt und billig, aber ohne den letzten Chic geht es in der Via dei Giubbonari zwischen Campo de'Fiori und Via Arenula zu. Schuhe gibt es um die Fontana di Trevi herum oder auch in der Via del Corso zwischen Piazza Colonna und Piazza San Lorenzo in Lucina. Aber immer gibt es irgendwo einen kleinen Laden, der noch schönere und noch billigere Ware hat. Secondhand-Kleidung findet man in Geschäften um die Via del Governo Vecchio herum oder vor allem auf dem Kleidermarkt in der Via Sannio (werktags bis 13 Uhr). Auf diesem Markt darf und sollte gehandelt werden, in Geschäften ist das zwecklos. Der berühmte Flohmarkt an der Porta Portese ist Anfang 1988 «aus hygienischen Gründen» geschlossen, dann wieder halb geöffnet worden.

Öffnungszeiten: Bekleidungsgeschäfte haben in der Regel werktags von 9 bis 13 und von 16 bis 19.30 Uhr geöffnet, manche auch durchgehend von 9 bis 19 Uhr, sie sind in den Sommermonaten am Sonnabend nachmittag geschlossen, während der anderen Monate am Montag vormittag.

Viele Besitzer und Verkäufer vermitteln den Eindruck, als sei es eine Gnade, von ihnen bedient zu werden. Diese versteckte Herzlichkeit beantwortet man am besten mit ausgesuchter Freundlichkeit. Dann kann sogar der Mensch hinter dem Ladentisch höflich werden.

Noch ein Wort zu den Büchern: Neben den großen Buchhandlungen gibt es eine ganze Reihe von Antiquariaten, die allerdings nicht immer sehr billig sind. Überraschende Funde kann man manchmal auf der Porta Portese machen oder auch auf dem Büchermarkt Piazza Borghese (werktags zwischen 9 und 19 Uhr).

Wer, was, wann und wo

Informationen darüber, was so läuft, findet man in den Touristikbüros der Provinz (Via Parigi 5) und der Stadt Rom (Via Milano 17). In dem städtischen Büro steht ein Computer mit allen Daten über kulturelle Veranstaltungen vom Tag und vielen weiteren mehr oder minder nützlichen Informationen, zum Beispiel das Horoskop. Hier gibt es auch kostenlos Stadtpläne und den Führer «qui roma – ici rome - here rome – hier rom». Das Material kann man sich auch schicken lassen oder bei den ENIT-Vertretungen in der Bundesrepublik, Österreich oder der Schweiz besorgen. (*Siehe Adressenverzeichnis: Touristeninformation.*)

In englischer Sprache erscheinen zwei Veranstaltungskalender: «This Week in Rome» und «When in Rome and Italy». Beide gibt es am Kiosk, beide sind eigentlich ihr Geld nicht wert. Informativ sind dagegen die Tageszeitungen mit einem ausführlichen Romteil: «Il Messaggero», «Paese sera», «La Repubblica». Die «Repubblica» ist dabei am übersichtlichsten und bringt am Donnerstag zudem das vorzügliche Wochenmagazin «Trovaroma» mit einer Fülle von Tips für Essen und Trinken, Discos, Kneipen, Museen und Hinweise zu allen üblichen Veranstaltungen. Seit es «Lotta continua» nicht mehr gibt, sind die Informationen über Veranstaltungen der Politszene nur noch dürftig dem «Manifesto» zu entnehmen.

Größtes Anzeigenblatt – mit einem schauderhaften «qualunquistischen» Redaktionsteil – ist die freitags erscheinende «Porta Portese»: anti-linke Volkslobhudelei mit vielen Anzeigen von der Wohnung bis zur Waschmaschine.

Anschläge mit Gesuchen von Jobs über Mitfahrgelegenheiten gibt es unter anderem in der Herder-Buchhandlung gegenüber vom Parlament, im Jugendreisebüro in der Via Genova 16 und im Frauenbuchladen, Piazza Farnese 103.

Veranstaltungsinformationen sowie zentraler Kartenverkauf für große Rockkonzerte und die Konzerte des staatlichen Rundfunks RAI gibt es bei Orbis, Piazza Esquilino 23.

Länger bleiben

Aufenthaltsgenehmigung

Laut Gesetz muß jeder Ausländer innerhalb von drei Tagen nach der Einreise einen «permesso di soggiorno» (Aufenthaltsgenehmigung) beantragt haben. Angesichts des jährlichen Touristenstroms ist das natürlich Unsinn. Wer immer einen «permesso» beantragen muß, sollte sich aber daran erinnern und die entsprechende Notlüge parat halten.

Den einfachen, auf drei Monate befristeten permesso bekommt man bei der Questura, Via Genova 2, die von 7.15 bis 12 und von 15 bis 18 Uhr Publikumsverkehr hat. Mitzubringen sind zwei Paßfotos, Paß oder Personalausweis. Problematisch ist die Verlängerung des permesso. EG-Bürger, die eine selbständige oder abhängige Beschäftigung (formeller Brief des Arbeitgebers) beziehungsweise ein reguläres Studium nachweisen können, erhalten zu-

meist eine dem Arbeitsvertrag entsprechende Verlängerung. Alle anderen müssen sich entweder mit einer jeweils dreimonatigen Verlängerung begnügen oder je nach Land (und polizeilichem Ermessen!) unterschiedliche Bedingungen erfüllen. Darüber sollte man sich schon vor der Reise beim italienischen Konsulat erkundigen. Auch die permesso-Verlängerung beantragt man in Via Genova 2. Es lohnt sich, besonders in den Sommermonaten, eine halbe Stunde vor Büroöffnung anzustehen, um eine der niedrigen Nummern zugeteilt zu bekommen. Unter Umständen sind schon um 8 Uhr alle Nummern vergeben. Andrang und Wartezeiten sind erheblich.

Arbeiten und Wohnen

EG-Bürger brauchen keine Arbeitserlaubnis, alle anderen wohl. Hier gelten sehr strenge Regeln: Nur Arbeitskräften mit «höheren Berufsqualifikationen» wird in der Regel eine Arbeitserlaubnis erteilt. Der schwarze Arbeitsmarkt (ohne Vertrag und ohne Sozialversicherung) steht natürlich jedem offen.

Jobben ist in einem Land, in dem viele Einheimische regelmäßig vor Gelegenheitsarbeit leben, nicht einfach, Straßenverkäufer und Kleinhandwerker unter freiem Himmel haben in Rom massenweise Konkurrenz. Bis auf gelegentliche Razzien läßt ihnen die hiesige Polizei einen gewissen Spielraum.

Als Ausländer mit guten Italienischkenntnissen hat man einige Chancen: Übersetzer, Dolmetscher, Sprachlehrer werden immerhin gesucht. Informieren und vormerken lassen kann man sich im Goethe-Institut, Via Savoia 15. Man achte auch auf die Anschläge in linken Buchläden, an der Uni und im Jugendreisebüro in der Via Genova 16.

Deutsche und Amerikaner werden häufig als Mieter bevorzugt, nicht unbedingt aus Sympathie, sondern des Geldes wegen und weil sie leichter um den guten italienischen Mieterschutz zu bringen sind. Man mache sich keine Hoffnungen auf billiges Wohnen und richte sich auf mühsame Wohnungssuche ein. Angebote dafür gibt es in der Sonntags- und Donnerstagsausgabe des «Messaggero» und in der Anzeigenzeitung «Porta Portese» (erscheint freitags).

Studieren

Rom hat zwei Universitäten: La Sapienza, die große Massenuniversität mit 13 Fakultäten und über 140 000 Studenten auf dem während des Faschismus erbauten Campus, Città Universitaria genannt, am Piazzale Aldo Moro. Die zweite Uni – bislang ohne wohlklingenden Namen – steckt noch ganz in der Aufbauphase und liegt weit draußen an der Tuscolana.

Das akademische Jahr geht vom 1. November bis 31. Oktober, die Vorlesungszeit von Anfang November bis Angang Juni, die Examensperioden sind Juni und Oktober. Ausländische Studenten müssen bis jeweils 15. April beim jeweiligen italienischen Konsulat den Antrag auf Immatrikulation stellen. Erforderlich sind ein übersetztes und beglaubigtes Abiturzeugnis, Bestäti-

gung des bisherigen Ausbildungs- beziehungsweise Studienverlaufs oder das Studienbuch, falls man nur einen Einzelkurs ohne Abschlußexamen belegen will. Die Zulassung zum Studium erfolgt entsprechend den je nach Fakultät zur Verfügung stehenden Studienplätzen und nach erfolgreichem Abschluß einer Sprachprüfung in Italienisch.

Für Informationen und endgültige Immatrikulation wende man sich an die Segreteria degli studenti stranieri, Città Universitaria, Viale Regina Elena 334. Die entsprechende Stelle der «Seconda Università di Roma» ist in der Via O. Raimondo.

Die Universitätsverwaltung läßt Interessierte wissen, daß die Lebenshaltungskosten eines Studenten – trotz Mensa und eventuellem Studentenwohnheim – zur Zeit bei über 1000 DM im Monat liegen.

Minibibliothek

Andere Führer

Andere Führer sind anders. Guten Gewissens können wir die folgenden anbieten – auch wenn sie nicht immer billig sind. Wenn man nur Daten braucht, kann man sich auch mit dem schmalen Polyglott begnügen. Und wer schöne Bücher mit schönen Fotos und schönem Sinn haben will, wird von den verschiedenen DuMont-Produkten zufriedengestellt.

Touring Club Italiano: Roma e dintorni. Milano 1977

Was wann, wie, wo und von wem gebaut wurde, findet man in diesem kleinen dicken Buch mit vielen genauen Karten (guter Stadtplan!). Auf die Frage: Warum? schweigt es sich natürlich meistens aus. Dennoch: für Leute mit guten Italienischkenntnissen bester Romführer.

Anton Henze: Rom und Latium. Reclams Kunstführer Italien, V. Reclam Verlag, Stuttgart 1981.
Nicht ganz so ausführlich wie der Touring, aber Kunstfreunde kommen auf ihre Kosten. Politik und Gesellschaft spielen keine Rolle.

Filippo Coarelli: Rom, ein archäologischer Führer. Herder Verlag, Freiburg 1975
Alles, was an Zeugen der klassischen Zeit ausgegraben wurde, wird noch einmal gründlich beschrieben und erklärt. Standardführer für Archäologen.

Dietmar Polaczek: Gebrauchsanweisung für Italien. Piper Verlag, München 1988

Von einem, der Italien liebt, ohne ihm verfallen zu sein.

Hintergründiges

Karl Christ: Die Römer. Eine Einführung in ihre Geschichte und Zivilisation. Beck Verlag, München 1979
Aus dem Meer von Büchern, die über Alltag und Geschichte der Klassik berichten, ein guter, lesbarer Tropfen – mit genügend Literaturhinweisen für Durstige.

dtv-Reise Textbuch Rom. Ein literarischer Begleiter auf den Wegen durch die Stadt. Herausgegeben von Franz Peter Waiblinger. dtv, München 1986
Texte aus 2000 Jahren zum Eintauchen (in die Gegenwart) wie zum Auftauchen (in der Vergangenheit).

Johann Wolfgang Goethe: Italienische Reise. Insel Taschenbuch, Frankfurt/M. 1976
Wem Goethe in der Schule ausgetrieben worden ist, dem geht er in Rom wieder ein: Beschreibungen und Reflexionen zwischen 1786 und 1788, die die eigene Phantasie anregen und die Lust, über Rom nachzudenken.

Johann Gottfried Herder: Italienische Reise 1788–1789. dtv, München 1989
Von einem, der mit wenig Geld und bei schlechtem Wetter reiste – ein Anti-Goethe.

Ferdinand Gregorovius: Wanderjahre in Italien. Beck Verlag, München 1978

Der radikale Demokrat des Vormärz widmete nach 1848 seine ganze Energie und sein kritisches Bewußtsein Italien und der Geschichte Roms (die gibt es bei dtv als 2682 Seiten starke Kasette, als unerschöpfliche Fundgrube) – ein unverzichtbares Reisebuch.

Roland Günter, Janne Günter, Wessel Reinink: Rom – Spanische Treppe. VSA Verlag, Hamburg 1978
Es wurden die Hintergründe einer aufregenden Baugeschichte rekonstruiert und die Vordergründe gegenwärtiger Benutzung untersucht. Verleitet zum Hingucken und Widersprechen.

Italo Insolera: Roma moderna – un secolo di storia urbanistica 1870–1970. Einaudi, Turin 1976
Italo Insolera: Roma. Laterza, Bari 1981
Wie Rom auf- und wieder kaputtgebaut wurde. Zwei grundlegende Bücher über den Zusammenhang von Stadtgeschichte, Urbanistik und Politik, ohne die auch dieser Rom-Führer so nicht geschrieben worden wäre.

Peter Kammerer / Ekkehart Krippendorff: Reisebuch Italien 1 und 2. Rotbuch Verlag, Berlin 1981
Sollte jemand keine Lust haben, unseren Teil über «Die Stadt» zu lesen, findet er im Romkapitel des Rotbuchrenners unsere Thesen «in nuce», wie Krippendorff sagen würde. Neuauflage (erweitert) in Sicht.

Harald Keller: Die Kunstlandschaften Italiens. Insel Taschenbuch Frankfurt / M. 1981

Ein selten schönes Buch. Reisebuch und Einführung in die Kunstgeschichte. Mit einem großen Romkapitel.

Toni Kienlechner: 7mal Rom. Piper Verlag, München 1976
Unseres Wissens das erste Buch in deutscher Sprache über das Nachkriegsrom, seine Kultur und Politik. Informativ und gut zu lesen.

Werner Raith: Spartacus. Wagenbach Verlag, Berlin 1981
Werner Raith: Das verlassene Imperium. Wagenbach Verlag, Berlin 1982
Zwei kleine Taschenbücher über klassische Zeiten, frech gemacht. Staubfreier Geschichtsunterricht mit der These, das römische Reich sei untergegangen, weil zu viele Römer die Schnauze voll hatten von Weltpolitik und Weltkultur und einfach ausgestiegen sind, auf klassischem Ökotrip sozusagen.

Stendhal: Wanderungen in Rom. Propyläen Verlag, Berlin 1982
So viel Geist und Ironie können vielleicht nur italienwilde Franzosen haben. Rom nach Napoleon und vielen hundert Päpsten nicht nur für die «happy few», sondern für alle, die etwas an Intellekt in die Stadt investieren wollen.

Klaus Völker: Päpstin Johanna. Wagenbach Verlag, Berlin 1977
Vom Mittelalter bis zur Romantik wird die Tradition einer römischen Fabel verfolgt. Oder gab es vielleicht wirklich eine Frau auf dem Stuhl Petri? Warum eigentlich nicht?

Literarisches

Ingeborg Bachmann: Was ich in
Rom sah und hörte. In: Gedichte,
Erzählungen, Hörspiele, Essays. Pi-
per Verlag, München 1981

Von den modernen deutschen
Schriftstellern der genaueste Versuch, sich die Stadt durch Benen-
nung anzueignen, den Zauber des
Worts zu probieren, «ob es denn
wirklich noch die Kraft hat zu binden
und zu lösen» (Christa Wolf). Ingeborg Bachmann lebte lange in Rom
und starb hier auf tragische Weise im
Sommer 1973.

Bertolt Brecht: Die Geschäfte des
Herrn Julius Cäsar. Rowohlt Taschenbuch Verlag, Reinbek 1964

Ein historisches Romanfragment
über die großen Leute in der Geschichte, «deren Ruhm ist wie
Rauch, der anzeigt, daß ein Feuer
gewütet hat». Sehr genau recher-
chiert, stimmt es vor allem immer
dann, wenn man sich sagt, so kann
das nun doch nicht gewesen sein.

R. D. Brinkmann: Rom. Blicke. Rowohlt Verlag, Reinbek 1979

Das Buch sagt viel über Brinkmann (damals Stipendiat in der Villa
Massimo) und wenig über Rom aus.
Brinkmanns Blicke sind unwirsch,
ungehalten darüber, daß Rom so ist,
wie es ist. Mit solchen Augen sieht
man scharf.

Carlo Emilio Gadda: Die gräßliche
Bescherung in der Via Merulana.
Luchterhand Verlag, Neuwied 1979

Einer der berühmtesten Romane
der italienischen Nachkriegslitera-
tur, 1957 nach zwanzigjähriger Arbeit veröffentlicht. Gadda, der 1973
starb, schickt seinen Kriminalkom-

missar Dottore Ingravallo in die Nischen des römischen Bürgertums.
Hinter der Moral versteckt sich Korruption, «verdammte Schweinerei»,
eine gräßliche Bescherung.

Marie Luise Kaschnitz: Engelsbrücke. Römische Betrachtungen.
dtv, München 1975

Beschreibungen, Betrachtungen
Roms, sehr subjektiv, häufig poe-
tisch. Die Kaschnitz, sie starb 1974
in Rom, bringt sich in ihre kurzen
Texte immer selber ein. Keine Aus-
steigerin, sondern eine, die in der
Stadt und zur Stadt zahllose Beziehungen hat.

Wolfgang Koeppen: Tod in Rom.
Suhrkamp Verlag, Frankfurt/M.
o. J.

Rom wird zum Schauplatz einer
deutschen Nachkriegsgeschichte
über Taten und Untaten der Väter.
Ein deutsches Gegenstück zu:

Elsa Morante: La storia. Fischer Taschenbuch Verlag, Frankfurt/M.
1978

Die Geschichte einer halbjüdi-
schen Lehrerin und ihrer Familie in
Rom, verwickelt in italienische Geschichte, die durch die deutsche Besatzung auch deutsche Geschichte
wird.

Alberto Moravia: Römische Erzählungen. Rowohlt Verlag, Reinbek
1965

Der Römer Moravia ist *der* Erzäh-
ler des römischen Bürgertums, auch
wenn er sich in seinen Kurzgeschich-
ten und Erzählungen manchmal in
andere Schichten begibt (so auch im
Roman über seine Hure, «Die Römerin», rororo-Taschenbuch). Si-
tuationen, Begegnungen – viele

flashs über den Alltag in Rom, wobei immer Moravia den Blitz hält.

Pier Paolo Pasolini: Vita violenta. Piper Verlag, München 1983

P. P. P. ist genau das Gegenteil von Moravia: Rom aus eigener Erfahrung von unten gesehen. Der Roman aus den 50er Jahren gehört mit dem bisher unübersetzten «Ragazzi di vita» zu dem Besten, was über römische Vorstädte geschrieben worden ist. Dazu kommen sein Poem «Gramscis Asche» (Piper Verlag) und die «Freibeuterschriften» (Wagenbach Verlag). Moderne Romlektüre ist ohne Pasolini nicht denkbar.

Thornton Wilder: Die Iden des März. Fischer Verlag, Frankfurt/M. 1975

Eine mutmaßliche Darstellung über Cäsars politische Geschichte und Ermordung, eine «Phantasie über gewisse Ereignisse und Personen aus den letzten Tagen der Römischen Republik» (Wilder), eine glänzende Parallellektüre zu Brecht.

Marguerite Yourcenar: Ich zähmte die Wölfin. dtv, München o. J.

Eine großartige «Selbstbiographie» des Kaisers Hadrian, ein Einblick in die Kultur des Kaiserreichs auf seinem Höhepunkt, zu lesen nicht nur in der Villa Adriana in Tivoli.

Emile Zola: Rom. Sammlung Dieterichs, Leipzig 1991

Gut beobachtetes Stilleben des klerikalen Roms nach dem Niedergang des Kirchenstaates Ende des 19. Jahrhunderts.

Letzte Tips: Man kaufe sich bei Reclam oder in anderen billigen Ausgaben Originalliteratur, in erster Linie einige Lebensbeschreibungen Plutarchs (zum Beispiel Cäsar und Alexander), dann etwas von Livius, Tacitus, Sallust (zum Beispiel Verschwörung des Catilina) und Sueton (zum Beispiel Nero), vielleicht auch einige Reden oder Briefe des Cicero.

Das frechste und amüsanteste Buch der römischen Literatur ist das Satyrikon von Petronius (auch verfilmt von Fellini), und das heiligste Buch, das viele Legenden aus frühchristlicher Zeit enthält und uns dadurch zum Wegweiser durch zahlreiche Kirchen und Heiligendarstellungen wird, ist die Legenda Aurea des Jacobus de Voragine (Verlag Lambert Schneider, Heidelberg).

Minikinemathek

Rom als Kulissenstadt – seitdem die Bilder laufen lernten, wurden hier Filme gedreht. Die Italiener hatten noch vor Hollywood den historischen Monumentalfilm «entdeckt». Als das Kino noch sprachlos war, ist

Sienkiewicz' Roman «Quo Vadis» ein paarmal in römischer Kulisse inszeniert worden, zuletzt von D'Annunzio Anno 1924. Aber die Stadt und ihre Menschen spielten und spielen noch heute in vielen Filmen keine andere Rolle als die der schönen Staffage. Unsere Auswahl nennt dagegen Filme, die mit unterschiedlicher Qualität etwas über Rom und die Römer aussagen.

Accattone (Accattone) Regie: Pier Paolo Pasolini, 1961. Die erste Regiearbeit des großen P. P. P. über das Subproletariat der Vorstadt, das im Gestrüpp der bürgerlich-kapitalistischen Werte, im Kampf zwischen Rebellion und Anpassung untergeht.

Der Bauch des Architekten (The Belly of an Architect) Regie: Peter Greenaway 1986. Eine eindrucksvoll inszenierte Reise in ästhetische Systeme aus Kulturgeschichte und Menschheitsmythen, bei der einige Baudenkmäler Roms prachtvoll in Szene gesetzt werden.

Bellissima (Bellissima) Regie: Luchino Visconti, 1951. Über den Stolz des römischen Proletariats, seine Träume, seinen Realismus – mit einer großartigen Anna Magnani in der Hauptrolle.

Fahrraddiebe (Ladri di biciclette) Regie: Vittorio De Sica, 1948. Hauptwerk des Neorealismus: Ein kleiner Junge versucht die Elendswelt seines Vaters zu begreifen. Überzeugende Eingliederung vom Schauplatz Rom in die Handlung, die während der «Aufbaujahre» nach dem Krieg spielt.

Fellinis Rom (Fellini: Roma) Regie: Federico Fellini, 1972. Rom in der Erinnerung und in der ästhetischen Interpretation seines Regisseurs: Autos, Huren, Priester und der Metrobau.

Fellinis Satyricon (Fellini: Satyricon) Regie: Federico Fellini, 1969. Aus der erotisch-witzigen, realistischen Vorlage des Petronius wird der Traum eines klassisch-verruchten Roms, in dem alle Werte über den Haufen geworfen sind. Allegorie als Antwort auf '68?

Gesucht: Jesus (Cercasi Jesù) Regie: Luigi Comencini, 1981. Der Film beutet zwar die Terrorismusproblematik aus, um Menschenliebe zu predigen, ist jedoch humorvoll warm, nimmt seine Personen ernst und karikiert gleichzeitig die moderne Manager-Mentalität der Jesuiten.

Die Gleichgültigen (Gli Indifferenti) Regie: Francesco Maselli, 1963. Biedermänner und -frauen, Gleichgültigkeit, Sexualität: Moravias Psychoroman des römischen Mittelstandes zur Zeit des Faschismus als Film.

Ein Herz und eine Krone (Roman Holiday) Regie: William Wyler, 1953. Das Drehbuch zu dieser typischen Hollywoodproduktion hat der ehemalige Brecht-Mitarbeiter Ben Hecht mit verbrochen (englische Prinzessin verliebt sich in Rom in einen amerikanischen Journalisten). Man erfährt aber so nebenbei etwas über die volkstümliche Welt der Tiberfeste.

La Luna (La Luna) Regie: Bernardo Bertolucci, 1979. Rom und das Drogenproblem in schicker Psychosicht. Ein kluger Kritiker schrieb dazu: «Piazza Farnese, Santa Maria della Pace, der Tiber: Hier läßt sich gut träumen, lieben, drogensüchtig sein.»

Mamma Roma (Mamma Roma)
Regie: Pier Paolo Pasolini, 1962.
«Fortsetzung» von Accattone. Der
aus der Unterschicht ausbrechende
Ettore gelangt nur ins Gefängnis der
Oberschicht und wird bei einer
«Sonderbehandlung» umgebracht.

Rom – offene Stadt (Roma città
aperta) Regie: Roberto Rossellini,
1944/45. Rom während der Besatzung durch die Deutschen. Ein Film
über den antifaschistischen Widerstand. Manifest der italienischen
neorealistischen Kinokultur. Ein
Film, den ihr unbedingt sehen solltet!

Spartacus (Spartacus) Regie:
Stanley Kubrick, 1960. Ein bißchen
zu historisch-dramatisch, aber ohne
Zweifel der beste unter den Monu-
mentalschinken über das klassische
Rom und den Aufstand der Sklaven.

Das süße Leben (La dolce vita)
Regie: Federico Fellini, 1959. Die
Ekberg im Trevibrunnen und die
seelischen Bauchschmerzen von römischen Intellektuellen. Trotzdem
auch das ein Film über Rom, seine
Kirche, seine Menschen.

Tips für Trips

Aus der Fülle der lohnenden Ausflüge in die Umgebung Roms machen wir nur eine kleine, ganz sub-
jektive Auswahl für Leute, die sich
von der Stadt erholen wollen. Als
Fans öffentlicher Verkehrsmittel be-
vorzugen wir die Orte, die man mit
dem Bus, der Eisenbahn oder den
Lokalbahnen erreichen kann (im
Radius von maximal zwei Stunden
Fahrzeit). Die Fahrtkosten sind in
der Regel gering.

Ausgangspunkt sind folgende
Busbahnhöfe:

Lepanto (Haltestelle der Metrolinie A): Richtung Bracciano, Cerveteri, Civitavecchia und Tarquinia.

Saxa Rubra (Bahnstation der Linie Roma-Nord, ab Piazzale Flaminio): Richtung Caprarola, Viterbo.

Stazione Tiburtina (Metrostation
Linie B): Richtung Farfa, Rieti,
Monterotondo.

Rebibbia (Endstation Metrolinie
B): Richtung Subiaco, Tivoli, Palestrina, Palombara.

Anagnina (Endstation Metroline
A): Schnellste Verbindung in die
Castelli Romani (Frascati, Grottaferrata, Marino, Nemi, Castelgandolfo).

EUR-Fermi (Metrostation Linie
B): Richtung Anzio, Latina, Sabaudia, Circeo.

Piazzale Ostiense (Metro B bis
Station Piramide): nach Fiumicino-
Paese, kleiner Fischerort an der Kü-
ste.

Empfehlenswert ist die Benutzung der Lokalbahn in die Castelli
Romani und nach S. Cesareo vom

Bahnhof der Ferrovie Laziali (am Ende der Via Giolitti, hinter Bahnhof Termini) und der allerdings weniger interessanten Linie Roma-Nord vom gleichnamigen Bahnhof am Piazzale Flaminio nach Civita Castellana und Viterbo. Eine raschere und ebenso schöne Strecke führt nach Bracciano und Viterbo von den Bahnhöfen Termini, Trastevere, San Pietro (letzterer 10 Minuten vom Petersplatz entfernt, noch jenseits vom Largo di Porta Cavalleggeri, Bus 62).

Acquedotto Claudio

Noch im Stadtgebiet. Ein «archäologischer» Spaziergang durch die Peripherie entlang der antiken Wasserleitung, die von Kaiser Caligula 38 nach Christus begonnen und von Claudius 14 Jahre später fertiggestellt wurde – das größte unter den Aquädukten, die das kaiserliche Rom mit Wasser versorgten. Mit der U-Bahnlinie A zur Porta Furba, wo an den Resten der Wasserleitung große Restaurierungsarbeiten getätigt werden. Von da der «antiken Spur» nach zum Ort «Roma Vecchia», zwischen Via del Quadraro und Viale Appio Claudio, wo fast unversehrt noch 150 mächtige Bögen zu sehen sind. Reizvoll für Leute, die dem «Müll» der Peripherie etwas abgewinnen können.

Bracciano

Burg und Ort über dem gleichnamigen See, malerisch, Ausflugsziel der Römer am Wochenende. Lohnenswert der Besuch des Castello Orsini, Dampferfahrt auf dem See, zum Beispiel nach Anguillara, wo man hervorragend ißt (Il Grottino). An der Seepromenade von Bracciano auch Windsurf-Verleih.

Mit dem Bus von Lepanto 60 Minuten, mit dem Zug von den Bahnhöfen Termini, Trastevere etwa ebensolang.

Caprarola

Wer Glück und Geld hat, mit dem Flugzeug nach Rom zu fliegen, kann Caprarola schon kurz vor der Landung aus der Luft sehen. Wobei der Ort relativ langweilig ist, aber eine der schönsten Palastanlagen des Manierismus zu bieten hat. Wer sich für Schloßanlagen interessiert, muß einfach hierherkommen. Die Architekten Sangallo und Peruzzi entwarfen im 16. Jahrhundert eine Zwingburg, die Vignola wenig später zu einem Lustschloß umbaute. Dieser Palazzo Farnese ist *das* Beispiel dafür, wie die Herrschaften zum Ende der Renaissance mit ihrer Bildung spielten. Von Caprarola aus schöne Möglichkeit, im Naturschutzgebiet des Lago di Vico zu wandern. Mit dem Wagen erreicht man leicht Viterbo oder Bomarzo (montags geschlossen).

Mit dem Bus von Saxa Rubra 90 Minuten.

Castelli Romani

Die Dörfer und Städtchen der Castelli sind die klassischen Ausflugsziele oder Sommerresidenzen der Römer. Die Gegend ist heute zersiedelt, aber immer noch einen Besuch wert: zum Beispiel die Villen von Frascati (Villa Aldobrandini, nur

Spaziergang im Park), die Abtei von Grottaferrata (Messe nach griechischem Ritus), das Weinfest von Marino (am ersten Sonntag im Oktober), Castel Gandolfo und der Albaner See, der Spaziergang von Frascati nach Tusculum (5 km auf dem Fußweg entlang der Parkmauer der Villa Aldobrandini, das letzte Stück auf der Fahrstraße, in Tusculum römisches Theater und schöner Ausblick). In den Dörfern der Castelli gibt es noch richtige Osterien und Weinschenken (bezeichnet mit frasche, einem Bündel Zweigen), man ißt gut Pilze (teuer), Wild und an den Straßenecken porchetta.

Mit dem Bus von der Metrostation Anagnina oder mit der Lokalbahn von der Stazione Termini aus.

Cerveteri

Großartige etruskische Nekropole (montags geschlossen!) unweit des hübschen Ortes (1,5 km), schöne etruskische Landschaft, in der immer noch Gräber gefunden werden (tombaroli und internationale Kunstschmuggler entdeckten vor ein paar Jahren eine der schönsten etruskischen Vasen – die des Eufronius – und verschacherten sie nach New York). Lohnender, nicht immer leicht zu findender Spaziergang auf Feldwegen nach Ceri, wo man gut ißt (6 km).

Mit dem Zug zum Bahnhof Ladispoli-Cerveteri 60 Minuten, von dort weiter mit dem Bus.

Circeo-Sabaudia

Mit dem Bus von EUR Fermi in zwei Stunden nach Sabaudia und von der außerordentlich schön gelegenen Mussolinischen Stadtgründung (1934) zu Fuß (1,5 km) an das Meer in die Sanddünen. Wir sehen Lagunen und Reste der pontinischen Sümpfe (eventuell vom Rathausturm), den Berg der Kirke, Palmen, weidende Büffel, von denen die Mozzarella kommt, und natürlich die Villen der römischen Schickeria.

Civita Castellana

Malerischer Ort, romanischer Dom, Kastell, 6 km entfernt von den Ruinen des antiken Falerii (eindrucksvolle Stadtmauer). Möglichkeit der Besteigung des Monte Soratte (Bahnstation San Oreste).

Mit der Lokalbahn Roma-Nord 90 Minuten.

Farfa

Große romanische Klosteranlage in einem kleinen Dorf, 5 km von Fara Sabina entfernt, in den Sabinerbergen. Antike Sarkophage, ein wundertätiges Marienbild, Kreuzgang, Bibliothek, ein großes Jüngstes Gericht flämischer Maler, Reste der karolingischen Basilika und ein außerordentlich schöner Campanile. Das ganze macht einen stark verlassenen Eindruck trotz der Anwesenheit einiger Benediktiner, die gerne erklären und führen. Olivenhaine.

Mit dem Bus von Stazione Tiburtina, zweimal am Tag, rund 120 Minuten.

Ostia Lido

Ostias Strand ist bekannt für seinen schwarzen Sand, auf dem man sich

318

herrlich bräunen und blitzschnell einen Sonnenbrand bekommen kann. Von der Metrostation Lido Castelfusano sind es nur ein paar Schritte zum Meer, das allerdings Eintritt kostet (Minimum 1200 Lire) – dafür gibt's Umkleideräume und Duschen. Fährt man weiter gen Süden, wird nicht nur das Wasser sauberer, sondern es beginnt auch die «spiaggia libera», der freie Strand. Der Nachteil: Man liegt meist zwischen Plastiktüten und leeren Flaschen. Im Hochsommer, vor allem an den Wochenenden, weiß man, warum Rom so ausgestorben ist – die Römer sind alle hier.

Metrolinie B bis Magliana, dort umsteigen in die Bahn nach Ostia, bis Station Ostia Lido Centro. Umsteigen in den Bus 7b (durch einen Schrägstrich gekennzeichnet), der während der Badesaison die Küstenstraße bis Kilometer zehn hinunterfährt.

Palestrina

Zu der antiken Sommerfrische der Römer im südlichen Latium kann man, wie fast überallhin, mit dem Bus fahren (Rebibbia, 70 Minuten). Ein Erlebnis ist aber der straßenbahnähnliche Zug. Abfahrt Stazione Ferrovie Laziali (Fahrtzeit 70 Minuten), der sich längs der Via Casilina, dann quer zu den Ausfallstraßen langsam den Berghöhen anpaßt, bis er nach S. Cesareo kommt. Von dort mit dem Bus 15 Minuten nach Palestrina, dem antiken Praeneste.

Dem Ort, der malerisch am Hang eines Hügels liegt, ist nicht mehr anzusehen, daß er vor Christi Geburt eine Stadt war, die als Gegner Roms

auf den geschichtlichen Plan trat und später in innerrömische Machtkämpfe eingriff. Als Fehler erwies sich die Parteinahme für Marius in den Sozialkämpfen. Dessen Gegenspieler Sulla eroberte 82 vor Christus die Stadt, ließ alle Einwohner umbringen und konfiszierte, was noch wichtiger war, ihren Landbesitz. Nach dem Völkermord mußte der Himmel besänftigt und der Ruhm auf Erden vermehrt werden. Sulla ließ der Göttin der Vorsehung, Fortuna Primigenia, eine riesige Tempelanlage bauen, die heute noch teilweise zu besichtigen ist. Später nistete sich hier die Papstfamilie Barberini ein (in ihrem Palast befindet sich ein archäologisches Museum, montags geschlossen), um nach bekannter Manier in gesunder Luft an die antike Tradition anzuknüpfen. Bei aller Geschichte: Es macht auch Spaß, einfach treppauf, treppab im kleinen Ort herumzulaufen, es gibt ein paar kleine Trattorien (je unscheinbarer, desto empfehlenswerter) mit Blick auf viele Olivenbäume. Eventuell Weiterfahrt nach Anagni (romanischer Dom, schöner Stadtpalast).

Santuario della Madonna del Divino Amore

Wallfahrtskirche auf der Via Ardeatina (12 km von der Abzweigung der Via Appia Antica), vor allem am Pfingstmontag und an Marienfesten Ziel römischer Volksfrömmigkeit mit Osteria.

Mit dem städtischen Bus 218 von San Giovanni in Laterano, Fahrtzeit 60 Minuten.

Subiaco

Die Klosteranlagen der Benediktiner (hier und in Montecassino gründete Benedikt im 6. Jahrhundert seinen Orden) gehören zu den schönsten mittelalterlichen Bauten in Latium. Die fleißigen Mönche (Ordensregel: «ora et labora») gehörten zur wichtigsten Ideologietruppe der Kirche. Sich selber hielten sie das in unendlich vielen Wandfresken vor Augen. Im Tal der Aniene sind Reste einer Villa Neros zu sehen. Auf dem Weg von der Dorfmitte zu den Klöstern (ca. 3 km) ein preiswertes Forellenrestaurant.

Mit dem Bus von Rebibbia aus, Fahrtzeit rund 120 Minuten.

Tarquinia

Die berühmtesten etruskischen Malereien, obligatorische Führung, Ausgangspunkt vom Museum in der schönen Altstadt mit ihren hohen Türmen. Bademöglichkeit im 6 km entfernten Tarquinia Lido.

Mit dem Zug von Termini oder Trastevere, Fahrtzeit 90 Minuten.

Palombara Sabina-Monte Gennaro

Malerischer Ort in den Sabiner Bergen, empfehlenswert für Leute, die den Monte Gennaro (1175 Meter) besteigen wollen. Etwa 1 km vor dem Ort gibt es zum Gipfel eine Drahtseilbahn, trotzdem ist der Berg nicht überlaufen und bietet einen schönen Einblick in die Sabiner Berge.

Mit dem Bus von Rebibbia 100 Minuten.

Tivoli

Der beliebteste Ort für Reiche und Gebildete in der antiken kaiserlichen Zeit ist nach nur 60 Minuten Busfahrt von Rebibbia zu erreichen. Empfehlenswert ist auch die Bahn von Termini, Tiburtina, in 50 Minuten.

Noch vor der Stadt liegt in der Ebene die Villa Adriana (den Busfahrer nach der Haltestelle fragen!), seit Hadrian Sommerresidenz römischer Kaiser. Hadrian wollte vor Augen haben, was sein Reich an Wundern enthielt: vom Nil bis zur Athener Akademie. Hier stolpert man (manchmal hilflos) in den Mythen herum, bekommt ein Gefühl für Atlantis und Sagen des Altertums. Die Villa Adriana ist ein Freiluftmuseum für klassische Philosophie. Im Schatten der Thermen die «Biographie» Hadrians von Marguerite Yourcenar zu lesen, gehört zu den Vergnügen, die die zersiedelte Landschaft um Rom herum sonst nicht bietet, ein sinnvoller und sinnlicher Einstieg in die Klassenwelt des Altertums: «. . . wieder fuhr ich über das harte Fell der Hunde, das seidige Kleid der Pferde, musterte ich der Pagen schöne Meute.» Kaiser, vor allem philosophische, pflegten nicht auf simpler Erde zu wandeln. Wieviel Sklavenschweiß und -blut dafür geflossen ist, ist nicht überliefert.

Fragen eines Bauarbeiters dürfen auch in Tivoli selbst gestellt werden, am Hang der Sabiner Berge in der Villa d'Este (saftiger Eintritt wird verlangt), der sogenannten Königin der Spätrenaissancevillen, in der tausend Brunnen sprudeln. Hier wurde Natur zur Privatkunst erhoben und verstellt. Der schönste Spaziergang läßt sich jedoch für geringen Eintritt durch die Villa Gregoriana unternehmen, einem romantischen Tal des Anio. Nach Ab- und Aufstieg kommt man schließlich zum Tempel der Sibylle. Wer kein Geld hat, verschnauft hier beim mitgebrachten Brot zwischen antiken Säulen; Begüterte nehmen im benachbarten Restaurant Platz, mit großartiger Aussicht auf das Tal (Steintafeln erinnern an viele fürstliche deutsche Touristen vor euch).

Veio

Mit dem städtischen Bus 201 von der Piazza Mancini (Endstation der Tram vom Piazzale Flaminio aus) bis Isola Farnese (fast 1 Stunde, da die Via Cassia immer verstopft). Von hier zu Fuß auf beschatteter Teerstraße (1 km) zur alten Mühle und zu den Ausgrabungen. Viel vom einstigen Rivalen Roms ist nimmer zu sehen, der hier gefundene herrliche Apoll steht im Museum der Villa Giulia. Typische Kulisse etruskischer Städte: Tuffelsen, tief eingeschnittene Wasserläufe, Hohlwege, Bäume, Gräberhöhlen / Weinkeller. Zivilisationsreste (Picknickbeutel, Büchsen, eine verrostete Lambretta). An der alten Mühle, vor der

Kaskade, eine schattige und hübsche Kneipe (montags Ruhetag, im Winter geschlossen).

Viterbo / Bomarzo

Im Norden von Latium liegt Viterbo, zeitweilig Residenzstadt der Päpste, als es in Rom zu wild und unsicher herging. Die typische mittelitalienische Kleinstadt mit schönen Cafés und vielen repräsentativen Bauten ist heute noch ein mittelalterlich anmutender Ort, auf dessen Märkten man sich verpflegen kann, ohne in die allgegenwärtigen Trattorien ausweichen zu müssen.

Von hier aus gibt es eine schnelle Busverbindung nach Bomarzo mit seinem Park der Monstren. Dieser Park mit verspielten, phantasievollen, schiefen, den Kreislauf verwirrenden Anlagen und Häusern ist ein weiteres Beispiel für die private Wunderwelt der Adelsfamilien des 16. Jahrhunderts, ein Disneyland der Spätrenaissance, in dem Bildungsbürger wie Spaßvögel auf ihre Kosten kommen.

Mit dem Bus 120 Minuten von Saxa Rubra oder mit dem Zug von Termini, Trastevere, ebenfalls 120 Minuten. Mit der Lokalbahn Roma-Nord hingegen 3 Stunden!

Adressen

zusammengestellt von Regina Hunke und Stefan Heiner

Alternatives	323	Katakomben	333
Apotheken	323	Kinder	334
Auto	323	Kino	334
Bahnhöfe	324	Klamotten	335
Bibliotheken / Kulturinstitute	325	Linksparteien	335
Billigflüge	326	Museen	335
Birrerie	326	Musik	337
Botschaften / Konsulate	326	Naturkost / Täglich Brot	337
Buchläden	326	Notstellen	338
Cafés	327	Parks	338
Camping	328	Pizzerie	339
Diskotheken	328	Reisebüros	340
Eisbars	328	Ristoranti	341
Fahrzeugverleih	329	Schallplatten	342
Fast food / Paninoteche	329	Schwimmbäder / Sauna	342
Feste / Feiertage	330	Schwule	343
Film	330	Sprachkurse	343
Flohmärkte	331	Theater	344
Fotos	331	Touristeninformation	344
Frauen	331	Universitäten	345
Freie Radios	332	Unterkunft	345
Fundbüros	332	Wein	346
Galerien	332	Wochenmärkte	347
Gewerkschaften	333	Zeitungen	347

Alternatives

AAM – terra nuova
Via dei Banchi Vecchi 39
Tel. 6865016
Für alternative Landwirtschaft, Ernährung und Naturmedizin. Gleichnamige Monatszeitschrift. Im gleichen Haus befindet sich auch der Naturkostladen l'Albero del pane.

Amici della terra
Via del Sudario 35
Tel. 6875308
Umweltschützer, die den Sozialisten nahestehen. Alle zwei Wochen geben sie ein Info, «AdT», heraus.

Amnesty International
Sezione italiana
Viale Mazzini 146/Ecke
Piazzale Clodio
Tel. 380898

ARCI
Via F. Carrara 24
Tel. 3611406,
3610858
Kultur-, Freizeit- und Sportvereinigung, aus der KPI hervorgegangen.

Italia Nostra
Sezione romana
Piazza Cola
di Rienzo 92
Tel. 6575040
Nationale Organisation, die unter anderem Kampagnen zur Erhaltung historischer Stadtzentren und zum Landschaftsschutz initiiert.

Lega per l'ambiente
Via Salaria 280
Tel. 8413594,
8442277
Umweltschutzliga (KPInahe) im ARCI. Angegliedert ist die Fahrradorganisation «Pedale verde», die Exkursionen in Rom und Umgebung organisiert. Aktuelles Programm ist der Donnerstags-Beilage «Trovaroma» unter der Rubrik «scuola verde» zu entnehmen oder direkt zu erfahren unter:
Tel. 7663461.

WWF –World Wildlife Fond
Via Salaria 221
Tel. 8549100
Organisiert auch Naturschutztouren in die Umgebung. Das aktuelle Programm ist jeden Donnerstag in der Beilage «trovaroma» der «Repubblica» unter der Rubrik «scuola verde» zu finden.

Apotheken

Öffnungszeiten wie die üblichen Geschäfte von 8.30–13 Uhr und 16.30–20 Uhr. Nach Geschäftsschluß hängt jede Apotheke Hinweise auf die Nachtdienste in der Umgebung aus.

Apotheken mit ständigem Nachtdienst

Doricchi Valori
Via XX Settembre 47
Tel. 4873880

Internazionale
Piazza Barberini 49
Tel. 4825456

Piram
Via Nazionale 228
Tel. 4880754

Primavera
Via Appia
Nuova 213 A/B
Tel. 7016971

Apotheken mit ausländischen Arzneimitteln

Carlo Erba
Via del Corso 145a
Tel. 6790866

Farmacia Vaticana
Via di Porta Angelica
Tel. 6864146
Geöffnet von 7–12 und 15–19 Uhr.
Vorlage eines Rezeptes ist schon an der Pforte (Porta S. Anna) erforderlich, um eine Durchgangserlaubnis zu erhalten.

Internazionale
Piazza Barberini 49
Tel. 4825456

Auto

Partner und Vertreter der deutschen Automobilclubs ist der
ACI – Automobil Club d'Italia
Via C. Colombo 261
Tel. 4212
Die italienische Vertretung des ADAC hat die Telefonnummer:
4440404
Via Magenta 5

Auto verschwunden

Falls das Auto nicht mehr
an seinem Platz steht, gibt
es grundsätzlich zwei
Möglichkeiten: Es wurde
gestohlen oder von der
Verkehrspolizei abge-
schleppt. Im ersten Fall
wendet man sich an die
nächstgelegene Carabi-
nieri-Station oder an die

Questura
Via Genova 2
Tel. 4686
Wurde der Wagen abge-
schleppt («rimozione»),
so erkundigt man sich, auf
welchen der Abschlepp-
plätze er gebracht wurde:

**Comando dei Vigili
Urbano**
Via della Consolazione 4
Tel. 6769838
Hier kann man auch in der
Zeit von 8–20 Uhr Strafe
und Abstellgebühren zah-
len. Öffnungszeiten der
Abstellplätze beachten:
8.30–13 und
15.30–20 Uhr, sonn- und
festtags geschlossen. Füh-
rerschein, Kfz-Schein und
Versicherungsnachweis
mitbringen.

Pannendienst

Straßenhilfsdienst des
ACI: 116
Hilfsdienstzentrum ACI
Roma: 5110510
Pannendienst FADAM:
5562896 (rund um die
Uhr, sonn- und feiertags)
Außerhalb Roms, auf
dem Grande Raccordo
Annulare, Pannendienst
des ACI: 7481123.

Tanken

Kraftstoff wird nach ein-
heitlichen, staatlich fest-
gesetzten Preisen abgege-
ben. Öffnungszeiten der
Stationen di Servizio:
Sommer 7–13 und
15–20 Uhr, Winter 8–12
und 14–18 Uhr. Sonntags
sind die meisten Tankstel-
len geschlossen. Bleifrei
(«senza piombo») gibt es
inzwischen fast überall.
In der Innenstadt: Piazza
Albania (Nähe Testac-
cio), Piazza del Esquilino
(Nähe S. Maria Maggio-
re), Via Cavour (Nähe via
dei Fori Imperiali), Via
Ferdinando di Savoia
(Nähe Piazza del Popolo),
Lungotevere Ripa (Tra-
stevere).

Bahnhöfe

Busse

Lepanto (Haltestelle der
Metrolinie A): Richtung
Bracciano, Cerveteri,
Civitavecchia und Tar-
quinia.
Saxa Rubra (Bahnstation
der Linie Roma-Nord, ab
Piazzale Flaminio): Rich-
tung Caprarola, Viterbo.
Stazione Tiburtina (Me-
trostation Linie B): Rich-
tung Farfa, Rieti, Monte-
rotondo.
Rebibbia (Endstation
Metrolinie B): Richtung
Subiaco, Tivoli, Palestri-
na, Palombara.
Anagnina (Endstation
Metrolinie A): schnellste
Verbindung in die Castelli

Romani (Frascati, Grot-
taferrata, Marino, Nemi,
Castelgandolfo).
EUR Fermi (Metrosta-
tion Linie B): Richtung
Anzio, Latina, Sabaudia,
Circeo.
Piazzale Ostiense (Metro
B bis Station Piramide):
nach Fiumicino.

Züge

Stazione Termini, Haupt-
bahnhof: An- und Ab-
fahrt der internationalen
und der wichtigsten nationalen Züge. Auch Ab-
fahrt der Züge in Rich-
tung Castelli Romani.
Stazione Ferrovie Roma
Laziali (Via Giolitti);
Richtung S. Cesareo
Stazione Roma Nord
(Piazzale Flaminio):
Richtung Viterbo.
Stazione Porta S. Paolo
(Piazza S. Paolo): Rich-
tung Ostia, Ostia Lido.
Die Linie für Badelustige,
Sonnenhungrige und Ver-
liebte.
Stazione Tiburtina (Cir-
convallazione Nomenta-
na): Von hier verkehrt
eine Reihe nationaler Zü-
ge Richtung Neapel und
weiter südlich sowie eini-
ge nach Florenz, Pescara,
Nettuno.
Für Lokalbahnfans gibt es
außerdem eine Reihe von
Bahnhöfen (Trastevere,
S. Pietro, Ostiense) zu
entdecken.

Bibliotheken/Kultur-institute

Lesequalität in angeneh-mer Umgebung bieten eine ganze Reihe von Bibliotheken, die Ruhe ausstrahlen, einfach hübsch sind, einen Fluchtpunkt vor eventu-ellen Regengüssen oder dem chaotischen Straßen-verkehr bieten. Die Bi-bliotheken sind in der Re-gel montags bis freitags geöffnet.

Biblioteca Accademia Nazionale dei Lincei
Via della Lungara 10
Tel. 683 88 31
Geöffnet 9–13, freitags auch 15–18.30 Uhr, im August geschlossen
Neben der Galleria Corsi-ni gelegene Bibliothek aus dem 18. Jahrhundert.

Biblioteca Accademia Nazionale di S.Luca
Piazza Accademia di S. Luca 77
Tel. 679 88 48
Geöffnet winters 15.30–19, sommers 16–20 Uhr
Bücher über Rom (Stadt-geschichte, Kunst). Mit Bilderschmuck.

Biblioteca Angelica
Piazza S.Agostino 8
Tel. 687 58 74
Geöffnet 8.30–19.30 Uhr, außer diens-tags, donnerstags; im Juli/August 8.30–13.30 Uhr, in der Woche nach Ostern und vom 1.–15.10. ge-schlossen.
Wunderschöner Lesesaal.

Hauptsächlich Kunstbü-cher und Geschichtliches.

Biblioteca Teatrale del Buccardo
Via del Sudario 44
Tel. 654 07 55
Geöffnet 9–13.30 Uhr (auch sonnabends), im August geschlossen
Bücher zum Theater, Handschriften, Stücke.

Nicht sonderlich schön, aber für Filminteressierte ergiebig ist die
Biblioteca del Centro Sperimentale di Cine-matografia
Via Tuscolana 1524
Metro Cinecittà
Tel. 722941
Geöffnet 8.30–16.30 Uhr

Einige politische Zentren unterhalten auch wichtige Bibliotheken:

Centro Studi Emigrazio-ne
Via Dandolo 58
Tel. 580 97 64
Geöffnet 9–13 Uhr
Eine der bedeutendsten Sammlungen zum Thema italienische und interna-tionale Arbeitswande-rung.

Fondazione Basso
Via della Dogana Vec-chia 5
Tel. 65 99 53
Geöffnet 9–18 Uhr, sonn-abends geschlossen
Spezialisiert auf Fragen der italienischen Arbei-terbewegung und der Dritten Welt. Hier ist auch der Sitz der monat-lich erscheinenden Zeit-

schrift für historische Frauenforschung «Memo-ria».

Istituto Gramsci
Via Conservatorio 55
Tel. 687 54 05
Geöffnet 8.30–20 Uhr, sonnabends 8.30–14 Uhr
Archiv und Bibliothek der KPI.

Für Leute mit Heimweh und Sehnsucht nach deut-schem Lesestoff, auch über Rom, gibt es reich-lich Anlaufstellen:

Biblioteca Hertziana
Via Gregoriana 28
Tel. 684 11 98
Geöffnet 9–21 Uhr, auch samstags (vormittags)
Deutsche kunsthistori-sche Bibliothek. Zugang nur mit Erlaubnis des Di-rektors.

Goethe-Institut
Via Savoia 15
Tel. 884 17 25
Geöffnet Dienstag bis Freitag 10–19 Uhr
Unterhält eine umfang-reiche Bibliothek deutschsprachiger Texte, legt eine Auswahl an bundesdeutscher Presse aus, verleiht Schallplat-ten.

Istituto Archeologico Germanico
Via Sardegna 79
Tel. 481 78 12
Geöffnet 9–13, 15.30–20 Uhr, sonn-abends geschlossen
Fachbibliothek und Foto-archiv für Ausgrabungs-freundInnen.

Istituto Storico Germanico
Via Aurelia Antica 391
Tel. 6629682
Geöffnet 16–19.30 Uhr,
sonnabends geschlossen
Gute Bibliothek zur älteren und modernen Geschichte Italiens und
Deutschlands.

Österreichisches Kulturinstitut
Viale Bruno Buozzi 113
Tel. 3224702
Geöffnet 9–13 Uhr,
16–19 Uhr, sonnabends
geschlossen

Schweizer Kulturinstitut
Via Ludovisi 48
Tel. 4885663
Geöffnet 8–14,
15–18 Uhr

Billigflüge

Manchmal lohnt es, sich
nach den Super-Flieg-
und-Spar-Tarifen von
Lufthansa und Alitalia zu
erkundigen. Ansonsten:

Frankfurt/M. – Rom
Mit Somali Airlines, Air
India, Aerolineas Argentinas.
Unterschiedliche Bedingungen, Preise zwischen
400 und 500 DM, Buchung über Mitfahrzentralen und alternative
Reisebüros.

Birrerie

Hier wird nicht nur Bier
gezapft (birra alla spina),
sondern auch Deutsch-

tümliches zum Essen geboten: Wurstel con crauti, Strudel, Bratkartoffeln.

Birreria della Malva
Piazza della Malva
Montag Ruhetag
Treff der Jugendszene
mitten in Trastevere.

Marconi
Via di S. Prassede 90
Sonntag Ruhetag
Gepflegte Normalität.

Peroni
Via di San Marcello 19
Sonntag Ruhetag
Weitläufiges, rauchiges
Lokal, Stelldichein jeder
art römischer Szene.

San Marco
Via Mazzarino 8
Dienstag Ruhetag
Bierhalle mit ruhiger Atmosphäre.

Botschaften/Konsulate

Botschaft der Bundesrepublik Deutschland
Via Po 25c
Tel. 884741

Konsulat der Bundesrepublik Deutschland
Via F. Siacci 2
Tel. 8085338

Österreichische Botschaft
Via Pergolesi 3
Tel. 8558241

Österreichisches Konsulat
Viale Liegi 32
Tel. 8443509

Botschaft und Konsulat der Schweizer Eidgenossenschaft
Via B. Oriani 61
Tel. 8083641

Parteienverkehr der Konsulate, die für Paßangelegenheiten und rechtliche
Hilfe zuständig sind, ist in
der Regel nur Montag bis
Freitag vormittags von
9–12 Uhr. Telefonisch
sind die Konsulate auch
nachmittags erreichbar.

Buchläden

La Chiave
Via dei Sardi 8
Tel. 6548848
Alternativer Buchladen
mit Mini-Teestube sowie
Geschenken und Gebrauchsartikeln aus Fernost und Südamerika.

Economy Book Center
Piazza di Spagna 29
Tel. 6790103
Englischsprachige Bücher
zu herabgesetzten Preisen.

Feltrinelli
Via del Babuino 39/40
Tel. 6797058
Largo di Torre Argentina
S/A
Tel. 6893122, 6543248
Via Orlando 84/86
(Piazza della Repubblica)
Tel. 484430
Der berühmte linke Verlag unterhält in Rom mehrere Läden mit einem
breiten Angebot, auch
Zeitschriften und Zeitungen aus der Szene.

Herder
Piazza di Montecitorio
117
Tel. 6794628
Deutsche Buchhandlung
mit großer Auswahl an
Romliteratur.

**Libreria dello spettacolo
«Il Leuto»**
Via Monte Brianzo 86
Tel. 6869269
Bücher in vielen Sprachen
über Theater, Film, Ballett. Treffpunkt für die
einschlägige Kulturszene.

Librogalleria
Via di Ripetta 64
Tel. 6793555
Kunstbücher, Fotobücher
und Plakate.

Remainder's Book
Piazza San
Silvestro 27–28
Tel. 6792824
Verkauft billig, was bei
den Verlagen liegengeblieben ist. Besonders
reichhaltiges Angebot an
großformatigen Kunstbänden.

Rinascita
Via delle Botteghe
Oscure 1
Tel. 6797460
Buchhandlung der PDS
(Ex-KPI) mit breitem Angebot. Im Untergeschoß
reiche Auswahl an Volksmusik und Popliedern sowie Vorverkaufsstelle für
Konzerte.

Rizzoli
Galleria Colonna / Largo
Chigi 15
Tel. 6796641

Größte Buchhandlung
Roms.

Al Tempo ritrovato
Piazza Farnese 103
Tel. 6543749
Gutsortierter
Frauenbuchladen und
Infobörse über die italienische Frauenszene.

Uscita
Via dei Banchi Vecchi 45
Tel. 6542277
Umfangreiches Angebot
an alternativer Presse.

Wer antiquarisch stöbern
möchte, findet unter viel
Schund manchmal etwas
Brauchbares auf den
Buchmärkten in der Via
Terme di Diocleziano
oder auf der Piazza
Borghese (nur wochentags).

Cafés

Ein guter Espresso – die
ItalienerInnen sagen
schlicht: «caffè» – ist überall zu bekommen. Zum
Hinsetzen, Ausruhen,
Leute-Beobachten eignen
sich die folgenden Café-
Bars besonders. Obacht:
An den Tischen verdoppeln sich die Preise mindestens.
(Siehe auch Eis-Bars)

Antico Caffè Greco
Via Condotti 86
Goethe was here ... und
auch deshalb die gesalzenen Preise. Man sitzt in
sehr gepflegter Umgebung.

Alemagna
Via del Corso 181
Zahllose Tische und Spiegelwände. Selbst warmes
Essen gibt es hier.

Bar di Rienzo
Piazza della Rotonda 9
Inmitten des für den Verkehr gesperrten Platzes
vor dem Pantheon.

Berardo
Piazza Colonna
Empfehlenswert für Regenwetter: Bei gelegentlicher Orchester- oder Klavierbegleitung sitzt man
auch dann noch in einer
luftigen Galerie.

Café de Paris
Via Veneto 90
Bourgeoisie ohne
Charme, aber diskret.

Casina Valadier
Auf dem Pincio
Dienstag Ruhetag
Treff der Schickeria und
ahnungsloser Touristen
(teuer), mit sagenhaftem
Blick über die Kuppeln
und Dächer von Rom.

Il Pascucci
Via di Torre Argentina 20
Vielleicht etwas zu viel
Gedränge der berühmten Milchmixgetränke
wegen.

Rosati
Piazza del Popolo 5
Treffpunkt der römischen
Intelligenzia und derer,
die sie sehen wollen und
dafür jeden Preis bezahlen.

Sant' Eustachio

Piazza Sant' Eustachio
Tagsüber «normal» (emp-
fehlenswert dann eher die
Café-Bar Camilloni ge-
genüber), erwacht erst
nach 22 Uhr.

Camping

Die meisten Camping-
Plätze liegen weit außer-
halb Roms. Mit dem
Bus zu erreichen sind
nur:

Flaminio

Via Flaminia Nuova, km 8
Tel. 3332604
Einer der größten Plätze
in der Nähe Roms, Bus
203 etwa alle 15 Minuten
von/bis zur Piazza del
Popolo.

Roma Camping

Via Aurelia 831, km 8,2
Tel. 6628863
Mit dem Bus 246 (Umstei-
gen Piazza S. Giovanni
Battista de la Salle)
und 46, etwa alle 20 Minuten von/bis Piazza Vene-
zia.

Weitere Plätze:

Capitol

Via Castelfusano 45
Tel. 5650621

International Camping Fabulous

Via C. Colombo, km 18
Tel. 5259354

Roman River Camping

Via Tiberina, km 2,5
Tel. 6913079

Seven Hills

Via Cassia 1216, km 18
Tel. 3762751

Diskotheken

Aus der vielfältigen Landschaft der kleineren Rock-
und Poplokale, die nicht
selten nur einen Sommer
überstehen, erheben sich
die Maxi-Diskos, denen
man schon Tradition nach-
sagt. Die schlägt sich auch
in den Preisen nieder: von
10000 bis zu 40000 Lire
kostet das Diskovergnü-
gen. Die meisten Diskos
öffnen erst ab 22 Uhr.

Black Out

Via Saturnia 18
Tel. 7596791
Disko und Life-Konzerte.

Evolution

Via Cincinnato 7
Nur Freitag und Samstag
geöffnet, alles andere als
eine Schickimicki-Disko.

Gilda

Via Mario de' Fiori 97
Tel. 6784838
Hier tummelt sich die
Schickeria. Disko und Re-
staurant, des öfteren nur
für geschlossene Gesell-
schaften.

La Makumba

Via degli Olimpionici 19
Tel. 3231178
Hier tanzt die afrikanische
und südamerikanische
Szene. Großer Garten.

Opera

Via della Purificazione 9
Tel. 4745578

Zum Wochenendtanzfie-
ber, freitags bis sonntags,
bleibt die Disko geschlossen.

Piper 90

Via Tagliamento 9
Tel. 8414459
Älteste Disko Roms, Vi-
deo und viele Effekte.

Radiolondra

Via Monte Testaccio
House Music in einem Lo-
kal, das vom New Yorker
Underground inspiriert
ist.

Uonna Club

Via Cassia 871
Tel. 3711070
Der weite Weg an die Pe-
ripherie lohnt sich, denn
der wahre römische Un-
tergrund tut sich hier erst
auf.

Eisbars

(siehe auch Cafés)

Bella Napoli

Corso Vittorio Emanuele
246
Traditionelle Bar mit Sor-
bets, Cassata

Fiocchi di Neve

Via Pantheon 51
Von 8–1 Uhr nachts ge-
öffnet, klein, aber mit
ausgefallenen Eisspeziali-
täten.

Giolitti

Via Uffici del Vicario 40
Einer der ältesten und berühmtesten Eispaläste
Roms: gut, billig (im Stehen!), voll.

Palazzo del Freddo Fossi
Via Principe Eugenio
65/67
Große Auswahl, viel
Volk. Besonders samstags
und sonntags Treffpunkt
der Jugendlichen von der
römischen Peripherie.

Tre Scalini
Piazza Navona
Straßenterrasse mit Blick
auf Roms bedeutendste
Barockkulisse. Speziali-
tät: Tartufo, Eiskugel in
Schokoladenschale.

Vanni
Via Col di Lana / Via Mon-
tezebio, ebenso Via Frat-
tina 94
82 Eissorten, fröhlich-lär-
mende Menschen mit
Geld.

Fahrzeugverleih

Fahren in Rom: immer
besser mit Bahn und Bus.
Statt das eigene Auto zu
riskieren, kann man sich
ja mal ein Fahrzeug lei-
hen.

Auto

In der Vorhalle des Bahn-
hofs Termini befinden
sich die Filialen von vier
Leihwagenagenturen.
Auch am Flughafen «Leo-
nardo da Vinci» gibt es
Zweigstellen der bekann-
testen Firmen. Weitere
Stellen:

Avis
Piazza Esquilino 1 c
Tel. 47 01 21 6

Europcar Italia
Via Lombardia 7
Tel. 48 24 3 81

Hertz
Viale L. da Vinci 421
Tel. 54 29 41

Fahrrad

Der Fahrradverleih hat
in den letzten beiden
Jahren großen Auf-
schwung genommen.
Verleihstellen findet man
vor allem in den Som-
mermonaten an verschie-
denen Metrostationen
des Zentrums, zum Bei-
spiel an der Piazza del
Popolo und an der Piazza
di Spagna. Von März bis
Oktober gibt es an der
Piazza Augusto Impera-
tore einen roten Doppel-
deckerbus, in dem ein
Fahrradverleih unterge-
bracht ist. Kinderräder
gibt es an der Piazza Na-
vona.

Collalti
Via del Pellegrino 82
Tel. 6 54 10 84
Verleiht Räder zu 12 000
Lire pro Tag. Im Juli und
August geschlossen.

I bike Rome
Parkplatz Villa Borghese.
III settore
Tel 3 22 52 40
5 000 Lire für eine Stunde,
13 000 Lire pro Tag.
Für Touren durch die
Villa Borghese kann man
sich Räder auf der
Pincio-Terrasse und in der
Nähe des Viale Goethe
leihen.

Motorroller

Scoot-a-long
Via Cavour 302
Tel. 6 78 02 06
Verleiht Mopeds, Vespas
und Motorräder.
Mofas: 40 000 Lire pro
Tag

Fast food / Panino-teche / Pizza a taglio

Es gibt eine ganze Reihe
von Bars, die Fast food
italienisch veredelt haben,
sogenannte Paninoteche.

McDonald's
Piazza di Spagna 46
sowie Piazza Luigi
Sturzo 21
und Piazza della Repub-
blica
Der »Mäc« an der Piazza
di Spagna ist auf jeden
Fall sehenswert.
Geöffnet von 11 Uhr bis
24 Uhr, Montag Ruhetag

Pane, Amore e Fantasia
Via Chiana 84 – 86
Geöffnet abends bis
1 Uhr, Sonntag Ruhetag
Bekannte Paninoteca

Pizza Rustica Pantheon
Via dei Pastini 116
Eine der besten Pizzen
vom Blech (a taglio), die
man auf dem Platz vor
dem Pantheon verzehren
kann.

Willy's
Corso Vittorio
Emanuele 215
Geöffnet abends bis
3 Uhr, Mittwoch Ruhetag
Bekannte Paninoteca

Feste / Feiertage

Die meisten volkstümlichen Feste haben das Fernseh- und Video-Zeitalter nicht überlebt. Geblieben sind, neben den vielen kleinen Pressefesten der KPI-Zeitung l'Unita, die im Spätsommer von den Ortsvereinen der Partei auf öffentlichen Plätzen veranstaltet werden, im wesentlichen nur noch:

Festa di San Giuseppe
Um den 19. März
Im Viertel Trionfale gibt es dann Budenzauber, Pfannkuchen (frittelle) und Schmalzgebäck.

Festa di San Giovanni
Um den 24. Juni
Rund um die Piazza San Giovanni in Laterano bis zur Piazza Re di Roma wird gefeiert und an den Buden Zuckerguß, Korbwaren und buntes Allerlei verkauft.

Festa de'Noantri
Um den 15. Juli
Ursprünglich ein Fest des Volks von Trastevere. Zum Konsumjahrmarkt heruntergekommen.

Weihnachten
Von Anfang Dezember bis zum 6. Januar findet auf der Piazza Navona ein großer Weihnachtsmarkt statt. Offizieller Feiertag ist seit einigen Jahren wieder der 6. Januar, das Fest der Befana, einer netten Hexe, die die lieben Kinder beschenkt, den bösen dagegen Kohlen bringt. Die Spielzeugläden sind an diesem Tag bis 24 Uhr geöffnet.

Estate Romana
Viel geblieben ist nicht von dem sagenumwobenen großen Sommerspektakel, das vor Jahren zwischen Juli und September ein Fest für die Daheimgebliebenen und die Touristen war. Das große Kinovergnügen auf riesiger Leinwand in klassischer Umgebung beispielsweise paßte nach dem Regierungswechsel 1985 bald nicht mehr ins Konzept. Zu sehen gibt es jetzt nur noch Filme in einigen kleinen Freilichtkinos. Das Programm findet man in allen Zeitungen unter dem Titel «Arena». Auch das Programm der anderen Freiluft-Veranstaltungen (im Juli / August zum Beispiel auf der Tiberinsel), der Konzerte, Theater- und Tanzaufführungen, steht in der Tagespresse oder auf Plakaten.

Feiertage
Die wichtigsten nationalen Feiertage, an denen häufig alles geschlossen ist, sind:
25. April: Tag der Befreiung vom Faschismus 1945
1. Mai: Tag der Arbeit
2. Juni: Tag der Ausrufung der Republik 1946
15. August (Ferragosto): Fest Mariä Himmelfahrt
4. November: Tag des Kriegsendes 1918
Pfingstmontag ist in Rom übrigens kein Feiertag.

Film

(siehe auch Kino)

Centro sperimentale di cinematografia
Via Tuscolana 1520–1524
Tel. 7 22 23 83
Filmhochschule mit Kursen für Regie, Kamera, Schnitt, Schauspiel. Nimmt auch (nach Prüfung) eine begrenzte Zahl von Ausländern auf. Im Rahmen des CSC wird die Zeitschrift «Bianco e nero» herausgegeben.

Cinecittà
Via Tuscolana 1055
Tel. 7 22 28 27
Nach wie vor Roms Filmstadt. Wer sie unbedingt besichtigen will, muß sich vorher telefonisch anmelden.

Cineteca Nazionale
Via Tuscolana 1520–1524
Tel. 72 29 41
Die nationale Kinemathek hat Kopien von allen italienischen Filmen nach Kriegsende. Vorführungen gegen Gebühr, für nachgewiesene Studienzwecke gratis. Reichhaltige Bibliothek.

Libreria dello spettacolo «Il Leuto»
Via Monte Brianzo 86
Tel. 6 86 92 69
Treffpunkt für Cineasten und die, die einfach nur Filmbücher kaufen wollen.

Flohmärkte

Piazza del Paradiso
Nähe Campo de'Fiori
In der Woche vormittags
kleiner Markt mit Ge-
brauchtkleidung und Trö-
delkram.

Porta Portese
Beginnt an der Porta Por-
tese mit einem normalen
Kleidermarkt – doch da-
nach geht es mit echtem
und unechtem Trödel wei-
ter. Ist auch von der Viale
Trastevere aus zu errei-
chen. Nur Sonntagvormit-
tag.

Via Sannio
Nähe San Giovanni in
Laterano
In der Woche vormittags.
Neue und gebrauchte
Textilien, ausrangierte
Militärware.

Fotos

Normalerweise ist es gün-
stiger, die Fotos zu Hause
entwickeln zu lassen, aber
für die, die es eilig haben
mit den Urlaubserinne-
rungen, gibt es einige
Fotolabors, die in einer
Stunde entwickeln, zum
Beispiel:

Kodak Sviluppo
Piazza di Spagna 35

Frauen

Die wichtigste Anlaufstelle und das einzige
Frauenzentrum ganz Ita-
liens befindet sich in dem
ehemaligen Kloster für
«gefallene» Mädchen
und ist in zwei Zentren
geteilt:

Centro Femminista Separatista «Buon Pastore»
Via San Francesco
Sales 1 a
Tel. 6896622 (Sekretariat
von 18–20 Uhr geöffnet)
In diesem Teil befinden
sich acht verschiedene
Gruppen, unter anderem
das Dokumentationszen-
trum und die Frauenuni
«Virginia Woolf», die wo-
chentags regelmäßig Se-
minare und Workshops
mit und von Frauen
durchführt.

Im anderen Teil des Ge-
bäudekomplexes befindet
sich das
Centro Femminista Internationale Alma Sabatini
Hier gibt es auch eine
Bar, in der frau sich zu-
mindest an zwei Tagen in
der Woche (dienstags und
freitags jeweils von
17 Uhr bis in die Nacht)
von der römischen Män-
nerwelt erholen und die
aktuellen Informationen
über die feministische italienische Szene austau-
schen kann. Dort läßt
sich auch erfahren, wel-
che Gruppen sich zur Zeit
treffen und welche Akti-
vitäten laufen.

Donnawomenfemme
Via S. Benedetto in Are-
nula 12
Tel. 6864171

Kollektiv von Frauen, die
im wissenschaftlichen Be-
reich und in linken Orga-
nisationen mitarbeiten.
Unterhält eine Bibliothek
und ein Archiv, organi-
siert Vorträge und Aus-
stellungen.

Grigio notte
Via dei Fienaroli 30
Tel. 5813249
Sonntags Frauendisco –
sonst «normaler» Musik-
club mit Life-Konzerten.

Noi donne
Via S. Benedetto in Are-
nula 12
Tel. 6864532
Die einzige nationale italienische Frauenzeit-
schrift. Sie erscheint monatlich und ist an allen
Kiosken zu kaufen.

Al tempo ritrovato
Piazza Farnese 103
Tel. 6543749
Frauenbuchladen und
Infobörse.

Unione Donne Italiane (UDI)
Via della Colonna Anto-
nina 41
Tel. 6791758 (nationale
Direktion),
6791453 (Bezirksorgani-
sation)
Frauenorganisation im
Einflußbereich der PDS,
ehemals KPI.
Dort ist auch der Sitz der
Historikerinnen-Gruppe
«La Goccia» und des
Comitato des 8. März,
das ein Notruftelefon:
«telefono rossa» unter-
hält. Es ist eine Anlauf-
stelle für Frauen, die

nach Gewalttaten von Männern Hilfe und Beratung suchen.
Darüber hinaus bietet die Gruppe auch kostenlose Rechtsberatung in Scheidungsfragen und bei Gleichstellungs-Konflikten am Arbeitsplatz. Tel. 6791453 (10–13 und 15–18 Uhr).

Freie Radios

Im UKW/FM-Bereich tummeln sich unter hundert Privatstationen nur ein paar alternative oder traditionell linke Sender:

Radio Cittá aperta
(89,000 MHz)
Via Casal Bruciato 27
Tel. 4389503
Radio der Autonomia Operaia.

Radio Radicale
(102,500 MHz)
Via Principe Amedeo 2
Tel. 4880541
Sprachrohr des Partito Radicale. Mit Direktübertragungen aus dem Parlament.

Italia Radio
(94,900 MHz)
Piazza del Gesu 1
Tel. 6791412
Im Einflußbereich der PDS, ehemals KPI.
Politische Beiträge.
Der Musikteil bietet buntes italienisches Allerlei.

Fundbüros

Ufficio del ATAC
Via Volturno 65
Tel. 4695
Geöffnet wochentags 9–12 Uhr
Fundbüro der städtischen Verkehrsbetriebe.

Ufficio oggetti rinvenuti delle FFSS
Via Marsala 53
Tel. 4730–6682
Geöffnet 7–24 Uhr
Fundbüro der staatlichen Eisenbahnen.

Ufficio oggetti smarriti
Via Nicolo Bettoni 1
Tel. 5810583
Geöffnet 9–12 Uhr
Allgemeines Fundbüro.

Galerien

Im Straßendreieck zwischen Via Margutta, Via di Ripetta, Via della Croce findet sich an jeder (zweiten) Ecke eine Galerie.
An Masse mangelt es nicht, eher an der Interessantheit der Ausstellungen. Ein ausführliches Programm findet man in der Donnerstagsbeilage «Trovaroma» der Tageszeitung «Repubblica» oder in einem ART/Guide, der in einigen Galerien ausliegt oder in Lokalen aushängt.

Ugo Ferranti
Via Tor Millina 26
Tel. 6542146
Unter den Avantgarde-Betreuern die traditionellste Galerie.

Il Fotogramma
Via Ripetta 153/54
(ohne Telefon)
Betreut die römische Fotografie mit kleinen Ausstellungen und Veröffentlichungen, stellt auch Außenseiter der internationalen Fotografie vor (unregelmäßig geöffnet).

Mario Pieroni
Via Panisperna 203
Tel. 4885706
Liegt etwas abseits vom römischen Galerienviertel. Ein Weg lohnt sich in jedem Fall zu Ausstellungseröffnungen. Was Namen hat oder haben will unter den römischen Künstlern, trifft sich hier.

Rondanini
Piazza Rondanini 48
Tel. 6875856
In den weitläufigen Ausstellungsräumen im 1. Stock finden zumeist Fotoausstellungen der modernen Klassiker internationaler Fotografie statt.

Einen Galerie-Besuch ganz eigener Art verspricht das ehemalige Studio des klassizistischen Bildhauers Antonio Canova («De Canovaccio») in der Via delle Colonnette 27, geöffnet 11–13, 17–20 Uhr. Heute ist es eine kleine Kultstätte, in der sowohl Ausstellungen als auch Konzerte, Lesungen und Vorträge veranstaltet werden.

Gewerkschaften

Die Organisationsland-
schaft der italienischen
Gewerkschaftsbewegung
gleicht einem Dschungel.
Einige Orientierungs-
punkte: CGIL (mitglie-
derstärkste Organisation,
kommunistisch/soziali-
stisch), CISL (zweitstärk-
ste, traditionell DC-ver-
bunden, «überpartei-
lich»), UIL (klein, aber
voller Proporz: Soziali-
sten, Sozialdemokraten,
Republikaner, Ex-Au-
ßerparlamentarier). Alle
drei zusammen bilden die
«Federazione unitaria
CGIL, CISL, UIL»,
einen Dachverband mit
reiner Koordinations-
funktion. In Rom hat
auch Italiens Einzelge-
werkschaft, die Federa-
zione Lavoratori Metal-
meccanici (FLM), ihren
Hauptsitz.

CGIL
Corso d'Italia 25
Tel. 84761
Das Forschungsinstitut
der CGIL, IRES, hat die
Adresse:
Via Sardegna 38 g
Tel. 481205

CISL
Via Po 21
Tel. 84731
Das Forschungsinstitut
der CISL, CESOS,
sitzt in der Via Buoncom-
pagni 19
Tel. 4818779

UIL
Via Lucullo 6
Tel. 49731

Das Forschungsinstitut
der UIL, CREL, hat die
Adresse:
Via Salaria 30
Tel. 8558351

**Federazione Unitaria
CGIL, CISL, UIL**
Via Scilia 66
Tel. 479911

FLM
Via Scarpanto 47 a
Tel. 8176860

Für speziell römische Fra-
gen sind die provinzialen
Unterorganisationen der
Gewerkschaften zustän-
dig, etwa die tradtions-
reiche
**Camera del Lavoro
(CGIL)**
Via Buonarroti 12
Tel. 487931

Katakomben

Man schätzt die Gesamt-
länge aller Katakomben
auf etwa 875 Kilometer.
Das Gerücht, daß die ver-
folgten Christen sich in ihnen versteckt und hier gelebt hätten, hält sich hart-
näckig. Es handelt sich
aber vor allem um Be-
gräbnis- und Kultstätten.
Besichtigung gegen Ein-
tritt.

Sant' Agnese
Via Nomentana 349
Geöffnet 9–12 und
15–18.30 Uhr, Sonntag
vormittags geschlossen
Diese Katakomben unter
der Kirche Sant' Agnese
fuori le mura aus dem
7. Jahrhundert, die wegen

ihrer An- und Umbauten
sehenswert sind, zählen zu
den besterhaltenen Roms
mit einer großen Anzahl
unberührter Gräber.

Catacombe ebraiche
Via Appia 119 a
Besichtigung nach Er-
laubnis des Istituto di Archeologica Sacra, Via Na-
poleone III, 1.
Erster Friedhof der volk-
reichen jüdischen Kolo-
nie.

Callisto
Via Appia Antica 110
Geöffnet 8.30–12 und
14.30–17 Uhr, mittwochs
geschlossen
Begräbnisort der meisten
Päpste des 3. Jahrhun-
derts. Im Frühchristen-
tum einer der wichtigsten
Wallfahrtsorte.

Domitilla
Via delle Sette Chiese 282
Geöffnet 8.30–12 und
14.30–17 Uhr, donners-
tags geschlossen
Hier ist die Entwicklung
der christlichen Begräb-
nisstätte von den Anfän-
gen bis zu den großen un-
terirdischen Nekropolen
gut zu verfolgen.

Priscilla
Via Salaria 430 (Villa
Ada)
Geöffnet 8.30–12 und
15–17 Uhr, montags ge-
schlossen
Alte und ausgedehnte
Anlage mit Fresken. Hier
befindet sich die älteste
bekannte Darstellung
Marias mit dem Kind
(2. Jahrhundert).

San Sebastiano
Via Appia Antica 132
Geöffnet 9–12 und
14.30–17 Uhr, donnerstags geschlossen
Unter der Kirche San Sebastiano ad catacumbas befinden sich die Friedhofsanlagen, in denen vorübergehend die Leichen der Apostel Petrus und Paulus beigesetzt waren.

Kinder

Beaufsichtigung

Einen deutschen Babysitter für tags oder abends findet man entweder in der Kartei der Deutschen Bibliothek im Goethe-Institut (Via Savoia 15, Tel. 88 41 7 25) oder am Anschlagbrett der Buchhandlung Herder (Piazza di Montecitorio 117).

Parks

In einigen Parks gibt es «parchi giochi», das sind Minirummelplätze mit Karussell und Spielgeräten:
Villa Ada (Zugang von der Via Salaria)
Villa Borghese (Zugang von der Porta Pinciana, Via Veneto
Villa Celimontana (Zugang von der Piazza SS. Giovanni e Paolo)
Colle Oppio (Zugang von der Via Terme di Traiano).

In der Villa Borghese gibt es außerdem den Laghetto, einen Teich mit Bootsverleih, und den Giardino Zoologico.
Auch mit dem Pony reiten oder Kutsche fahren kann man dort (Viale Goethe) wie in den Parks Colle Oppio (Viale F. Mizzi) und Villa Pamphili (Via Vitellia 78).
Auf den Terrassen des Pincio, vor der Villa Borghese, wird gelegentlich Kasperletheater gespielt, ebenso auf dem Gianicolo beim Garibaldi-Denkmal. Der Luna-Park EUR (Metropolitana 8 bis Marconi) ist ein teurer Superrummelplatz.

Theater

Ausführliche Programminformation zum Kindertheater findet man in der Donnerstagsbeilage der Zeitung «Repubblica» unter den Rubriken «Teatro ragazzi» und «La città dei ragazzi»

Puppet Theatre
Via Grottapinta 2
Tel. 6 87 96 70 / 5 89 62 01
Stücke in italienischer und englischer Version.

Teatro Grauco
Via Perugia 34
Tel. 7 82 23 11 / 70 30 01 99

Teatro Verde
Circon vallazione Gianicolense 10
Tel. 5 89 60 85

Kino

(siehe auch Film)

Jeden Tag bringen die Tageszeitungen einen seitenlangen Überblick über das laufende Kinoprogramm. Einlaß ist durchgehend, die letzte Vorstellung beginnt gegen 22.30 Uhr. Besondere Aufmerksamkeit verdienen die Programmkinos, die in Rom «cineclub» und «cinema d'essai» heißen.

Augustus
Corso Vittorio
Emanuele 203
Tel. 6 87 54 55
Traditionsreiches Off-Kino im Zentrum, zwar kein Filmclub, aber immer vorn mit guten Filmen.

Arena Esedra
Via del Viminale 9
Tel. 4 87 45 53
Freiluftprogramm im Sommer (Hinterhof)

Azzuro Scipioni
Via degli Scipioni 82
Tel. 3 70 10 94
Täglich drei ausgesuchte Filme.

Farnese
Piazza Campo de' Fiori 56
Tel. 6 86 43 95
Gealtertes Kult-Kino

Garden
Viale Trastevere 246
Tel. 5 81 28 48
Kein besonderes Programm, dafür ein Schiebedach.

Grauco
Via Perugia 34
Tel. 78 22 3 11
Filmgeschichte wird hier
groß geschrieben. Anre-
gendes Film- und
Theaterprogramm auch
für Kinder.

Labirinto
Via Pompeo Magno 27
Tel. 32 16 2 83
Immer auf der Höhe der
Filmzeit, immer für eine
Überraschung gut. Mit
einem zweiten Saal in
Wohnzimmerqualität (lei-
der ohne Getränke).

Pasquino
Vicolo del Piede 19
Tel. 5 80 36 22
Filme in englischer /ame-
rikanischer Originalfas-
sung

President
Via Appia Nuova 427
Tel. 78 10 1 46
Auch an der Peripherie
gibt es Kinos mit besonde-
rem Programm.

Politecnico
Via G. B. Tiepolo 13 / A
Tel. 32 27 5 59
Bietet auch Kurse zur
Regie und Filmtechnik
an.

In vielen Filmclubs hat
man eine Mitgliedskarte
zu kaufen. Dennoch liegt
der Preis dieser «tessera»
plus Eintrittskarte unter
dem der Erstauffüh-
rungskinos.

Klamotten

Gebrauchtes, Modisches,
zum Verkleiden Ge-
eignetes findet man in den
kleinen Gassen rund um
die Via del Governo Vec-
chio, Piazza della Ro-
tonda (Pantheon), Via del
Boschetto.
Edlere Kleidung (unter
anderem Via Borgogno-
na, Via Bocca di Leone,
Via Frattina) und die Lä-
den der erfolgreichsten
italienischen Modedesig-
ner sind zu bestaunen zwischen Piazza del Popolo
und der spanischen Trep-
pe und auf der Via del
Corso.
Gute handgefertigte Le-
dertaschen und -gürtel
gibt es bei Il gancio in der
Via del Seminario
82–83.

Linksparteien

Democrazia Proletaria (DP)
Via Cavour 185
Tel 4 82 50 19
In den 70er Jahren ur-
sprünglich als Wahlbünd-
nis der Außerparlamenta-
rischen Linken entstan-
den. Hält trotzig, aber
konsequent die Tradition
von '68 aufrecht.

Federazione delle Liste Verdi
Via Magenta 5
Tel. 49 57 3 83
Die italienischen Grünen.
Das Büro der grünen Par-
lamentsmitglieder ist in
der Via Uffici Sedario 21,
Nähe Montecitorio.

Partito Democratico della Sinistra (PDS)
Via della Botteghe Os-
scure 4
Tel. 67 1 11
Die große, alte, schwer-
fällige Partei Gramscis
und Togliattis, die alte
KPI, kämpft mit neuem
Namen um ihre Identität.

Partito Radicale (PR)
Via Torre Argentina 76
Tel. 6 83 23 83
Ein wirrer Haufen, von
Pannella zur Privatpartei
gemacht, aber immer wie-
der für Überraschungen
gut. Offen für alles Neue
und dann wieder total ver-
stockt.

Partito Socialista Italia-no (PSI)
Via del Corso 476
Tel. 6 77 81
Unter Craxi fällt es
schwer, sie «links» zu nennen. Aber es können ja
nicht alle Genossen kon-
vertiert oder unterge-
taucht sein.

Museen

In Rom gibt es, außer den
vatikanischen Sammlun-
gen, mindestens 68 Muse-
en. Die vatikanischen
Museen bringen es allein
auf zwanzig. Zuviel für jeden gesunden Geist. Des-
halb hier nur eine kleine
Auswahl. Geöffnet sind
diese Museen, falls nicht
anders angegeben, wo-
chentags 9–14, sonntags
9–13 Uhr. Montags und
an bestimmten Feiertagen
(Ostern, 1. Januar, 1. Mai,

335

15. August, 25. Dezember) sind sie geschlossen. In den staatlichen Museen (zwischen 6000 und 8000 Lire) ist im allgemeinen sonntags der Eintritt frei, dafür wird es aber auch relativ eng.

Galleria/Museo Borghese
Viale dell' Ucceleria (Villa Borghese)
Tel. 85 48 5 77
Antike Skulpturen, Werke von Bernini und Canova, Gemälde von Raffael, Cranach, Lotto, Caravaggio und einigen Niederländern.

Galleria Colonna
Via della Pilotta 17
Tel. 6 79 43 62
Geöffnet samstags 9–13 Uhr, im Aug. geschlossen
Typische Privatsammlung in den prunkvollen Räumen des Palazzo Colonna mit Gemälden von Melozzo, Veronese, Tintoretto.

Galleria Doria Pamphili
Piazza del Collegio Romano 1 a
Tel. 6 79 43 65
Geöffnet dienstags und freitags bis sonntags 10–13 Uhr
Wahrscheinlich die schönste repräsentative Privatsammlung mit Bildern von Lorrain, Ribera, Caravaggio, Velázquez.

Galleria Nazionale d'Arte Antica (Palazzo Barberini)
Via delle Quattro Fontane 13
Tel. 48 14 5 91

Die ursprüngliche Sammlung Barberini, durch andere ergänzt, ist auseinandergerissen worden. Geblieben sind, in einem prachtvollen Barockpalast, zum Beispiel Simone Martini, Fra Angelico, Lippi, Perugino, Holbein, Raffael. Im großen Saal Deckenfresko von Pietro da Cortona «Allegorie der göttlichen Vorsehung», ein Hauptwerk des Barocks.

Galleria Nazionale d'Arte Antica (Palazzo Corsini)
Via della Lungara 10
Tel. 6 54 23 23
Geöffnet Dienstag bis Samstag 9–13.30 Uhr, Sonntag 9–12.30 Uhr
Teile der Corsini-Sammlung und anderer geben einen guten Überblick über die Malerei des 17. und 18. Jahrhunderts. Kernstücke sind die Bilder von Caravaggio und Nachfolgern.

Galleria Nazionale d'Arte Moderna
Viale delle Belle Arti 131
Tel. 3 22 41 51
Geöffnet Dienstag bis Samstag 9–14 Uhr, Sonntag 9–13 Uhr (bei Sonderausstellungen Mittwoch und Freitag 15–18 Uhr)
Italienische Kunst des 19. und 20. Jahrhunderts: Romantiker, Divisionisten, Futuristen, Metaphysiker, «römische Schule».

Galleria Spada
Piazza Capo di Ferro 3
Tel. 6 86 11 58

Aus Beständen des Kardinals Spada hat sie, obwohl staatlich, den Charakter einer Privatsammlung behalten. Gemälde von Reni, Guercino, Andrea del Sarto, Tizian, Rubens (der ist eigentlich immer dabei ...). Sehenswert ist auch der Palazzo, ein Kardinalspalast der Spätrenaissance mit einer barocken Kolonnadenflucht mit perspektivischer Überraschung.

Musei Capitolini e Pinacoteca
Piazza del Campidoglio
Tel. 67 10 30 69
Auf dem Kapitol ein schönes Durcheinander von Klassik und Barock, Antike und Renaissance sowie sympathisch Stilloses. Auch eines der «wichtigsten» Museen Roms – man darf sich nur nicht einschüchtern lassen. Dieses Museum, das unter der Verwaltung der Stadt Rom steht, ist zusätzlich noch dienstags von 17–20 Uhr, sonnabends auch von 20–23 Uhr geöffnet.

Museo della Civiltà Romana
Piazza Giovanni Agnelli 10
Tel. 5 92 61 35
Dienstags und donnerstags auch von 16 bis 19 Uhr geöffnet
Dieses staatliche Museum im EUR-Viertel, eine Stiftung des Fiat-Konzerns in einem Bau wie Hitlers Reichskanzlei, dokumentiert römische

Kultur und Kunst durch viele (Gips-)Modelle. Glanzstück ist ein riesiges Stadtmodell vom Rom des 4. Jahrhunderts.

Museo Nazionale Etrusco

Piazzale di Villa Giulia 9
Tel. 3201951
Im Sommer länger geöffnet: dienstags bis samstags 9–19 Uhr
Im schönsten Renaissancebau, der Villa Giulia, eine interessante und umfangreiche Sammlung etruskischer und griechischer Funde aus Praeneste, Veji, Vulci und anderswo.

Museo Nazionale Romano delle Terme

Via delle Terme di Diocleziano (Piazza Repubblica)
Tel. 460856
Das Thermenmuseum bewahrt in all seiner Unordnung eine der bedeutendsten Sammlungen der antiken Welt. Der äußere Zustand mag abschrekken, aber hier kann man Antikes noch anfassen.

Vatikanische Museen

Viale Vaticano
Tel. 6983333
Geöffnet wochentags von 9–14 Uhr, am letzten Sonntag des Monats gratis, sonst sonn- und feiertags geschlossen. Im Sommer Montag bis Freitag von 9 bis 17 Uhr, Samstag bis 14 Uhr geöffnet. Größtes Museum der Welt und eine Welt für sich – vor Übersättigung wird gewarnt. Zugang

vom Viale del Vaticano, vom Petersplatz fährt ein Bus zum Hintereingang.

Musik

Auch Kirchen, antike Reste (Thermen des Caracalla mit pompösen Opern im Juli/August), Plätze (Campidoglio) und Paläste (Cancelleria) bieten der klassischen Musik eine Heimstatt. Genaueres steht in den Tageszeitungen.
Jazz, Rock, Polit- und Volksmusik werden in einigen traditionellen Musikkellern gleichberechtigt gepflegt. Rockkonzerte finden zuweilen auch in den Diskos statt (siehe dort) oder in den «teatro tenda» (siehe Theater).

Alexanderplatz

Via Ostia 9
Tel. 3729398
Jeden Abend außer Montag zwischen 21.30 und 1 Uhr Musik und Restaurant – «Food and Drinks in Musica».

Alpheus

Via del Commercio 36
Tel. 5747826
Amerikanische und englische Avantgarde-Gruppen.

Classico

Via Libetta 7
Tel. 5744955
Jazz- und Rockkonzerte. Wem die Musik unter die Haut geht, der kann auch tanzen.

Folkstudio

Via Frangipane 42
Tel. 4871063
Traditionsreiches Lokal des Jazz und des Liedes.

Mambo

Via dei Fienaroli 30b
Tel. 5897196
Beliebter Treffpunkt von Liedermachern.

Saint Louis Music City

Via del Cardello 13
Tel. 4745076
Veranstaltet Konzerte. Treff der Jazz-Fans mit Ristorante und Bar.

Scuola Popolare di Musica di Testaccio

Via Monte Testaccio 91
Tel. 5750376
Musikschule, Konzerte – Jazz, zeitgenössische und klassische Musik.

Naturkost/Täglich Brot

Gesundheitstee und Körner, Naturheilmittel und sonstige Bioware verkaufen in Rom schon seit eh und je die «erboristerie». Zu ihnen gesellen sich, von der grünen Welle getragen, neuerdings auch Biokostläden.

Antica Erboristeria Romana

Via di Torre Argentina 15

L'Albero del Pane

Via dei Banchi Vecchi 39
Infobrett über Aktivitäten der «grünen Szene».

La Bottega di Lunga Vita

Via Mario de'Fiori 24a

Il Canestro
Via Lucca Robbia 46
Grüner Supermarkt und
Restaurant.

**Centro Dietetico della
Maddalena**
Piazza della
Maddalena 1 a

**Centro Macrobiotico
Italiano**
Via della Vite 14
Mit Teestube und Info-
brett über die Bioszene.

**Centro Reformhaus
Trastevere**
Via G. C. Santini 8

Die römischen Brotsorten
– pagnotta: das große runde, grobporige Graubrot,
ciriola: das überdimensionale Weißbrötchen und
rosetta: das aus feinem
Weizenmehl gebackene
luftige Brötchen – sollte
man probiert haben, be-
vor man sich den neuer-
dings modischen Brotlä-
den mit der reichen Aus-
wahl zuwendet. Dazu
einige Tips:

L'Arte del Pane
Largo Leopardi 4 – 10

Fior Fiore
Via della Croce 18

Il Fornaio
Via dei Baulari 4

Il Fornaio
Via Venezia 11

Il Forno
Campo di Fiori

Notstellen

Notruf: 113
Krankenwagen des Roten
Kreuzes: 5100
Bereitschaftsarzt: 47498
Giftnotstelle: 3054343
Ansage der jeweils offe-
nen Apotheke (Stadtzen-
trum): 1921
Verkehrspolizei: 67691
Feuerwehr: 115

**_Erste-Hilfe-Stationen
(pronto soccorso)_**

Policlinico
Viale Policlinico
Tel. 492341

San Camillo
Circonvallazione Giani-
colense 87
Tel. 58701

San Giacomo
Via Canova 29
Tel. 67261

San Giovanni
Via Amba Aradam
Tel. 77051

Santo Spirito
Lungotevere in Sassia
Tel. 650901

Parks

Die wichtigsten öffentlich
zugänglichen Parkanla-
gen sind, mit Ausnahme
der Villa Borghese, nur
tagsüber geöffnet.

Villa Ada
Zugang von der Via Sala-
ria
Bus 56 von der Piazza S.

Silvestro, Bus 319 vom
Bahnhof Termini bis Piaz-
za Verbano, von dort 10
Minuten zu Fuß.
Einer der größten Parks
von Rom. Ideal zum Jog-
gen, Fußballspielen . . .
Im Nordosten der Villa
liegt die Priscilla-Kata-
kombe (geöffnet von
8.30 – 12 Uhr und von
15 – 17 Uhr).

Villa Borghese
Zugang über den Pincio,
von der Piazzale Flaminio
oder der Porta Pinciana
aus
Zusammen mit den Anla-
gen auf dem Pincio ist dies
der Hauspark der Römer.
Zwischen Rollschuhlau-
fen, Bootfahren, Reiten,
Zoobesuch, Trimmen von
Körper und Geist (Museo
und Villa Borghese) kann
man hier fast alles machen.

Villa Carpegna
Zugang von der Piazza
Villa Carpegna
Bus 98 von Corso Vitto-
rio/Largo dei Fiorentini

Villa Celimontana
Zugang von der Via Navi-
cella, neben der Kirche
St. Maria in Domnica,
und von der Straße Clivio
di Scauro gegenüber der
Kirche SS. Giovanni e
Paolo
Ruhe-, Erholungs- und
Fluchtpunkt nach der La-
teran- oder Kolosseums-
tour.

Villa Doria Pamphili
Zugang von der Via S.
Pancrazio auf dem Giani-
colo

Bus 41 vom Corso Vittorio/Lungotevere oder Bus 44 vom Largo Argentina bis Piazza Ottavilla
Der größte Park Roms (neun Quadratkilometer), der allerdings von einer Schnellstraße, der Via Olimpica, durchschnitten wird. Zum Wandern geeignet oder dazu, faul auf der Wiese zu liegen. Die eigentliche «Villa», das Landhaus der Familie Pamphili, ist allerdings geschlossen.

Villa Sciarra
Zugang von der Via Calandrelli
Bus 75 von der Piazza Venezia oder vom Bahnhof Termini aus
Nach einem anstrengenden Spaziergang durch Trastevere oder einem opulenten Mahl kann man sich hier gut erholen.

Villa Torlonia
Zugang von der Via Nomentana 70
Bus 36 vom Bahnhof Termini oder 60, 62 von der Via del Corso
Der (nicht zu besichtigende) Palast war die Privatwohnung von Mussolini.

Keine «Villen», sondern schlichte Parks und Gärten, die in neuerer Zeit angelegt wurden, sind:

Orto Botanico
Am Fuß des Gianicolo, Zugang von der Via Corsini hinter der Porta Settimiana.

Geöffnet von 9–19 Uhr, sonntags 10–19 Uhr.
Zwölf Hektar großes Gelände mit achttausend Pflanzen. Wer sie nicht kennt (einen italienischen Führer gibt es am Eingangstor zu kaufen), darf einfach so zwischen Palmen und Orchideen herumlaufen. Der Orto Botanico ist übrigens auch ein Veranstaltungsort für den Estate Romana (*siehe Feste/Festivals*). Im Juli und August gibt es hier abends Theater-, Film- und Musikveranstaltungen.

Park der Villa Glori
Zugang vom Viale Pilsudski
Bus 910 vom Bahnhof Termini, Bus 26 vom Largo Argentina/Via del Corso bis Piazza Euclide
Der bis auf sonntags ausgestorbene Park wurde auf dem Hügel angelegt, auf dem die Brüder Cairoli und ihre Genossen hingerichtet wurden, nachdem sie 1867 versucht hatten, Rom für die italienische Monarchie zu befreien.

Park der Resistenza 8. Settembre
Südlich des Aventins zwischen der Via Piramide und dem Viale Gelsomini
Eine etwas verkommene Anlage, die an den 8. September 1943 erinnert, den Tag des Waffenstillstandes zwischen der regulären italienischen Regierung und den Alliierten. Bei der Besetzung Roms durch die deutschen Truppen kam es

daraufhin zu erbitterten Widerstandskämpfen an der Porta S. Paolo.

Park der Orti degli Scipioni
Zugang neben dem Scipionengrab in der Via Porta San Sebastiano oder von der Porta Latina aus
Bus 118 vom Kolosseum

Parco Savello
Neben der Kirche S. Sabina auf dem Aventin
Bus 94 ab Pantheon
Ein Garten mit Orangenbäumen und mit einer herrlichen Sicht auf den Tiber, den Gianicolo und die Petruskirche.
Auch abends geöffnet.

Pizzerie

Eilige, die sich den Hunger mit einem (schmackhaften) Stück pizza al taglio, auf der Hand, vertreiben wollen, finden überall in allen Stadtvierteln entsprechende Pizzaläden (auch bei den meisten Bäckereien), zum Beispiel:

Forno
Via del Governo Vecchio 29
Spezialität ist hier die heiße Pizza mit Schokoladencreme.

Frontoni
Via San Francesco a Ripa 128
Hier kann man sich die Pizza auch aufschneiden und mit Mortadella und ähnlichem belegen lassen.

Gemütlich oder gedrängt, am Marmortisch oder am gedeckten Tisch bestellt man die Pizza aus dem Holzofen unter anderem bei:

Il Boscaiolo
Via degli Artisti 37
Tel. 488 40 23
Montag Ruhetag
Publikum und Mitwirkende des nahegelegenen Teatro Sistina sind hier anzutreffen. Deshalb bis gegen 1 Uhr geöffnet.

Da Cocco
Circonvallazione
Appia 37 a
Tel. 78 68 19
Dienstag Ruhetag
Etwas außerhalb. Empfehlenswert jedoch wegen der Qualität und für diejenigen, die von den Castelli heimkehren.

Ivo
Via S. Franscesco
a Ripa 158,
Tel. 58 17 082
Dienstag Ruhetag
Winkeliges, aber großes Lokal voller Rauch und Lärm. Im Sommer sitzt man in langen Reihen beiderseits der Straße mitten im Viertelleben.

Pieretti Al Testaccio
Piazza Testaccio 31
Tel. 57 46 2 53
Dienstag Ruhetag
Familienpizzeria im Arbeiterviertel. Guter Baccalà (Stockfisch) und fritierte Zucchiniblüten.

Ricci A. e Co.
Est! Est!! Est!!!
Via Genova 32
Tel. 488 11 07
Montag Ruhetag
Großes Lokal, sehr traditionsreich. Typen aller Art.

Volpetti
Via del Governo
Vecchio 114
Tel. 686 16 17
Sonntag Ruhetag
Heißt eigentlich «Baffetto». Vielleicht Roms beste Tellerpizza. Meist lange Schlange vor der Tür. Empfehlenswert, wenn man schnell essen möchte – die nächsten Kunden wartet schon. Pizzen in drei Größen, die auch die Hungrigsten satt kriegen.

Reisebüros

Deutsches Reisebüro
Piazza Esquilino 29
Tel. 482 75 31

Österreichisches Reisebüro
Via Barberini 29
Tel. 488 15 56

Billigreisen/Sonderflüge

Associazione Turistica Giovanile
Via Barbieri 3 a
Tel. 68 30 78 63

Centro Turistico Studentesco e Giovanile
Via Genova 16
Tel. 46 79 27 11
Corso Vittorio Emanuele II 297; Tel. 687 26 72

ITR
Via Lucollo 3
Tel. 481 90 41

Nouvelles Frontieres
Via A. Brunetti 25/D–G
Tel. 322 24 63/64
Hier gibt es auch Billigflüge in alle Welt.

Transalpino
Via dell'Esquilino 8 a
Tel. 487 08 70
In diesen Reisebüros gibt es verbilligte Fahrkarten für Jugendliche bis zu 26 Jahren, Preisermäßigungen für Fährschiffe sowie Charterflüge. Internationalen Studentenausweis nicht vergessen!

Platzreservierung

In der Stazione Termini muß man sich meist in eine lange Schlange einreihen. Besser zu:

Quo vadis
Via Pigna 13 a
Tel. 678 15 81
oder Via Cestari 21
Tel. 679 15 53

Utras
V. S. Claudio 88
Tel. 679 73 86

Wagons Lits
V. Boncompagni 25
Tel. 474 17 50
Anzuraten für Schlafwagenvorbestellungen, da die Agentur über den Terminal für Direktvorbestellungen verfügt.

Ristoranti

Wirklich billig ißt man nur in der Tavola calda, der Rosticceria, den Fast-Food-Läden, im Selfservice und solchen Bars, die auch Tellergerichte zubereiten. In der Trattoria oder im Ristorante kostet ein einfaches Mittag- oder Abendessen (Pasta-Vorspeise und Hauptgericht) um die 25,– DM. Alle Typen von Gaststätten haben von etwa 12.30–15.30 und von 19.30–23 Uhr geöffnet.
(siehe auch Fast food, Pizzerie)

Einfaches Essen

Agustarello
Via Giovanni Branca 100
Tel. 5746585
Sonntag Ruhetag

Gino
Vicolo Rosini 4/
Piazza del Parlamento
Tel. 6873434
Sonntag Ruhetag

Il Cantinone
Via Vittoria 22
Tel. 3235310
Sonntag Ruhetag
Gutbürgerliche Küche
aus Sardinien.

Il Cortiletto
Piazza Capranica 76
Tel. 6793977
Dienstag Ruhetag

Mensa
Via del Castro Laurenziano 9
Via Domenico De Domenicis 13–15

Viale Ministero Affari Esteri 6
Via de Lollis 25
Via Orario Raimondi
Essenszeiten:
11.45–14.45 und
18.45–21 Uhr
Studentenausweis nicht
vergessen.

Le Streghe
Vicolo del Curato 13
Tel. 6861381
Sonntag Ruhetag

La Tavola d'Oro
Via Marianna Dionigi 37
Tel. 3212601
Sonntag Ruhetag

Treffs junger Römer

Il desiderio preso per la coda
Vicolo della Palomba 23
Tel. 6830 7522
Montag Ruhetag

Mario's
Via del Moro 94
Tel. 5803809
Sonntag Ruhetag
Schnell serviert, billig und voll. Essen gibt es von 12.30–16 und 19–1 Uhr.

Il Tentativo
Via delle Luce 5–7
Tel. 5895234
Mittwoch Ruhetag

Trattoria «Il Generale»
Via del Moro 1 a
Tel. 5803769
Sonntag Ruhetag

Römische Küche

Pajata (Innereien vom Kalb), trippa (Kutteln), carciofi alla romana (Arti-

schocken) und ähnlich speziell Römisches gibt es bei:

Carlo in Trastevere
Piazza S. Giovanni della Malva 2; Tel. 5895640
Montag Ruhetag

Checchino
Via di Monte Testaccio 30
Tel. 5746318
Montag Ruhetag

Settimio
Via del Pellegrino 117
Tel. 6541978
Mittwoch Ruhetag

Afrikanisch/Arabisches

El Andulus
Via Farina 12
Tel. 4484436
Spezialität «Couscous», der Wirt stammt aus Libyen.

Hosteria Africa
Via Gaeta 28
Tel. 4941077
Montag Ruhetag

Il Mare Rosso
Via Conte Verde 62
Tel. 730702
Dienstag Ruhetag

Sahara
Viale Ippocrate 43
Tel. 4272063
Mittwoch Ruhetag

Für Feinschmecker und Betuchte

Alberto Ciarla
Piazza S. Cosimato 40
Tel. 5818668
Sonntag Ruhetag

341

Costanza
Piazza Paradiso 63/65
Tel. 6861717
Sonntag Ruhetag
Man speist in den Gewölben des antiken Pompejus-Theaters.

Papa Giovanni
Via dei Sediari 4
Tel. 6865308
Sonntag Ruhetag

Naturkost/Vegetarisches

Apriti Sesamo
Via Mattonata 16
Tel. 5809667
Serviert wird nach 20 Uhr.
Treff der grünen Szene.

Il Canestro
Via Luca di Robbia 46
Tel. 5746287
Grünes Restaurant und
Biosupermarkt im ehemaligen Schlachthofviertel.

Margutta
Via Margutta 119
Tel. 6786033
Sonntag Ruhetag

Fischspezialitäten

Je frischer der Fisch, desto gesalzener die Preise.
Der Umkehrschluß ist allerdings auch hier nicht zulässig!

Il Canestro
Viale Mazzini 163
Tel. 312309
Sonntag Ruhetag

Leone 83
Via degli Orti di Trastevere 50/58
Tel. 5894846

Sonntagabend geschlossen

L'Orso 80
Via dell'Orso 33
Tel. 6861710
Bis 1 Uhr nachts geöffnet.
Ruhetag Montag

Mitsukoshi
Via Torino 34
Tel. 4873920
Sonntag Ruhetag
Japanische Küche, zum
Beispiel Sushi (roher
Fisch).

Pierluigi
Piazza de' Ricci
Tel. 6861302
Dienstag Ruhetag

Scoglio di Frisio
Via Merulana 256
Tel. 4872765
Montag Ruhetag

Späte Snacks

Für Abend- und Nachtbummler (bis 1 Uhr), die
eine Kleinigkeit bei Brot
und Wein zu sich nehmen
wollen und nichts dagegen
haben, auch mal gedrängt
zu sitzen. Wie so häufig in
Rom wird man feststellen,
daß kulinarische Kleinigkeiten meist ebenso teuer
sind wie das gut-römische
Trattoria-Essen.

Cul de sac I
Piazza Pasquino 73
Cul de sac II
Vicolo dell'Atleta 21
Montag Ruhetag

Cavour 313
Via Cavour 313
Sonntag Ruhetag

L'Ombra
Via di Panico 23

Panadela
Piazza della
Cancelleria 87

Trimani Wine Bar
Via Cernaia 37b

Schallplatten

Ricordi
Via del Corso 506
Via C. Battisti 120
Größte Auswahl für jeden
Musikgeschmack.

Rinascita
Via delle Botteghe Oscure 1
Im Untergeschoß der
Buchhandlung reichste
Auswahl an Volks-, Polit-
und Revolutionsliedern.

Schwimmbäder/Sauna

Schwimmen und (Sauna-)
Schwitzen ist in Rom ein
teurer Spaß. Es gibt so
gut wie keine öffentlichen
Einrichtungen. Das Italienische Olympische Komitee (CONI) verfügt
über ein Frei- und ein
Hallenbad am Foro Italico. Ob das CONI dem
Wunsch nach Zutritt für
alle wieder stattgegeben
hat, muß man erfragen
(Tel. 36851). Die meist
kleinen, fast immer überfüllten privaten Hallenbäder (piscina) erlauben oft
nur Jahres- oder Halbjahresabonnenten den Eintritt. Die großen Hotels

wie Hilton und Holiday
Inn lassen auch Schwimm-
lustige, die nicht dort
wohnen, hinein ins Naß.

Freibäder

Piscina del Foro Italico
Lungotevere Maresciallo
Cadorna
Tel. 32 18 5 91

Piscina delle Rose
Viale America 20 (EUR)
Tel. 5 92 18 62

Hallenbad

**Stadio del Nuoto Foro
Italico**
Lungotevere Maresciallo
Cadorna
Tel. 3 33 63 52
Das ganze Jahr über von
8–22 Uhr geöffnet für
Schwimmkurse und Trai-
ning.

Sauna

Hotel Cavalieri Hilton
Via Cadiolo 101
Tel. 3 50 91
Finnische Trockensauna,
römisch-irische Dampf-
sauna.

Hotel Exelsior
Via Veneto 125
Tel. 47 08
Dampfsauna.

Schwule

Circolo Mario Mieli
Via Ostiense 202
(kein Telefon)
Nur Montag und Mitt-
woch abends

Aus dem Zusammen-
schluß verschiedener
Schwulenvereinigungen
entstanden. Auch der in
anderen italienischen
Städten fortbestehende
FUORI ist darin aufge-
gangen.

Treffs

L'Alibi
Via di Monte Testaccio 44
Tel. 5 74 34 48
Privatklub, die Mitgliedskarte kann man am Ein-
gang kaufen. Eine Piano-
Bar mit Klaviergeplät-
scher, zwei Diskotheken,
ein Theater. Man kann
hier auch zu Abend essen.
Freitags, samstags und
sonntags schließt der Klub
erst im Morgengrauen.

Angelo Azzuro
Via Cardinal Merry del
Val 13
Tel. 5 80 04 72
Disco-Musik und gele-
gentliche Theatervorfüh-
rungen, wochentags bis
3.30 Uhr, am Wochen-
ende auch schon mal bis
7 Uhr geöffnet. Privat-
klub, allerdings wird keine Mitgliedskarte ver-
langt.

Garbo
Vicolo S. Margherita 1
Bar und Privatklub, Zu-
tritt mit halbjähriger Mitgliedskarte.

Hangar
Via in Selci 69
Tel. 4 88 13 97
Von 21–3 Uhr geöffnet,
Dienstag Ruhetag, Vi-
deo- und Cocktailbar.

Magnani
Via S. Maria del Pianto 19
Auch gut für eine Moden-
schau.

Saint James
Via Campania 37 a
Betuchte Kundschaft und
«Jungens» auf Kunden-
suche. Sehr kleine Tanz-
fläche.

Sprachkurse

La Bottega dell'Italiano
Corso Vittorio
Emanuele 39
Tel. 6 79 88 96
Kursdauer von zwei bis
zwanzig Wochen. Zwan-
zig Leistungsstufen.
Kunstgeschichtliche und
Literaturkurse, Seminare
in Politik und Wirtschaft.

**Cooperativa Torre di
Babele**
Via Bixio 74
Tel. 7 00 84 34
Kursdauer drei Wochen
mit täglich vier Stunden
Unterricht. Dem Ziel, ne-
ben der Sprache auch
Kenntnisse der italieni-
schen Kultur und des All-
tagslebens zu vermitteln,
dienen Ausflüge und Ver-
anstaltungen. Unterkünf-
te können vermittelt wer-
den.

**Società Italiana Dante
Aleghieri**
Piazza Firenze 27
Tel. 6 87 37 22
Mit dem behaglichen,
nicht anstrengenden, aber
auch nicht sehr ambitio-
nierten Kurs (zwei Mona-
te, je vier Wochenstun-

den), bietet diese traditionelle Sprachschule ein gutes Alibi zum Romaufenthalt.

Theater

Das aktuelle Theaterprogramm kann man der Donnerstagsbeilage «Trovaroma» der «Repubblica» unter der Rubrik: «a teatro» entnehmen.

Teatro Argentina
Via di Torre Argentina
Tel. 6544601

ETI-Quirino
Via Marco Minghetti 1
Tel. 6794585

ETI-Sala Umberto
Via della Mercede 50
Tel. 6794753

ETI-Valle
Via del Teatro Valle 23a
Tel. 6543794

Größere Privattheater – manchmal auch für ein Musical gut:

Eliseo
Via Nazionale 183
Tel. 4882114

Teatro Sistina
Via Sistina 129
Tel. 4826841

Vittoria
Piazza Santa Maria Liberatrice 11
Tel. 5740170

Ein Zelt, in dem auch Rockkonzerte und Lie-

derabende veranstaltet werden:

Teatro Tenda-a-Strisce
Via C. Colombo, Nähe Messegelände Fiera di Roma (EUR)
Tel. 5422779

Off-Theater und was sich dafür hält. Die Vorstellungen beginnen zwischen 21 und 22 Uhr, meist zwanzig bis dreißig Minuten später als angekündigt. Keine Hetze also, man gehört zur «avanguardia».

Ateneo
Viale delle Scienze 3
Tel. 4455332

Beat 72
Via G. G. Belli 72
Tel. 3207266

La Maddalena
Via della Stelletta 18
Tel. 6569424
Das Theater von Frauen für Frauen, Männer sind zugelassen. Veranstaltet auch Workshops

La Piramide
Via G. Benzoni 49–51
Tel. 5782637

Teatro Circo Spaziozero
Via Galvani 66
Tel. 5743089

Teatro dell'Orologio
Via dei Filippini 17a
(Chiesa Nuova)
Tel. 6548735

Teatro in Trastevere
Vicolo Moroni 3
Tel. 5895782

Trianon
Via Muzio Scevola 101
Tel. 7806828

Und, last and really least, die Oper:
Teatro dell' Opera
Via Firenze 72
Tel. 4881755

Touristeninformation

Agriturist
Corso Vittorio
Emanuele 101
Tel. 6512342
Erteilt Auskünfte über «Ferien auf dem Bauernhof» all'Italiana.

Automobile Club d'Italia
Via Marsala 8
Tel. 4998375
Touristeninformation.

Centro Capitolium
Via Milano 17
Tel. 4884205 oder 4745519
Geöffnet 9–13 Uhr
Kommunales Informationszentrum mit Computer. Hier erhält man gratis Stadtpläne, Veranstaltungskalender, Hinweise auf aktuelle Ereignisse.

Centro Studentesco e Giovanile
Via Genova 16
Tel. 4679271
Corso Vittorio Emanuele II 297
Tel. 6872672
StudentInnen- und Jugendreisebüro. Neben verbilligten Reisen sind hier nützliche Informationen aller Art über die

Stadt zu finden. An-
schlagbrett für Mitfahrgelegenheiten, Gelegen-
heitsarbeiten, Treffs.

**Ente Nazionale Italiano
per il Turismo (ENIT)**
Via Marghera 2
Tel. 4971 1
Geöffnet werktags von
9–13 Uhr
Erteilt Auskünfte und
vergibt Broschüren über
Reisen und Touren in Ita-
lien.

**Ente Provinciale per il
Turismo (EPT)**
Via Parigi 11
Tel. 488 18 51
Geöffnet Montag bis
Samstag 8.15–13.30,
14–19 Uhr
Touristenbetreuung und
Zimmervermittlung.
Weitere Auskunftsbüros:
Stazione Termini, vor
Gleis 3
Tel. 487 12 70
Flughafen Fiumicino
Tel. 601 12 55
Geöffnet täglich
9–19 Uhr

**Pilger- und Touristenin-
formation des Vatikan**
Piazza S. Pietro (linkes
Seitengebäude vor der
Basilika)
Tel. 698 44 66

Eintrittskarten zur Papst-
audienz, mittwochmor-
gens, vergibt die
**Prefettura della Casa
Pontificia**
rechte Kolonnadenseite,
Scala Regia
Tel. 6982
Montags und dienstags
9–13 Uhr

Touring Club Italiano
Corso Vittorio
Emanuele 101
Tel. 651 23 38
Erteilt Auskünfte für
Fahrten und Urlaub in der
Umgebung von Rom.

Universitäten

**Università degli Studi
«La Sapienza»**
(Città Universitaria)
Piazzale Aldo Moro 2
Tel. 4991 1
Römische Unistadt, die
die meisten Fakultäten
und die Zentraleinrich-
tungen wie Bibliothek,
Verwaltung, Hörsäle ver-
sammelt.

**Segreteria degli Studen-
ti Stranieri**
Via Regina Elena 334,
scala C
Tel. 4991 App. 707
Bürozeiten Montag, Mitt-
woch, Freitag 9–13 Uhr
Man muß mit langen
Schlangen rechnen.

**Seconda Università di
Roma «Tor Vergata»**
Via O. Raimondo 8
Metrostation Anagnina,
weiter mit Bus 500
Tel. 725 91
Opera Universitaria
Via C. de Lollis 24 b
Tel. 495 48 41
Verwaltung der Stu-
dentInnenheime und der
Mensa sowie aller studen-
tischen Einrichtungen.

In Rom gibt es außerdem
drei päpstliche Universi-
täten:

**Università Pontificia
Gregoriana**
Piazza Pilotta 4
Tel. 6701 1
Größte päpstliche Uni mit
allen theologischen Fa-
kultäten plus Jura und
Philosophie.

**Università Pontificia
Lateranense**
Piazza S. Giovanni in La-
terano 4
Tel. 759 47 04

**Università Pontificia
Urbaniana Propaganda
Fide**
Via Urbano VIII 16/17
Tel. 687 59 92

Nicht nur zum Studieren,
sondern auch zum Kon-
takte knüpfen:
Accademia di Belle Arti
Via di Ripetta 222
Tel. 3 60 80 05

**Accademia Nazionale
d'Arte drammatica «S.
d'Amico»**
Via V. Bellini 16
Tel. 854 36 80
Schauspielschule.

Unterkunft

Hotelzimmer vermittelt
zentral:
**Ente Provinciale per il
Turismo (EPT)**
Via Parigi 11
Tel. 488 18 51
Geöffnet 8.15–13.30,
14–19 Uhr (sonntags ge-
schlossen)
und am Bahnhof Termini
Piazza Cinquecento
Tel. 487 12 70

Billige Unterkünfte für Jüngere vermittelt:
Associazione italiana alberghi per la gioventù
Ostello Foro Italico
Viale Olimpiadi 61
Tel. 32362 79, 32362 67

Die Preise in den kirchlichen Aufnahmezentren weichen nur unwesentlich von denen der Pensionen ab. Man erkundige sich zudem nach den Hausordnungen, die manchem vielleicht «zu eng» sein werden:

Kirchliches Aufnahmezentrum
Via S. Giovanni d'Arco 12
oder

Pilgerbüro
Via della Conciliazione 10
Tel. 6985036
(deutschsprachige Abteilung)

Hotels der Mittelklasse (3 Sterne):

Piazza di Spagna
Via Mario de' Fiori 61
Tel. 6796412
In der Nähe der Spanischen Treppe

Del Senato
Piazza della Rotonda 73
Tel. 6780364
Das Pantheon im Blick

Sant'Anselmo
Piazza Sant'Anselmo 2
Tel. 5743547
Schön auf dem Aventin gelegen.

Einige Tips für einfache (1 bis 2 Sterne) Pensionen und Hotels im Stadtzentrum:

Hotel Casa Kolbe
Via San Teodoro 44
Tel. 6794974
Für Gruppenreisen eingerichtet, besonders günstig, wenn die Vollpension in Anspruch genommen wird.

Pensione Beatrice
Via dei Serpenti 137
Tel. 4824007

Pensione Lella
Via Palestro 9
Tel. 484940

Pensione Stella
Via Castel Fidardo 51
Tel. 4041078

Pensione Trinità dei Monti
Via Sistina 91
Tel. 6797206

YMCA-Hotel
Piazza Indipendenza 23c
Tel. 4884921
Besonders für Gruppenreisen, kann auch als Tagungsstätte benutzt werden.

Zwischen Campo de' Fiori und Piazza della Rotonda (Pantheon):
Albergo Pomezia
Via dei Chiavari 32
Tel. 6861371

Albergo Sole
Via del Biscione 76
Tel. 6540873

Hotel Abruzzi
Piazza della Rotonda 69
Tel. 6792021

Hotel Campo de'Fiori
Via del Biscione 6
Tel. 6540865

Pensione Navona
Via dei Sediari 8
Tel. 6543802

Und zum Schluß: Wer im Luxus schwelgen möchte (allein der Blick von der Frühstücksterasse ist manchem eine Übernachtung wert):

Hassler Villa Medici
Piazza Trinità dei Monti 6
Tel. 6782651

Wein

Wein vom Faß (vino sfuso) bekommt man bei jedem Weinhändler, der einem sogar eine leere Flasche bereitwillig überläßt. Bei den folgenden Weinhandlungen kann man in Ruhe und in Gesellschaft ein Gläschen probieren:

Bottega del Vino da Bleve
Via S. Maria del Pianto 9a/11
Gute Auswahl zum Mitnehmen, aber vor allem kleiner Mittagstisch mit einem Glas Wein. Hier trifft und mischt sich das ganze bunte Volk des Campo und trinkt ein Gläschen im Stehen.

Enoteca La Bevitoria
Piazza Navona 72
Ein Glas Wein mitten im «Salotto» von Rom.

Il Piccolo
Via del Governo
Vecchio 74
Fast eine deutsche Wein-
stube mit Kerzenlicht,
abends sehr belebt.
Guter Prosecco Rustico.

Weinläden mit großer
Auswahl:

Ars Bibendi
Via della Panetteria 42

Berabei
Via S. Fransceso a Ripa 48

Costantini
Piazza Cavour 16

Domenico Buccone
Via di Ripetta 19

Trimani
Via Goito 20

Wochenmärkte

Die Märkte sind in der
Regel werktags von
8–13 Uhr geöffnet. Eine
kleine Auswahl:

Campo de'Fiori
Der Blumenmarkt spielt
keine große Rolle mehr,
dafür gibt es das frischeste
Gemüse und einen herrli-
chen Anblick.

Mercati Generali
Via Ostiense (kurz nach
der Straßenunterführung)

Ab 10 Uhr morgens Ein-
laß für Privatleute. Die
billigen Orangen, Au-
berginen und was die Jah-
reszeit sonst gerade bietet
sind allerdings nur in Kisten und im Dutzend zu
erwerben.

Piazza Testaccio
Gut, reichhaltig, billig: im
Schatten des Testaccio
(Scherbenberg) gelegen.

Piazza Vittorio
Metrostation Piazza Vit-
torio
Roms größter Wochen-
markt: Gemüse, Früchte,
Fisch, Bekleidung. Er soll
jedoch bald verlegt wer-
den.

Via del Lavatore
Malerisch unterhalb des
Quirinalspalastes gele-
gen. Die Preise werden al-
lerdings durch die angren-
zende Touristenattraktion
Fontana di Trevi in die
Höhe getrieben.

Via Trionfale
Metrostation Ottaviano
Etwas außerhalb des his-
torischen Zentrums im
Stadtteil Prati, doch der
Weg lohnt sich der niedri-
gen Preise wegen. Der
Blumengroßmarkt an der
Trionfale ist dienstags von
10.30–13 Uhr auch dem
normalen Publikum ge-
öffnet.

Zeitungen

Il Manifesto
Via Tomacelli 146
Tel. 6878487
Kommunistische Tages-
zeitung der außerparla-
mentarischen Linken –
unabhängige Koopera-
tive.

Il Messaggero
Via del Tritone 125
Tel. 47201
Liberale stadtrömische
Tageszeitung mit PSI-
Tendenz.

La Repubblica
Piazza Indipendenza 11
Tel. 49821
Ehemals linksliberal.
Konkurrenz des «Corrie-
re della Sera». Stadtrömische Beilage, Veranstal-
tungskalender am Don-
nerstag «Trovaroma».

Il Tempo
Piazza Colonna 366
Tel. 675881
Rechtsbürgerliches Blatt.

Porta Portese
Via P. Maggiore 95
Tel. 70199
Anzeigenblatt. Erscheint
dienstags und freitags.

Bildnachweis

Paola Agosti 24 unten, 106/07, 114/15, 120, 133, 143, 145, 146, 147, 154, 158/59, 188,
190, 191, 197, 205, 219, 220, 221 oben, 223, 227, 229, 231, 232, 234/35, 237, 239, 241,
243, 247, 249, 251, 262, 271, 293
Elger Esser 116, 119, 209, 211
Graziella Galvani 46, 47
Stefan Heiner 203, 207 unten, 213
Thomas Henning 2/3, 5, 8/9, 10/11, 14, 17, 22/23, 25, 30/31, 33, 35, 36/37, 38/39, 43,
45, 49, 50, 51, 57, 59, 61,62, 63, 64/65, 67, 69, 71, 73, 74, 75, 76, 80, 83, 84, 89, 91, 95,
96, 101, 105, 109, 111, 113, 115, 117, 122/23, 128, 129, 134, 137, 139, 141, 158, 162,
163, 164/65, 167, 168/69, 172, 173, 174/75, 177, 179, 183, 184, 186/87, 195, 199, 216,
218, 221 unten, 225, 240, 252/53, 254, 257, 269, 275, 279, 281, 283, 285, 289, 290, 291,
292, 294/95
Jürgen Humburg 151
Lui Klack 20 oben, 24, 29, 52/53, 126/27, 148/49, 153, 181, 287
Henning Klüver 100/01
Sebastian Kusenberg 142
Zoltan Nagy 192
Wolfgang Nowacki 298, 299, 302, 303, 304, 305, 307, 308, 309, 311, 314, 316
Soprintendenza archeologica di Roma 207 oben
Alexander Urban 296/97
Vista Point / Andreas Schulz 265

Register

Kursive Seitenzahlen verweisen auf den Serviceteil

Abbazzia alle Tre Fontane 81, 85
Altar des Vaterlands s. Ehrenmal für Viktor Emanuel II.
Altstadt 196ff., 202ff.
Antikenmuseum 165, 170
Aurelianische Mauer 12, 16, 25, 41, 43, 99, 177, 189, 191, 202
Aventin 21, 26, 28, 66, 72, 280

Barcaccia-Brunnen 152
Basilica San Giovanni in Laterano 12, 19, 86f., 95ff.
Basilica San Lorenzo 12, 16ff., 86
Basilica San Paolo fuori le mura 66, 69, 72, 75ff., 86, 102
Basilica San Sebastiano 66, 86
Basilica Santa Croce in Gerusalemme 12, 19, 86, 95
Basilica Santa Maria Maggiore 68, 85f., 131
Borgata 190f., 222

Caffarella-Tal 38ff., 41, 46ff., 230
Callisto-Katakombe s. Kalixtus-Katakombe
Campagna 12, 13, 48
Campo Boario 26
Campo dei Fiori 112ff., 130, 265, 292f., *302, 307, 347*
Campo Verano 18
Caracalla-Thermen 41, 279
Celio 21, 36
Cestius-Pyramide 21, 72
Cinecittà 267, *330*
Circus Maximus 12, 21, 23, 26, 28, 30, 178, 228
Cloaca Maxima 23, 26
Commodilla-Katakombe 75

Diokletiansthermen 165
Domine Quo Vadis 43, 46
Domitilla-Katakomben 45, *333*

Ehrenmal für Viktor Emanuel II. (Altar des Vaterlandes) 36, 161, 197f.
Engelsbrücke 142
Engelsburg 102ff., 112, 124, 131, 138, 142f.
Erlöserkirche (San Giovanni Battista) 67
Esquilin 21, 68
Estate Romana 206, 256, *330*
EUR-Viertel 38, 58, 66, 163, 185, 195, 200, 219, 255

Feste 74, 144, 150, 206f., 268, 280, *330*
Fontana di Trevi 151., 157
Foro Italico 182ff.
Forum Romanum 26, 131
Fosse Ardeatine 45f.

Galleria Nazionale d'Arte Antica 286, *336*
Galleria Nazionale d'Arte Moderna 15, *336*
Galleria Spada 286f., *336*
Garbatella-Viertel 77, 200
Gianicolo 160, 280
Grab der Cecilia Metella 48, 51

Kaiserforen 206f.
Kapitol 32f., 152
Kalixtus-Katakomben 42ff.,
Katakomben 42ff., 51, 147, *333f.*
Keats-Shelly-Museum 155
Kirche der Vier Gekrönten 90ff.
Kirchen 16ff., 66ff., 75ff., 85ff., 90ff., 128ff., 135ff., 158ff.
Kolosseum 12, 21, 82, 87f., 95, 161, 185, 208, 261, 279

Largo Argentina 24
Lateran (Lateransbasilika) 19, 82, 86f., 89, 95ff., 109, 131

Magliana-Viertel 200f., 223
Märkte 19, 99, 114ff., 144, 152, 210, 291ff., *331, 347*
Marmorstadion 255
Monte Testaccio 65ff., 76
Museen 15, 19f., 110, 123, 147, 155, 165, 182, 286f., *335f.*
Museo Borghese 287, *336*
Museo del Palazzo Venezia 110
Museo Storico della Lotta di Liberazione di Roma 19f.
Museum der Kriegsbaukunst und Pioniere 182

Olympiastadion 182
Ostia (Antica) 40, 52ff., (Lido), 58, (Nuova) 62f., *318*

Palatin 21, 23, 26, 34, 38
Palazzo Barberini 286
Palazzo Chigi 155
Palazzo Colonna 286
Palazzo Corsini 286
Palazzo Doria Pamphili 144, 286
Palazzo Farnese 112
Palazzo Medici-Madama 104, 110, 118f.
Palazzo Montecitorio 155
Palazzo Spada 286f.
Palazzo di Spagna 155
Palazzo Venezia 109ff.
Pantheon 87, 107, 135, 146ff., 219
Parioli-Viertel 15, 178, 193f
Paulusbasilika s. Basilica San Paolo fuori le mura
Petersdom 13, 45, 66, 75, 79, 84, 86f., 94f., 99, 102, 106, 109, 124, 131, 135ff., 158ff., 245, 249
Piazza del Biscione 112
Piazza Buenos Aires 15
Piazza della Cancelleria 112
Piazza dei Cinquecento 165f.
Piazza Colonna 155
Piazza Euclide 194
Piazza Farnese 112
Piazza Fontanella Borghese 128

Piazza Galeno 16
Piazza Indipendenza 164, 210
Piazza Maresciallo Giardino
  182
Piazza Mazzini 13
Piazza Navona 143 ff.
Piazza Pasquino 143
Piazza Pio. XII. 138
Piazza del Ponte Milvio 185
Piazza del Popolo 128, 131,
  133, 176 ff.
Piazza della Repubblica 166,
  170, 173, 210
Piazza del Risorgimento 12
Piazza della Rotonda 146 ff.,
  219
Piazza San Ignazio 157
Piazza di Spagna 152
Piazza Ugo Malfa 23, 25, 32
Piazza Ungheria 15, 194
Piazza Venezia 105, 107 ff.,
  110, 135, 155
Piazza Vittorio Emmanuele
  19, 292
Pincio 128 ff., 130 f., 151,
  176
Ponte Matteotti 13, 180
Ponte Milvio 178, 185
Porta Flaminia 131
Porta Latina 36, 42 f.
Porta Maggiore 18, 19
Porta Metronia 43
Porta Pia 16, 131
Porta del Popolo 176
Porta Portese 21
Porta San Paolo 21, 43, 65, 70,
  72
Porta San Sebastiano 43
Prati-Viertel 12, 160, 182,
  189 f.

Quirinalspalast 131, 174 f.

Ripetta-Hafen 128, 131
Rom-Museum (Museo della
  Civiltà Romana) 147, *336 f.*

San Clemente 87 ff.
San Giovanni Battista 67, 86
San Ignazio 150
San Lorenzo-Viertel 12, 18,
  190
San Paolo alla Regola (Sa-
  nierungs-Wohnblock)
  202 ff.
San Paolo alla Regola (Kul-
  turzentrum) 114
Santa Agnese in Agone 144
Santa Caterina da Siena 174
Santa Maria della Pace 143
Santa Maria in Cosmedin 26
Santa Maria Liberatrice 66
Santa Maria sopra Minerva
  150
Santa Maria del Popolo 178
Santa Trinità dei Monti 128,
  131, 151
Scala Santa 19, 95, 99
Scipionengräber 41 f., 279 f.
Sebastians-Katakomben 45,
  334
Servianische Stadtmauer 23,
  165, 174
Siegessäule Marc Aurels 155
Sixtinische Kapelle 122 ff.,
  125
Spanische Treppe 128, 131,
  151 ff.
Stadtviertel 12, 15, 18, 21, 66,
  77, 103, 131, 160, 178, 182,
  189 ff., 193 f., 200 f., 223

Stazione Termini 18, 23, 135,
  164 f., 210, *298, 324*

Tempel des Dio Redicolo 46 f.
Tempel der Fortuna 26
Tempel der Vesta 26
Testaccio-Viertel 21, 66, 190
Theater des Pompejus 24, 112
Tiber 74, 179 f.
Tor di Nona (Sanierung)
  282 f., 226, 229
Torre delle Milizie 174
Trastevere (Viertel) 21, 103,
  131, 89
Trieste (Viertel) 194

Universität 16, 170, 185, 209,
  262, *310, 345 f.*

Vatikan 12, 75, 79, 84 f., 95,
  104 ff., 109, 122 ff., 160,
  189, 241 ff.
Vatikanische Museen 123,
  337
Via Appia 21, 27, 36 ff., 66,
  95, 230, 279
Villa Borghese 12, 13, 15, 17,
  176, 178, 193, 228, 279 ff.,
  282 f., 287, *301, 334, 338*
Villa Ada 280
Villa Celimontana 279
Villa della Conciliazione 75,
  302
Villa Doria Pamphili 160
Villa Giulia 15
Villa Giustiniani-Massimo 21
Villa Medici 130
Villa Pamphili 280
Villa Sciarra 280
Villa Torlonia 16, 284

Helmuth Bischoff
Spanien *Ein Reisebuch in den Alltag*
(rororo sachbuch 7567)

Christof Kehr
Andalusien *Ein Reisebuch in den Alltag*
(rororo sachbuch 7575)

Roland Motz
Balearen. Mallorca. Menorca. Ibiza. Formentera *Eine Reisbuch in den Alltag*
(rororo sachbuch 7579)

Till Bartes / Ulrike Wiebrecht
Barcelona / Katalonien *Ein Reisebuch in den Alltag*
(rororo sachbuch 9070)

Christof Kehr / Ana Rodríguez Lebrón
Sprachbuch Spanien
(rororo sachbuch 7588)

Jürgen Humburg / Conrad Lay / Michaela Wunderle
Italien *Ein Reisebuch in den Alltag*
(rororo sachbuch 7515)

Michael Kadereit
Toskana / Umbrien *Ein Reisebuch in den Alltag*
(rororo sachbuch 7521)

Peter Kammerer /Henning Klüver
Rom *Ein Reisebuch in den Alltag*
(rororo sachbuch 7514)

Frida Bordon
Venedig mit Venetien *Ein Reisebuch in den Alltag*
(rororo sachbuch 7570)

Frida Bordon
Sizilien *Ein Reisebuch in den Alltag*
(rororo sachbuch 7567)

rororo anders reisen

Michaela Wunderle
Süditalien
(rororo sachbuch 7592)

Senzaparole
Sprachbuch Italien
(rororo sachbuch 7571)

Ingrid Backes /Gabriela Daum
Griechenland *Ein Reisebuch in den Alltag*
(rororo sachbuch 7508)

Rainer Karbe / Ute Latermann-Pröper
Kreta *Ein Reisebuch in den Alltag*
(rororo sachbuch 7569)

Ute Frings / Rolly Rosen
Israel / Palästina *Ein Reisebuch in den Alltag*
(rororo sachbuch 7596)

Hanna Straube
Türkei *Ein Reisebuch in den Alltag*
(rororo sachbuch 7597)

rororo anders reisen wird herausgegeben von Ludwig Moos . Ein Gesamtverzeichnis der Reihe finden Sie in der *Rowohlt Revue.* Jedes Vierteljahr neu. Kostenlos. In Ihrer Buchhandlung.